موسوعة

التراث العلمي العربي

دراسات في التراث العلمي العربي

موسوعة

التراث العلمي العربي

دراسات في التراث العلمي العربي

د.ياسين خليل

دراسة وتحقيق وتعليق
الدكتور حسن مجيد العبيدي

دار جامعة حمد بن خليفة للنشر
HAMAD BIN KHALIFA UNIVERSITY PRESS

دار جامعة حمد بن خليفة للنشر
صندوق بريد 5825
الدوحة، دولة قطر

www.hbkupress.com

الطبعة العربية الأولى عام 2021

الترقيم الدولي: 9789927151774

تمت الطباعة في-بيروت، لبنان.

مكتبة قطر الوطنية بيانات الفهرسة – أثناء – النشر (فان)

خليل، ياسين، مؤلف

موسوعة التراث العلمي العربي /د. ياسين خليل ؛ دراسة وتحقيق وتعليق الدكتور حسن مجيد العبيدي. – الطبعة العربية الأولى. - الدوحة،قطر: دار جامعة حمد بن خليفة للنشر، 2021.

صفحة ؛ سم

تدمك: 978-992-715-175-0 (v. 1)

تدمك: 978-992-715-178-1 (v. 2)

تدمك: 978-992-715-176-7 (v. 3)

تدمك: 978-992-715-177-4 (v. 4)

يتضمن مراجع ببليوجرافية.

المحتويات: الجزء 1. مصادر التراث العلمي العربي والدراسات الإنسانية والعلم الرياضي -- الجزء 2. العلوم الطبيعية عند العرب -- الجزء 3. الطب والصيدلة عند العرب -- الجزء 4. دراسات في التراث العلمي العربي.

1. العلوم -- الإمبراطورية الإسلامية -- تاريخ 2. المخطوطات العربية -- تاريخ. أ. العبيدي، حسن مجيد، محقق. ب. العنوان.

Q127.I74 K43 2020

509.17671 – dc23

202028020984

المحتويات

مقدمة المحقق

هذا الكتاب الرابع والأخير من موسوعة التراث العلمي العربي للدكتور ياسين خليل، نكون قد انتهينا بكل ما يتصل من كتب وأبحاث في التراث العلمي العربي.

يضم الكتاب مجموعة أبحاث ودراسات نشرت في المجلات العلمية العراقية حصرًا على مدى أكثر من عقد من الزمان ابتدأ بها مع منتصف سبعينيات القرن المنصرم حتى وفاته عام 1986، وإن ظهرت بعض أبحاثه بعد هذا التاريخ منشورة في مجلات علمية عراقية إلا أن الإطار العام لها إنما يتقيد بهذا التاريخ الذي حددته لأبحاث هذا الكتاب.

من جهتي قمت بجمع هذه الأبحاث من المجلات التي نشرت فيها، وبوبتها وفق تاريخ نشرها في هذه المجلات من السابق حتى اللاحق، لكي تعطي تصورًا متكاملًا مع الكتب الثلاثة الأخرى التي سبقتها عن موقفه من التراث العلمي العربي وكيفية دراسته وقراءته والخروج منه بنتائج علمية دقيقة وجسر للتواصل مع هذا التراث راهنًا.

هذا من جهة، ومن أخرى، فقد قُسمت بحوث هذا الكتاب وبُوِّبت من قبلنا على شكل فصول، كما قُسِّمت هذه الفصول على مباحث، من أجل تيسير الوصول إليها ومعرفة ماهية كل فصل ومبحث فيها، فضلًا عن ذلك وُضعت عناوين لهذه المباحث تتلاءم مع طبيعة كل مبحث، ذلك أن الدكتور ياسين خليل لم يضع لأبحاثه في هذا الكتاب أيّ عناوين، بل قُسِّمت على شكل نقاط عددية ما عدا فصل العلوم الصرفة وفصل معنى التراث العلمي العربي، وهو الفصل الأخير من هذا الكتاب الذي نشر بعد وفاته.

فضلًا عن ذلك كله، قمنا بالتعليق على مباحث هذا الكتاب في الحواشي وهو ما سيلاحظه الدارسون له من خلال وضع لفظة (المحقق) على تعليقاتنا مقابل لفظة (المؤلف). إذ كانت طبيعة تعليقاتنا في حواشي الكتاب إما لتحديد بعض المفاهيم العلمية والفلسفية

أو للتعريف ببعض الأعلام الوارد ذكرهم في فصول الكتاب ومباحثه، أو لبيانْ رأي مخالف أو موافق لما يطرحه المؤلف في فصول الكتاب.

ومن الجدير بالذكر، أن بعض فصول هذا الكتاب ولا سيما الأول والسادس والأخير جاءا خلوًا من أيّ إشارة مرجعية للمصادر والمراجع التي استقى منها المؤلف ما ذكره فيها. بل إن الخاص بالعلوم الصرفة وهو أكبر هذه الفصول في هذا الكتاب إنما هو تلخيص ممتاز لما ذكره في الكتب الثلاثة الأولى من الموسوعة.

تمتاز فصول هذا الكتاب أنه يربطها خيط واحد ومنهج واحد ورؤية واحدة متكاملة، تقوم جميعها على كيفية قراءة التراث العلمي العربي وكيفية منهجته والتوصل من خلال درسه إلى الكثير من الجوانب الإيجابية التي يجب على الدارسين العناية بها والتواصل معها واستمرار البحث فيها. ذلك أن توجه الدكتور ياسين خليل نحو الجوانب العلمية من التراث العربي إنما كان يهدف منه إلى تأسيس فلسفة علمية ذات بعد تراثي، وإن كثيرًا مما قيل في الفلسفة العلمية المعاصرة وما توصلت إليه من نتائج في قراءتها لمشكلات الفلسفة، إنما لها جذورها في التراث العلمي العربي، وما على الباحثين في التراث إلا أن يتخلوا عن نظرتهم المسبقة في كون التراث الفلسفي العلمي العربي لم يقدم شيئًا في دراساته وأبحاثه وكشوفه إلى العلم راهنًا. بل إن في هذا التراث جوانب علمية وفلسفية سبقت الكثير مما طرحه الفلاسفة المحدثون والمعاصرون، وهو ما كشف عنه المؤلف في فصول هذا الكتاب بأصالة متميزة.

لكن، يبقى التساؤل قائمًا هنا، هل أن أبحاث المؤلف في التراث العلمي العربي جاءت متساوقة مع مواقفه الفلسفية التي تميل نحو الفلسفة العلمية التحليلية المعاصرة؟ فإن كانت الإجابة بنعم، فهل أن المؤلف قد اكتشف مؤخرًا أن التراث العلمي العربي قد سبق أو كان له قصب السبق في الكشف عن الكثير من المشكلات والمواقف العلمية التي توصلت إليها الفلسفات العلمية المعاصرة ومنها الفلسفة التي ينتمي هو إليها؟ فإن كان ذلك هو الحق، فيعني أن المؤلف قد وجد أن كل ما نظر له في كتبه الفلسفية الأخرى التي دافع فيها عن الفلسفة العلمية والوضعية المنطقية المعاصرة إنما كان واقعًا فيها تحت سحر هذه الفلسفات المعاصرة وتأثيرها، وأن صحوته كانت متأخرة بعض الشيء في دراساته للتراث العلمي

العربي. ولو مُدَّ به العمر أطول فإني على يقين أنه سيغير الكثير من مواقفه وآرائه في الفلسفة التي ينتمي إليها، وكتب فيها الكثير من الدراسات والأبحاث المتميزة، والتي نسعى لنشرها بعد الفراغ من هذه الموسوعة.

وفي الختام أقول: إن مهمتي في جمع هذه الموسوعة وتحقيقها وتحريرها والتعليق عليها ونشرها ووضعها بين أيدي الباحثين والدارسين والجهات الأكاديمية للإفادة منها، وذلك بإظهار الوجه المشرق لتراثنا العلمي العربي، إنما هو عمل كان لوجه الله تعالى أولًا ولرد الجميل إلى أستاذي ومعلمي الدكتور ياسين خليل الذي تعلمت على يديه الكثير رغم قصر عمره الأكاديمي والحياتي. إذ أرى أن في هذه الموسوعة العلمية المتميزة والخاصة بالتراث العلمي العربي، أنها موسوعة لم يقم بها أحد من قبله من الباحثين العرب ولا حتى المستشرقين المهتمين بالتراث العلمي العربي.

والله من وراء القصد

الفصل الأول*

المفهوم الحضاري للتراث العربي

مقدمة:

لكل أمة عريقة حضارة متميزة تنفرد بها، تعبر عن عطائها لذاتها وللإنسانية، تؤكد أصالتها وحيويتها في التطور والبقاء بين حضارات الأمم الأخرى، تربي أجيالها على القيم والعادات والمثل والسلوك والفنون والأعمال من خلال تجاربها القديمة والمستمرة بالعطاء فترسم لهم مواقف من الإنسان والطبيعة والمجتمع والله، لذلك نجد أن الأمة العربية ذات حضارة تمتد جذورها العميقة في الوجود الإنساني والتاريخ، أخذت وتفاعلت وأنجزت وأبدعت وخلفت لأبنائها وللإنسانية تراثًا ضخمًا فيه عصارة تجاربها ومعاناة أجيالها من الأدباء والعلماء والأطباء والفنانين والفلاسفة في إثراء الفكر وتطوير المعرفة وابتكار الأساليب والأدوات، وسمو الذوق، وتنويع الخبرة ومصادر الحكمة، بقيت رغم المحن والفتن والخطوب بفضل رسالتها الحضارية، وتجاوزت كل الأزمات بفضل وعي الأبناء لتراث الأسلاف.

لذا أردت في هذا البحث تحديد بعض المفاهيم والمبادئ التي كثر عنها الحديث في السنوات الأخيرة، فاختلطت على الأذهان كثرة الاتجاهات والنزعات، وابتدع كل اتجاه طريقه في النقد والتجريح للاتجاهات الأخرى، ولا أريد إضافة اتجاه آخر يبلبل العقول ويقلق

---

* نشر هذا البحث، في مجلة آفاق عربية البغدادية، السنة 1، العدد 8، 1976. وهو أول بحث يسجل في سجل للدكتور ياسين خليل عن التراث العلمي العربي. لذا أوجه عناية القارئ الكريم إلى أنه بعد الانتهاء من هذا البحث أن يقرأ الفصل التاسع من هذا الكتاب لوجود ترابط في طرح الموضوعات بين هذا الفصل وذلك الفصل الذي يدرس فيه الدكتور ياسين خليل مفهوم التراث العلمي العربي، وهو آخر ما أنجزه في هذا الباب قبل وفاته. (المحقق)

الأذهان، ولكني أروم التوضيح والكشف ملتزمًا بالموضوعية العلمية والتحليلية المنطقية في الإفادة من المصطلح العلمي وما أنجزه الفكر العلمي في مجالات العلوم الطبيعية والرياضية والاجتماعية والإنسانية. ومن دون الالتزام بنظرية سابقة أبحث عما يوافقها من حقائق، ومن غير تحيز لاتجاه على حساب اتجاه آخر اللهم إلا في حدود الحقائق فقط، إذ التحيز واجب والتحليل أسلوب والنتائج غاية.

المبحث الأول: في تحديد المفاهيم (الثقافة والحضارة والمدنية)[1]

لا بد لي في البدء أن أميز بين ثلاثة ألفاظ أو مصطلحات متداولة على الألسن وفي الكتب المختصة بعلم الاجتماع والأنثربولوجيا، علمًا أن بعض الكتاب يجعلون من مصطلح الثقافة مرادفًا لمصطلح الحضارة وعلى أساس التمييز بين الثقافة والمدنية فقط.

---

(1) على الرغم مما عالجه الفيلسوف ياسين خليل وحدده لمفاهيم الثقافة والحضارة والمدنية، لا بد من عرض هذه المفاهيم كما وردت في المعاجم الخاصة بعلم الاجتماع وغيرها، نقول: إن معجم علم الاجتماع لمؤلفه ميتشل دنكن، يقول إن الحضارة هي ذلك المكون من الأفعال والتراث البشري الذي ينتقل اجتماعيًا من جيل لآخر، وهذا الكل هو الذي يميز الإنسان عن نظيره الحيوان ويجعله الكائن الوحيد الذي يستطيع السيطرة على موارد الأرض سيطرة فعالة بفضل ما يتصف به من صفات فيزيولوجية غريبة وما يعتقد به من قيم وأخلاق ومقاييس قوية وفاضلة. في حين يعرف الفيلسوف الأنثربولوجي إدوارد تايلور الحضارة أنها ذلك الكل المعقد الذي يشتمل على المعارف والمعتقدات والفنون والأخلاق والقوانين والتقاليد والفلسفة والأديان وبقية المواهب والقابليات والعادات التي اكتسبها الإنسان من مجتمعه الذي يعيش فيه. يُراجع، ترجمة إحسان محمد الحسن، ط2، بيروت 1986، ص67، وهذا التحديد بنظرنا هو المقصود منه الثقافة أكثر مما هو الحضارة ذلك أن هؤلاء العلماء يوحدون بين المصطلحين، ومن جهة أخرى يحدد ميتشل دنكن المدنية وهو يقصد بها الحضارة Civilization، مجموعة الصفات الوديعة الرقيقة والفاضلة التي يحملها الإنسان أثناء تصرفه وعلاقته مع الآخرين، ومنذ زمن بعيد حاول العلماء توضيح الاختلافات الأساسية في المعنى بين اصطلاح المدنية واصطلاح الإقطاعية وذلك للتناقض الموجود بينهما وصفة الانعتاق والتحرر تتعلق بكلمة المدنية التي قد تعني التقدم والسير إلى الأمام، واستُعمل مصطلح المدنية مؤخرًا ليعني تاريخ الإنسانية الطويل الذي يمكن تحليله إلى وحدات كبيرة. يُراجع، المرجع السابق، ص45. في حين يحدد كتاب مفاهيم في الفلسفة والاجتماع لمؤلفه أحمد خورشيد النوره جي، بغداد 1990،ص 119، معنى الحضارة التي تعني عنده المدنية، أنها مرحلة سامية من مراحل التطور الإنساني وتتمثل في إحراز التقدم في ميادين الحياة والعلاقات الاجتماعية وفي مظاهر الرقي العلمي والفني والأدبي التي تنتقل في المجتمع من جيل إلى جيل، وتعني عنده الثقافة، ص104، أنها ثمرة المعايشة الحية التلقائية في أغلب الأحيان، وهي ثمرة

الثقافة: هي الحصيلة الفكرية من أدب وعلم وفن وفلسفة وغير ذلك، تعبر عن إنجازات الإنسان في مراحل تطورية، يتداولها أو يتعلمها الأفراد بشتى الوسائل المختلفة للاتصال، فتزداد بالتجارب الجديدة وتنحسر في فترات التدهور والانحطاط، تؤثر في سلوك الأفراد وفي مواقفهم من الحياة والكون تتفاعل مع الإنجازات الفكرية لأمم أخرى

التمرس بالحياة والتفاعل مع تجاربها وخبراتها المختلفة وقد يكون التعليم أحد مصادرها، وتعرّف الثقافة في علم الاجتماع أنها البيئة التي خلقها الإنسان بما فيها المنتجات المادية وغير المادية التي تنتقل من جيل إلى آخر، فهي بذلك تتضمن الأنماط الظاهرة والباطنة للسلوك المكتسب عن طريق الرموز الذي يتكون في مجتمع معين من علوم ومعتقدات وفنون وقيم وقوانين وعادات وغير ذلك. ويعتقد هتشنسون في معجم الأفكار والأعلام، ترجمة خليل راشد الجيوسي، ط1، بيروت 2007، ص146أن كلمة الثقافة Cultura تعني حراثة التربة، ومن هذه الكلمة اشتُقّت العديد من الكلمات الإنجليزية مثل Agriculture كما استخدمت الكلمة مجازيًا لتعني الألمعي، في حين يعرف هتشنسون الحضارة Civilization بأنها مجتمع إنساني متطور، فيه تقسيمات هيكلية للعمل وقد تطورت الحضارات الأولى في العالم القديم من مجتمعات زراعية متقدمة في العصر الحجري الحديث في الشرق الأوسط مثل حضارة سومر عام 3500ق،م، ومصر 3000ق،م، والصين 2200ق،م، ويعرفها الفيلسوف هوايتهد بتوسع عدد العمليات الهامة التي يمكن إنجازها دون التفكير بها، في حين يحددها الأنثربولوجيون أنها مرحلة اجتماعية سياسية متطورة نمن الارتقاء الثقافي. وفي بحث معمق عنوانه الحضارة- الثقافة- المدنية، مثلث معارف الإنسان، للباحث العراقي المتفلسف صالح مهدي الهاشم (ت2007)، نشره في كتابه الدخول من الباب الآخر، بيروت 2007، يقول: بصدد معنى الحضارة والمدنية، أن اللغويين والفلاسفة العرب المسلمين لم يفرقوا بين لفظي الحضارة والمدنية، فهي تعني عندهم بنحو عام المستقرين في المدن والحاضرين فيها، وهو اللفظ الذي يتطابق والكلمة اللاتينية القديمة Civitas، أو ساكني المدن، ومنها اشتقت الكلمات الأوربية الحديثة، وتعني الحضارة جملة المتحضر المتمدن أو المدني، وعكسها الهمجية والهمجي، وخلاصة القول إن الحضارة هي تراكم تراثي كمي وكيفي، ونظام شمولي للقيم والمعارف والخبرات، يخدمها دين ومعتقد بمفاهيمهما وتعبر عن أفكارها لغة، أما المدنية فهي التعبير المادي عن الإنجاز الحضاري في مكان محدد وزمان معدود، ولهذا قيل الحضارة هي ما نحن؟ أما المدنية فهي ما نستعمل؟ أي التقدم التكنولوجي والصناعي والزراعي والاكتشافات والمخترعات من سمات المدنية إن استعملها لصالح الإنسان كانت حضارة وإن استعملها لصالح أطماع النظام الاجتماعي الحاكم لتلك المدنية كانت همجية، أما الثقافة فهي العلوم والمعارف والفنون، التي يتطلب الحذق بها كما جاء في المعجم الوسيط، أو هي على وفق ما جاء في الخطة الشاملة للثقافة العربية عام 1996، جميع السمات المميزة للأمة من مادية وروحية وفنية ووجدانية. في حين تحدد الثقافة في منظمة اليونسكو أنها: جميع السمات الروحية والمادية والفكرية والعاطفية التي تميز مجتمعًا بعينه أو فئة اجتماعية بعينها، وهي تشمل الفنون والآداب وطرائق الحياة كما تشمل الحقوق الأساسية للإنسان ونظم القيم والتقاليد والمعتقدات. (المحقق).

فتنفتح على تجارب الآخرين وخبراتهم، فتأخذ القليل أو الكثير أو تتعلق على نفسها في فترات معينة من التاريخ ولأسباب مختلفة، مهمة في تشكيل السلوك وعقلية الأفراد في المجتمع، تمثل الجزء الموروث للشعب من تجارب الأسلاف وخبراتهم. وهي: الثقافة والحضارة والمدنية.

ويختلف الكتاب والعلماء في تعريف الحضارة، ولست هنا في موضع مناقشة التعريفات المختلفة، ولكنني في الوقت نفسه لا أبتعد كثيرًا عن التعريف الشائع للحضارة.

الحضارة: هي العطاء الكلي لإنجاز المجتمع المتمثل في الجانب المعنوي الذي يمثل القيم والأهداف والعادات والتقاليد فضلًا عن الحصيلة الفكرية من أدب وعلم وفن وفلسفة ودين وغير ذلك. وفي الجانب المادي الذي يمثل الأدوات ووسائل العمل والأبنية والهياكل والمحافل والجسور والقنوات والسدود وغير ذلك، وليست الحضارة ساكنة لا تتغير، بل إن أبرز سمة في الحضارة المستمرة هي الاتصال بحضارات أخرى سواء كان الاتصال بالطرق السلمية عن طريق النقل والتفاعل والاحتكاك أو بالطرق الحربية عن طريق الغزو والاستيطان.

إن مقياس تقدم الحضارة هو قدرتها على الإنجاز والابتكار والأصالة والعطاء، وتأثيرها المستمر في الحضارات الأخرى، وإن مقياس قوة الحضارة وشدة زخمها هو قدرتها على تمثيل الحضارات أو الثقافات الداخلة فيها، سواء كانت وسيلة الدخول فيها عن طريق احتضانها بالحرب أو بالسلم.

ولا بد لنا أن نميز كذلك بين أنواع الحضارات، بين حضارة اندثرت ولم يبق منها غير الآثار والأطلال وبعض الأدوات والأسلحة مع بعض النصوص الكتابية التي تشهد على الثقافة فيها، وبين حضارة انقطع تأثيرها لفترة من الزمن ثم ما لبثت أن عادت إلى الحياة من جديد، وبين حضارة مستمرة لم تنقطع، بل أصابها الجمود في بعض مراحل التاريخ، ثم استعادت نشاطها من جديد في الأخذ والعطاء، فالحضارة البابلية والسومرية من الأمثلة على النوع الأول، والحضارة اليونانية بالنسبة لأوربا والحضارة العبرية من الأمثلة على النوع الثاني، والحضارة العربية الإسلامية من الأمثلة على النوع الثالث.

إذا استمرت الحضارة بالنمو والتطور من دون أن يصيبها التدهور وتحمل فيها عوامل الانهيار، فإنها تميل من دون شك إلى أن تصبح مدنية، وذلك نتيجة تعقد الحياة وتطور الأساس الاقتصادي واستحداث أدوات إنتاجية جديدة، ونشاط الحركة التجارية وظهور المدن الكبيرة.

أما المدنية: فهي البناء العام لإنجاز المجتمع بعد اجتيازه سلسلة من التطورات الاجتماعية والاقتصادية والصناعية والسياسية، إذ تتميز بتطور صناعي وتكنولوجي وعلاقات إنتاجية جديدة قائمة على أساس طبقي، وذات نظام سياسي يقوم على المركزية، والسلطة وتوزيع الهمل والمسؤولية والتخصص.

إن أساس الاختلاف بين الحضارة والمدنية هو سيادة الوحدة في الروابط والمشاعر والتجاذب الروحي بين أفراد المجتمع الحضاري. وسيادة التكنولوجيا والعلم والصناعة والمركزية والسلطة في المجتمع المدني[1] مع ضعف واضح في الروابط والمشاعر والروح العامة نتيجة لاهتمامات الفرد بالعوامل المادية. ولكن ذلك لا يعني مطلقًا أن المجتمعات المدنية خالية من الحضارة والمظاهر الحضارية، فالمدنية تحتفظ بمظاهر حضارية متعددة، وأن شيوع ظاهرة التحضر والتحولات السريعة في حياة الفرد والمجتمع قد خلق أنماطًا جديدة من السلوك والقيم والمواقف والعادات، كما أضافت الإبداعات الفنية والأدبية والاتجاهات الفلسفية والحركات الدينية والثورية أشكالًا جديدة من الثقافات، كما أدت اكتشافات الإنسان لحقائق الكون والإنسان واستحداث الأجهزة العلمية المعقدة، وزيادة

(1) المجتمع المدني Civil Society: هو جزء من المجتمع أو الثقافة، خارج نطاق الحكومة والمؤسسات التي تديرها الدولة، ويحدد عند الفلاسفة هيجل وماركس هو ذلك الجزء من المجتمع الذي تكون فيه المصالح الشخصية والمادية متفشية بشكل غير منضبط، وعلى الرغم من ذلك فقد أوضح آدم سمث أن المصالح الشخصية تروج للمصلحة العامة واستخدم الكتاب الكلاسيكيون والمنظرون السياسيون الأوائل مثل الفيلسوف جون لوك هذا المصطلح لوصف المجتمع المتحضر، يُراجع، هتشنسون، معجم الأفكار، مصدر سبق ذكره، ص461، وهناك تحديد للمجتمع المدني يربطه بالتطور التاريخي لظهور هذا المصطلح، يقول فالح عبد الجبار، في كتابه المجتمع المدني في عراق ما بعد الحرب، ط1، بغداد 2006، ص11، إن المجتمع المدني وحسب صياغته الأولى هو كل تجمُّع بشري خرج من حالة الطبيعة الفطرية إلى الحالة المدنية التي تتمثل بوجود هيئة سياسية قائمة على اتفاق تعاقدي، وبهذا يكون المجتمع المدني هو مضاد للفوضى والحكم بالحق الإلهي. (المحقق)

المعرفة بكثير من القوانين ذات الصلة بالظواهر الطبيعية والحياتية إلى نشوء نظرة جديدة شاملة للكون اعتمدت نتائج العلوم والخيال العلمي والفلسفي مع طموح الإنسان إلى فهم مصيره ومصير الكون، فإذا بشكل جديد من أشكال الحضارة هو امتداد لحضارات سابقة من جهة، ومظهر جديد متداخل في البناء العام للمدنية من جهة أخرى اتسم بخصائص العصر الآلية وصفات الحياة الاجتماعية الجديدة.

نستنتج مما تقدم عدة حقائق قائمة على ضرورة التمييز بين الثقافة والحضارة والمدنية منها: أن الثقافة تمثل الجانب الفكري والعلمي والإنساني، وأن درجة اختلافها وتنوعها مرتبطة بالتطور الحضاري وتقدم الحضارة وقوتها، وأن الحضارة لا تقتصر على الجوانب الفكرية فحسب بل تتجاوز ذلك إلى جميع الأوجه التي تعبر عن حيوية الإنسان في تحويل معتقداته وأفكاره ومواقفه من الكون والإنسان والمجتمع إلى ممارسات عملية يشترك فيها أفراد المجتمع فتخلق عندهم مواقف موحدة وشعورًا مشتركًا، وتجاذبًا روحيًّا، أما المدنية لا تخلو من مظاهر حضارية، بل تشير إلى نمط حضاري جديد تسود فيه قيم وأهداف المجتمع الآلي وما يرتبط بالتقدم التكنولوجي من تغييرات سريعة في حياة الإنسان تدفعه من جديد إلى البحث عن ذاته وعن مصيره ومصير غيره والإنسانية والكون.

المبحث الثاني: التمييز بين الحضارة العربية والثقافة العربية

بناء على ما تقدم يجب التمييز بين الثقافة العربية والحضارة العربية، إذ الثانية أعم وأشمل، بينما تقتصر الأولى على الجانب الفكري والعلمي والإنساني،

إنّ التأكيد على عروبة الثقافة والحضارة من الأمور التي يجب التسليم بها على الرغم من اختلاف التفسيرات وتباين الاتجاهات، لأن العربية ليست بالعرق، بل العربية باللسان والفكر، وأن الذين لا يرغبون في سماع عبارة «الثقافة العربية والحضارة العربية» إنما ينظرون إلى العربية على أساس عرضي، فيأتون بالشواهد من المفكرين الذين أسهموا في الثقافة والحضارة العربية وهم من غير العربي انحدارهم العرقي، وقد أسهم المستشرقون في تأكيد دور غير العرب ومساهماتهم في الحضارة مما فرز في النفوس تحيُّزًا واضحًا لكل مظهر من المظاهر الحضارية تعود حسب اجتهاد أعلام الاستشراق إلى مظاهر من حضارات

غير عربية، وأن دور العرب في الحضارة والثقافة الإنسانية قد اقتصر على النقل والترجمة وبعض الشروحات عليه.

1. إن «العربية ليست بالعرق، بل العربية باللسان والفكر». أقول: إن اللغة العربية ظاهرة اجتماعية وأن حاجة الإنسان إليها لا تختلف عن حاجته إلى تحريك يده وأكل طعامه وارتداء ملابسه، ولكنها فوق كل ذلك أداة مهمة للتعبير عن الفكر، وأنها وسيلة أساسية لتجسيد ما نفكر به فننقله إلى الآخرين، وهي ظاهرة حضارية تنطق بالمنجزات الفكرية والإبداعات العقلية والعلمية، فهي أداة الثقافة ووعاؤها، واللغة العربية لسان الأمة العربية حملت في ثناياها على مر العصور ومراحل التاريخ إنجازات الفكر العربي وإبداعاته، فكانت لغة الحديث والفقه والأدب والعلم والفلسفة والثقافة بعامة.
2. إن الثقافة العربية والحضارة العربية تمثل الإنجازات المختلفة التي حققها الإنسان العربي قبل الإسلام وبعده، ولكنها تعززت بالفكر الإسلامي فأصابها الثراء وتفتحت لها أبواب التطور والوثوب إلى المستقبل، ولم يكن الإسلام دينًا طارئًا جاءت به أقوام غازية أو أقوام استوطنت الجزيرة العربية وكانت من قبل غير عربية، بل جاء الإسلام عربي اللسان لأمة العرب، سماوي التنزيل على رجل من العرب، أمانة في أعناق أبناء الأمة العربية لنشره بين أمم الأرض جميعًا، فإذا بالثقافة العربية الجديدة عربية الفكر والدعوة، إنسانية الأهداف، توحّد البشر في مواقفهم من الكون والإنسان والمجتمع.
3. إن اتساع الرقعة الجغرافية بعد حروب التحرير التي خاضها العرب من أجل انتزاع الحقوق من المغتصبين الطغاة قد أدى إلى احتضان شعوب غير عربية اللسان قليلة الثقافة ذات نزعة أسطورية في التفكير غير مؤهلة للبحث العقلي والعلمي، ولكنها بفضل الفتح العربي واعتناق أهلها الدين الإسلامي استطاعت أن تضع نفسها في البداية الصحيحة نحو المساهمة والمشاركة في الثقافة والحضارة العربية، فإذا بالأبناء والأجيال من هذه الشعوب تأخذ بأسباب الثقافة الجديدة وتتمثلها فتساهم باللسان العربي والفكر العربي بإنجازات جديدة هي امتداد للثقافة العربية وأهدافها الإنسانية.

4. لقد كانت اللغة العربية لغة العصر في الآداب والعلوم والفنون والدين، وكانت بفضل التقدم الحضاري والعلمي أكثر اللغات المعروفة آنذاك قدرة على التعبير عن الثقافة بشكل عام، وكانت الكتب المتداولة بين المفكرين مدونة باللغة العربية، إذ استطاع القائمون على إثراء المعرفة بمعارف أجنبية وترجمة الكثير من التراث اليوناني إلى العربية، ولم تعرف الأجيال بعد ذلك التراث الأجنبي إلا من خلال الترجمات العربية، إذ تحولت الثقافة الأجنبية بعد فترة من الزمن إلى جزء من مستلزمات الثقافة العربية، إذ لم يتوقف الفكر العربي عند حدود الترجمة، بل أسهم بالتطوير والإضافة والنقد والإبداع.

5. لقد أسهمت عدة حضارات وثقافات في تكوين الحضارة اليونانية، كما ساهمت عدة شعوب في إمداد هذه الحضارة بالمعرفة والبناء، ولم تكن الحضارة اليونانية وليدًا منذ النشأة يوناني المولد، بل نجد فيها عناصر من حضارات أخرى بابلية ومصرية وفارسية وفينيقية، وعلى الرغم من ذلك، فقد تعارف الكتاب على تسمية هذه الحضارة الهجينة بالحضارة اليونانية والتراث اليوناني، وما يصدق على الحضارة اليونانية ينطبق كذلك على الحضارة والثقافة العربية، بل إن الحضارة العربية ذات جذور ومنطلقات ذاتية في المولد والنشأة، وأن احتضانها للثقافات وبعض المظاهر الحضارية لم يكن من تأثير اضطراري خارجي، بل نتيجة طبيعية لتفتحها وقدرتها على الاستيعاب والهضم ونزعتها الإنسانية في الإفادة من مصادر الفكر الإنساني جميعها.

6. يمثل الدين الإسلامي بالنسبة للعرب والشعوب غير العربية الإطار الفكري والعقائدي العام، إذ وحد السلوك في الموقف فضلًا عن تقويته للرابطة الروحية بين الشعوب، ولكنه بالنسبة للعرب أكثر من دين، فهو ثقافتهم ورسالتهم وحياتهم، بينما هو بالنسبة للفرس مثلًا دين جاء به العرب، وأن الحضارة الفارسية قبل انهيار الإمبراطورية الفارسية لا تزال موجودة وتشكّل جزءًا مهمًّا من حياتهم وثقافتهم، وأن التوافق والتصادم بين الحضارة العربية والحضارة الفارسية يأخذ طريقه إلى الوجود كحقيقة يجب التسليم بها، ومعنى ذلك أن

الإسلام هو الأساس الموحد للتنوع الحضاري الذي حصل فيما بعد عندما استطاعت بعض الشعوب غير العربية الانفلات من الطابع العربي في اللسان والفكر لتؤكد استقلالها اللغوي الذي عزز ثقتها القومية بتراثها الحضاري الذي سبق دخولها الدين الإسلامي. إذ كانت اللغة الفارسية في البداية فقيرة في اللفظ والتعبير، ولكنها بفضل اللغة العربية وما استعارته منها من ألفاظ وتعابير وأساليب لا تزال باقية حتى الآن، واستطاعت الوصول إلى مرحلة النضج لتعبر عن ثقافة العصر إلى جانب اللغة العربية، وبقيت التأثيرات العربية فاعلة في اللغة والأدب والثقافة الفارسية الجديدة. وبذلك يظهر بوضوح اختلاف الثقافات باللغة والفكر.

المبحث الثالث: معنى التراث العربي وأهميته

عندما ينظر الإنسان الذي ينتمي إلى ثقافة وحضارة امتد بها الزمن إلى الماضي وما خلّفه الأسلاف من شواهد حضارية وثقافية ومادية، فإن نظرته إلى هذا الكل الموروث ليست مثل نظرة إنسان آخر لا ينتمي إلى الثقافة والحضارة ذاتها، فهو بالنسبة للأول جذر ممتد يتزود منه تجارب وخبرات تساعده على مواجهة الحياة، بينما هو بالنسبة للثاني تركة ثقافية وحضارية، وأن مقياس أهمية هذه التركة يتوقف على مقدار تأثيرها في الحضارة التي ينتمي إليها والحضارة العالمية بشكل عام.

يُطلق عادة على الإرث الحضاري لأمة من الأمم اسم التراث، للدلالة على ما خلفته الأجيال السابقة في الميادين المختلفة الفكرية والثقافية والدينية والعلمية والعمرانية وغير ذلك، وبالنسبة للأمة العربية باعتبارها من الأمم العريقة التي أسهمت في تطوير الثقافة العالمية، نقول: إن لها تراثًا حضاريًّا ضخمًا متعدد الأوجه، وأن اسم التراث العربي نطلقه على جميع المنجزات التي طبعتها الأمة العربية بطابعها من حيث اللسان والفكر وما أنجزه هذا الفكر في الميادين المادية فخلّف شواهد وآثارًا حضارية قائمة حتى اليوم.

لهذا كثر الجدل والحديث حول التراث العربي وأهميته، فانقسم الناس إلى رافض للتراث، ومقبل عليه، ومستفيد منه، ولا أريد الخوض في استجلاء الدوافع والأسباب وراء

هذا الفريق أو ذاك، ولكني أبتغي أولًا دراسة العناصر الرئيسية المكونة للتراث العربي وتحديد الأبعاد الحقيقية له ثانيًا ثم تحديد مراميه وأغراضه أخيرًا.

وفي سبيل توضيح ما أذهب إليه، أستعين بالتمثيل الهندسي في تعيين عناصر التراث العربي، وما يُفَصَل بها من دراسة وتحليل، فإذا تصورنا التراث على هيئة حلقات متحدة في المركز، فإن نصف القطر للحلقة الأولى سيكون أقصر من نصف القطر للحلقة الثانية، وأن نصف القطر للحلقة الثانية أقصر من نصف القطر للحلقة الثالثة، وهكذا.. وإذا اعتبرنا أنصاف الأقطار للحلقات صفات لشدة الجذب نحو المركز، فإن هذه الشدة ستتناسب عكسيًا مع طول نصف القطر، فكلما كان نصف القطر قصيرًا كانت شدة الجذب أكبر، وكلما كان نصف القطر طويلًا كانت شدة الجذب أضعف.

تمثل الحلقة الأولى القريبة من المركز قلب التراث وسر حيويته وديمومته، فهي بمثابة النواة لكل الحلقات الأخرى، وهي بمثابة المصباح الذي يشع نوره إلى كل الحلقات القريبة والبعيدة.

فالعقيدة الإسلامية المتمثلة بالقرآن الكريم والحديث والسنة النبوية وجهاد العرب الأوائل في سبيل انتصار الدعوة ونشرها تمثل الحلقة الأولى، ولا تقتصر هذه الحلقة على الجانب الفكري فقط، بل تضم كذلك العبادات والطقوس الدينية والأماكن المقدسة.

وتمثل الحلقة الثانية القريبة إلى النواة مجموعة الاجتهادات الشرعية والفقهية، فهي امتداد للحلقة الأولى لكن عنايتها مقتصرة على الأحكام الدنيوية والتفسير ومعالجة المشكلات الدينية والاجتماعية والسياسية والاقتصادية التي واجهت العرب بعد أن اتسعت رقعة الحكم ودخلت شعوب أخرى الدين الإسلامي.

وتمثل الحلقة الثالثة القريبة إلى الحلقة الثانية مجموعة الدراسات التي أولاها العرب اهتمامًا خاصًا في فقه اللغة العربية والبرهان على إعجاز القرآن في المعنى والأسلوب، والأدب العربي والتاريخ وتشريع القوانين لتنظيم الحياة الاجتماعية والاقتصادية وأنواع الفنون المختلفة.

وتمثل الحلقة الرابعة مجموعة العلوم الرياضية والطبيعية والطبية والهندسية والصيدلانية والزراعية والعمرانية وغيرها، وعلى الرغم من ابتعاد هذه العلوم عن النواة فإنها في الوقت

نفسه خدمت العقيدة من جهة، وبرهنت على ما تدعو إليه العقيدة في التعرف على ما يجري في الكون والنفس الإنسانية دلالة على عظمة الخالق ودقة صنعته من جهة أخرى.

تمثل الحلقة الخامسة مجموعة المعارف المنقولة من حضارات سابقة أو معاصرة للحضارة العربية، وتختلف هذه المجموعة عن مجموعة الحلقة الرابعة في أنها تعالج مسائل بطريقة مختلفة عن مسائل العقيدة. وتثير مشكلات هي في نظر العقيدة مسلَّمات. وتفتح أبواب الشك والتأويل لأشياء تثير الجدل والنزاع، فالفلسفة وما تنطوي عليه من مواقف عقلية قائمة على الحجة المنطقية، والأديان غير السماوية مثل الزرادشتية وما أثارته العقائد القديمة من خلافات منحت الفرق الدينية قوة في التأويل والتفسير، أمثلة على هذه المعارف وما تمخضت عنه من توفيق أو تعارض، من دعم للعقيدة في بعض الأحيان وتفنيد لها أحيانًا أخرى، وتتميز هذه الحلقة في أنها غير مستقرة ولكنها مثيرة ذات حيوية في فترات زمنية معينة عندما تضعف سيادة الدولة وتنشط القوميات الأخرى وتزداد قوة تأثيرها ثقافيًا وسياسيًا واجتماعيًا.

ليست الحلقات الآنفة الذكر دوائر مغلقة، بل امتاز معظمها بالحيوية والانفتاح، فالحلقة الأولى وحدها هي الدائرة المغلقة وتتمتع بالقدسية، بينما تبقى الحلقات الأخرى متفتحة على الثقافات والحضارات الأخرى، ولكن انفتاحها لم يكن خاليا من الرقابة، بل امتازت الحلقة الثانية بالحيطة والحذر لقربها من العقيدة، وانفتحت الحلقة الثالثة على الثقافات والحضارات بشكل سمح لكثير من العناصر الثقافية الأجنبية بالتسرب إلى داخل الثقافة العربية، وأبرز مثال على ذلك تأثر العرب بالمنطق الأرسطي في فقه اللغة وبالإدارة البيزنطية في الخلافة الأموية والسياسة والإدارة وأسلوب الحكم الفارسي في الخلافة العباسية.

أما الحلقة الرابعة والخامسة فإنها أكثر الحلقات انفتاحًا على الثقافات الأجنبية، إذ احتلت مجموعة الحلقة الرابعة مكانًا بارزًا في الحياة الاجتماعية، وأقبل على دراسة العلوم وتطويرها وابتكار الجديد فيها عدد كبير من العلماء في الرياضيات والفيزياء والفلك والطب والصيدلة وغيرها، في حين بقيت معارف الحلقة الخامسة محصورة لا تؤثر في الحياة الاجتماعية إلا قليلًا فواجهت الفلسفة اليونانية نقدًا شديدًا من قبل العلماء والفقهاء، ولم

تستطع أن تنفذ إلى الثقافة العربية إلا عندما استطاع الفلاسفة التوفيق بينها وبين العقيدة، أو عن طريق استخدامها سلاحًا للدفاع عن العقيدة.

إنّ الثقافة العربية والحضارة العربية منظورًا إليها من خلال الدوائر أو الحلقات الخمس بقيت حيوية في تفاعلها مع الفكر والعلم الجديدين، وبقيت منفتحة على التجارب في الحضارات الأخرى في فترات الازدهار والنمو الحضاري، ولم تغلق أبواب المعرفة إلا مجبرة في فترات التدهور والانحطاط.

المبحث الرابع: خصائص التراث العربي

للتراث العربي عدة خصائص مميزة هي الأبعاد الرئيسية المرتبطة به والتي تجعله مثار اهتمام العربي وغير العربي، وهذه الأبعاد هي:

1. البعد الزمني أو التاريخي: فالثقافة العربية والحضارة العربية ليست وليدة حقبة زمنية أنجز فيها الإنسان العربي ما خلفه لنا، بل هي تراكمات وتجارب وتفاعلات الإنسان العربي مع محيطه والأحداث ومع الكون بما فيه من جماد وحيوان، ومع الثقافات الأجنبية وما أثارته من مواقف وتساؤلات، ومع تطلعاته وأهدافه في نشر رسالته الحضارية بين الأمم، ومع الإخفاقات والنكسات التي أصابته خلال محاولته لتحقيق الأفكار الكبرى والطموحات الجسام، فالزمن في التراث العربي مستمر لم ينقطع، ولكنه على الرغم من ذلك فلم يستمر بالعطاء في مراحل معينة من التاريخ، والإنسان العربي الحديث مدين لاستمرارية الزمن في التراث لتحويل ما خلَّفه الأسلاف من إنجاز إلى ثقافة عصرية حية وعمل هادف من خلال تحليل التجارب القديمة وطرق معالجة المشكلات التي واجهت الإنسان العربي في مراجل التاريخ المختلفة.
2. البعد الحضاري: فالثقافة العربية والحضارة العربية تمثلان حيوية الأمة العربية في الابتكار والأصالة، في العطاء والتفاعل، في القدرة على الإنجاز من خلال تحويل الأفكار والطموحات إلى عمل، وليس للتراث مجرد الإنجاز الموروث للأمة في التاريخ القديم، ولا يمكن فهم التراث العربي كما نفهم التراث اليوناني،

لأن الأول بالنسبة للأمة العربية جزء من تاريخ حياتها يشكل الجذر العميق لثقافة وحضارة الإنسان العربي في العصر الحديث، بينما الثاني ثقافة أجنبية لإنسان عاش تجارب أخرى فساهم بالعطاء، إذ كانت للإنسان اليوناني نظرته الشاملة إلى الكون وتطلعاته ومواقفه وتجاربه الخاصة، فاختلفت قاعدته الفكرية وانطلاقاته عن القاعدة الفكرية والنظرة الشاملة للكون التي جعلها الإنسان العربي أساس انطلاقاته في الفهم والعمل والحركة الحضارية.

3. البعد العقلي – الفلسفي: يتميز التراث العربي الثقافي والحضاري بالعقلانية في الموقف والفهم، إذ انفرد هذا التراث بنزعة أعطت للعقل والفهم المنظم المكانة الأعظم استجابة للشروط التي أملتها العقيدة الإسلامية في ضرورة اكتشاف القوانين الطبيعية وسبر أغوار النفس الإنسانية من جهة، وفي تجنب النزعة الأسطورية في فهم الكون والإنسان من جهة أخرى، وقد انعكس هذا التصور على جميع المظاهر الثقافية والحضارية، فلم تعد الآلهة تفعل كيفما تشاء وبالطريقة التي نجدها في الحضارة البابلية القديمة. لأن الإنسان العربي آمن بالله الواحد فانعكس هذا الإيمان في سلوكه في وحدة الموقف والشعور والعمل، فلا نجد في الآثار الحضارية العربية ما يشير إلى إقدام العربي المسلم على الفن الوثني وإقامة معابد تعبر عن تعدد الآلهة ومقابر تعبر عن نظرة الإنسان إلى صورته ما بعد الموت كما فعل الإنسان المصري القديم، أما المظاهر الثقافية التي برزت في الحقب المتعددة من العصر العباسي ونجدها مدونة في بعض المؤلفات التي تشير بوضوح إلى تعلق بعض الكتاب من شعراء وأدباء ومفكرين بدعوات إلحادية وما تتخلله من أفكار وثنية ومواقف لا تنسجم مع عقلانية التراث العربي، فإنها ولا شك من تأثير ثقافات أجنبية، يونانية وهندية وفارسية وإسرائيلية.

4. البعد الحيوي: ليس التراث تركه يرثها الإنسان العربي الحديث فيشعر بها بالفخر والعزة فيتباهى بها في المؤتمرات والمحافل وكتب التاريخ، بل يتميز تراثنا بالحيوية والديمومة والقدرة على التفاعل والعطاء، وأن استمرار حياة العربي الثقافية والحضارية مدينة لهذا التراث، فالقيم الأخلاقية والنظرة الشاملة للكون

والموقف من الحياة والموت والمصير، وطرق معالجة المشكلات والأزمات الحاضرة والانفتاح الواعي على الثقافات الأجنبية، والدعوة إلى العلم والتقدم أمثلة توضح ما للتراث العربي من حيوية وقدرة على خلق الشخصية العربية في تحديد الموقف من المدنية الحاضرة وفي تعيين الطريق الهادف نحو المستقبل، أن التاريخ العربي يزودنا بأمثلة رائعة على قدرة الحضارة العربية على مواجهة الغزو الفكري والحضاري ثم امتصاص قدرة هذا الغزو وشلّه عن الحركة والتأثير، وبذلك استطاعت الأمة العربية على الرغم من سيادة القوميات الأخرى ومحاولاتها تذويب الشخصية العربية بفضل حيوية التراث والحضارة العربية أن تحفظ ذاتها من الضياع.

5. البعد القومي: لقد انقطع التطور الثقافي والعلمي للأمة العربية بعد فترة التدهور والانحطاط وسيادة قوميات أجنبية عليها، وعلى الرغم من ذلك كله فقد بقيت العقيدة بما تمثله من ضرورة العناية باللغة العربية والتاريخ والأدب وما تمليه على العربي من واجبات وشروط وسلوك وقيم أخلاقية وأعراف سامية، رغم جمود التطور الفكري ذات أثر فعال في حفظ هوية الإنسان العربي من الذوبان في القوميات الغازية، وعندما بدأت المدنية الأوربية بالتأثير في الأمة العربية واستيقظت في النفس العربية ضرورة الثورة على الجمود والتبعية، كان للتراث العربي والحضارة العربية النصيب الأكبر في خلق الشخصية القومية العربية الهادفة إلى الوحدة بعد التجزئة وإلى التحرر من السيطرة الأجنبية بعد الذل والجمود والعبودية، وإلى عدالة اجتماعية بعد استغلال الإنسان العربي لأخيه الإنسان، فكانت وحدة اللغة العربية ووحدة التاريخ والفكر ووحدة المشاعر والتقاليد والمثل والقيم ووحدة الهدف مقومات أساسية للأمة العربية تحفظ وجودها وتماسكها القومي.

المبحث الخامس: سبل تجديد التراث العربي

من الخطأ الاعتقاد أن التراث العربي لا يتجاوز مجموعة من المخطوطات في شتى صنوف المعرفة والعلم، ومن الخطأ معالجة قضايا التراث بعين تبصر فيه جانبًا دون آخر

وزاوية دون زاوية أخرى، لأن التراث العربي يمثل تجارب الأمة العربية وحيويتها وتاريخ حياتها، وأن أفضل سبيل لتحديده هو في إبراز جوهره على هيئة قواعد ندرجها بالتسلسل:

القاعدة الأولى- يمثل التراث العربي تجارب الأمة العربية وخبراتها في تحويل أفكارها وطموحاتها إلى واقع ملموس، فالأفكار وحدها مهما كانت عظيمة وطموحة لا يمكن أن تخلق حضارة، إذ تعوزها الإرادة الواعية لبث الحياة فيها، فتتجه بالأفكار نحو العمل والتجربة الهادفة لتحقيق واقع تنشده، فالفكرة والإرادة وجهان ضروريان لكل عمل حيوي، وان الفكرة الواحدة قد تنجز أعمالاً حيوية مختلفة في حقب مختلفة وحضارات متباينة.

القاعدة الثانية- يمثل التراث العربي حيوية الأمة العربية في المساهمة الفكرية والأدبية والعلمية، وقدرتها على العطاء والتفاعل والإبداع والتطوير، فليست المخطوطة التي خلفها الأسلاف في المعرفة الفقهية والأدبية والعلمية والفلسفية إلا الوجه المنظور لما توصل إليه الفكر العربي من إنجازات، وهي وحدها لا تستطيع تصوير الحياة الثقافية والعلمية بشكل تام، ولكنها في الوقت نفسه تزودنا بالاتجاهات العامة التي سادت الحياة الثقافية، لا سيما وأن معظم المخطوطات قد فقدت وتبعثر الموجود منها في شتى أنحاء المعمورة.

القاعدة الثالثة- يمثل التراث العربي تاريخ حياة الأمة العربية وتطورها على جميع الصعد السياسية والاجتماعية والدينية والاقتصادية والحربية والثقافية وغيرها، فالتاريخ الذي دونه العرب لجميع الأنشطة يبين من دون ريب طبائع الأحداث والحركات والثورات والنكسات التي مرت بالأمة العربية، كما يبين ما توصلت إليه الحياة الحضارية من عطاء في الموسيقى والغناء وضروب الفن الأخرى، فضلاً عن ضروب المعرفة الأخرى، وما حققته من إنجازات عمرانية ومشاريع وسدود وجسور ومعابد وغير ذلك.

إن القواعد آنفة الذكر والحلقات الخمس الخاصة بالتراث والحضارة العربية تساعدنا كثيرًا على معرفة حقيقة التراث وطريقة تحليله بصورة علمية صحيحة، فالحلقة الأولى تخص العقيدة في حين تضم الثانية مجموعة العلوم الشرعية والفقهية، وتشمل الثالثة مجموعة العلوم الإنسانية والاجتماعية، وتحتوي الرابعة على مجموعة كبيرة من العلوم الرياضية والطبيعية والهندسية والزراعية والطبية والصيدلانية وغيرها، بينما تضم الحلقة الخامسة مجموعة متفرقة من المعارف الأجنبية من فلسفة وأديان وعقائد لأمم وحضارات أخرى.

من الخطأ القول إن الجزيرة العربية كانت قبل الدعوة الإسلامية غير ذات حضارة، إذ لا يمكن تصور مجتمع يتقبل الرسالة الإسلامية بما فيها من قيم أخلاقية ونظام ونظرة شاملة للكون مع ما في الدعوة من إعجاز في الأسلوب واللغة، وسمو في المعنى والفهم العقلي بحقيقة الكون والإنسان، من دون أن تكون للمجتمع ثقافة وحضارة.

لقد كانت الدعوة بعثًا للحضارة العربية وزخمًا جديًا توغل في الفكر والشعور والوجدان في سبيل تجسيد الأفكار الكبرى للمجتمع الجديد، فالدعوة الإسلامية بالنسبة للعربي المؤمن بالإسلام ليست فلسفة للتأمل والنظر العقلي المجرد، بل رسالة حضارية قوامها العمل والتغيير من أجل الإنسان، لذلك بقيت الدعوة بالنسبة للعربي فكرًا مُفارِقًا منزلًا لا يصيبه التغير، يستلهم منه المبادئ العامة والتوجهات الحياتية الصائبة والمعاملات مع الغير في الحرب والسلم، ويسترشد به في الأزمات والنكسات، ويستعين في تحقيق التطور والإنجاز، وفي بناء الحياة الاجتماعية والاقتصادية. وبالإرادة المؤمنة بالفكر العقائدي والمسترشدة به، والظروف الاجتماعية والسياسية التي كانت سائدة في الجزيرة العربية ولدت الحضارة العربية الجديدة بعد أن استنارت بالرسالة وما تضمنته من توصيات وتوجيهات ومبادئ، وشقت هذه الحضارة طريقها متفاعلة مع الأحداث ومع الإمبراطورتين البيزنطية والفارسية اللتين كانتا على درجة كبيرة من التطور الحضاري.

إنّ الفكر القرآني واحد بالنسبة لكل الشعوب التي آمنت بالدعوة، ولكنه أنجز تنوُّعًا في الحضارات، وذلك لاختلاف الإرادة والظروف والمحيط الاجتماعي والحضاري، وهذا الأمر يفسر لنا الاختلافات بين الحضارة العربية والحضارة الفارسية والحضارة التركية والحضارة الأفغانية وغيرها من الحضارات التي تنوعت بفضل الإسلام. على الرغم من وحدة الفكر.

انصبت الجهود العربية في فترة الدعوة الإسلامية على ترسيخ المفاهيم الجديدة في قلوب المؤمنين ونبذ جميع المعتقدات الوثنية والتي جُبلوا عليها قبل الدعوة، واستهدف صاحب الدعوة النبي محمد (صلى الله عليه وسلم) بالدرجة الأولى تحطيم نواة الحضارة الجاهلية عن طريق الدعوة إلى عبادة إله واحد له خصائص القدرة والرحمة والعلم وغير ذلك، وكان على دراية كبيرة أن تحطيم هذه النواة معناه القضاء على ما يرتبط بها، من مظاهر اجتماعية وسياسية واقتصادية، وطريق تسلك فيه الدعوة الجديدة بسهولة.

المبحث السادس: أهمية الدعوة الإسلامية في تطور العلوم العربية

لقد كانت شخصية الرسول محمد -صلى الله عليه وسلم- النموذج الأمثل لشخصية العربي والشخصية الحضارية للأمة، وكانت أقواله أدلة تشير إلى ما يجب أن يكون وان لا يكون، وكانت أفعاله إشارات واضحة تبين كيفية تحقيق الأفكار وتحويلها إلى واقع ملموس، وقد تحقق في شخصيته التطابق بين الفكر والواقع. وتوجهت اهتمامات الشخصية العربية الجديدة بعد مدة الترسيخ والممارسة العلمية لطريقة تحقيق الفكر في المجتمع، إلى دراسة الفكر القرآني والتفكير بالأحاديث النبوية والتأمل في الطرق الموصلة لتحقيق الدعوة، والحذر من اختلاف السبل والاجتهادات بين الناس، فبرزت في البداية الدعوة إلى جمع القرآن الكريم باعتباره المرجع الأساس للفهم والتنظيم، وقد تم الجمع لأول مرة في عهدي الخليفة أبو بكر الصديق والخليفة عمر بن الخطاب، ثم جُمع للمرة الثانية في خلافة عثمان بن عفان، إذ عهد إلى لجنة رباعية مهمة الجمع من زيد بن ثابت وسعيد بن العاص وعبد الرحمن بن الحارث وعبدالله بن الزبير، وبذلك اجتمع العرب المؤمنون على كتاب واحد مدون.

ونظرًا لأهمية القرآن الكريم وضرورة التقيد بنصوصه في القراءة والتدوين، فقد نشأت الدراسات اللغوية المرتبطة به، كما نشأت القراءات، وقد ألف العرب فيها الكتب في القرن الأول الهجري، ومن هذه الكتب في القراءات كتاب يحيى بن يعمر (ت98هـ/ 707م). واستمرت جهود العرب مثمرة في هذا الحقل الحيوي المتصل بالدعوة في العهدين الأموي والعباسي.

كما اهتم العرب كذلك بالحديث النبوي لما له من أهمية في تنظيم الحياة الاجتماعية والسياسية والاقتصادية وما انطوى عليه من تجارب عاشها النبي محمد (صلى الله عليه وسلم) في ظروف اجتماعية متباينة، وما تحمل في طياته من حكمة جليلة لحياة الإنسان وبناء شخصيته، كما تُمثل الأحاديث النبوية طرق معالجة المشكلات التي قد تظهر في المجتمع، فهي ليست مجرد أحاديث بل مفاهيم ومبادئ لبناء الشخصية وطرق معالجة المشكلات وفلسفة حياتية فيها كل عناصر النظرة الشاملة إلى الكون.

فمن المعروف أن الأحاديث النبوية قد سجلت في عصر الصحابة في صحائف، ثم صنفت في فصول وأبواب بعد اجتياز مرحلة التدوين، وقد اهتم العرب بالحديث وروايته فوضعوا الأصول الدقيقة للتثبت من رواية الحديث وسنده، وهي الأصول العلمية في تقصي

الصادق من القول ابتداءً بالتعرف على شخصية الراوي وسلوكه وانتهاءً بالرواية ومقارنتها بالروايات أو الأسانيد الأخرى.

ونظرًا للتطور الذي رافق الحضارة العربية في جميع الأوجه الحياتية، وهو التطور الذي بدأ مع بداية الدعوة الإسلامية ليأخذ في المرحلة الثانية طريقه نحو تأسيس الدولة العربية، ثم ليجري إلى إقامة دولة ذات آفاق عالمية في المرحلة الثالثة، نشأت مشكلات جديدة لم تكن معروفة من قبل، كما أدى الاحتكاك المباشر بالحضارتين الرومانية والفارسية وبالشعوب التي رزحت تحت سيطرتهما زمنًا طويلًا إلى بروز ظواهر اجتماعية وسياسية وإدارية تحتاج إلى تدبر ومعالجة.

إنّ الفقه والتشريع الإسلامي الذي اتخذ طريقًا منطلقًا من العقيدة إلى الحياة، ليؤسسها في ضوء القواعد الأخلاقية والقانونية الجديدة، قد اجتاز ثلاثة أطوار متعاقبة، متفاعلًا مع ما يحيطه من ثقافات وطرز حضارية موروثة وراهنة، حتى تبلور على هيئة قوانين للجماعات أو الشعوب المختلفة.

يمثل الطور الأول محاولات الإنسان العربي تحقيق فكر الدعوة منذ أن بدأت بتغيير سلوك الفرد ونظرته إلى الحياة والكون باتجاه تكوين المجتمع العربي الجيد في المدينة بعد الهجرة النبوية الشريفة. إذ بات على العربي المؤمن ضرورة التقيد بالتعاليم الجديدة والسلوك بمقتضاها وتطبيقها في حياته اليومية في الزواج والطلاق والإرث والمعاملات التجارية وغير ذلك. ولم يكن المجتمع في المدينة متجانسًا فإلى جانب العقيدة الجاهلية والأعراف والقيم والمقدسات التي يقوم عليها المجتمع الجاهلي، نجد لليهود عقيدتهم وأعرافهم وطرق معاملاتهم ونظرتهم للحياة، فكان على الدعوة الجديدة بعد أن استقرت في النفوس أن تشق طريقها بالفكر والعمل لخلق المجتمع الجديد متفاعلة في الوقت نفسه مع القوانين والأعراف السائدة تارة ورافضة لبعض الأوجه الاجتماعية غير المتفقة مع المفاهيم الجديدة تارة أخرى. ويمثل الطور الثاني محاولات الإنسان العربي بعد تثبيت الدعوة وانتشارها فوق أرض واسعة، في الإفادة من الواقع الحضاري والثقافي للشعوب التي احتك بها، وتطوير التشريع والقوانين بشكل يتفق مع جوهر الدعوة من جهة وملائمة للظروف الاجتماعية والإدارية والسياسية الجديدة من جهة أخرى. فقد عرف أن للشعوب التي دخلت الإسلام تقاليد وأعرافًا إلى جانب القوانين التي تنظم حياتها، فالشعوب التي

تحررت بفضل العرب كانت منضوية تحت لواء الإمبراطورية الرومانية أو الإمبراطورية الفارسية، وسادت حياتها قوانين ونظم هي إما رومانية أو فارسية، وبذلك واجه التشريع مهمات جديدة في الإفادة والتطوير لتنظيم الحياة الجديدة للشعوب.

ويمثل الطور الثالث محاولات الإنسان العربي المستمرة في الرجوع إلى جوهر الدعوة الإسلامية باعتبارها الأصل وكل ما عداها مجرد فروع، فاتجهت الجهود إلى نبذ العناصر الأجنبية التي دخلت في التشريع على أساس أنها غير متفقة والدعوة الجديدة. وهذا يدل على أن العربي جعل التوازن بين العقيدة والحياة العملية محور تفكير في معالجة المشكلات والظواهر الجديدة، وأن الروح الإسلامية التي تشبع بها بقيت هي الدليل في تحركاته، في الأخذ والتمثيل والنبذ لما هو غريب عن الشريعة.

إنّ النظرة الحضارية للتراث المتمثل في الفقه والشريعة وما يتصل بهما وبالعقيدة من جهة والحياة الاجتماعية والسياسية والاقتصادية من جهة أخرى، تتجاوز الدراسة والتحقيق للمخطوطات إلى ضرورة إعادة بناء الصورة التي كانت عليها الحياة الاجتماعية والاقتصادية عن طريق المصادر المختلفة، ثم البحث عن الطريقة التي استطاع بها المفكر أو المشرع الإسلامي معالجة المشكلات والأزمات فضلًا عن محاولاته التجديدية في مواكبة التطور الاجتماعي الحضاري. وبذلك يستطيع الإنسان العربي المعاصر فهم النتائج والأسباب معًا لسنّ القوانين وتأسيس النظم، ومعرفة التطور الذي رافق التشريع وقيام المؤسسات المختلفة.

المبحث السابع: في التواصل بين الموروث قبل الإسلامي والإسلام

وإلى جانب ما خلفه الأسلاف من تراث ضخم في التشريع والاجتهاد وسن القوانين المتصلة بحياة الفرد وملكيته، وحياته الجماعة وحقوقها، والحدود التي يتوقف عندها حق الفرد وحق الدولة، وواجب الفرد وواجب الدولة، والتمييز بين الحق والباطل والخير والشر والمسموح والممنوع، نجد تراثًا أدبيًّا ضخمًا يمتد إلى ما قبل الدعوة الإسلامية ويستمر بالعطاء والتفاعل مع الأحداث طوال سيادة الأمة العربية وقبل أن تفقد استقلالها الذاتي.

ولم يكن الأدب الجاهلي مجرد مجموعة من القصائد الشعرية، بل يمثل تجربة الإنسان العربي بكل أبعادها، وقد ترجم هذه التجربة على صورة فنية وجمالية تعشقها النفس وتتأثر

بها فتنقلها إلى الآخرين، وكثيرًا ما يستعين العربي بالشعر لتثبيت موقف أو لقول حكمة أو لقضاء حاجة في النفس أو لتربية الناشئة على الفروسية والقيم العليا، فالأدب العربي حصيلة فكرية وفنية وفلسفية وتربوية. ولا يمكن أن ننظر إليه من زاوية أدبية فقط، لأنه بالفعل سجل كامل لكل النشاطات التي حفلت بها حياة الإنسان العربي.

لقد تأثر الأدب العربي بالدعوة فتفاعل مع التجربة الجديدة، ولكنه لم يفقد صلته بالأدب الجاهلي، بل بالعكس، فهو في الوزن والقافية والشكل امتداد طبيعي لما أنجزته العقلية العربية في إبداع الأسلوب الأدبي والفني.

أما الصور الجديدة التي تمخضت عنها الحياة بعد الدعوة فقد عبّر عنها الشعر أبلغ تعبير، واستمر الأدب العربي متفاعلًا مع الحياة ومواكبًا لجميع الأحداث والتغييرات الاجتماعية والسياسية والثقافية.

يمثل الأدب الجاهلي صورة حية للحياة الاجتماعية التي عاشها الإنسان العربي، كما تمثل مفرداته ومعانيه وصوره وأغراضه المرحلة الحضارية التي عاشها العربي والمحيط الذي ترعرع فيه، ويمثل الأدب العربي بعد الدعوة الصورة الجديدة للمجتمع الذي أخذ بالنمو والحركة السريعة لتثبيت الأسس والدعائم، ولكنه في الوقت نفسه لم يقطع صلته بالأدب الجاهلي الذي بلغ درجة عالية في التصوير الفني والبراعة في الأسلوب، بل بقيت الأغراض القديمة والأساليب الفنية مع اختلاف في الصور والأفكار التي فرضتها الحياة الجديدة إلى جانب أغراض الشعر وإبداعاته الفنية الجديدة، فالفروسية والمروءة والاعتزاز بالذات والمفاخرة والمديح والهجاء وغير ذلك قد نمت وازدهرت بصورة جديدة إلى جانب تأثر الأدب بالثقافات المختلفة والتيارات الفكرية والمذهبية والسياسية.

أما النثر فلم يصلنا منه ما يثبت اهتمام العربي الجاهلي بهذا الأسلوب الأدبي، وبلغ النثر مكانته الكبيرة في الأدب العربي بفضل القرآن الكريم والأحاديث النبوية، وذاع بسرعة في جميع الأقطار العربية، وتطور النثر غير الديني في القرن الأول والثاني للهجرة، وقد احتل نثر ابن المقفع (ت757م) والجاحظ (ت869م) وأبو حيان التوحيدي (ت1023م)، وغيرهم مكانة كبيرة، ولم يسلم النثر من التأثيرات الأجنبية سواء كانت يونانية أو فارسية

أو هندية، وذلك لانفتاح الثقافة العربية على الثقافات الأجنبية، إنّ الأدب العربي إنما هو تعبير عن الشخصية القومية للإنسان العربي، وتعبير عن موقف الإنسان العربي من الكون والحياة، فقد صب الإنسان العربي في الجاهلية عصارة تجاربه وتطلعاته حتى أصبح الشعر ملازمًا للحياة ومؤثرًا فيها، لأن فيه حكمة التجربة والخبرة العملية إلى جانب النزوع الفني والجمالي، وعندما تغيرت نظرة الإنسان العربي إلى الكون والحياة بفضل الدعوة الإسلامية، بقيت النزعة العربية واضحة في الأدب العربي وقد طبعت في الوقت نفسه بطابع إنساني يتجاوز الحدود الضيقة التي اعتاد عليها الشعر الجاهلي، ولكنه بقي معبرًا عن الشخصية العربية الجديدة ومدافعًا عنها ضد خصوم الأمة العربية.

إنّ الأدب العربي تعبير عن اللسان العربي، فهو ثروة لغوية وفكرية، وقد ساهم في الحفاظ على اللغة، وأمد علماء اللغة بالأمثلة والشواهد المختلفة عند بحثهم لقواعد اللغة من نحو وصرف، وللمعنى سواء حقيقيًا أو مجازيًا، وللمفردات وكيفية استعمالها، وللأوزان وكيفية القياس عليها وغير ذلك من الموضوعات الخاصة بعلم اللغة. وبقي الأدب العربي دون منافس، وبقيت اللغة العربية لغة الثقافة والعلوم دون مزاحمة من قبل أدب أو لغة أخرى، حتى استطاعت اللغة الفارسية تحقيق ذاتها أولًا ثم اللغة التركية ثانيًا.

وعلى الرغم من الوحدة الفكرية التي فرضها الإسلام على جميع الأمم والشعوب، والتعبير عن هذه الوحدة باللغة العربية، فقد استطاعت بعض الشعوب غير العربية الإفلات من الطابع العربي في اللسان والفكر لتؤكد استقلالها اللغوي الذي عزز ثقتها القومية.

كانت اللغة الفارسية في البدء فقيرة في اللفظ والتعبير، ولكنها بفضل اللغة العربية استطاعت الوصول إلى مرحلة النضج لتعبر عن ثقافة العصر على جانب اللغة العربية، وبقيت التأثيرات العربية فاعلة في اللغة والثقافة والأدب، بل إن الأدب الفارسي مدين لفترة طويلة للأدب العربي، ثم ما لبث الأدب الفارسي أن انفرد بخصائص قومية، فالفردوسي (ت1020م)، والنظامي (ت1203م)، هما أبرز من يمثل النزعة القومية في الأدب الفارسي. واتخذ الأدب الصوفي الفارسي طريقه الذي اختلف به عن الأدب الصوفي العربي بإقدامه على الأفكار الباطنية والتعبير الشعري القصصي والملحمي، فبرز من الأدباء الفرس جلال الدين الرومي (ت1271م)، وفريد الدين العطار (ت1230م)، وعبد الرحمن جامي (ت1492م) وغيرهم.

إنّ الأدب في نظرتنا الحضارية يمثل الخصائص الفردية والجماعية للشعب، ويعبر عن الخصائص القومية للأمة، فهو بمثابة المعيار لنمو الشخصية القومية وتفردها بصفات مختلفة عن صفات شخصيات قومية أخرى لأمم مختلفة.

إنّ النظرة الحضارية لتراث الأدب العربي لا تتوقف عند معرفة الشعر والنثر والأساليب والصور الفنية التي يرسمها، بل تتجاوز ذلك إلى البحث عن الأوجه المختلفة والأدوار التي لعبها في الحياة العربية قبل الدعوة باعتباره مرآة للحياة الثقافية والسياسية والاجتماعية. ووثيقة تاريخية تصور الأحداث والوقائع، فالأدب الجاهلي يمثل صورة حية للحياة الاجتماعية التي عاشها الإنسان العربي، كما تمثل مفرداته ومعانيه وتصوراته وأغراضه المرحلة الحضارية التي عاشها العربي والمحيط الذي ترعرع فيه، كما يعبر الأدب العربي بعد الدعوة وفي مراحل نموه المختلفة عن التطلعات والأهداف والأفكار والتناقضات الاجتماعية والصراعات السياسية والمذهبية، وعن الآثار التي تركتها الثقافات المختلفة في الحضارة العربية، فكان منه الأدب السياسي والأدب الاجتماعي والأدب الفلسفي والأدب الديني والأدب التعليمي والعلمي.

كما وامتد فضل اللغة العربية والأدب العربي على الفنون المختلفة، فنشطت الحركة الفنية بتأثيرات محلية وأجنبية، وتحولت الكتابة باللغة العربية إلى صور فنية جديدة، وازدادت عناية الفنان في التعبير الفني باستخدام أشكال مختلفة للحرف العربي، وقد ساعد ظهور هذا الاتجاه الفني على ابتعاد الإنسان العربي عن العناية بالأوثان والمنحوتات بتأثير من العقيدة، ولكن من الخطأ القول إن العقيدة حاربت التصوير والنحت بسبب عدم اهتمام الإنسان المسلم بهذا الضرب من الفن، بل إن التحريم اقتصر على دور العبادة والمساجد، فلا نجد ما نراه في الكنائس المسيحية مثلًا، أما ما عدا ذلك فإن الشواهد والآثار تدل بوضوح على عناية الإنسان المسلم بالرسوم والمنحوتات في الأعمال اليدوية المختلفة، في الخزف والحفر على المعادن والرخام والخشب وغير ذلك من الفنون.

لقد احتل المسجد الجامع في حياة العربي المسلم مكانة كبيرة باعتباره مكان العبادة والتجمع والشورى والتعلم، فهو مؤسسة دينية ودنيوية في آن واحد، وهو مؤسسة لها دورها التربوي والتعليمي وقت السلم، ودورها الإعلامي والتعبوي في الدفاع والتحرير والجهاد وقت الحرب.

وعندما اتسعت رقعة الدولة الإسلامية واستقرت الحياة بدأت التأثيرات العميقة تأخذ طريقها في البناء والزخرفة وفنون الكتابة، وازداد اهتمام الناس بالفن الديني إن كان فنًا معماريًا أو هندسيًا أو زخرفيًا لا سيما وأن انتقال الحياة الدينية إلى أماكن متنوعة وشعوب لها حضارات وطرز في الألبسة والعمارة مما ألبس أبنية المساجد أنواعًا جديدة من الفنون، فلا نشك مثلًا بتأثير الحضارة الساسانية والحضارة الرومانية على الفن، كما أن التغيرات المستمرة على مر العصور تشير بوضوح إلى آثار فنون حضارية أخرى طبعت الفن العربي بطابعها المميز، فالتركية والمغولية قد منحت لفن العمارة الخاص بالمساجد طابعًا مميزًا، وقد لعب الحرف العربي دورًا بارزًا في الفن، واستطاع الفنان أن يعرض الكتابة العربية بالأسلوب الهندسي الجذاب مما جعلها سمة طبعت الفن العربي بطابعها، فقد الخط العربي لقواعد فنية وهندسية صارمة وتنوعت أنواعه بتأثير من فنون أخرى لشعوب لها طابعها المميز في الفن، ومن الخطأ الاعتقاد أن الفنون العربية بقيت مرتبطة بالعقيدة، فالفنان طوع الخط العربي لأغراض الرسم، لذلك نجد الخزف والحفر على المعادن والأخشاب والأحجار وغيرها وقد رسمت عليها حيوانات عن طريق تطويع الخط العربي، كما نجد صورًا للحيوانات على هيئة رسوم ونقوش.

وإلى جانب هذا وذاك، فإن الكتب العلمية قد زخرت هي الأخرى بالرسوم الفنية للنباتات الطبية ولأنواع الأشجار والأزهار، كما نجد الرسوم الهندسية وقد احتلت مكانًا بارزًا في الكتب العلمية، واستعان العالِم العربي برسم الأجهزة والأدوات والآلات في كتبه الفيزياوية والفلكية والرياضية.

وكان للشعر العربي دوره في الغناء والطرب، لا سيما وأن ما يتميز به من موسيقية وإيقاعية بسبب الأوزان والقوافي قد منح الإنسان العربي ذوقًا رفيعًا في الموسيقى والغناء وأذنًا تتقبل الإيقاعات المتفقة مع ذوقه الموسيقي، وعندما استقرت الحياة ومالت إلى الترف احتلت الموسيقى واحتل الغناء مكانًا في الحضارة العربية، فازدهرت الألحان وتنوعت الأنغام بسبب ما عرف عند الشعوب الأخرى من أنواع جديدة في اللحن والإيقاع. وكان لا بد من مواكبة التطور في فن الغناء والموسيقى واستحداث الآلات الموسيقية وتطويرها، فدُونَت القواعد الموسيقية في اللحن والأداء.

إنّ النظرة الحضارية للتراث الفني لا تقتصر على إبراز التأثيرات الفنية لشعوب أخرى على الفن العربي، بل من الضروري إبراز دور الفنون في الحياة الاجتماعية، وربطها بالتطور الفني والعلمي والتكنولوجي، فالزخارف الجميلة والنقوش الهندسية لا يمكن أن تُعرف بمعزل عن المعرفة الفنية والعلمية للعصر والتقدم التكنولوجي للأدوات المستخدمة في الحفر والنقش والكتابة والبناء وغير ذلك، كما أن المعرفة بالموسيقى العربية بحاجة إلى ربط بالتطور الأدبي وابتكار أساليب أدبية غنائية جديدة، وباستحداث الأدوات الموسيقية أو تطويرها، مع معرفة بالطرق التي استخدمها الفنان في ضبط الأصوات ومختلف النغمات.

المبحث الثامن: دور اللغة العربية في التطور الحضاري والثقافي

وامتازت اللغة العربية فضلًا عن كونها لغة الدين والفقه والأدب والحياة، أنها استطاعت بعد مدة قصيرة أن تكون لغة العلم والعلماء، وذلك بفضل المترجمين والإبداعات التي حققها العالِم العربي في ابتكار كثير من المصطلحات العلمية، ومطاوعة اللغة العربية بالاشتقاق وتنويع المعاني.

ولم تقتصر اهتمامات الإنسان العربي على العناية بالأنشطة المختلفة للحياة من تشريع وأدب ولغة وتاريخ وفن، بل سرعان ما واجه أنشطة فكرية وعملية جديدة، فالعقيدة تحث على طلب العلم ومعرفة أسرار الكون والإنسان والحياة، وأن الواجب يقضي الاستزادة من المعرفة وطلب العلم، وبذلك كانت النفس العربية تواقة للمعارف الجديدة، مؤهلة لتلقي ما هو جديد ومفيد. وعندما بدأت العلوم الأجنبية ولا سيما اليونانية تترجم إلى اللغة العربية في الطب والهندسة والفلك والحساب، فتبحث في الطبيعة وطبائع الأشياء والحركات والأشكال والأعداد، أقبل الإنسان العربي على هذه العلوم يرشف ما يصل إليه من معارف فيهضمها بسرعة فائقة ليجتاز بعد مدة قصيرة مرحلة النقل والترجمة إلى مرحلة الإبداع والابتكار، فلقد شهدت بغداد في عهد خلافة المأمون حركة ترجمة واسعة النطاق، إذ تُرجمت مؤلفات الأطباء والفلاسفة الإغريق، وسرعان ما بزغت أسماء عربية في دنيا العلوم كان لها وزنها الكبير في تطور العلوم عند العرب، وفي تغيير مسيرة العلم بصورة عامة.

إنّ أبرز ما امتازت به العقلية العربية في العلوم عن العقلية اليونانية[1] هو اهتمام الأولى بالتجربة والملاحظة، والاعتماد في التثبت من صدق الأقوال والقضايا والمبادئ على التجارب والملاحظات الدقيقة المنظمة، بينما اهتمت العقلية اليونانية بالتأمل والبحث الرياضي الصوري بعيدًا عن التجارب والملاحظات العلمية. وقد أدرك الإنسان العربي الفرق الجوهري بين العلوم البرهانية والعلوم الطبيعية، وإمكانية الاستفادة من العلم الرياضي في الفلك والفيزياء مثلًا، فكان بذلك رائد النزعة التجريبية في العلم ومدركًا لأهمية العلم الرياضي في التعبير عن الحقائق العلمية.

ولا بد أن نشير هنا إلى حقيقة مهمة هي: أن العلوم المترجمة إلى العربية من اليونانية لم يتقبلها العالِم العربي كما هي، بل جاهد بالملاحظة والتجربة للتثبت منها ومن النتائج التي توصل إليها من سبقه، ففي ميدان الفلك عرف العرب كتاب المجسطي لبطليموس، ولكنهم في الوقت نفسه لم يتوقفوا عنده أو سلموا بكل ما جاء فيه، بل أُقيمت المراصد الفلكية واختُرعت الأدوات والأجهزة العلمية، وطُورت علوم نظرية وابتُكر حساب المثلثات كعلم مهم للبحث الفلكي، فجاءت دراسات العلماء العرب علمية بكل معنى الكلمة؛ لأنها استوفت في الوقت نفسه الجانب التجريبي والملاحظة الدقيقة المنظمة في تسجيل حركات الأفلاك وتعيين مواقع النجوم في القبة السماوية، والجانب الرياضي في عرض المعلومات العلمية والتعبير عنها بالدقة الرياضية، فمن المعروف أن موسى بن شاكر قد خلف وراءه ثلاثة أبناء برزوا جميعهم في اشتغالهم بالعلوم، فشارك الابن الأكبر محمد بن موسى مع مجموعة من الفلكيين العرب في قياس محيط الأرض، ونبغ الابن الثاني وهو أحمد بن موسى في الميكانيك واختراع الآلات والأجهزة الدقيقة، وقاده نبوغه إلى تحويل كثير من

---

(1) إن هذا التمييز بين العقليتين اليونانية والعربية الإسلامية من قبل الدكتور ياسين خليل له مصداقيته على أرض الواقع، إذ إن الإنسان العربي المسلم المنتمي للإسلام والمتأثر بالقرآن الكريم وأحاديث الرسول الكريم إنما ينهج في حياته النهج الذي يربط بين النظر والعمل ولا يجعل من النظر أعلى قيمة من العمل ولا العمل أعلى قيمة من النظر، بل أن النظر بدون عمل لا قيمة له وكذلك العمل بدون نظر فوضى وتخبط، بالقول المأثور اعمل لدنياك كأنك تعيش أبدًا واعمل لآخرتك كأنك تموت غدًا، وهذا خلاف العقلية اليونانية التي أعلت من شأن النظر وأدنت من شأن العمل، وجعلت النظر خاصية النبلاء والأشراف والعمل خاصة العبيد. ولهذا كانت فلسفاتها نظرية تأملية أكثر مما عملية واقعية وخير مثال جمهورية أفلاطون المثالية الطوباوية. (المحقق)

المعارف العلمية إلى أجهزة وآلات، وذلك بالاشتراك مع أخيه محمد بن موسى، وكان الابن الثالث وهو الحسن بن موسى عالمًا ضليعًا في الهندسة، وللأبناء الثلاثة مؤلفات عديدة في الهندسة والميكانيك والحركات والموسيقى والفلك[1].

وقد برز في العلوم الطبيعية البحتة التطبيقية مجموعة كبيرة من العلماء العرب نذكر أبرزهم على سبيل المثال لا الحصر: ثابت بن قرة (ت901م) ومحمد بن موسى الخوارزمي (ت830م) وأبو عبد الله محمد بن جابر البتاني (ت918م) وأحمد بن عمر الكرابيسي وغيرهم. ووصل بعض العلماء العرب إلى منزلة كبيرة في العلوم، فكان من بينهم أبو ريحان البيروني (ت1048م) والعلم الفيزيائي الكبير الحسن بن الهيثم (ت1038م) الذي عرف بأبحاثه التجريبية في حقل البصريات واستعانته بالرياضيات في أبحاثه الفيزيائية، فكان بحق مؤسس علم الفيزياء، والفيزياء التجريبية بالذات.

وقد عرف علماء الطب اليونانيين بعد ترجمة مؤلفاتهم إلى العربية مثل أبقراط وجالينوس وغيرهم، ولكنهم تجاوزوا بالبحث التجريبي والتشخيص الدقيق للأمراض والعلل وما عرفوه عن اليونان، وانصبت عناية الطب العربي على بحث طب العيون والغذائيات والطب البيطري والأمراض المختلفة والعقاقير والصيدلة وتحضير الأدوية بالأوزان والنسب وغير ذلك.

واستخدم الطبيب العربي الأدوات الجراحية والأجهزة الدقيقة وأسلوب مراقبة سير الأمراض والتشخيص السريري مع معرفة بأهمية الجوانب النفسية وأثرها في المريض في حالتي الإصابة والنقاهة.

وبرز في الطب أعلام أمثال ابن سينا (ت1037م) وأبو بكر محمد بن زكريا الرازي (ت925م) وأبو القاسم الزهراوي (ت1013م) وهو طبيب جراح أندلسي عرف بابتكاره لعدد كبير من الأدوات الجراحية، كما وأجرى عدة عمليات جراحية متنوعة وشخَّص العديد من الأمراض، وابتكر عدة طرق وأجهزة جديدة في معالجة حالات مرضية كثيرة وفي معالجته للحالات الصعبة الخاصة بوضعية الجنين والطريقة الناجحة لإنقاذ الجنين أثناء الولادة.

---

(1) عُرِّف بهؤلاء الأعلام والفلاسفة العرب وغيرهم، في الكتب الثلاثة الأولى من هذا المجلد. (المحقق)

إنّ انتقال الطب عند العرب إلى الاعتماد على التشخيص والعلاج والاهتمام بتتبع سير المرض وتسجيل أعراضه واستحداث عقاقير جديدة وإجراء العمليات الجراحية وابتكار الآلات المساعدة والتعرف العلمي على أجهزة الإنسان وطريقة عملها والوظائف التي تؤديها، ومعرفة الأثر النفسي لدى المريض مع تمييز واضح بين الأمراض الفسيولوجية والأمراض النفسية، يمثل أكبر قفزة في العلم عمومًا وفي الطب بصورة خاصة.

كما نبغ العلماء العرب في مجالات أخرى في الكيمياء وعلم الحيوان والنبات وعلم الزراعة وغيرها، وبرز منهم أعلام قدموا للبشرية الشيء الكثير.

إنّ التطور الكبير الذي أحدثه العلماء العرب في العلوم الطبيعية البحتة والتطبيقية، وفي العلوم الطبية والصيدلانية، وفي العلوم الهندسية والمعمارية كان كبيرًا، وإن معرفتنا بما قدمه هؤلاء العلماء الكبار بعد تحقيق ما أنجزوه ودراسة ما ابتكروه في ضوء منظورات علمية حديثة، تجعلنا أكثر اعتزازًا بالتراث العلمي العربي وبالعلماء العرب.

ونشطت جهود عدد من المفكرين العرب في حقل الفلسفة بعد أن ترجمت الكتب الرئيسية لأفلاطون (ت427ق، م)، وأرسطو (ت322 ق، م)[1]، ولكن الملاحظ أن الدراسات الفلسفية لم تحظ بالاهتمام نفسه الذي حظيت به العلوم، وذلك لسبب اعتقده هو عزوف العقلية العربية عن البحث الميتافيزيقي[2]، لا سيما وأن العقيدة الإسلامية قد زودت الإنسان العربي بنظرة شاملة إلى الكون تبلورت فيها وحدة النظر والعمل، ووحدة الموقف والسلوك ووحدة الخالق ووحدة الكون.

---

(1) بصدد ترجمة مؤلفات أفلاطون وأرسطو إلى العربية، أقول إن الترجمة لهؤلاء الفلاسفة اليونان وغيرهم من أهل ملتهم قد تم على مراحل عدة إلى أن استقرت الترجمة وأخذت طابعًا ممنهجًا في بيت الحكمة العباسي الذي أسسه هارون الرشيد عام 217للهجرة، وأمده بكل أسباب القوة ابنه الخليفة المأمون، إذ نُقلت في هذا البيت معظم العلوم والمعارف والفلسفات للأمم الأخرى، ولمن أراد المزيد عن دور بيت الحكمة العباسي في الترجمة فليُراجع أي كتاب يتحدث عن هذا الموضوع. (المحقق)

(2) لا توجد عقلية إنسانية مهما كانت طبيعتها ومرجعيتها الفكرية والدينية أن تتخلى عن البحث الميتافيزيقي التأملي، لأن طبيعة العقل الإنساني تميل إلى البحث في الماورائيات واستقصاء جواهرها وماهياتها وغير ذلك، ولكن فات الفيلسوف ياسين خليل أن يشير أن البحث الميتافيزيقي الخاص بالعقلية العربية له طبيعة متميزة عن البحث الميتافيزيقي عند الفلاسفة اليونان، بسبب وجود مؤثرات عدة توجه هذا البحث منها القرآن الكريم والإسلام كنظام اجتماعي وفكري وغير ذلك. (المحقق)

ولكن ذلك لا يعني مطلقًا أن العربي غير قادر على البحث النظري والتأمل الفلسفي، بل إن ما أريد تأكيده هو أن الإنسان العربي امتلك فلسفة حياتية مختلفة عن الفلسفة اليونانية، وقد عجزت الفلسفة اليونانية أن تكون بديلًا له عن فلسفته التي استمد أصولها من العقيدة.

إنّ النظرة إلى الإنجازات الفكرية التي حققها العرب من خلال مقولات الفلسفة اليونانية ومبادئها والبحث عن الفلسفة اليونانية في الفكر العربي ليست بالنظرة الصائبة، إذ لا بد من البحث عن الفلسفة الجديدة التي ابتكرها الإنسان العربي، وهي فلسفة منطلقة من العقيدة بما فيها من مواقف ثابتة من الكون والحياة والإنسان، وفلسفة متأثرة بالعلوم التي أحدث فيها العلماء العرب تطورات كبيرة.

وإلى جانب الفلسفة نجد عقائد قديمة ومواقف متباينة واتجاهات ذات طابع سياسي واجتماعي وفكري تستفيد من التراث القديم لأمم سالفة، وقد تحولت هذه الاتجاهات إلى حركات باطنية وسرية واشتد تأثيرها عند ضعف السيادة العربية وتدخل قوميات أخرى في الإدارة والحكم، فكانت هذه الحركات نذيرًا بانهيار الحضارة العربية وسيادة القوميات الأخرى.

خاتمة: يتضح مما تقدم أن نظرتنا إلى التراث العلمي العربي واسعة، فهي لا تكتفي بالمخطوطة، بل تتجاوز ذلك إلى الإنجازات المادية والابتكارات الهندسية والمعمارية، وهي لا تكتفي بالأدب واللغة العربية، بل تتجاوز ذلك إلى العلوم بشتى أنواعها وما خلفه العلماء العرب من آثار وأوصاف للأجهزة والآلات والمراصد وغيرها، وما تركته الحضارة العربية من شواهد تبين رقي الفن المعماري، وإنجاز المشروعات الإروائية الكبرى والسدود وغيرها، وهي لا تكتفي بالفقه والشريعة، بل تتجاوز ذلك إلى فهم للتطورات الجديدة التي أحدثها الاتصال بحضارات أخرى وتغير بنية المجتمع، ومواجهة مشكلات جديدة تحتاج إلى حلول ليواصل المجتمع مسيرته، وهي لا تكتفي بتعرّف الإنجازات المختلفة للإنسان العربي، بل تتجاوز ذلك إلى إحياء التراث العربي لبناء نهضة علمية عربية جديدة تعزز مكانة الإنسان العربي.

الفصل الثاني

منطق الخوارزمي* في الجبر والمقابلة

تمهيد: في الفصل الصيفي للعام الدراسي 1957-1958م، حضرت محاضرات الأستاذ الدكتور **هانس هيرمس** (Hans Hermes)، رئيس معهد المنطق الرياضي في جامعة مونستر (Munster)، بألمانيا الغربية، بصفتي طالبًا للدكتوراه، وكان موضوع الدراسة مدخل إلى المنطق الرياضي، وبعد محاضرات عديدة تناول فيها حساب القضايا والعناصر المنطقية المشتركة، انتقل إلى تحليل حساب المحمولات، أو حساب دالات القضايا[1] (Propositional Function)، فإذا به يطرح مقدمة يتناول فيها الأصول التاريخية لموضوع البحث، فيذكر اسم **الخوارزمي** (ت830م) في المحاضرة، وهنا التفت إليّ لمعرفته أني عربي يسألني عن طريقة تلفظ اسمه، وهل الأفضل أن يقال **الخارزمي** أو **الخوارزمي**؟. فأجبته في حينه أننا نفضل استعمال **الخوارزمي** فنقول: إنه **محمد بن موسى الخوارزمي**. ثم أشار بعد ذلك إلى جهود **العلماء العرب** وإسهاماتهم الفذة في الرياضيات، وسمعت منه لأول مرة في حياتي الدراسية أن بين اسم **الخوارزمي** والمفهوم الشائع (Algorithmus) في الرياضيات علاقة وطيدة عرفها الإنسان منذ مائة عام، بأن اسم الغورثم مشتق من اسم العالِم العربي **الخوارزمي**[2].

---

* نُشر هذا البحث أول مرة في مجلة التراث العلمي العربي، الصادرة عن مركز إحياء التراث العلمي العربي، بجامعة بغداد، عندما كان الدكتور ياسين خليل يرأس هذا المركز في عام 1977م، ثم أعيد نشره في مجلة آفاق عربية البغدادية، العدد 5، السنة الرابعة، 1979. (المحقق)

(1) يستخدم رسل ووايتهد في كتابيهما أصول الرياضيات Principia Mathematica، مفهوم دالة القضية، على أساس أنها صيغة فيها متغير واحد على الأقل، تتحول إلى قضية تحتمل الصدق أو الكذب بعد إعطاء قيم لمتغيراتها. (المؤلف)

(2) وردت هذه الملاحظات مكتوبة كذلك في محاضراته: Hans Hermes, Einfuhrung in die Mathematische

وبعد عشرين سنة **أعود** الآن لدراسة هذه المسألة التي أهملتها لأُناقشها من زاوية جديدة في ضوء مبادئ ومفاهيم المنطق الرياضي[(1)].

ومن أجل ذلك قُسّم موضوع منطق **الخوارزمي**[(2)] إلى أوجه متعددة تؤلف مع خطة البحث جميع ما تحتويه هذه الدراسة.

المبحث الأول: خطة البحث

إن الغاية التي أنشد تحقيقها في هذا البحث تتجلى في الكشف عن أصول المنطق والطريقة التي وضع أسسها عالِم الرياضيات العربي **محمد بن موسى الخوارزمي**، وذلك من خلال دراسة تحليلية لكتابه في الجبر والمقابلة وأسلوب تفكيره، وأن أُبرهن على أنه رائد المنطق الرياضي ومبتكر منطق جديد يختلف عن منطق **أرسطو** (ت322ق.م)[(3)].

Logik, Munster 1957, p77. (المؤلف)، ومما هو جدير بالذكر هنا، أن ياسين خليل يقول بخلاف ما ذهب إليه الفيلسوف زكي نجيب محمود، على الرغم من أن كليهما ينطلقان من مدرسة فلسفية واحدة، ألا وهي الفلسفة الوضعية المنطقية الأوربية المعاصرة، فزكي نجيب محمود يُنبهه الطالب في الجامعة إلى أهمية دراسة التراث العلمي العربي وأنه سابق في منطقه ومفاهيمه العلمية على ما طرحه العلم الحديث، وهو ما أشار إليه زكي في مقدمة كتابه عن جابر بن حيان، في حين نجد ياسين خليل هو الذي يُعتَمد عليه في المرجعية العلمية للتراث العلمي العربي من قبل أستاذ المنطق الرياضي بجامعة مونستر هانس هيرمس، عندما كان ياسين خليل طالبًا للعلم هناك. إنها مفارقة تبدو غريبة نوعًا ما! (المحقق)

(1) إن سبب الإهمال الذي أشار إليه الدكتور ياسين خليل لم يكن مقصودًا وبتعمد، بل أن سببه جملة الشواغل العلمية والفلسفية التي اهتم بها في مدة قيامه بالتدريس بقسم الفلسفة بجامعة بغداد وتأليف الكتب العلمية الفلسفية في المنطق ومناهج البحث والفلسفة المعاصرة وغير ذلك، ولكن بعد أن أسّس مركز إحياء التراث العلمي العربي بجامعة بغداد ويساعده في ذلك ثلة من العلماء العراقيين، وجد من الضروري أن يهتم بهذا الجانب العلمي من التراث، وقد أشرنا إلى ذلك مفصلًا في الكتاب الأول والثاني من هذا المجلد، وبينا بالتفصيل لماذا اختار هذه الجانب من التراث العربي دون غيره من النتاج التراثي العربي الإسلامي. (المحقق)

(2) لا بد من التنويه هنا، إلى أن نسبة كبيرة من هذا البحث قد تضمنت في القسم الثالث من الكتاب الأول، وفي الفصل الثالث الخاص بعلم الجبر، لكن مع توسع وتفصيل هنا أكثر مما هناك. (المحقق)

(3) يُعرف منطق أرسطو بالمنطق الصوري أو الشكلي أو التقليدي، تمييزًا له عن المنطق الحديث الذي يسمى بالمنطق الاستقرائي أو التجريبي، أما مسألة ريادة الخوارزمي للمنطق الرياضي وأنه سابق على ما طرحه المناطقة المحدثون والمعاصرون بصدد المنطق الرمزي أو الرياضي، فإن لهذا القول أصوله الفكرية الأيدلوجية ودوافعه النفسية والتاريخية كما يتضح. (المحقق)

ولا بد لنا قبل ذلك أن نتعرف على شخصية **الخوارزمي** وأعماله العلمية، إذ لم تذكر كتب التراجم والسير العربية القديمة عن حياة الخوارزمي إلا القليل، ويقول عنه **ابن النديم**: اسمه **محمد بن موسى** وأصله من **خوارزم**، وكان منقطعًا إلى خزانة الحكمة **للمأمون**، وهو من أصحاب علوم الهيئة، وكان الناس قبل الرصد وبعده يعولون على زيجه الأول والثاني، ويعرفان بالسند هند[1].

وله من الكتب كتاب الزيج بنسختين أولى وثانية، كتاب الرخامة، كتاب العمل بالأسطرلابات، كتاب عمل الأسطرلاب، كتاب التاريخ[2].

ولا يذكر **ابن النديم** كتابي **الخوارزمي** في الجبر والمقابلة والحساب، في حين نجد **جمال الدين القفطي** يذكر كتاب الجبر والمقابلة عند استعراضه لمؤلفاته[3]، ويذكر له كتاب الحساب في ترجمة حياة **كنكه الهندي**، فيقول: ومما وصل إلينا من علومهم (**يقصد الهنود**) حساب العدد الذي بسّطه **أبو جعفر محمد بن موسى الخوارزمي**، وهو أوجز حساب وأخصره وأقربه تناولًا وأسهله مأخذًا، يشهد **للهند** بذكاء الخاطر وحسن التوليد وبراعة الاختيار والاختراع[4].

ولا يذكر **ابن أبي أصيبعة** شيئًا عن **الخوارزمي**، ولكنه يذكر **محمد بن موسى المنجم**، فيقول: وهو أحد **بني موسى بن شاكر** الحساب المشهور بالفضل والعلم والتصنيف في العلوم الرياضية، وكان **محمد** هذا من أبرّ الناس **بحنين بن إسحق**، وقد نقل له **حنين** كثيرًا من الكتب الطبية[5].

ولا بد هنا من التمييز بين شخصيتين هما **محمد بن موسى الخوارزمي ومحمد بن موسى بن شاكر المنجم**، وقد تنبه إلى ذلك من قبل **القفطي** حين يذكر: **محمد بن موسى**

(1) ذُكِر تعريف الأزياج وكتاب السند هند في الكتاب الثاني من هذا المجلد والخاص بالعلوم الطبيعية، وفي فصل علم الهيئة أو الفلك، فليُراجع في موضعه. (المحقق)

(2) يُراجع، الفهرست، طبعة مصر، ص397. (المؤلف)

(3) يُراجع، كتاب أخبار العلماء بأخبار الحكماء، طبعة مصر، ص187-188. (المؤلف)

(4) المصدر السابق، ص187. (المؤلف)

(5) يُراجع، عيون الأنباء في طبقات الأطباء، تحقيق نزار رضا، بيروت 1965، ص283. (المؤلف)

المنجم الجليس وليس **بالخوارزمي**، كان هذا رجلًا عالمًا بالنجوم خبيرًا بمجالسة الملوك ومحاضرتهم في زمن **المأمون** وبعده[1].

وفي ترجمة حياة **محمد بن إبراهيم الفزاري** يذكر **القفطي**، **محمد بن موسى الخوارزمي**، في معرض حديثه عن السند هند، فيقول: إنه قدم على **الخليفة المنصور** في سنة ست وخمسين ومائة رجل من الهند قيِّم بالحساب المعروف بالسند هند في حركات النجوم، فأمر **المنصور** بترجمة ذلك الكتاب إلى العربية، وأن يؤلف منه كتابًا تتخذه **العرب** أصلًا في حركات الكواكب، فتولى ذلك **محمد بن إبراهيم الفزاري**، وعمل منه كتابًا يسميه المنجمون السند هند الكبير، وتفسير السند الهند باللغة الهندية الدهر الداهر، وكان أهل ذلك الزمان أكثر من يعملون به إلى أيام الخليفة **المأمون**، فاختصره له **أبو جعفر محمد بن موسى الخوارزمي** وعمل منه زيجه المشهور ببلاد الإسلام[2].

وبعد، فإن **خطتي** في البحث تختلف عما هو متعارف عليه عند تناول المسائل التراثية، و**غايتي** أن أثبت جدواها عن طريق ما تظهره من نتائج علمية مهمة، وأن أُبرهن بطريقة غير مباشرة على عدم جدوى الطريقة التاريخية في بحث التراث العلمي العربي[3].

وأقصد بالطريقة التاريخية: الأسلوب الذي اتبعه **المستشرقون** في سلخ القيمة العلمية وأصالة التراث العلمي والفكري العربي بمحاولة إرجاعه إلى مصادر غير **عربية**، تأثر بها وأخذ عنها مع افتراض مسبق أن كل إنجاز **عربي** لا يمكن أن يكون أصيلًا وذاتيًا، وما على البحث التاريخي إلا أن يثبت أصل هذا الإنجاز أو ذلك لأمم أخرى غير **الأمة العربية**، وغالبًا ما نجد تحيزًا واضحًا لحضارات أخرى مثل الحضارة **اليونانية والفارسية والهندية والبابلية القديمة** في رد كل إنجاز **عربي** إليها[4].

---

(1) يُراجع، أخبار العلماء، ص187. (المؤلف)

(2) المصدر السابق، ص177-178. (المؤلف)

(3) لقد ذكر الدكتور ياسين خليل طريقته في تناول التراث العلمي العربي وفلسفته في هذه الطريقة وغايته التي ينشدها ومنهجه المطبق في ذلك، في مقدمة كتابه الأول من هذا المجلد، فليُراجع في موضعه. (المحقق)

(4) يقصد الدكتور ياسين خليل أن دعوى المستشرقين بأن التراث العلمي العربي وغيره، إنما هو إما مأخوذ عن اليونان أو الهنود أو الفرس، وذلك من خلال اتباع منهج أساسه قائم على التتبع التاريخي لظهور الفكرة أو المصطلح أو غير ذلك، من خلال عقد مقارنة تاريخية بين السابق واللاحق، وبالتالي يظهر العلم العربي أنه

إنّ من أكبر الأخطاء التي رافقت مهمة دراسة التراث العلمي العربي وكشف دوره في تطور العلم، محاولة بحث الإنجازات العلمية من زاوية التحيز المطلق للفكر **اليوناني**، فنجد الباحث ينظر في التراث العربي ليجد ما يوافق مقولات وأصول الفلسفة **اليونانية** والعلم **اليوناني**، فإن وجد اختلافات وابتكارات غير معروفة عند **اليونان** نراه إما إن يغفلها أو أن يقلل من شأنها، أو أن ينسبها إلى بدايات **يونانية** بسيطة، وهو في كل ذلك ينطلق من عقدة تفوُّق العقلية **الأوربية** على كل ما عداها[1]، ومن أبرز الأمثلة على ذلك ما يذكره **المستشرق بيل** عن جبر **الخوارزمي** بقوله: إنّ الانجاز بأجمعه ما هو إلا مزيج من النتائج **اليونانية والهندية**، وأن التقدم الرئيس الذي حققه هو تطبيق أسماء الأعداد **الهندية** علىٰ الحل العددي للمعادلات[2].

ومن الطريف أن تتعدد الاجتهادات في إرجاع الابتكار **العربي** لتثبت في النهاية عقم الطريقة التاريخية وتفاهة التحيز **الأوربي**، فيذكر المستشرق **ألدو ميلي** في حديثه عن جبر **الخوارزمي** ما نصه: أما **الخوارزمي** فإنه لم يكن شخصيًا مبدع هذا الجبر الحديث ولم يكن إلا ناطقًا بلسان المدرسة **البابلية** أو **الإيرانية القديمة**، التابعة مع ذلك لتيار التجديد والإصلاح[3].

وتتميز **خطتي** في البحث باعتمادها المصادر العربية بالدرجة الأولى، وعلى معرفة التطورات البيرة التي رافقت تطور المنطق والرياضيات، وصلة الطريقة **الخوارزمية** بهما

مأخوذ من الحضارات وأنها سابقة عليه في الكشف العلمي، لكن مما يؤخذ على الفيلسوف ياسين خليل أنه حشر الحضارة البابلية ضمن هذه الحضارات وعدها غير عربية وهذا غير مقبول منه. (المحقق)

(1) لقد أظهرت الدراسات العلمية الحديثة والموضوعية في أحكامها، خطأ هذا التصور للمستشرقين بصدد أصالة الفكر اليوناني وتبعية التراث العربي له، فجاءت بآراء مخالفة لما طرحه المستشرقون، بل أثبتت أن الفكر اليوناني والفلسفة اليونانية إنما هي كانت تعول على النتاج الفلسفي والعلمي في الحضارات المصرية والعراقية والسورية القديمة السابقة على ظهور الفلسفة والعلم اليونانيين، يُراجع بصدد هذه المواقف، الجابري، د. علي، الحوار الفلسفي بين حضارات الشرق القديمة وحضارة اليونان، ط2، اربد 2005، كذلك، الآلوسي، د. حسام، بواكير الفلسفة قبل طاليس، أو من الميثولوجيا إلى الفلسفة، ط2، بيروت 1981. كذلك يُراجع، لإثبات أصالة الفلسفة وأنها عراقية قديمة وليست يونانية كما يدعون، كتاب الفيلسوف الفارابي، الموسوم تحصيل السعادة، تحقيق جعفر آل ياسين، ط2، بيروت 1992، ص181 وما بعدها. (المحقق)

(2) Bell, E, T, The Development of Mathematics, 2ed, London 1945, p99.

(3) يُراجع، العلم عند العرب، ترجمة عبد الحليم النجار وزميله، بيروت 1962، ص160. (المؤلف)

بالدرجة الثانية، واعتراف بعض العلماء المعاصرين بأهمية هذه الطريقة وجدواها في المنطق الرياضي، فضلًا عما اكتسبته من أهمية في الرياضيات.

و**غايتي** من كل ذلك أن أذهب بالبحث إلى آفاق جديدة، إذ إن المفروض بالبحث العلمي دراسة المسائل التفصيلية، فضلًا عن الإطار العام لمعرفة الابتكارات الحقيقية التي توصل إلى تثبيتها **الخوارزمي**، وذلك في ضوء ما تحقق من إنجازات في الطريقة.

وهذا الأسلوب في البحث العلمي ليس جديدًا على الفكر العلمي، فقد طرحه كثير من العلماء في دراساتهم لمسائل تراثية، فمن المعروف مثلًا أن منطق **أرسطو** قد درس في الوقت الحاضر من زاوية المنطق الرياضي الحديث، إذ أمكن بمساعدة مفاهيم المنطق الرياضي وأسلوب التدوين الرمزي عرض المنطق القديم من زاوية منطقية حديثة، كما في كتاب **لوكاسيافتش** المعروف بنظرية **أرسطو** القياسية[1].

كما درست مخلفات الفلاسفة **اليونان** من زاوية ما توصل إليه العقل الإنساني في الفيزياء والرياضيات والبيولوجيا والكيمياء والتكنولوجيا وغيرها.

تتلخص خطة البحث في إبراز عدة أوجه منطقية ورياضية يرتبط بعضها ببعض، بحيث تؤلف في مجموعها الطرق المتعددة لمنطق **الخوارزمي** الذي اعتمده في الجبر والمقابلة في البناء، وفي الرد إلى الأشكال الرئيسية الستة من المعادلات، وفي إيجاد الحلول الجبرية والهندسية للمجاهيل، ويمكن إجمال ما نستهدفه في منطق **الخوارزمي** بالأوجه الآتية:

1. كشف البناء الجبري الذي استهدف **الخوارزمي** إقامته مع مقارنة ذلك بأنظمة العلم البرهاني: النظام المنطقي والنظام الهندسي.
2. كشف الطريقة العامة ومجموعة الإجراءات التي اتبعها **الخوارزمي** في الحصول على الحقائق الجبرية: النظرية والعملية، مع الاهتمام بالبراهين التي اعتمد عليها في ابتداع الأساليب والإجراءات.

---

(1) Lukasiewicz, j, Aristotle's Syllogistic, 2ed, Oxford 1957.

ويُلاحظ أن هذا الكتاب قد نُقل إلى العربية بعنوان نظرية القياس الأرسطية، بترجمة د. عبد الحميد صبرة، ط1، الإسكندرية 1961، وقد صدرت الطبعة الأولى لهذا الكتاب بالإنجليزية عام 1950 في دبلن، وطبعته الثانية عام 1955، وقام المترجم بتقديم مهم للكتاب عن العلاقة بين منطق أرسطو والمنطق الرياضي، تجاوز حدود 40 صفحة، كما وعُرف بمدرسة وارشو المنطقية ودور لوكاشيفتس في تنميتها وتطورها. (المحقق)

3. كشف طريقة الرد الجبري في حل المسائل الجبرية المختلفة، وذلك عن طريق رد المعادلات المختلفة في الصيغ إلى الأشكال الرئيسية الستة، وما يقترن بها من حلول جبرية.
4. كشف العلاقة بين الجبر والهندسة بأسلوب **الخوارزمي** ذاته، لإدراك طريقة اكتشاف الحل لبعض المعادلات الرئيسية، والتعبير عن الحل الهندسي بأسلوب جبري عام يأخذ صورة الدستور.

وفي سبيل تحقيق هذه الأوجه في البحث لا بد لنا من تحديد دقيق لبعض المفاهيم العلمية، مثال ذلك ما نقصده بالمنطق واختلاف منطق **الخوارزمي** عن منطق **أرسطو**، وما نقصده بالجبر والمقابلة، مع الاهتمام كذلك بالفن الارتباطي Art Combination، والحساب، وعلاقتهما بمنطق **الخوارزمي**، وبذلك يكون السبيل ممهدًا نحو التحليل المنطقي لعناصر الجبر والمقابلة لإظهار المفاهيم الجبرية الأولية المستخدمة في الجبر والتعريفات الضرورية، ثم بناء الصيغ أو الأشكال الجبرية الستة، بالاعتماد على المفاهيم الأولية مع كشف مجموعة العمليات الجبرية والحسابية التي تساعد الباحث في الوصول إلى النتائج مهما اختلفت المقدمات والمفروضات.

وهكذا تقودنا الخطة بالضرورة إلى كشف الجوانب المنطقية والرياضية للطرق المختلفة الموصلة إلى الحلول الصحيحة، مع بيان الجانب التعليمي في تفكير **الخوارزمي**، وتسخير المعرفة الجبرية لمقتضيات العصر وضرورياته.

المبحث الثاني: المنطق والطريقة

لقد اقترن المنطق **بأرسطو**، على أساس أنه المؤسس لهذا العلم وواضع أصوله وشارح ما يرمي إليه، على الرغم من أن بداياته وبعض قوانينه تمتد إلى المحاولات الأولى للإنسان في فهم ما يجري حوله، وتنظيم معرفته واستنتاج بعض القضايا من خلال طرحه لمقدمات يعتقد بصدقها[1].

(1) للمنطق صلة وثيقة باللغة والرياضيات، لأن التفكير المنطقي يفترض لغة التعبير، وقد تكون لغة الحياة اليومية أو لغة رياضية، وعلى الرغم من قلة المعلومات المتوفرة عن العلوم في وادي الرافدين ووادي

واقترنت الهندسة باسم **إقليدس** (ت300م؟)، على أساس أنه أول من أقام نظامًا لعلم الهندسة على وفق شروط منطقية معينة تنظمت بموجبها القضايا الهندسية في ترتيب وتنسيق منطقيين، على الرغم من أن بدايات هذا العلم تمتد إلى المحاولات الأولى للإنسان في استنباط حقائق هندسية عامة من خلال تجاربه وخبراته في بناء الحضارة واتقاء أخطار الكوارث الطبيعية مثل الفيضانات وإقامة المعابد والسدود والقصور وغيرها من الأوجه العمرانية[(1)].

ولا بد لنا من أن نثير التساؤل الآتي: لماذا نقرن المنطق **بأرسطو** والهندسة **بإقليدس**، إذا علمنا أن عددًا غير قليل من العلماء ممن سبقوا **أرسطو** في المنطق و**إقليدس** في الهندسة وجاهدوا في تطوير هاتين المعرفتين؟

نجد جواب هذا السؤال عند مرجعتنا لتطور المنطق، إذ لم يصبح المنطق معرفة نظرية مضبوطة، ولم يأخذ شكله الاستدلالي كمعرفة منظمة إلا عند **أرسطو** الذي ترك لنا آثاره المنطقية التي جمعت من بعده في كتاب عرف بالآلة أو الأورغانون (Organon)، وفيه تجلت غاية **أرسطو** في بناء المنطق كعلم برهاني يبدأ من مقدمات مفروضة ومفاهيم موضوعة واستدلالات وبراهين[(2)].

أما ما يخص الهندسة كعلم نظري فإن **لإقليدس** الفضل الكبير في توحيد المعرفة الهندسية في نظام متناسق يبدأ من مفاهيم وبديهيات Axioms، ومصادرات Postulates،

النيل قبل بزوغ الحضارة اليونانية، فإن ما تركوه يبرهن على استخدامهم لقوانين منطقية في الهندسة والجبر والفلك، وفي حدود اليونان ظهر قبل أرسطو عدد من الفلاسفة الذين صاغوا قوانين منطقية أمثال زينون الإيلي وبارمنيدس وسقراط وأفلاطون. (المؤلف)

(1) لقد عرف المصريون القدامى كثيرًا من الحقائق الهندسية، وعرف البابليون كذلك حقائق هندسية كان من أبرزها القضية المعروفة بنظرية فيثاغورس للمثلث القائم الزاوية، ونُقلت المعرفة الهندسية من مصر وبابل إلى اليونان، وهو انتقال من استخدام الهندسة في الحياة إلى الـتأمل فيها والنظر في قضاياها. (المؤلف)

(2) يحتوي كتاب الأورغانون لأرسطو على الكتب التالية: المقولات Categoriae، وكتاب العبارة De Imterpretation، والتحليلات الأولى Analytica Priori، والتحليلات الثانية Analytica Posteriora، والمواضع Topica، وغير ذلك، فتناول في المقولات موضوع الألفاظ، بينما اهتم في العبارة بالقضايا، وأقام نظريته القياسية في التحليلات الأولى وثبت قواعد عامة للعلم البرهاني وشروطه وعناصره في التحليلات الثانية، وناقش نظرية التعريف في كتاب المواضع، يُراجع، ياسين خليل، نظرية أرسطو المنطقية، بغداد 1964. (المؤلف)

ليصل إلى البرهان على صدق قضايا هندسية أخرى هي ليست بديهيات وليست مصادرات، وتعرف عادة بالمبرهنات Theorems، وتجلت غاية **إقليدس** في كتابه الذي عرف بالأصول Elements، في بناء الهندسة كعلم برهاني يعتمد على البرهان والاستنتاج المنطقي لإثبات صدق القضايا الهندسية من دون اللجوء إلى الخبرة الحسية والتجربة، وذلك عن طريق اختيار مجموعة قليلة من المقدمات Premises، للبرهان على جميع القضايا الهندسية المعروفة.

وكان للمنطق والهندسة تأثيرهما البالغ في تصور العلماء لما يجب أن تكون عليه المعرفة العلمية، فنجد عددًا من الباحثين قديمًا وحديثًا يتناولون منطق **أرسطو** بالشرح والتحليل والإضافة والتطوير، ولم يفقد أهميته في الدراسات الفلسفية والمنطقية حتى يومنا هذا[1]، على الرغم من ابتداع علماء الرياضيات والمنطق في العصور الحديثة أنواعًا منطقية أخرى وأساليب مبتكرة في معالجة مشكلات العلوم وأُسسها، وحظيت الهندسة باهتمام علماء الرياضيات والطبيعة والفلسفة، واتخذت نموذجًا للعلم المنظم يحتذي به عند بناء معرفة علمية جديدة[2]، وامتدت إليها يد والبحث والشرح والدراسة، وأثير حول بعض المسائل فيها عدد من المشكلات، كان من أبرزها المشكلة المعروفة بالتوازي[3].

---

(1) تناول جورج بول موضوع أرسطو من زاوية الجبر المنطقي في كتابه بحث في قوانين الفكر، Boole, G, The Laws of Thought, An Investigation of, New York، وتناوله جوتلوب فريجة من زاوية حساب دالات القضايا في كتابه اللغة الرمزية، .Frege, C, Begriffsshrift, Halle 1976، كما تناوله حديثًا عدد من المناطقة منهم دافيد هلبرت وأكرمان في كتابهما الخصائص الأساسية للمنطق النظري، Springer 1949. (المؤلف)

(2) أصبح للطريقة الاستدلالية منذ كتاب إقليدس تأثير كبير في العلوم والفلسفة، فكتاب غاليلو العلمان الجديدان وكتاب نيوتن المبادئ الرياضية للفلسفة الطبيعية وكتاب الأخلاق لسبينوزا، تشير كلها إلى أهمية الطريقة في بناء المعرفة العلمية والفلسفية، ولا تزال الدراسات الفيزيائية النظرية وعلوم أخرى والرياضيات تأخذ بالطريقة البديهية، يُراجع، ياسين خليل، الطريقة البديهية في المنطق والرياضيات والفيزياء النظرية، مجلة كلية الآداب، بغداد، 1977. (المؤلف)

(3) تعتبر مشكلة مصادرة التوازي جوهر البحث الذي أدى إلى ظهور الهندسات غير الإقليدية، إذ كانت جهود علماء الرياضيات متجهة إلى البرهان عليها بافتراض نقيضها، لعل المرء يحصل عندئذ على تناقض في الهندسة، ولكن ظهر أن الهندسات التي لا تأخذ بها وتستبدلها ببديهية تفترض عددًا لا متناه من المتوازيات أو ببديهية لا تفترض أي متوازٍ هي هندسات متينة خالية من التناقض. (المؤلف)

واهتم **علماء الرياضيات العرب** بهذه المشكلة، وتناولها بالبحث عدد منهم، فألفوا الكتب والرسائل العلمية، يذكر منهم **عمر الخيام** (ت1121م)، و**الخازن** و**الشني** و**النيريزي** و**ابن الهيثم**[1].

بينما يذكر **نصير الدين الطوسي** (ت1274م)، علماء آخرين فيقول: فمنهم من بدلها (أي مصادرة التوازي)، بمصادرة أخرى قريبة منها في الظهور والخفاء، وهو **أبو علي بن الهيثم** المتبحر في الفن الرياضي، ومنهم من أقام عليها برهانًا مبنيًا على مقدمة لا يتقدمها إلى الوضوح والجلاء وهو الحكيم العالِم **أبو الفتح عمر الخيامي**، ومنهم من بناها على مقدمة مغالطيه لا يتروج على صاحب الفطنة والذكاء وهو الفاضل **العباس بن سعيد الجوهري**[2].

كما أضيفت إلى الهندسة قضايا جديدة وبُذلت محاولات لإزالة ما ظهر فيها من ثغرات ونواقص في النظام وفي الطريقة، حتى استطاع عالِم الرياضيات **دافيد هلبرت** (ت1943م) إعادة بناء هندسة **إقليدس** على أسس جديدة خالية من كل الانتقادات التي وجهت إليها وأرسى دعائم الطريقة البديهية Axiomatic Method المعروفة في الرياضيات والمنطق[3].

ولكن العلم الرياضي لا يقتصر على علم الهندسة، وان الفروع الأخرى التي اهتم إنسان **وادي الرافدين** و**وادي النيل** بها لا تقل أهمية عن الهندسة، فالجبر والأوجه الرياضية لعلم الفلك من الإبداعات الرياضية المهمة.

وعرف **اليونان** بفضل اتصالهم الحضاري بالحضارتين **البابلية** و**المصرية** أن العلم الرياضي يضم أربعة فروع هي الهندسة والحساب والموسيقى والفلك. فمنذ **فيثاغورس** (ت500ق.م)، شمل العلم الرياضي الفروع الأربعة نتيجة اتصاله **بمصر** و**بابل**، فمن المعروف أنه سافر إلى **مصر** وكث فيها زمنًا، واتصل برجال الدين فيها وتعلم منهم، وزار **بابل** ومكث فيها مدة طويلة فتعلم من أهلها العلوم الرياضية، ثم عاد إلى **اليونان** ليؤسس فرقة سرية عرفت

---

(1) يُراجع، عمر الخيام، مصادرات إقليدس، تحقيق عبد الحميد صبرة، الإسكندرية 1961، ص6. (المؤلف)

(2) يُراجع، الطوسي، الرسالة الشافية عن الشك في الخطوط المتوازية، حيدر آباد، ص4. (المؤلف)

(3) حقق هلبرت ذلك في كتابه أسس علم الهندسة، عام 1889، Hilbert, D, Grund Logen der Geometrie 1889. (المؤلف)

باسمه امتزجت في تعاليمها أفكار لاهوتية وأسطورية إلى جانب الاهتمام بالمعرفة الرياضية[1].

لقد تركز إنجاز **اليونان** حول الهندسة والطريقة الاستدلالية فيها، بينما لم يحققوا ذات المستوى بالنسبة للفروع الأخرى، ولا نجد في أبحاثهم ما يشير إلى اهتمامهم بالجبر على الرغم من احتكاكهم **بالبابليين** الذين تميزت عقليتهم بالإبداع الجبري[2].

إن اهتمام **اليونان** الشديد بالهندسة من الزاوية البحتة المنطقية والصورية لا يعني مطلقًا أنهم واضعوا أسس الرياضيات البحتة، كما لا يدل ذلك على أن عقليتهم النظرية أفضل من عقلية شعوب **الشرق الأدنى القديم** التي تميزت بالتجريبية وبعض الأوجه النظرية الضرورية.

لقد وقع مؤرخو العلم في أخطاء كثيرة نتيجة نظرتهم إلى إنجاز الحضارات غير **اليونانية** من زاوية ضيقة، إذ أمسكوا بهندسة **إقليدس** ومنطق **أرسطو** وغيرهما مقاييس يقاس بها ما أنجزه الآخرون في العلم، فالمنطق كما نعلم الآن ليس بالضرورة أن يكون على طريقة **أرسطو** فقط، وأن الطريقة المنطقية في تنظيم المعرفة العلمية ليست بالضرورة الطريقة الاستدلالية المطروحة في كتاب الأصول **لإقليدس** فقط، وأن مجرد التفكير برد كل إنجاز علمي وفكري إلى **اليونان** خطأ يُقترف بحق العلم وشعوب الأرض التي ساهمت في تقدم العلم ونموه.

إن الحساب والجبر من العلوم الرياضية المهمة من الناحيتين النظرية والعملية، فضلًا عن أهميتها في العلوم الأخرى، ولا سيما الفيزياء، **وللعلماء العرب** دور بارز وكبير في إرساء دعائم هذين العلمين، وكما اقترنت الهندسة باسم إقليدس، والمنطق باسم **أرسطو**، فمن الضروري أن يقترن الحساب والجبر باسم **محمد بن موسى الخوارزمي**، لأنه أول من نظَّم المعرفة الحسابية والجبرية وابتكر الأساليب الجديدة في الوصول إلى المجهول بدلالة المعلوم، ليحقق طريقة ثابتة وعامة لحل المعادلات الجبرية من الدرجة الثانية.

---

(1) يُراجع، لمعرفة أفكار فيثاغورس الرياضية، كتاب بيل، رجال الرياضيات، Bell, E, T, Men of Mathematics, vol 1, 1953, p20. (المؤلف)

(2) لمعرفة الجبر البابلي والعلوم القديمة، يُراجع، كتاب نيوجيبور، العلوم المضبوطة في الماضي القديم، برنستون 1952. (المؤلف)

لا شك أن شعوب **الشرق الأدنى القديم** قد عرفت طرقًا مبتكرة لحل المسائل الجبرية، وبالتحديد عرف **البابليون** الجبر وكانت لهم ابتكارات مهمة في هذا الميدان، وعرف **المصريون** حل المسائل الجبرية، وإن كانت إنجازاتهم في ميدان الجبر أقل مستوى من الجبر **البابلي**، وعلى الرغم من أن معرفتنا بالجبر **البابلي** تعتمد أساسًا على مجموعة محدودة من النصوص المدونة على الألواح الطينية التي عثر عليها، التي يعود تاريخ القسم الأكبر منها إلى عصر **حمورابي** (1800–1600 ق، م)، ويعود القسم الآخر إلى **الحقبة السلوقية** في القرون لثلاثة قبل الميلاد، فإنها تزودنا بمعلومات تثبت مقدرة **البابلي** على حل معادلات من الدرجة الثانية واهتمامه بالحساب والفلك.

وانتقل شعاع العلم من **بابل** و**مصر** عبر ممرات كثيرة إلى **اليونان** التي شهدت تطورًا كبيرًا في مجال الفلسفة والعلم ليعود هذا الإشعاع من جديد إلى الشرق في **مصر** بعد انهيار الحضارة **اليونانية**، فبرزت **مدرسة الإسكندرية**[1] كمركز للإشعاع الفكري والعلمي. وهي المدرسة التي احتضنت علوم **الشرق الأدنى القديم**، فضلًا عن التراث العلمي والفلسفي **اليوناني**، وكان لها أكبر الأثر في دفع مسيرة العلم إلى الأمام، إذ برز فيها عدد كبير من العلماء في شتى الاختصاصات، وانفرد **ديوفنطس** (ت250م)، بصناعة الجبر[2].

---

(1) لقد أسس الإسكندر الأكبر مدينة الإسكندرية عام 323 ف. م، في الوقع الذي كانت تشغله من قبل القرية المصرية راقودة، وقد ظلل هذا الاسم علمًا على الإسكندرية في اللغة المصرية القبطية الدارجة، وعندما انقسمت إمبراطورية الإسكندر بين قواده كانت مصر من نصيب بطليموس سوتير، وظلت في أيدي أسرة البطالمة إلى أن انتقلت إلى الرومان واتخذ بطليموس سوتير الإسكندرية قاعدة للمملكة وبذل مجهودات طائلة ليجعل منها موئلا للثقافة والعلوم اليونانية، وأنشأ فيها الأكاديمية التي أصبحت ولما يمضي على إنشائها وقت طويل بمثابة جامعة يونانية تباري المدارس الأثينية القديمة، يُراجع، ديلاسي أوليري، علوم العرب وسبل انتقالها إلى العرب، ترجمة وهيب كامل، القاهرة 1962، ص23. (المؤلف)

(2) تذكر كتب التراجم والسير فضل ديوفنطس في صناعة الجبر، وقد ذكر ابن النديم في الفهرست، ص390، بقوله: اليوناني الإسكندراني، وله من الكتب، كتاب في صناعة الجبر، ويذكره القفطي في كتاب أخبار العلماء بأخبار الحكماء، ص126، بقوله: اليوناني الإسكندراني فاضل، كامل مشهور في وقته وتصنيفه وهو صناعة الجبر، كتاب مشهور مذكور، خرج إلى العربية وعليه عمل أهل هذه الصناعة، وإذا تبحره الناظر رأى بحرًا في هذا النوع، ويذكره ابن أبي أُصيبعة في كتابه عيون الأنباء، ص330، في ذكره لمؤلفات قسطا بن لوقا البعلبكي فيقول: أن له كتاب في ترجمة ديوفنطس في الجبر والمقابلة. (المؤلف)

إن الطريقة والمفاهيم والحلول التي طرحها **ديوفنطس** في كتابه[1] لا تمت بصلة إلى التفكير الرياضي **اليوناني**، وأغلب الظن أنها مجرد امتداد طبيعي للجبر **البابلي**، لا سيما إذا عرفنا أن مدارس **يونانية** قد تأسست في **العراق وسوريا** بعد غزو **الإسكندر** لهما، وانتقلت إلى **الإسكندرية** علوم حضارات **بابل** و**مصر** بعد أن ترجمت آثارهما العلمية إلى اللغة **اليونانية** باعتبارهما لغة الحاكم والعلم، ولكن الجبر لم يتبلور كعلم منظم إلا عند **الخوارزمي** في كتابه المعروف بالجبر والمقابلة[2]، وقد حقق فيه الأوجه الآتية:

1. وضع اللبنات الأولى والأسس الرياضية لبناء هذا العلم على قواعد تؤدي في النهاية إلى إقامة نظام متماسك للجبر.
2. وضع أسس طريقة منطقية رياضية جديدة في حل المعادلات جبريًا وهندسيًا ورد الأشكال المختلفة من المعادلات إلى أشكال جبرية رئيسية.
3. تسخير الجبر في الحياة اليومية في حساب المواريث والمعاملات والوصايا، فضلًا عن إدراك أهميته في الهندسة والمساحة والأعمال الهندسية.

وإنه لما يؤسف له أن يد البحث والدراسة والموضوعية لهذا الإنجاز الضخم لم تمتد إليه، ولم تظهر أبحاث منصفة لما أنجزه **العلماء العرب** في علم الجبر بل بالعكس، فغالبًا ما نجد محاولات غريبة في رد إنجاز **العرب** في الجبر إلى ما قبلهم، منكرين عليهم الإبداع والابتكار، وقد اعتمدت أغلب هذه الدراسات على معارف بسيطة بالتراث العلمي العربي عن طريق ما نُشِر أو تُرجِم من مخطوطات علمية عربية، وهو لا يمثل إلا النزر اليسير.

اهتم **العلماء والفلاسفة العرب** بالمنطق موضوعًا وبالاستدلال طريقةً، ولكنهم في الوقت نفسه اتجهوا بالدراسات العلمية ذات الصلة بعلوم اللغة والرياضيات والطبيعة صوب

---

(1) قام رشدي راشد بتحقيق كتاب ديوفنطس الذي ترجمه قسطا بن لوقا صناعة الجبر لديوفنطس، القاهرة 1975. (المؤلف)

(2) كتاب الجبر والمقابلة للخوارزمي، مصر 1968، وقد قدم للكتاب الدكتور مصطفى مشرفة والدكتور محمد مرسي أحمد، مع تعليقات رياضية هامة في حاشية صفحات الكتاب يسرت على القارئ حل كثير من المعضلات التي تثيرها صياغة المفاهيم والمعادلات والحلول لغويًا، وذلك عن طريق استخدام لغة الجبر الحديث. (المؤلف)

مجالات جديدة. فاستحدثوا من أجل ذلك طرقًا منطقية جديدة لا عهد **لفلاسفة اليونان**[1] **وعلماء الإسكندرية** بها[2].

ونحن هنا بصدد منطق وطريقة في الجبر تختلف اختلافًا جوهريًا عن الطريقة المنطقية في الفلسفة، والتي استقاها **العلماء والفلاسفة العرب** من آثار **أرسطو** المنطقية، و**غايتنا** الآن أن نكشف أبرز الاختلافات بين تفكير **أرسطو في** المنطق بخاصة، والعلم البرهاني بعامة، وبين تفكير **الخوارزمي** في المنطق والجبر.

من المعروف لدى المهتمين في المنطق والرياضيات، أن **أرسطو** واضع أول نظام منطقي يعتمد على الحدود Terms، متوخيًا منه أن يكون أساسًا للدراسات الفلسفية والرياضية، لذلك جاء المنطق مستلهمًا العلم الرياضي من هندسة وحساب وفلك وموسيقى، إذ زخرت آثاره في الأورغانون Organon، بأمثلة كثيرة ومتنوعة من الهندسة والحساب لشرح مسائله المنطقية، فكان على منوال الرياضيات يبدأ من مفاهيم أولية مثل الحد والموضوع والمحمول والمقدمة والكلي والجزئي والموجب والسالب وغير ذلك. وقوانين منطقية في الاستنتاج والاشتقاق واستدلالات كثيرة اتخذت شكل أقيسة Syllogisms، إذ يتألف كل قياس من مقدمتين تتبعهما نتيجة بالضرورة لازمة عنهما منطقيًا، وقد اختار أرسطو بعض الأقيسة على أساس أنها أقيسة تامة Perfect Syllogisms، (بديهيات أو مقدمات أساسية)، بينما عمل على رد Reduction بقية الأقيسة بمساعدة قوانين منطقية معينة إلى الأقيسة التامة، وذلك للبرهان على صدق الأقيسة اعتمادًا على صدق المقدمات الأساسية.

واشترط **أرسطو** في تحليله للعلم البرهاني أن يبدأ من مفاهيم أولية غير مُعَرَفَة وأخرى مُعَرَفَة، ومن بديهيات هي قضايا صادقة بالضرورة وأولية ومباشرة، تشترك في أكثر من علم

(1) امتاز الفكر اليوناني بالاستدلالية الصورية، وركز أفلاطون وأرسطو اهتمامهم حول تثبيت الطريقة الاستدلالية في بناء العلم، ولم تحض الطريقة الاستقرائية التجريبية باهتمامهم، ونجح المفكر اليوناني في إثبات جدوى الطريقة الاستدلالية، ولكنه لم يفلح في الحساب لعدم تطور هذا العلم بما فيه الكفاية. (المؤلف)

(2) على الرغم من انتقال العلم اليوناني والمصري إلى دائرة معارف مدرسة الإسكندرية، فإن اهتمام البحث تركز من جديد حول الطريقة الاستدلالية في العلم الرياضي مع اهتمام بعض العلماء بالتجارب والأجهزة على نطاق ضيق. (المؤلف)

واحد ولا تفتقر إلى برهان. ومن مصادرات لا تختلف عن البديهيات في الشروط إلا في ناحية ارتباطها بعلم أو موضوع بحث واحد.

وانطلق **أرسطو** في تأكيد ضرورة البدء بقضايا صادقة لا تفتقر إلى برهان من حقيقة أن الضرورة المنطقية تقتضي ألا يستمر إرجاع أو رد القضايا بعضها إلى بعض إلى ما لا نهاية، وفي ذلك يقول: أما مذهبنا فإنه ليس جميع المعرفة برهانية، فعلى العكس أن معرفتنا للمقدمات المباشرة أو الأولية مستقلة عن البرهان، وضرورة ذلك واضح لأنه لا بد لنا من معرفة المقدمات الأولية التي يبدأ البرهان منها، ولما كان ضروريًّا أن ينتهي الإرجاع في الحقائق البديهية، فإن هذه الحقائق يجب أن تكون غير قابلة للبرهان[1].

أما القضايا الأخرى المنتمية إلى موضوع العلم البرهاني فهي في نظره مبرهنات تفتقر إلى برهان أو إثبات، لذلك ترد إلى البديهيات والمصادرات لإثبات صدقها.

وعلى الرغم من وضوح الطريقة والموضوع والهدف، فإننا لا نجد تعريفًا اصطلاحيًا دقيقًا لمفهوم المنطق في مؤلفاته. وإن ما نجده بعض العبارات المرادفة، فما هو منطقي Logical عندنا اليوم معناه عند **أرسطو**: تحليلي أو مستنتج من مقدمات[2].

إن تفكير **أرسطو** المنطقي قد انعكس ولا شك في الفلسفة والعلم على من جاء من بعده، وبصورة خاصة على علماء وفلاسفة **مدرسة الإسكندرية**، وفي هندسة **إقليدس**، إذ جاء بناؤه متفقًا مع الشروط المنطقية التي ثبتها **أرسطو** للعلم البرهاني، واختلفت الهندسة في الطريقة البرهانية عندما سارت باتجاه استدلالي، يبدأ البرهان فيها من البديهيات والمصادرات والتعريفات نزولًا إلى استنتاج نتيجة هي ما مطلوب البرهان عليه، بينما اتبع **أرسطو** في نظريته المنطقية في القياس طريقة الرد، وذلك بإرجاع القياس الناقص Imperfect Syllogism، إلى قياس تام[3].

---

(1) يُراجع، أرسطو، المنطق، التحليلات الثانية (= البرهان)، تحقيق عبد الرحمن بدوي، القاهرة، ص318. (المؤلف)

(2) Bochenski, I, M, Formal Logik, Munchen 1956, p63.

(3) يُراجع، ياسين خليل، نظرية أرسطو المنطقية، ص124. (المؤلف)

لقد وجد المنطق وتحليل **أرسطو** للعلم البرهاني مكانة بارزة عند **الفلاسفة والعلماء العرب**، إذ ركز الفلاسفة على دراسة الاستدلال القياسي، وتناول العلماء الاستدلال بعامة وتحليل العلم البرهاني، وانتشر بين **الفلاسفة العرب** أن المنطق يتناول دراسة القوانين التي تصون العقل من الوقوع في الخطأ وتوجهه نحو معرفة الصواب، بينما اهتم العلماء العرب بصلة المنطق بالعلوم والشروط التي يجب توفرها في العلم البرهاني.

لقد طرح **الخوارزمي** منطقًا جديدًا في الجبر والمقابلة يختلف عن منطق **أرسطو**، والطريقة الاستدلالية في هندسة **إقليدس**، فهو منطق متحقق في علم رياضي لا يكتفي بوضع الشروط، ويطبق طريقة جديدة في الرد تتفق في بعض الوجوه مع طريقة **أرسطو** في الرد المنطقي، ولكنها تختلف في الوقت نفسه في التفصيلات.

يختلف علم الجبر عن علم الهندسة والمنطق من حيث الموضوع، فبينما تهتم الهندسة كعلم نظري بمفاهيم خاصة مثل النقطة والخط والمستوى والدائرة والاسطوانة وغيرها، نجد أن المنطق مهتم بمفاهيم خاصة به، في حين تبرز في علم الجبر مفاهيم جديدة يستخدمها **الخوارزمي** مثل المال والجذر والعدد المفرد، فضلًا عن مفاهيم حسابية أخرى.

وفي الحقيقة **أننا** نجد لأول مرة أسسًا نظرية رياضية تختلف كليًا عن الأسس الهندسية والمنطقية في ربطها مفاهيم جبرية وأخرى حسابية في صيغ واحدة وفي اتخاذ الصيغ الجبرية العامة والقوانين الجبرية في الحل أساسًا تجري بمقتضاها التطبيقات الحسابية، وفي البناء الجبري الذي يبدأ بالمفاهيم لينتقل إلى تثبيت الأشكال الجبرية الأساسية والقوانين والقواعد الجبرية ليصل إلى البرهان على رد معادلات أخرى من الدرجة الثانية إلى الأشكال الستة الرئيسية، لتكون جاهزة للحل بالدستور.

ويكمن الاختلاف الآخر بين منطق **الخوارزمي** والمنطق **الأرسطي** والهندسة، في أن الأول لا يعتمد على طرح بديهيات أو مصادرات مفروضة، فهو لا يتفق من حيث الأساس مع جوهر التفكير **اليوناني** المنطقي، بل يطرح منذ البداية أشكالًا جبرية أساسية، يجري بمقتضاها العمل باعتبارها أنماطًا أساسية Prototypes للنظرية الجبرية. بينما تتضمن الطرق المختلفة للحل قواعد جبرية وبعض القوانين الأساسية، وهي قواعد وقوانين يتخذها **الخوارزمي** أدوات لحل المعادلات المختلفة.

ولكن ذلك لا يعني مطلقًا أن منطق **الخوارزمي** خلو نهائيًا من البديهيات، بل المقصود هو أنه لم يفترض مقدماته الجبرية الست على أساس أنها بديهيات، وإنما افترضها لسبب آخر، لوجود حلول ثابتة لها تنتهي عندها جميع أشكال معادلات الدرجة الثانية، وسنشير في الوقت المناسب إلى بعض البديهيات التي استخدمت ضمنًا في الحلول الجبرية.

وأخيرًا فإن الطريقة الخوارزمية تهدف من حيث الأساس الكشف عن المجهول بدلالة المعلوم، وليس البرهان على صدق المعلوم بدلالة صدق المقدمات كما هو الأمر في الهندسة.

وهذا يدل على أن **الخوارزمي** يسلك في الجبر طريقًا مختلفًا عن الطريقة **الاقليدية** في الهندسة، ولأجل ذلك يطرح عدة أشكال رئيسية من المعادلات الجبرية ويبتدع الطرق المختلفة لحلها ببعض القواعد العامة التي لا يزال الجبر الحديث يعتمد عليها.

وفي كل ما ذهب إليه تبدو الإفادة من الحساب والموازنة بين الحساب والجبر واضحة، فللجبر حدود خاصة تستخدم الأعداد الصحيحة والكسور وعمليات حسابية وأخرى جبرية. ولعلم الحساب مفاهيمه أو حدوده التي هي الأعداد وعمليات لاستخدام النتائج عن طريق الضرب والطرح والجمع والقسمة وهي عمليات لا تقتصر على الأعداد الموجبة، بل تتعدى ذلك إلى الأعداد السالبة والكسور المختلفة.

أدرك **الخوارزمي** أهمية الأعداد وقوامها فذهب إلى القول: وأني لما نظرت فيما يحتاج إليه الناس من الحساب وجدت جميع ذلك عددًا ووجدت جميع الأعداد إنما تركبت من الواحد، والواحد داخل في جميع الأعداد[1].

وفي هذا النص ما يشير إلى إدراك واضح لأهمية الأعداد الطبيعية على أساس أن الحساب جميعه يعتمد على الأعداد وأن العمليات الحسابية جميعها مهما كانت حدودها أعدادًا صحيحة أو كسورًا ترجع في الأساس إلى الأعداد.

ثم وجد **الخوارزمي** بذكاء رياضي أن الأعداد جميعها تتركب من الواحد، والواحد داخل في جميع الأعداد، وهذا معناه أن متوالية الأعداد الطبيعية التي بين أهميتها في الشق

---

(1) يُراجع، الخوارزمي، كتاب الجبر والمقابلة، مصدر سبق ذكره، ص16. (المؤلف)

الأول من النص تبدأ بالعدد واحد وأن الأعداد الأخرى التالية يدخل فيها الواحد كذلك، ويمكن التعبير عن هذا القول بالطريقة الآتية:

العدد (1) يتركب من العدد واحد (1=1)

العدد (2) يتركب من 1+1 (2= 1+1)

العدد (3) يتركب من 1+1+1 (3= 1+1+1)

العدد (4) يتركب من 1+1+1+1 (4= 1+1+1+1)

وهكذا يطبق المبدأ على جميع الأعداد

وتظهر الإفادة والموازنة كذلك في العمليات الحسابية، إذ يثبت **الخوارزمي** أبوابًا لحساب الجبر والمقابلة: في الضرب[1]، والجمع والنقصان[2]، وفي القسمة[3]، وهذه العمليات الأربع المعمول بها في الحساب كذلك.

ولا بد لنا أن نتساءل الآن بعد بيان الاختلافات بين منطق **الخوارزمي** ومنطق **أرسطو** وهندسة **إقليدس**، عن المعنى الرياضي الذي اقترن بالجبر والمقابلة.

وللإجابة عن ذلك، **أرى** ضرورة التمييز بين حساب الجبر والمقابلة وطريقة الجبر والمقابلة، لاعتقادي أن هذا المسلك يوضح لنا بعض ما وقع فيه من غموض وأخطاء.

لقد ذكر **الخوارزمي** اسم الجبر والمقابلة في عدة مواضع من كتابه، وهي تشير إلى أنه قصد بالاسم مجموعة المفاهيم الجبرية والحسابية والأشكال الستة الرئيسية للمعادلات الجبرية وجميع العمليات الحسابية في الجبر والأعداد، ومن أقواله التي تؤيد ما أذهب إليه: ووجدت الأعداد التي يحتاج إليها في حساب الجبر والمقابلة على ثلاثة ضروب وهي جذور وأموال وعدد مفرد لا ينسب إلى جذر ولا إلى مال[4].

---

(1) المصدر السابق، ص27. (المؤلف)

(2) المصدر السابق، ص30. (المؤلف)

(3) المصدر السابق، ص31. (المؤلف)

(4) المصدر السابق، ص16-17. (المؤلف)

هذا فيما يتعلق بالمفاهيم، أما ما يتعلق بالأشكال الجبرية للمعادلات فيقول: ووجدنا كل ما يعمل من حساب الجبر والمقابلة لا بد أن يخرجك إلى أحد الأبواب الستة التي وصفت في كتابي هذا، وقد أتيت على تفسيرها فاعرف ذلك[1].

بعد ذلك يتناول العمليات الحسابية في باب الضرب والجمع والنقصان والقسمة، ويذكر في موضع آخر بقوله: وقد قدمنا قبل أبواب الحساب ووجوهها مسائل جعلتها أمثلة للستة أبواب المتقدمة في صدر كتابي هذا، لا بد أن منها ثلاثة لا تنصف فيها الأجذار، وذكرت أن حساب الجبر والمقابلة لا بد أن يخرجك إلى باب منها، ثم أتبعت ذلك من المسائل بما يقرب من الفهم وتخف فيه المؤنة وتسهل فيه الدلالة إن شاء الله تعالى[2].

يظهر الآن وبشكل قاطع: أن الجبر والمقابلة في عُرف **الخوارزمي** حساب اجتمعت فيه مفاهيم جبرية وحسابية وأشكال جبرية رئيسية وعمليات حسابية أربع تجري في ضرب الأعداد والأموال والجذور، وتجمع وتطرح وتقسم.

أما طريقة الجبر والمقابلة فإنها تشير إلى ما يجب عمله لحل بعض المعادلات الجبرية، فالمعادلة الجبرية التي يظهر فيها استثناء (نقصان) يجب أن يكمل شريطة أن يزاد مثل ذلك إلى الطرف الآخر، بينما يشترط أن تطرح أو تسقط الأجناس المتساوية في طرفي المعادلة، ويطلق على الإجراء الأول والثاني اسم الجبر والمقابلة.

لقد ذهب من عمل بتاريخ العلوم ومنهم **المستشرق ألدوميلي** إلى القول: أما عند **العرب** فلم يذكر **الخوارزمي** تفسيرًا لهذين اللفظين، ولكننا نجد ذلك عند **محمد بن الحسين بهاء الدين العاملي** (ت1621م)، وهو **سوري**، ومؤلف عدة كتب **بالعربية** و**الفارسية**، وأشهر كتبه كتاب الكشكول، ولكنه ألف أيضًا كتبًا في الرياضة والفلك، وهكذا أعطى في كتابه خلاصة الحساب، التعريف التالي الذي ذكره **المستشرق نيسلمان** بالنص مع الترجمة **الألمانية** في كتابه: الجبر عند **اليونان**[3]، هذا هو التعريف المشار إليه: الطرف ذو الاستثناء يكمل ويزاد مثل

(1) المصدر السابق، ص27. (المؤلف)

(2) المصدر السابق، ص34. (المؤلف)

(3) Nesselmann, G, H, L, Algebra de Griechen, Berlin 1842.

ذلك على الآخر وهو الجبر، والأجناس المتساوية في الطرفين تسقط منهما، وهو المقابلة[1].

لقد وقع **ألدوميلي** في الخطأ فيما ذهب إليه، وعذره أنه اطلع على بعض الترجمات والدراسات المنشورة في زمانه التي وصلت إلى متناول يديه، ولو عرف أن تعريف هذين اللفظين ظهر في حقب سابقة جدًا على ما ذكره، وأنه ليس من المعقول أن يترك أمر تعريفهما إلى القرن السادس عشر ميلادي، لَمَا وَصَلَ إلى هذه النتيجة الواردة في النص.

وتدل المعلومات التاريخية على أن كتاب الجبر والمقابلة قد فتح بابًا رياضيًا جديدًا ولِجه عدد كبير من العلماء، وأن كتاب الجبر والمقابلة لم يكن الكتاب الوحيد الذي تصدى لهذا النوع من الحساب، وأن تطورًا واسعًا قد ظهر في مجال حل المعادلات الجبرية، مثل معادلات الدرجة الثالثة التي برز فيها **محمد بن عيسى الماهاني** في القرن التاسع الميلادي و**ثابت بن قرة** (ت900م)، و**أبو جعفر الخازن** وغيرهم. ومعادلات من الدرجة الرابعة التي برز فيها عمر الخيام، ولا يثيرنا العجب إذا وجدنا تعريف الجبر والمقابلة عند **عبد الله محمد بن أحمد بن يوسف الكاتب الخوارزمي** الذي عاش في القرن العاشر الميلادي، فوضع كتابه مفاتيح العلوم، الذي أنجزه حوالي عام 970م، وذكر فيه أنواع المعارف والعلوم وتعريفات كثيرة. ويذكر تعريف الجبر والمقابلة في بحثه عن الحساب، فيقول: الجبر والمقابلة صناعة من صناعات الحساب وتدبير حسن لاستخراج المسائل العويصة في الوصايا والمواريث والمعاملات والمطارحات، وسميت بهذا الاسم لما يقع فيها من جبر النقصان والاستثناءات ومن المقابلة بالتشبيهات وإلقائها.

مثال ذلك: أن يقع في المسألة مال إلا ثلاثة أجذاره يعدل جذرًا فجبره أن تقول مال يعدل أربعة أجذار، وذلك ستة عشر، لأنك تممت المال وزدت عليه ما كان مستثنى منه فصار مالًا تامًا ثم احتجت أن تزيد مثل ذلك المستثنى على معادله فصار المعادل أربعة أجذار، وأما مثال المقابلة فمثل أن يقع في المسألة مال وجذران تعدل خمسة أجذار فتلقى الجذرين الذين مع المال وتلقى مثل ذلك من معادلة فيحصل مال بمعدل ثلاثة أجذار وذلك تسعة[2].

---

(1) يُراجع، ألدوميلي، العلم عند العرب، ص156. (المؤلف)

(2) يُراجع، الخوارزمي الكاتب، مفاتيح العلوم، مصر 1342هـ، ص116. والخوارزمي الكاتب هو غير الخوارزمي العالم الرياضي المعروف الذي ذكر في الكتاب الأول من هذه الموسوعة (المؤلف)

ولتوضيح الجبر والمقابلة بأمثلة هذا النص نلجأ إلى طريقة الجبر الحديث في التدوين الرمزي، فتتحول جميع الأقوال الخاصة بالمعادلة في حالة الجبر والمقابلة إلى ما يأتي:

س^{2} – **3س** = س

س^{2} – 3س + (3س) = س+ (3س) الجبر بزيادة 3س إلى طرفي المعادلة

س^{2} = 4س

س^{2} + 2س = 5س

س^{2} + 2س – (2س) = 5س – (2س) المقابلة بطرح 2س من طرفي المعادلة

س^{2} = 3س

س^{2} = 9

من الخطأ الاعتقاد أن طريقة الجبر والمقابلة هي الطريقة الوحيدة المستعملة في كتاب **الخوارزمي**، لأن التحليل المنطقي لهذا الكتاب يظهر لنا مجموعة كبيرة من الطرق والعمليات الجبرية لحل المعادلات، وأن الجبر والمقابلة مجرد طريقة واحدة من بين هذه الطرق.

المبحث الثالث: الحساب والفن الارتباطي

إن الطريقة المستخدمة في التدوين الرمزي للمفاهيم والحدود والصيغ الجبرية المختلفة لم تكن معروفة عند **الخوارزمي**، وهي لم تظهر فجأة في الكتب الجبرية، بل مرت بتطورات ومراحل عديدة قبل أن تصل إلى ما وصلت إليه الآن[1].

وكانت الطريقة المفضلة التي استعملها **العلماء العرب** في التعبير عن المعادلات الجبرية

---

(1) يرى الدكتور عبد الحليم منتصر أن العرب استعملوا الرموز في الأعمال الرياضية، فالمعادلة 5س2 = 12س +54، وكانت تكتب 5م ل 12ش و54، (م) تشير إلى المال و(ل) تشير إلى يعدل و(ش) تشير إلى شيء، والعطف (و) يشير إلى الزيادة. يُراجع، كتاب، أثر العرب والإسلام في النهضة الأوربية مجموعة مؤلفين، مصر 1970، ص220، ويرى الأوربيون أن الفضل يعود إلى عالم الرياضيات الفرنسي Fransois Viete، (ت1603م) في إستعمال الرموز العامة للدلالة على الأعداد فهو بذلك مؤسس التدوين الرمزي الحديث في الجبر. (المؤلف)

وحلولها هي الطريقة اللغوية، ونقصد بها استحداث مفاهيم وألفاظ خاصة بالجبر، واستخدام اللغة العربية في التعبير عن خطوات بناء الصيغ وإجراء الحلول الصحيحة، وبذلك أمكن التعبير عن الحدود والمعادلات والحلول بدقة، على الرغم من الصعوبات التي تكتنف هذه الطريقة، فقد أصبح عالِم الرياضيات في وضع يسمح له بإجراء العمليات الجبرية المعقدة والطويلة من دون حدوث أخطاء، وهذا أمر يثير الدهشة والإعجاب.

ومن المعروف كذلك أن **للخوارزمي** كتابًا في الحساب بسط في طريقة تدوين الأرقام التي لا نزال نستعملها حتى يومنا هذا، ولكنه لم يستخدم الأرقام في كتاب الجبر والمقابلة للتعبير عن الأعداد في المعادلات واقتصر في استخدامها على الرسوم الهندسية التي وردت في كتابه للتعبير عن الأطوال والساحات، فهو يذكر المعادلة الجبرية بطريقته اللغوية ثم يعبر عنها هندسيًا ويثبت على الأضلاع أو المساحات الأرقام.

وقد يتساءل المرء عن السبب الذي جعل **الخوارزمي** لا يستخدم الأرقام في المعادلات على الرغم من معرفته لها!

والجواب كما أعتقد يكمن في النقاط الآتية:

1. لم تكن طريقة تدوين الأعداد بالأرقام معروفة وشائعة بين الناس، كما أن ذكر الأرقام في معادلة غير كاملة التدوين الرمزي ليست بالطريقة الصحيحة، لذلك لجأ إلى ذكر أسماء الأعداد مع حدود المعادلة بأسلوب لغوي واحد.
2. كانت الطريقة اللغوية هي الشائعة في الحساب، ولا سيما بين هؤلاء المشتغلين في الوصايا والمواريث، وقد ذكر **الخوارزمي** في صدر كتابه ما نصه: على أن أَلَفتُ من كتاب الجبر والمقابلة كتابًا مختصرًا حاصرًا لِلَطِيفِ الحساب وجليله لما يلزم الناس من الحاجة إليه في مواريثهم ووصاياهم وفي مقاسمتهم وأحكامهم وتجاراتهم وفي جميع ما يتعاملون به من مساحة الأرضيين وكري الأنهار والهندسة وغير ذلك من وجوهه وفنونه[1].

وما دمنا بصدد الأعداد والأرقام لا بد لنا من أن نوضح حقيقة رياضية مهمة تجنبًا لما

(1) يُراجع، كتاب الجبر والمقابلة، ص16. (المؤلف)

يثيره الخلط بين العدد والرقم من لبس وإبهام واستنتاج خاطئ، فالأعداد مفاهيم حسابية، بينما الأرقام مجرد رموز وصور للأعداد، وانه بالإمكان التعبير عن الأعداد بأنواع مختلفة من الرموز، وهذا هو عين ما وقع، إذ اختلفت الشعوب قديمًا في رسم صور الأعداد والتعبير عنها.

فإذا قلنا إن **العرب** قبل **الخوارزمي** لم يعرفوا طريقة تدوين الأرقام المعمول بها في الوقت الحاضر، فإن ذلك لا يعني مطلقًا أنهم لم يعرفوا الحساب والعد وطرقًا أخرى في التدوين، **فالعرب** عرفوا الأعداد واستخدموا العمليات الأربع وغيرها من الأمور الحسابية في معاملاتهم التجارية، كما ازداد اهتمامهم بعد ظهور الدعوة الإسلامية الكريمة بالحساب في شتى وجوه الحياة، وذكر القرآن الكريم الأعداد الطبيعية والكسور في حساب الإرث والمعاملات الشرعية واشتدت الحاجة إلى الحساب في تعداد الجند وحساب الأرزاق وفروض الزكاة وجباية الأموال والضرائب والمساحة والبناء وغير ذلك.

واستخدم القرآن الكريم الأسماء اللغوية للأعداد والكسور، كما احتاجت أحكامه إلى معرفة دقيقة بالضرب والقسمة والجمع والطرح، وهذا أمر يعكس بوضوح معرفة الإنسان العربي للحساب وضرورة تطوير أساليب جديدة لمنفعة الناس في حياتهم، واستمر استعمال الأسماء اللغوية للأعداد مدة طويلة من الزمن في كتب الحساب والجبر والطبيعة وغير ذلك من العلوم.

وكان أبرز تطور في اتجاه التدوين الرمزي للأعداد استخدام **العرب** الحروف الأبجدية للتعبير عن الأعداد، وعلى الرغم من عدم استخدام **الخوارزمي** لهذه الطريقة وتفضيله ذكر أسماء الأعداد واستخدام الأرقام في الجبر والمقابلة على نطاق ضيق، فإن طريقة تدوين الأعداد بالحروف الأبجدية وهي الطريقة التي عرفت بطريقة حساب الجمل، وبقيت مستخدمة جنبًا إلى جنب مع استخدام الأرقام الحسابية، واستخدمت الصفة الارتباطية والترتيب الخطي للحروف الأبجدية للتعبير عن الأعداد الكبيرة.

ولتوضيح ذلك نبدأ أولًا بالحروف الأبجدية المفردة وما يناظرها من الأعداد، ثم نبين بأمثلة أخرى طريقة التعبير عن الأعداد بحرفين أو أكثر.

آحاد:

أ	ب	ج	د	هـ	و	ز	ح	ط
1	**2**	**3**	**4**	**5**	**6**	**7**	**8**	**9**

عشرات:

ي	ك	ل	م	ن	س	ع	ف	ص
10	**20**	**30**	**40**	**50**	**60**	**70**	**80**	**90**

مئات:

ق	ر	ش	ت	ث	خ	ذ	ض	ظ
100	**200**	**300**	**400**	**500**	**600**	**700**	**800**	**900**

ألف:

غ
1000

وتقوم طريقة تركيب أو ارتباط أكثر من حرف واحد على مبدأ أن يكون الحرف ذو العدد الأكثر هو المقدم ثم يليه ذو العدد الأصغر فالأصغر.

مثال ذلك:

لب	رب	تم	خس
32	**202**	**440**	**660**
ريح	**شلب**	**قلز**	**تمه**
218	**332**	**237**	**445**

ويشير صاحب كتاب مفاتيح العلوم إلى إمكانية استخدام الحروف التسعة الأولى بالطريقة التي تستخدم فيها الأرقام بقوله: وقد يكتب بهذه الحروف كما يكتب حساب **الهند**

وهو أن تكتب بتسعة أحرف منها من الألف إلى الطاء، وتوضع هذه العلامة في المواضع الخالية مكان الصفر في حساب **الهند** كي يحفظ بها الترتيب فقط[1].

إن أهم حقيقة نستخلصها من طريقة حساب الجمل هي الإدراك الواضح للطريقة الارتباطية وأهميتها في الحساب، فالحرف البسيط يشير إلى عدد معين، وأن الحرف المركب يشير إلى عدد مركب، وأن تحليل الحرف المركب إلى البسائط معناه في الوقت نفسه تحليل العدد المركب إلى بسائطه.

إن خطوة **الخوارزمي** في استخدام الأرقام في كتاب الحساب قد عزز الطريقة الارتباطية وجعلها أكثر بساطة، لأن اختلاف ترتيب الأرقام يؤدي إلى اختلاف في الأعداد كما أن انتظام الأعداد وسهولة التعبير عنها بانتظام قد اكسب الطريقة الارتباطية قابلية كبيرة في التعبير عن أي عدد مهما كان كبيرًا أو صغيرًا.

ويذكر **الخوارزمي** هذا الانتظام العددي بقوله: ووجدت جميع ما يلفظ به من الأعداد ما جاوز الواحد إلى العشرة يخرج مخرج الواحد، ثم تثنى العشرة وتثلث، كما فعل بالواحد فتكون منها العشرون والثلاثون إلى تمام المائة، ثم تثنى المائة وتثلث، كما فعل بالواحد والعشرة إلى الألف، ثم كذلك ترد الألف عند كل عقد إلى غاية المدرك من العدد[2].

إن لكتاب الحساب **للخوارزمي** أهمية كبيرة في تاريخ العلم ومسيرة الدراسات الرياضية، وقد ترجم الكتاب إلى اللغة اللاتينية في القرن الثاني عشر، ولا يزال النص **اللاتيني** موجودًا، بينما ضاع الأصل **العربي**، وتشير الترجمة اللاتينية إلى حساب الأرقام الهندية، وهو الكتاب الذي نقله **أدلارد باث**، وأن أقدم ترجمة لاتينية لكتاب الحساب **للخوارزمي** موجودة في مكتبة **فينيا** وتعود إلى عام 1143م، وأن الترجمة الثانية وجدت في **دير سالم** تحت عنوان كتاب **الخوارزمي** لا تزال محفوظة إلى اليوم في **هايدلبرج**[3].

وهكذا دخل اسم **الخوارزمي** في تاريخ الرياضيات، إذ اكتسب المفهوم الرياضي

---

(1) يُراجع، الخوارزمي الكاتب، مفاتيح العلوم، ص115. (المؤلف)

(2) يُراجع، كتاب الجبر والمقابلة، ص16. (المؤلف)

(3) ()Hunke, Ś. Allahs Sonne Uber dem Abend Land, p47.

Algorithmus[1]. المشتق من اسمه (= **الخوارزمي**) معنى رياضيًا يدل على مجموعة العمليات الحسابية المؤدية إلى الحلول الصحيحة، كما اقترن اسمه بنظرية المعادلة.

احتوى كتاب الحساب **للخوارزمي** على طريقة استخدام الأرقام الجديدة والعمليات الحسابية الأربع من طرح وجمع وقسمة وضرب وحساب الكسور البسيطة والمركبة، بأسلوب تظهر فيه البساطة إلى جانب النتائج الصحيحة عند مقارنته بالأسلوب الذي استعمله **العرب** في السابق والأسلوب الذي كان شائعًا بين الحسابين من **اللاتين**.

وإذا نظرنا إلى كتاب الجبر والمقابلة من زاوية حسابية، لوجدنا **الخوارزمي** قد استخدم العمليات الحسابية للأعداد والكسور مطبقة على الجبر ومفاهيمه الجديدة، وهذا دليل يشير إلى أن **الخوارزمي** كتب كتاب الحساب أولًا ثم ألف كتابه في الجبر والمقابلة بعد ذلك.

إن أبرز ما يهمنا الآن هو ما ظهر في تفكير **الخوارزمي** من جدة في استخدام الطريقة الارتباطية، فضلًا عن طريقة الاختراع التي نقصد بها أسلوب الحصول على النتائج بعمليات بسيطة، ولا يمكن تجاهل ما للطريقة الارتباطية من أهمية في التفكير الرياضي، وهي الطريقة التي شاعت على ما يظهر بين **علماء اللغة والمناطقة**.

عرف **علماء اللغة العرب** الطريقة الارتباطية واستعملوها في المعاجم وفي دراساتهم لأبنية الألفاظ، وعلاقة هذه الأبنية بالمعاني في حالة المهمل والمستعمل في اللغة، ونقصد بالطريقة الارتباطية الخطوات الآتية:

1. أن نفترض مجموعة من الحروف أو الرموز أو المفاهيم.
2. أن نحصل على جميع الاحتمالات الممكنة لترابط الحروف أو الرموز أو المفاهيم.
3. أن نميز بين ما نحصل عليه من أبنية، ما هو مستعمل وما هو مهمل أو متروك.

ومن أبرز **علماء اللغة العرب** الذين أخذوا بالطريقة الارتباطية **الخليل بن أحمد الفراهيدي** (ت175هـ)، في كتابه العين، إذ رُتبت الأصوات على ما يخرج من الحلق واللهوات،

(1) يقصد بالألغورثيم في الرياضة الحديثة مجموعة العمليات الخاضعة لإجراء منتظم لحل مشكلات ذات نمط معين، وانطبق الاسم في العصور الوسطى على الحساب الذي يستخدم الأرقام الهندية العربية، يُراجع، Ency Britanica, p 629.، (المؤلف)

فأولها: العين، الخاء، الهاء، الحاء، الغين، القاف، الكاف، الجيم، الشين، الضاد، السين، الراء، الطاء، الدال، التاء، الظاء، الذال، الثاء، الزاي، اللام والنون، الفاء، الميم، الواو، الألف والياء[1].

وكانت الخطوة الثانية استقراء الأبنية اللغوية، إذ وجد أنها إما ثنائية أو ثلاثية أو رباعية أو خماسية، ولا توجد أبنية أخرى في اللغة العربية تخرج عن هذه القاعدة الصرفية، وبناءً على ذلك تكون الاحتمالات المختلفة لارتباطات الأصوات محصورة بين الثنائي والخماسي من الأبنية اللغوية، فرأى الخليل أن حرف العين مثلًا يمكن أن يغير موضعه في البناء الثنائي مرتين بأن يكون أولًا أو ثانيًا، وفي الثلاثي ثلاثًا بأن يكون أولًا أو ثانيًا، أو ثالثًا، وفي الرباعي بأن يكون أولًا أو ثانيًا، أو ثالثًا أو رابعً، وفي الخماسي خمسًا...[2].

والقاعدة الرياضية التي تتحكم في عملية التقليب Permutation، هذه هي:

1. في البناء الذي يتألف من حرفين نحصل على صورتين 2= 2×1
2. في البناء الذي يتألف من ثلاثة أحرف نحصل على ست صور 6= 3×2×1
3. في البناء الذي يتألف من أربعة حروف نحصل على أربعة وعشرين صورة 4×3×2×1 = 24
4. في البناء الذي يتألف من خمسة حروف نحصل على مائة وعشرين صورة 5×4×3×2×1 = 120

وفي ضوء ذلك تكون القاعدة الرياضية للتقليب كما يأتي:

أن عدد التقليبات (الصور) لـ (ن) من العناصر المختلفة يساوي حاصل ضرب 3×2×1....ن لجميع الأعداد الطبيعية من 1 إلى ن.

أما الخطوة الأخيرة فهي في التمييز المستعمل والمهمل من الألفاظ بالاستناد إلى المعاني المقترنة بها، فتسقط جميع الأبنية غير المستعملة والتي لا معنى لها في اللغة العربية.

---

(1) يُراجع، ابن النديم، الفهرست، ص70. (المؤلف)، وقد ناقش الفيلسوف ياسين خليل هذه الموضوع مفصلًا في كتابه الأول من هذا المجلد، وفي القسم الثاني، الدراسات اللغوية، فليُراجع في موضعه. (المحقق)

(2) يُراجع، حسين نصار، المعجم العربي، نشأته وتطوره، ص221. (المؤلف)

إن الطريقة الرياضية في الارتباط التي ابتدعها **العلماء العرب** وجدت لها تطبيقات في المنطق، إذ أشار **بوخنسكي** إلى ذلك بصراحة بقوله: إن التفكير في ابتداع طريقة ميكانيكية تسهل على المرء الاستنتاج متضمنة في الفن الارتباطي **لقدماء الشراح** عند **العرب** و**المدرسيين**[(1)].

وانعكست الطريقة الارتباطية في الحساب والجبر والمقابلة واستخدمها **الخوارزمي** في مجال الأعداد والمفاهيم الجبرية عند صياغته للمعادلات. وأمثلته المختلفة التي تدل على اهتمامه في إثبات صحة قواعده الجبرية لجميع الاحتمالات من الأعداد الموجبة وأنواع الكسور المرتبطة بحدود المعادلات.

وسنتناول هذه الطريقة ضمنيًا عند تحليلنا لحساب الجبر والمقابلة ومقوماته من الحدود والمعادلات والقواعد الجبرية المختلفة دلالة على أهمية الطريقة الارتباطية في المعادلات والأشكال الستة الرئيسية.

المبحث الرابع: الحساب المنطقي لجبر الخوارزمي

وبعد أن وُضِّحت الطريقة الارتباطية ومعاني الجبر والمقابلة طريقةً وحسابًا، لا بد لنا من أن نستكمل البحث بتناول جوهر المنطق والطريقة **الخوارزمية** في بناء النظام الجبري من حيث الأسس العامة وتفصيلاته، وذلك بقصد البرهان من خلال كتاب الجبر والمقابلة، على أن **الخوارزمي** اتبع خطًّا منطقيًا جديدًا في الرياضيات يقترب في روحه من الخط البنائي للرياضيات الحديثة في إقامة النظرية الرياضية والعلمية، لأجل ذلك سوف أستخدم مفهوم الحساب بمعنىً جديد، وأقصد به الحساب المنطقيLogical Calculus، مبينًا أن ما وضعه **الخوارزمي** في هذا الباب من التفكير المنطقي المنظم يجعله محتلًا لمكان الصدارة في تاريخ تطور الرياضيات والمنطق الرياضي.

إن البرهان الذي أسوقه في هذا البحث على أن **الخوارزمي** هو أول من أقام حسابًا منطقيًا منظمًا في الجبر من شأنه أن يضع **الخوارزمي** أول مؤسس للمنطق الرياضي، مخالفًا بذلك

---

(1) Bochenski, I, M, op. cit. p318.

والمدرسيون هم: فلاسفة العصر الوسيط من المسيحيين في أوربا وقد أطلقت عليهم هذه التسمية.

رأي **بوخنسكي** الذي يبدأ في استعراضه للطريقة الرياضية المنطقية بما حققه **ريماندوس لولوس**[(1)] (ت1316م)، للبرهان على أن له الفضل في بناء حساب منطقي.

ومما يدعم برهاني كذلك أن معظم عناصر مذهب **لولوس** ترجع إلى أصول عربية، فمن المعروف أنه درس اللغة العربية والعلوم التي كانت سائدة آنذاك في **الأندلس** ومناطق أخرى، وكتب باللغة العربية بعض مؤلفاته إلى جانب ما كتبه باللاتينية، أما مذهبه المعروف بالفن الكبير Arts Magna فمتأثر بالمنطق والطريقة الارتباطية والجبر العربي، ويقوم مذهبه على أساس لاهوتي وأن جميع العلوم الطبيعية والقانونية والطبية والفلكية والهندسية مجرد تطبيقات لطريقة عامة وعلم واحد، وأن هذه الطريقة تسمح لنا باستنتاج كل الحقائق العلمية ضمن نظام يتألف من أوليات تترابط ميكانيكيًا من أجل الحصول على النتائج.

ولم يحقق **لولوس** برنامجه، وبقيت طريقته العامة التي هي ليست إلا طريقة خوارزمية Algorithmus بينما حقق **الخوارزمي** من قبل برنامجه في ميدان الحساب والجبر. ولا بد هنا أن أشير إلى أن الفن الكبير قد أطلق كذلك على الأعمال الجبرية، إذ نشر **كاردانو** G. Gardano عام 1545م، كتابه الفن الكبير، وهو يمثل أهم عمل في الجبر في عصر النهضة[(2)].

ويكتسب برهاني أهمية إذا علمنا أن الطريقة العامة في الفن الكبير **للولوس** قد أثرت بعد ذلك في تطور العلم والمنطق الرياضي، فأشار إليها **توماس هوبز** (ت1679م)، وتأثر بها إلى

---

(1) فيلسوف ومنطقي إسباني كتالوني، بعد بلوغه الثلاثين من عمره شعر أن شيئًا يناديه ويطلب منه أن يغير مجرى حياته، فترك أشعاره وزوجه والأولاد ونذر نشاطه ومذهبه للسيد المسيح، وكان يخطط لثلاثة أشياء: تأليف الكتب للرد على الوثنيين، وتأسيس مدارس تعليم اللغات بغية التبشير، وحمل المسلمين على الارتداد إلى المسيحية من خلال تعريفهم بالإنجيل، وهكذا تعلم اللغة العربية مبتغيًا أن يعرف المتكلمين بهذه اللغة بالإنجيل، فبرع في قراءتها وكتابتها كما لمع في كتابة اللغة الكتالونية عوضًا عن اللاتينية. أراد أن يجمع العلماء المسلمين والكاثوليكيين على طاولة واحدة من أجل توحيد العالم، ومن مؤلفاته الفن الأكبر والأصغر (1270م)، وكتاب التأمل (1272م)، المبادئ الاثني عشر للفلسفة وشجرة الفلسفة والحب وغيرها من الكتب. أما فلسفته المنطقية فهي وسط بين الوسطيين والسكولائيين، من حيث عصره وافقه الفكري، وفي كتابه الفن الكبير احتفظ بالتعاليم التقليدية للمنطق الأصغر، يُراجع للتفصيلات عن فلسفته ومنطقه، روبير بلانشي، المنطق وتاريخه من أرسطو حتى رسل، ترجمة خليل أحمد خليل، بيروت، ص224 وما بعدها. (المحقق)

(2) Ency Britanica. p 612.

حد كبير **جوتفريد فلهلم ليبنتز** (ت1716م)، الذي يعد من أبرز علماء المنطق والرياضيات في العصر الحديث، فكانت طريقته المعروفة باللغة العامة Characteristica Universalis وبرنامجه المنطقي العام امتداد لتأثير **لولوس** وطريقته.

ان المرء ليدرك بوضوح أهمية الحساب و**الطريقة الخوارزمية في** الرياضيات والمنطق الرياضي، لأن جميع المحاولات الرياضية الحديثة تنشد تحقيق هذين العنصرين، إذ يصبح من البساطة استنتاج جميع الحقائق الرياضية، ولقد حقق **الخوارزمي** هذين العنصرين في بناء نظريته الجبرية، وما علينا إلا أن نبرهن على ذلك لا سيما وأننا قد حللنا الطريقة الارتباطية ومعنى الغوريثم **الخوارزمية**، وغايتنا الآن أن ننظر إلى الجبر والمقابلة كنظام يؤلف حسابًا منطقيًا يوفر بأبسط الطرق استنتاج حقائق جبرية وحلولًا صحيحة للمعادلات من الدرجة الثانية بإجراءات جبرية بسيطة.

ونقصد بالحساب المنطقي: نظرية أو نظامًا صوريًّا يتألف من مفاهيم أساسية وتعريفات لبعض المفاهيم كما ينطوي من حيث الأساس على قواعد بنائية، Rules of Formation، تسمح ببناء قضايا أو صيغ صحيحة البناء، وقواعد تحويلية Rules of Transformation، تسمح بالانتقال من صيغ مفروضة إلى نتائج تلزم عن المقدمات بالضرورة، (وفي حالة جبر **الخوارزمي** تعمل القواعد التحويلية على رد الأشكال المختلفة من معادلات الدرجة الثانية إلى المقدمات المفروضة وهي الأشكال الرئيسية الستة).

وفي ضوء هذا التعريف الحديث للحساب المنطقي مع الإشارة إلى طريقة الرد **الخوارزمية** سنحاول تحليل كتاب الجبر والمقابلة بالتسلسل المنطقي لتفكير **الخوارزمي** وفي بناء نظريته الرياضية. ومعنى ذلك أن نبدأ بالمفاهيم الأساسية.

أولًا: المفاهيم الأساسية للنظرية

1. مفاهيم حسابية: يذكر **الخوارزمي** الأعداد الطبيعية ويستعمل الكسور البسيطة والمركبة والمعادلات، وهو في كل ذلك يتناول الأعداد الموجبة والكسور الموجبة ويذكر العدد صراحة عند تناوله لحدود المعادلة الجبرية[1].

(1) يُراجع، كتاب الجبر والمقابلة، ص16. (المؤلف)

2. مفاهيم جبرية: يذكر الخوارزمي ذلك بقوله لتعيين حدود المعادلة، ووجدت الأعداد التي يحتاج إليها في حساب الجبر والمقابلة على ثلاثة ضروب، وهي جذور وأموال وعدد مفرد لا ينسب إلى جذر ولا إلى مال[1]. ولا بد من الإشارة إلى أن الخوارزمي يستعمل لفظة (مال) في كتابه بمعنيين، الأول ويقصد به المعنى الجبري الاصطلاحي، والثاني يقصد به المبلغ، كما يستعمل لفظة الشيء بمعنى الجذر في عدة مواضع من كتابه.

3. مفاهيم مشتركة: ونقصد بها تلك المفاهيم التي استخدمها الخوارزمي في علم الحساب وفي الجبر والمقابلة، وقد وردت هذه المفاهيم عند صياغة المعادلات وإجراء العمليات الجبرية لمعرفة المجهول من المعادلة، فكلمة (تعدل) في قوله مثلًا الأموال التي تعدل الجذور، والحرف (و) للدلالة على الإضافة والجمع كما في قوله (أموال وجذور تعدل عددًا)، ويستعمل لفظة (زدت عليه) لتدل على الجمع كذلك، ويستعمل لفظة (ينقص) للدلالة على النقصان أو الطرح كما يستعمل ألفاظًا للدلالة على الضرب والقسمة، مثال ذلك خمسة في خمسة يكون خمسة وعشرون، وعشرة قسمتها قسمين، وبصورة عامة يستخدم الخوارزمي عدة ألفاظ لغوية أخرى للدلالة على الجمع والنقصان والضرب والقسمة.

4. تعريفات: ونظرًا لما يقتضيه البحث في حدود الجبر، فإن **الخوارزمي** يعرف حدود المعادلة الجبرية لتقريب معانيها إلى الذهن، وهي تعريفات لا تختلف كثيرًا في وظيفتها عن تعريفات إقليدس للمفاهيم الهندسية، فالجذر منها كل شيء مضروب في نفسه من الواحد وما فوقه من الأعداد وما دونه من الكسور، والمال كل ما اجتمع من الجذر المضروب في نفسه، والعدد المفرد كل ملفوظ به من العدد بلا نسبة إلى جذر ولا إلى مال[2].

ولتقريب هذه المفاهيم جميعًا من لغة الجبر الحديث نقول: إن الأعداد الطبيعية والكسور من المفاهيم الحسابية المستخدمة في حساب الجبر والمقابلة، ويقصد بالأعداد الطبيعية

---

(1) المصدر السابق، ص16-17. (المؤلف)

(2) المصدر السابق، ص17. (المؤلف)

من الواحد وما فوقه من الأعداد (1،2،3،4، 5. ن)، ويقصد بالكسور ما هو دون الواحد أو أجزاء الواحد (1/ 2، 1/ 3، 1/ 4، 1/ 5، 2/ 3، 3/ 4.....). ومن الكسور ما يجمع بين العدد الطبيعي والكسر البسيط (1و1/ 2، 2و3/ 4، ....) وهي الكسور المركبة.

أما المفاهيم الجبرية فإن الجذر أو الشيء هو ما نشير إليه بالحرف (س) وأن المال هو ما نشير إليه بالرمز ($س^2$)، ونستخدم الرموز الآتية للدلالة على المفاهيم المشتركة بين الحساب والجبر: يعادل (=)، جمع (+)، نقصان (-)، ضرب (×)، قسمة (÷)، كما سنحتاج إلى علامة الجذر التربيعي (√)، عندما ننتقل من ($س^2$) إلى (س)، أو من المال إلى جذره.

ولما كانت الأعداد التي نقرنها بحدود المعادلة متغيرة، فمن الضروري أن نختار ثلاثة رموز مختلفة هي، أ، ب، ج، إذ يظهر (أ) مع المال و(ب) مع الجذر و(ج) بلا نسبة كما يأتي: أموال وجذور وأعداد وكسور ومساواة وجمع ونقصان وضرب وقسمة وجذر تربيعي.

ثانيًا: المعادلة الخوارزمية

تحتوي المعادلة **الخوارزمية** على طرفين هما: الأيمن والأيسر، وتربط بينهما المساواة للدلالة على تعادل الطرفين في القيمة، وبالصيغة الرمزية تكون صورة المعادلة ......=.....

فإذا كانت حدود حساب الجبر والمقابلة ثلاثة هي: المال والجذر والعدد المفرد، فإن الصيغ الصحيحة البناء التي تعينها قواعد بناء الحساب المنطقي يجب أن تكون على مجموعتين:

المجموعة الأولى:

وتضم الصيغ التي تحتوي على حدين فقط، فإذا ما استخدمت الطريقة الارتباطية نحصل على ست صور للمعادلات:

1. أموال تعدل جذورًا   أموال تعدل عددًا   جذور تعدل عددًا

2. جذور تعدل أموالًا   عدد يعدل أموالًا   عدد يعدل جذورًا

لا شك أن **الخوارزمي** قد أدرك بوضوح أن المجموعة (1) لا تختلف عن المجموعة (2) من الناحية الجبرية، لأن المعادلة واحدة سواء كانت أموالًا تعدل جذورًا، أو جذورًا تعدل أموالًا، وكذلك تكون المعادلة واحدة بالنسبة للبقية.

وأخيرًا فإن ما توفره الطريقة الارتباطية هو ثلاث صيغ صحيحة البناء لهذا النوع من المعادلات.

ويعين هذه الصيغ بقوله: فمن هذه الضروب الثلاثة ما يعدل بعضها بعضًا وهو كقولك أموال تعدل جذورًا، وأموال تعدل عددًا، وجذور تعدل عددًا[1].

وباستخدام طريقة التدوين الرمزي في الجبر نحصل على أشكال المعادلات بالصور الآتية:

أ س^2 = ب س

أ س^2 = ج

ب س = ج

المجموعة الثانية:

وتضم الصيغ التي تحتوي على ثلاثة حدود مختلفة في كل معادلة، ولقد استخدم **الخوارزمي** الجمع والمساواة لربط هذه الحدود بعضها ببعض، فإذا ما استخدمت الطريقة الارتباطية، فإن ما نحصل عليه من أشكال يكون اثنتي عشرة صورة حسب الجدول الآتي:

1. **أموال وجذور تعدل عددًا**	**أموال وعدد تعدل جذورًا**	**جذور وعدد تعدل أموالًا**
2. **عدد يعدل أموالًا وجذورًا**	**جذور تعدل أموالًا وعددًا**	**أموال تعدل جذورًا وعددًا**
3. **جذور وأموال تعدل وعددًا**	**عدد وأموال تعدل جذورًا**	**عدد وجذور تعدل أموالًا**
4. **عدد يعدل جذورًا وأموالًا**	**جذور تعدل وعددًا وأموالًا**	**أموال تعدل وعددًا وجذورًا**

بالاستناد إلى مبدأ المعادلة، فإن الأشكال الواردة في (2) لا تختلف عن الأشكال في (1)، كما أن الأشكال الواردة في (4) لا تختلف عن الأشكال في (3)، وبذلك تبقى ستة أشكال.

ولقد بين **الخوارزمي** من خلال حلوله لبعض المعادلات بردها إلى ثلاثة أشكال أساسية، لأن الأشكال في (3) ترد إلى الأشكال في (1)، وهكذا تبقى ثلاثة أشكال أساسية

(1) المصدر السابق، ص17. (المؤلف)

ذكرها **الخوارزمي** بالنص: ووجدت هذه الضروب الثلاثة التي هي الجذور والأموال والعدد تقترن فيكون منها ثلاثة أجناس مقترنة، وهي أموال وجذور تعدل عددًا، وأموال وعدد تعدل جذورًا، وجذور وعدد تعدل أموالًا[1].

وباستخدام طريقة التدوين الرمزي الجبرية نحصل على الأشكال الجبرية الآتية لمعادلات **الخوارزمي** الأساسية:

أ س2 + ب س = ج

أ س2 + ج = ب س

ب س+ ج = أ س2

ومن المجموعة الأولى والثانية يكون مجموع الصيغ أو الأشكال الستة التي ترد إليها الأشكال الأخرى للمعادلات ثلاثة، منها تستخدم حدين من حساب الجبر والمقابلة في كل معادلة، وثلاثة أخرى تستخدم حدودًا في كل معادلة.

ثالثًا: بديهيات وقوانين جبرية وحسابية

يحتوي حساب الجبر والمقابلة على مجموعة من البديهيات وقوانين جبرية وحسابية وقواعد للتحويل والاستنتاج، ولا نقصد هنا بالبديهيات أن **الخوارزمي** ذكرها صراحة بين مقدمات، بل نجدها واضحة من خلال الحلول الجبرية، ففي طريقة جبر المعادلة نجد لبديهية الإضافة دورًا مهمًا، كما نجد في طريقة المقابلة تطبيقًا لبديهية الطرح، مثال ذلك:

10 س – س2 = 21

10 س – س2 + (س2) = 21 + (س2)

الجبر هنا بإضافة س2 إلى طرفي المعادلة، وهنا نجد البديهية التالية تطبيقًا: إذا أضيفت كميات جبرية متساوية إلى أخرى متساوية تكون النتائج متساوية.

وبذلك نحصل على النتيجة التالية:

10 س = 21 + س2

---

(1) المصدر السابق، ص18. (المؤلف)

أما بديهية الطرح فإنها تجد تطبيقًا في حل المعادلة التالية

س2 + 5 س = 7 س

س2 + 5 س – (5 س) = 7 س – (5 س)

وذلك بطرح (5 س) من طرفي المعادلة بالاستناد إلى بديهية الطرح: إذا طرحت كميات متساوية من أخرى متساوية تكون النتائج متساوية.

وبذلك نحصل على النتيجة الآتية:

س2 = 2 س

فضلًا عن البديهيتين المذكورتين نجد مجموعة مهمة من القوانين الحسابية والجبرية، وأول هذه القوانين ما يعدّه **الخوارزمي** متساويًا:

أموال وجذور = جذور وأموال

أموال وعدد = عدد وأموال

جذور وعدد = عدد وجذور

فإذا اتخذنا من الحروف (س، ص، ع، م) رموزًا تشير إلى مقادير جبرية أو حسابية، فإن تفكير **الخوارزمي** المنطقي يفترض القانون التبديلي Commutative Law، للجمع:

[1] س+ ص = ص +س

ومن خلال العمليات الجبرية لحل المعادلات يفترض تفكير **الخوارزمي** المنطقي قانونًا مهمًّا في الجبر ينص:

[2] س× س = س2

بغض النظر عن مقدار (س) سواء كان بسيطًا أو مركبًا، مثال ذلك:

5^2 = 5+5

$(10 - س)^2$ = (10 – س) (10– س)

ويلخص في باب الضرب مجموع العمليات بقوله: وأنا مخبرك كيف تضرب الأشياء وهي الجذور بعضها في بعض إذا كانت منفردة، أو كان معها عدد، أو كان مستثنى منها عدد، أو كانت مستثناة من عدد وكيف تجمع بعضها إلى بعض، وكيف تنقص بعضها من بعض[1].

ينطوي هذا القول على إبراز العمليات الجبرية التي سنأتي على تثبيتها والتي يذكرها **الخوارزمي** بترتيب منطقي منظم:

1. **قاعدة ضرب الأعداد**: لا بد لكل عدد يضرب في عدد من أن يضاعف أحد العددين بقدر ما قفي الآخر من الآحاد[2]، مثال ذلك أن نضرب العدد ثلاثة في العدد أربعة لنحصل على العدد اثني عشر.
2. **قاعدة التوزيع في الضرب**: إذا كانت عقود ومعها آحاد أو مستثنى منها آحاد فلا بد من ضربها أربع مرات، العقود في العقود والعقود في الآحاد، والآحاد في العقود والآحاد في الآحاد[3].

تنطوي هذه القاعدة على عدة حقائق حسابية، وفيها يبرهن **الخوارزمي** على فهم رياضي مبدع، لا سيما إذا علمنا أن هذه القاعدة هي الصحيحة في الرياضيات الحديثة، ولتوضيح ذلك ندرج الحالات الممكنة في الضرب كما يأتي:

الحالة الأولى: إذا أردنا أن نضرب 12×11، فإن كل عدد منهما يتحلل بالنسبة **للخوارزمي** إلى عقود وآحاد، ويضرب بالطريقة الآتية:

$(1+10)\ (2+10)$

الحالة الثانية: إذا أردنا أن نضرب 8×9، فإن كل عدد منهما يتحلل إلى عقود وآحاد مستثناة بالطريقة الآتية:

$(1-10)\ (2-10)$

---

(1) المصدر السابق، ص27. (المؤلف)

(2) المصدر السابق، ص27. (المؤلف)

(3) المصدر السابق، ص27. (المؤلف)

الحالة الثالثة: إذا أردنا أن نضرب 12×9، فإن العدد الأول والعدد الثاني يتحلل بالطريقة الآنفة الذكر في حالة الإيجاب وحالة الاستثناء بالطريقة الآتية:

(1-10) (2+10)

وتتم عملية الضرب استنادًا إلى القاعدة السابقة مع مراعاة العلامات في حالة الزيادة والنقصان، ويضيف **الخوارزمي** ذلك بقوله: فإذا كانت الآحاد التي مع العقود زائدة جميعًا فالضرب الرابع زائد، وإذا كانت ناقصة جميعًا فالضرب الرابع زائد أيضًا، وإذا كانت أحدهما زائدًا والآخر ناقصًا فالضرب الرابع ناقص[1].

في هذا القول قاعدة جبرية وحسابية مهمة هي قاعدة ضرب العلامات والتي يمكن عرضها على هيئة عامة كما يأتي:

+ س × + ص = + س ص

− س × − ص = + س ص

+ س × − ص = − س ص

− س × + ص = − س ص

وبناءً على ما تقدم تكون نتائج الضرب للحالات الثلاث كما يأتي:

بالنسبة للحالة الأولى: 100+10+20+2= 132

بالنسبة للحالة الثانية: 100−10−20+2= 72

بالنسبة للحالة الثالثة: 100− 10+20−2=108

ولم يقتصر تطبيق هذه القواعد على الحساب، بل عمل **الخوارزمي** على تطبيقها في عمليات الجبر، وعندما تكون المقادير جبرية وحسابية، وبذلك يقول: وإنما بينت ذلك لنستدل به على ضرب الأشياء بعضها في بعض، إذا كان معها عدد واستثنيت من عدد أو استثني منها عدد، وبذلك نحصل على ما يأتي:

---

(1) المصدر السابق، ص27. (المؤلف)

(10+س) (10+س) = 100+10س+10س+س^2

(10-س) (10-س) = 100-10 س-10س-س^2

(10+س) (10-س) = 100-10 س+10س-س^2

(10+س) (10-س) = 100-10 س+10س-س^2

وهكذا يمكننا القول إن القاعدة التوزيعية في تفكير **الخوارزمي** المنطقي تفترض قانونًا توزيعيًا Distributive Law، للحساب والجبر، ومن خلال الأمثلة التي يسوقها في العمليات الجبرية لحل المعادلات.

وفي ضوء ما تقدم نستطيع القول إن منطق **الخوارزمي** يفترض الصور الآتية للقوانين التوزيعية:

[3]. س (ص +ع) = س ص+ س ع

مثال ذلك: س (10+5 س) = 10 س+ 5 س^2

[4]. س (ص - ع) = س ص - س ع

مثال ذلك: س (10 - 1/ 2 س) = 10 س - 1/ 2 س^2

[5]. (س + ص) (ع +م) = س ع +س م+ ص ع+ ص م

مثال ذلك: (10+س) (100+2س) = 1000+10+100س+2س^2

[6]. (س - ص) (ع - م) = س ع - س م - ص ع + ص م

مثال ذلك: (10 - س) (1/ 2 - 5 س) = 5 - 50 س -1/ 2 س + 5 س^2

[7]. (س + ص) (ع - م) = س ع - س م + ص ع - ص م

مثال ذلك: (10+1/ 2 س) (1/ 2 -5 س) = 5- 50س+1/ 4 س - 2 و1/ 2 س^2

3. **قاعدة رد الأموال إلى مال واحد**- تعتبر هذه القاعدة من القواعد المهمة في حل المعادلات جبريًا وهندسيًا في كتاب الجبر والمقابلة، ولقد ذكرها **الخوارزمي** في مواضع كثيرة من كتابه، عندما تكون الأموال في المعادلة ما كثر منها أو قل. فترد إلى مال واحد، وسنأتي على ذكر نصوص عملية رد الأموال إلى مال واحد في الفقرة السابعة من هذا المبحث. وتنحصر مهمتنا الآن في صياغة القوانين الجبرية التي يعتمد عليها في رد الأموال إلى مال واحد.

ينص القانون الجبري الأول: إذا ما ضرب طرفا المعادلة بمقدار واحد فإن النتائج تكون متساوية.

إذا افترضنا س = ص ....(المعادلة)

[8]. فإن م س = م ص

مثال ذلك:

1/ 2س^{2} =8

2×1/ 2س^{2} = 2×8

س^{2} = 16

وينص القانون الجبري الثاني: إذا ما قسم طرفا المعادلة على مقدار واحد فإن النتائج تكون متساوية.

إذا افترضنا س= ص........ (المعادلة)

[9]. فإن ص/ م = ص/ م

مثال ذلك:

4س^{2} =16

4س^{2}/ 4 = 16/ 4

س^{2} = 4

4. **قاعدة الجبر والمقابلة**[1]: يستخدم الخوارزمي هذه القاعدة في حل المعادلات، وهي تقوم من حيث الأساس على تبديل Transposition، أو نقل أحد حدود المعادلة من طرف إلى طرف آخر، وتعتمد عملية جبر المعادلة عندما يكون فيها استثناء أو نقصان على بديهية الإضافة، بينما تعتمد المقابلة على بديهية الطرح.

[10]. س= ص – ع

مثال ذلك:

(1) استخدم الخوارزمي هذه القاعدة وإن لم ينص عليها بصراحة. (المؤلف)

3س^2=100– 2س^2

س+ ع = ص

مثال ذلك:

3س^2+ 2 س^2= 100

[11]. س= ص+ ع

مثال ذلك:

5 س^2– 4س^2= 24 س

5. **قاعدة ضرب الأعداد بالأشياء والأموال**: في حالة ضرب العدد في الشيء أو الأشياء فإن الناتج يكون أموالًا.

مثال ذلك:

2× س^2= 2 س

2/ 3× 3 س^2= 2 س2

فإذا اعتبرنا س أي مقدار سواء كان عدديًا أو شيئًا أو مالًا ورمزنا إلى العدد الذي يضرب في المقدار بالحرف أ، فإننا نحصل على القاعدة التالية:

[12]. أ× س= أ س

6. **قاعدة ضرب الجذور التربيعية**: وإن أردت أن تضرب جذر تسعة في جذر أربعة، فاضرب تسعة في أربعة فيكون ستة وثلاثين، فخذ جذرها وهو ستة فهو جذر تسعة مضروب في جذر أربعة[1].

$\sqrt{9}\times\sqrt{4}=\sqrt{9\times4}=\sqrt{36}=6$

وكقاعدة عامة لضرب الجذور نحصل على الصياغة الجبرية الآتية:

[13]. √س×√ص= √س ص

(1) المصدر السابق، ص32. (المؤلف)

واعلم أن كل جذر مال معلوم أو أصم تريد أن تضعفه ومعنى إضعافك إياه أن تضربه في اثنين، فيبقى أن تضرب ذلك المال وإن أردت ثلاثة أمثاله فاضرب ثلاثة في ثلاثة ثم في المال فيكون جذر ما اجتمع ثلاثة أمثال جذر المال الأول وكذلك ما زاد من الأضعاف أو نقص فعلى هذا المثال نفسه"[1].

$2\times\sqrt{9} = \sqrt{2\times2\times9} = \sqrt{36}$

وكقاعدة عامة لضرب الأعداد في الجذر التربيعي تحصل على ما يأتي:

$\text{أ}\times\sqrt{\text{س}} = \sqrt{\text{أ}^2\,\text{س}}$.[14]

7. **قاعدة الجمع والنقصان**: تجمع الأجناس المتشابهة بعضها إلى بعض، أو يطرح بعضها من بعض الأعداد، والأشياء مع الأشياء والأموال مع الأموال، والجذور التربيعية مع الجذور التربيعية، ومن أبرز الأمثلة التي يذكرها **الخوارزمي** على قاعدة الجمع والنقصان ما يأتي:

المثال الأول:

(100+ س^2−20س) + (50+10س− 2س^2)

= 100+5+س^2− س^2 −20 س+10س

= 150− س^2−10 س

المثال الثاني:

$(\sqrt{200}-10) - (20-\sqrt{200})$

$\sqrt{200}-10-20+\sqrt{200}$

$\sqrt{200}+\sqrt{200}-30$

$2\sqrt{200}-30$

$\sqrt{2\times2\times200}-30$

$\sqrt{800}-30$

(1) المصدر السابق، ص30-31. (المؤلف)

8. **قاعدة القسمة**: إذا قسمت عددًا على عدد فإن الناتج يكون عددًا، وإذا قسمت الأشياء على عدد، فإن الناتج يكون أشياء، وإذا قسمت أشياء على أشياء، فإن الناتج يكون عددًا، وإذا قسمت الأموال على الأشياء فإن الناتج يكون أشياء:

مثال ذلك:

4/ 2=2

4س/ 2= 2 س

6س/ 2س= 3

4س^2/ 2س=2 س

إن أردت أن تقسم جذر تسعة على جذر أربعة فإنك تقسم تسعة على أربعة فيكون اثنين وربعًا، فجذرها هو ما يصيب الواحد وهو واحد ونصف[1].

√9/ √4=√9/ 4 = 1و1/ 2

[15]. وكقاعدة عامة √س/ √ص= √س/ ص

واعلم بأن كل شيئين تقسم هذا على هذا وهذا على هذا فإنك إذا ضربت الذي يخرج من هذا الذي يخرج من هذا كان واحدًا أبدًا[2].

ويمكن التعبير عنه بالصيغة الآتية:

[16]. س/ ص× ص/ س= 1

مثال ذلك: س/ س+2× س+2/ س=1

واستخدم **الخوارزمي** في عدة مواضع القاعدة المعروفة: حاصل ضرب الطرفين يساوي حاصل ضرب الوسطين

[17]. س/ ص=ع/ م=س م= ص ع

مثال ذلك:

---

(1) المصدر السابق، ص 41. (المؤلف)

(2) المصدر السابق، ص41. (المؤلف)

س/ س+2

2 س= س+2

المبحث الخامس: طريقة الرد في الجبر

تبين لنا الآن بوضوح لا يقبل الشك أن جبر **الخوارزمي** يؤلف حسابًا منطقيًا بكل معنى الكلمة. وأنه استهدف من حيث الأساس بناء نظام متكامل للمعادلات من الدرجة الثانية، بحيث يمكن حل كل معادلة من الجنس نفسه بإحدى الطرق المقترحة مع مراعاة مجموع القواعد والقوانين الحسابية والجبرية.

وغايتنا الآن أن نتعرض بالتحليل لنقطة منطقية أخرى في منطق **الخوارزمي** مكملة للحساب المنطقي، هي طريقة رد المعادلات، والمقصود بالرد هنا البرهان على أن جميع الأوجه لمعادلات الدرجة الثانية ترجع إلى الأشكال الستة الرئيسية ونذكر هنا قوله للدلالة على اهتمامه بالرد: ووجدنا كل ما يعمل به من حساب الجبر والمقابلة لا بد أن يخرجك إلى أحد الأبواب الستة التي وصفت في كتابي هذا وقد أتيت على تفسيرها فاعرف ذلك[1].

كما يخضع حل جميع المعادلات من الدرجة الثانية إلى الطرق نفسها التي ثبتها لحساب الجبر والمقابلة.

إنّ طريقة الرد من الطرق المنطقية المعروفة، وقد استخدمها **أرسطو** للبرهان على صحة الأقيسة وذلك بإرجاع كل قياس ناقص إلى أحد الأقيسة التامة الصحيحة من الشكل الأول باستخدام قواعد وقوانين استنتاجية معينة، وطريقة الرد **الخوارزمية** ذات أهمية في المنطق والرياضيات معًا، لأنها من حيث المبدأ تفترض أشكالًا أساسية معينة وحلولًا معروفة لها. وأن أية معادلة من الدرجة الثانية مختلفة الشكل لا بد أن ترد أولًا إلى أحد الأشكال الستة ثم يجري الحل بالطريقة **الخوارزمية** ثانيًا.

إنّ طريقة الرد **الخوارزمية** تبرهن بصورة منطقية صحيحة على قدرة الحساب المنطقي للجبر والمقابلة على توفير الحلول المناسبة واكتشاف المجهول بطريقة بسيطة وضمن

---

(1) المصدر السابق، ص27. (المؤلف)

إمكانات الحساب المنطقي بما فيه من أشكال رئيسية وقواعد وقوانين جبرية وحسابية لتحويل المعادلة المطروحة إلى الصورة التي عليها إحدى المعادلات الست، ولأجل توضيح ذلك نأخذ ببعض الأمثلة التي يسوقها **الخوارزمي** لهذا الغرض بالذات:

المثال الأول: نحو قولك عشرة قسمتها قسمين، فضربت أحد القسمين في الآخر ثم ضربت أحدهما في نفسه فصار المضروب في نفسه مثل أحد القسمين في الآخر أربع مرات، فقياسه أن تجعل أحد القسمين شيئًا والآخر عشرة إلا شيئًا، فتضرب شيئًا في عشرة إلا شيئًا فتكون عشرة أشياء إلا مالًا ثم تضربه في أربعة لقولك أربع مرات فيكون أربعة أمثال المضروب من أحد القسمين، والآخر فيكون ذلك أربعين شيئًا إلا أربعة أموال، فاجبره بالأربعة أموال وزدها على المال فيكون أربعين شيئًا تعدل خمسة أموال. فالمال الواحد يعدل ثمانية أجذار وهو أربعة وستون جذرها ثمانية وهو أحد القسمين المضروب في نفسه والباقي من العشرة اثنان وهو القسم الآخر، فقد أخرجتك هذه المسألة إلى أحد الأبواب الستة، هي أموال تعدل جذورًا فاعلم ذلك[1].

وباستخدام طريقة التدوين الرمزي لعرض الحل من قوله: فقياسه أن تجعل ...إلخ. نحصل على ما يأتي:

س، 10– س............فروض

س (10– س) = 10 س – س^{2}

4(10س – س^{2}) = 40 س – 4س^{2}

س× س = س^{2}

س^{2}= 40 س – 4 س^{2}.........المعادلة

وباستخدام طريقة الجبر التي وردت في قوله فاجبرها. إلخ، نحصل على ما يأتي:

س^{2}+ 4 س^{2}= 40 س – 4س^{2}+ 4 س^{2} ....بديهية الإضافة

س^{2}+ 4 س2= 40 س

5 س^{2} = 40 س

(1) المصدر السابق، ص34–35. (المؤلف)

وهذه أموال تعدل جذورًا

س = 8

والقسم الآخر 10- 8= 2

المثال الثاني: عشرة قسمتها قسمين فضربت كل قسم في نفسه ثم ضربت العشرة في نفسها فكان ما اجتمع من ضرب العشرة في نفسها مثل أحد القسمين مضروبًا في نفسه مرتين وسبعة أتساع مرة، أو مثل الآخر مضروبًا في نفسه ست مرات وربع مرة، فقياس ذلك أن تجعل أحد القسمين شيئًا والآخر عشرة إلا شيئًا، فتضرب الشيء في نفسه فيكون مالًا ثم في اثنين وسبعة أتساع فيكون مالين وسبعة أتساع مال، فاردده إلى مال واحد وهو تسعة أجزاء من خمسة وعشرين جزءًا وهو خمس وأربعة أخماس، فخذ الخمس المائة وأربعة أخماس وهو ستة وثلاثون، تعدل أموالًا، فخذ جذرها ستة وهو أحد القسمين والآخر أربعة لا محالة فقد أخرجتك هذه المسألة إلى أحد الأبواب الستة وهي أموال تعدل عددًا[1].

وباستخدام طريقة التدوين الجبري لعرض الحل من قوله: فقياس ذلك أن تجعل ...إلخ، نحصل على ما يأتي:

س، 10- س.............فروض

س × س = س^2

10× 10= 100

100/ 5+ 4/ 5× 100/ 5= س^2

س^2= 36

س= 6

والقسم الآخر 10- 6= 4

المثال الثالث: عشرة قسمتها قسمين، ثم قسمت أحدهما على الآخر فخرج القسم أربعة فقياس ذلك أن تجعل أحد القسمين شيئًا والآخر عشرة إلا شيئًا، ثم تقسم عشرة إلا شيئًا على شيء ليكون أربعة وقد علمت أنك متى ما ضربت ما أخرج لك من القسم في المقسوم عليه

---

(1) المصدر السابق، ص35-36. (المؤلف)

عاد المال الذي قسمته والقسم في هذه المسألة أربعة والمقسوم عليه شيء فاضرب أربعة في شيء فيكون أربعة أشياء تعدل الذي قسمته وهو عشرة إلا شيئًا، فاجبر العشرة بالشيء وزده على الأربعة الأشياء فيكون خمسة أشياء تعدل عشرة فالشيء الواحد اثنان وهو أحد القسمين فقد أخرجتك هذه المسألة إلى أحد الأبواب الستة وهي جذور تعدل عددًا[1].

وباستخدام الطريقة الرمزية لعرض الحل في قوله: فقياس ذلك تجعل.... إلخ، نحصل على ما يأتي:

س، 10– س.............فروض

10– س/ س= 4 .... المعادلة

4 س= 10 – س

4 س+ س= 10 – س + س...... بديهية الإضافة

5 س= 10..........(10، قاعدة الجمع، جذور تعدل عددًا)

س= 2

المثال الرابع: مال ضربت ثلثه ودرهمًا في ربعه ودرهمًا، فكان عشرين قياسه أن تضرب ثلث شيء في ربع شيء فيكون نصف سدس مال وتضرب درهمًا في ثلث شيء فيكون ثلث شيء ودرهمًا في ربع شيء بربع شيء ودرهمًا في درهم بدرهم، فذلك كله نصف سدس مال وثلث شيء ودرهم تعدل عشرين درهمًا، فألقِ من العشرين درهمًا بدرهم فتبقى تسعة عشر درهمًا تعدل نصف سدس مال وثلث شيء وربع شيء، فكمل مالك، وإكماله أن تضرب كل ما معك في اثنتي عشر فيصير معك مال وسبعة أجذار تعدل مائتين وثمانية وعشرين درهمًا، فنصِّف الأجذار واضربها في مثلها تكن اثني عشر وربعًا، فزدها على الأعداد وهي مائتان وثمانية وعشرين فيكون مائتين أربعين وربعًا، فخذ جذرها خمسة عشر ونصفًا، فانقص منه نصف الأجذار وهو ثلاثة ونصف يبقى عشرة وهو المال، فقد أخرجتك هذه المسألة إلى أحد الأبواب الستة وهي أموال وجذور تعدل عددًا[2].

---

(1) المصدر السابق، ص36. (المؤلف)

(2) المصدر السابق، ص 36–37. (المؤلف)

وبطريقة التدوين الجبري لعرض الحل من قوله: قياسه أن تضرب. إلخ، نحصل على ما يأتي:

(1/ 3س+1) (1/ 4 س+1) =20 ....المعادلة

1/ 12س^2 +1/ 3 س+ 1/ 4س+1=20

1/ 12س^2 +1/ 3 س+ 1/ 4س+1-1=20-1..... بديهية الطرح

1/ 12س^2+1/ 3س+1/ 4س=19.......... قاعدة الجمع والنقصان

س2+4س+3س=228

س^2+7س=228................. أموال وجذور تعدل عددًا

وبتطبيق طريقة الدستور التي يصفها للحل من قوله: فَنَصفْ الأجذار واضربها... إلخ، تحصل على ما يأتي:

س=(√7/ 2)^2+228 -7/ 2

س= √49/ 4+228 -7/ 2

س= √12 و1/ 4+228 -7/ 2

س= √240 و1/ 4 -7/ 2

س= 15و1/ 3 -3و1/ 2

س= 12

المثال الخامس: عشرة قسمتها قسمين، ثم ضرب كل قسم في نفسه، وجمعتها فكانت ثمانية وخمسين درهمًا، قياسه أن تجعل أحد القسمين شيئًا والآخر عشرة إلا شيئًا، فاضرب عشرة إلا شيئًا في مثلها فيكون مائة ومالًا إلا عشرين شيئًا ثم تضرب شيئًا في شيء فيكون مالًا ثم تجمعهما فيكون ذلك مائة ومالين إلا عشرين شيئًا، تعدل ثمانية وخمسين درهمًا فاجبر المائة والمالين بالعشرين الشيء الناقصة وزدها على الثمانية والخمسين فيكون مائة ومالين، تعدل ثمانية وخمسين درهمًا وما لا تعدل تسعة وعشرين درهمًا وعشرة أشياء، فقابل به وذلك أنك تلقي من الخمسين تسعة وعشرين فيبقى واحد وعشرون ومال تعدل عشرة أشياء، فنصف الأجذار يكون خمسة واضربها في مثلها فتكون خمسة وعشرين، فألقِ

منها الواحد والعشرين التي مع المال فيبقى أربعة فخذ جذرها وهو اثنان فأنقصه من نصف الأجذار التي هي خمسة يبقى ثلاثة وهي أحد القسمين والآخر سبعة فقد أخرجتك هذه المسألة إلى أحد الأبواب الستة وهي أموال وعدد تعدل جذورًا[1].

وبطريقة التدوين الجبري لعرض الحل من قوله: قياسه أن تجعل...إلخ، نحصل على ما يأتي:

س^2 + (10− س)^2=58............................ المعادلة

س^2+100+س^2− 20 س= 58.................. قاعدة الجمع

2 س^2+100−20س=58.................. قاعدة الجمع

2 س^2+100−20س+20س= 58+20س.... بديهية الإضافة

2 س^2+100= 58+20س

س^2+50=29+10س

س^2+50−29=29−29+10س............... بديهية الطرح

س^2+21=10س.............. أموال وجذور تعدل عددًا

إما س= 3

أو س= 7

المبحث السادس: الجبر والحل الهندسي

ولا بد للمرء أن يتساءل وهو يتابع حل **الخوارزمي** لمعادلات الدرجة الثانية بطريقة الدستور عن الطريقة التي سلكها والأساس الذي اعتمد عليه في اشتقاق قاعدة أو قواعد الدستور، وهل في عمله هذا أصالة وابتكار؟

إن الإجابة على هذا السؤال تفرض علينا أن نناقش أولًا خطوته الأولى في تبسيط المعادلة لتكون جاهزة لتطبيق قاعدة الدستور، فالمعادلات أو الأشكال الرئيسة الستة تحتوي على حدود، يقترن بالمال وبالجذر عدد، بينما يظهر عدد مفرد لا ينسب إلى المال ولا إلى الجذر،

(1) المصدر السابق ص 37-38. (المؤلف)

يلجأ **الخوارزمي** إلى التخلص من العوامل العددية المقترنة بالأموال، إذ تتحول إلى مال واحد، ويستخدم من أجل ذلك قانون ضرب طرفي المعادلة بقيمة عددية واحدة، أو قانون قسمة طرفي المعادلة بقيمة عددية واحدة، ثم يطبق بعدها طريقة الدستور، ويذكر طريقته في رد الأموال إلى مال واحد في عدة مواضع هامة من كتابه فهو يقول بالنسبة للمعادلة: أس^2= ب س. وكذلك ما كثر من الأموال يرد إلى مال واحد وكذلك يفعل بما عادلها من الأجذار يرد إلى مثل ما يرد إليه المال[1].

ويصدق الشيء نفسه بالنسبة للمعادلة أ س^2 = ج. وكذلك جميع الأموال زائدها وناقصها ترد إلى مال واحد، وإن كانت أقل من مال زيد عليها حتى تكمل مالًا تامًا، وكذلك يفعل بما عادلها من الأعداد[2].

ويطبق المبدأ نفسه بالنسبة للمعادلة أ س^2+ب س= ج، وكذلك لو ذكر ثلاثة أو أقل أو أكثر فاردده إلى مال واحد واردد ما كان معه من الأجذار والعدد إلى مثل ما رددت إليه المال[3].

وكذلك قوله: بالنسبة للمعادلة أ س^2+ج= ب س. وكل ما أتاك من مالين أو أكثر أو أقل فأردده إلى مال واحد كنحو ما بينت لك في الباب الأول[4].

ويطبق المبدأ نفسه بالنسبة للمعادلة: ب س+ ج + س^2. وكل ما كان أكثر من مال أو أقل فاردده إلى مال واحد[5].

أما السبب المنطقي في إصراره على رد الأموال ما زاد منها وما نقص إلى مال واحد فيرجع في الحقيقة إلى طريقة الحل التي توصل إليها **الخوارزمي**، وتعتمد من حيث الأساس على تصورات هندسية، وعلى خصائص بعض الأشكال من الهندسة المستوية. ولا سيما المربع والمستطيل، وسنجد بعد قليل مذهبه الهندسي في الحل. ولكننا في الوقت نفسه لا بد أن نميز بين التطبيقات الهندسية للجبر والأساس الهندسي لاشتقاق القانون الجبري،

---

(1) المصدر السابق، ص17. (المؤلف)

(2) المصدر السابق، ص18. (المؤلف)

(3) المصدر السابق، ص19. (المؤلف)

(4) المصدر السابق، ص21. (المؤلف)

(5) المصدر السابق، ص21. (المؤلف)

فبينما الأول مجرد تعبير هندسي عن معادلة جبرية معينة، فإن الثاني طريقة للوصول إلى حل تشترك فيه معادلات ذات نمط معين، وفي الحالتين نجد أسلوبًا مبتكرًا ورائدًا في الربط بين الجبر والهندسة، وهو الربط الضروري لميلاد الهندسة التحليلية.

يقسّم **الخوارزمي** الأشكال الستة الرئيسية من المعادلات إلى مجموعتين: مجموعة تضم الأشكال الثلاثة الأولى لا تنصف في الأجذار. مجموعة أخرى تضم الأشكال الثلاثة الأخيرة لا تنصف فيها الأجذار.

ويسوق الأمثلة المتنوعة على الإشكال الستة، وقصده من ذلك التوضيح وتقريب الحل إلى الفهم وسهولة الاستعمال عند الحاجة، وفي ذلك يذكر صراحة: ثم اتبعت ذلك من المسائل بما يقرُب من الفهم وتخف فيه المؤونة وتسهل فيه الدلالة إن شاء الله تعالى[1].

ولكن بعد التوضيح بالأمثلة يشير بوضوح إلى السبب الذي أدى إلى تنصيف الأجذار عند حل المعادلات من المجموعة الثانية فيقول: فأما ما تحتاج فيه إلى تنصيف الأجذار في الثلاثة الأبواب الباقية فقد وصفته بأبواب صحيحة وصيرت لكل باب منها صورة يستدل على العلة في التنصيف[2].

وفي هذا القول ما يشير إلى اهتمام **الخوارزمي** بالاستدلال لمعرفة العلة وهو استدلال في الحدود الهندسية استخدمه في عدة مواضع من الكتاب مما يثبت أن الأساس الهندسي كان وراء حلوله الجبرية، وأن التماسه المستمر بالإسقاط الهندسي يدل على مدى تعلقه بالحل الهندسي لمشكلات جبرية، فهو لم يكتف باستخدام الحل الهندسي للمجموعة الثانية من المعادلات التي تُنصَّف فيها الأجذار، بل برهن كذلك على الجمع والطرح لمقادير جبرية مثل:

(200√-20) + (10-200√)

(200√-20) - (10-200√)

وطريقته العامة في الإسقاط الهندسي وإيجاد الحل هي في التعبير عن المشكلة الجبرية هندسيًا، ثم التماس الطريق الأبسط لبيان الحل وتعميمه، إذ يأخذ الحل في النهاية صورة حل جبرية.

---

(1) المصدر السابق، ص34. (المؤلف)

(2) المصدر السابق، ص21. (المؤلف)

ومن أبرز الأمثلة على اعتماد **الخوارزمي** لهذه الطريقة في الاشتقاق وإيجاد الحلول، طريقته في اشتقاق قاعدة الدستور، مع الاحتفاظ بالطريقة ذاتها في صياغة القاعدة بصورتها الجبرية والمثال الذي يسوقه هو المعادلة: س^2+10 س= 39

وللتعبير عن المعادلة هندسيًا يفترض **الخوارزمي** سطحًا مربعًا مجهول الأضلاع تكون مساحته س^2، ثم يلجأ إلى التعبير عن 10 س هندسيًا بتكوين أربعة مستطيلات على أضلاع المربع وعلى أساس أن طول الضلع الآخر من كل مستطيل يساوي 10/ 4= 2 و1/ 2، فتكون مساحة المستطيلات الأربعة 10 س، وبناءً على ذلك تكون المعادلة قد أخذت صورتها الهندسية على النحو الآتي:

مساحة المربع أب+ مجموع مساحة المستطيلات الأربعة: ك، ح، ج، ط، تعادل 39.

طريقة الحل[1]: أن طول ضلع المربعات القائمة في الزوايا 10/ 4، وبتعبير جبري ب/ 4، فمساحة كل مربع صغير إذًا = $(10/4)^2$ أو $(\text{ب}/4)^2$.

مجموع مساحات المربعات الصغيرة:

$(10/4)^2 \times 4 = 100/16 \times 4 = (10/2)^2 = 25$.

وبتعبير جبري $(\text{ب}/4)^2 \times 4 = (\text{ب}/2)^2$

مساحة المربع د هـ=

مجموع مساحة المربعات الصغيرة + مساحة المربع الوسطي أ ب+ مجموع المستطيلات الأربعة

لما كان ضلع المربع المجهول س، فإن ضلع المربع الكبير د ه= س+ 10/ 2

$(\text{س} + 10/2)^2 = (10/2)^2 + 39$

$\text{س} + 10/2 = \sqrt{(10/2)^2 + 39}$

$\text{س} = \sqrt{(10/2)^2 + 39} - 10/2$

$\text{س} = \sqrt{25 + 39} - 5$

(1) يُراجع، خالد السامرائي، الرياضيات عند العرب، مجلة معهد المدرسين العالي، 1964، ص30-31. (المؤلف)

س= 8- 5

س=3

وبالطريقة الجبرية:

(س+ ب/ 2)^2= (ب/ 2)^2+ج

س+ ب/ 2= √(ب/ 2)^2+ج

س= √ (ب/ 2)^2+ج - ب/ 2

وبطريقة هندسية مبتكرة يحصل **الخوارزمي** كذلك على علة تنصيف الأجذار والحل للمعادلات الأخرى بالدستور:

أ س^2+ج= ب س ودستور حلها:

س= ب/ 2+√(ب/ 2)^2- ج

ب س+ ج= ا س^2 ودستور حلها:

س=√ (ب/ 2)^2 +ج+ ب/ 2

إن الملاحظة الرياضية التي يقع عليها الباحث في الجبر والمقابلة هي تفادي **الخوارزمي** للقيمة السالبة وعدم ذكره لها. ففي المثال السادس للمعادلة....

س^2 =12+288، يذكر القيمة الموجبة لـ (س) وهي 24. بينما يهمل ذكر القيمة الأخرى وهي سالبة لـ (س)= -12، ولكن ذلك لا يعني مطلقًا أنه لم يعرف القيمة السالبة لـ (س)، فهو يذكر الزيادة والنقصان في التثبت من صحة الحل للمعادلة، ولا يفوته أن يذكر قيمتين لحل المعادلة في حالة كونهما موجبتين، مثال ذلك ما حدث بالنسبة للمعادلة س^2 +21= 10 س، إذ يقول: إن تنصِّف الأجذار فتكون خمسة فاضربها في مثلها تكن خمسة وعشرين، فأنقص منها الواحد والعشرين التي ذكر أنها مع المال فيبقى أربعة فخذ جذرها وهو اثنان فأنقصه من نصف الأجذار وهو خمسة فيبقى ثلاثة وهو جذر المال الذي تريده والمال تسعة. وإن شئت فزد الجذر على نصف الأجذار فتكن سبعة وهو جذر المال الذي تريده والمال تسعة وأربعون[1].

---

(1) يُراجع، الخوارزمي، كتاب الجبر والمقابلة، ص20. (المؤلف)

يظهر من النص بوضوح أن للمعادلة السابق ذكرها قيمتين موجبتين، هما ثلاثة وسبعة.

ولقد أدرك **الخوارزمي** مسألة التثبت من الحل بعد الحصول على النتيجة أو اكتشاف قيمة المجهول، وهذه الطريقة أصبحت معروفة في المنطق الذي يعرف بمنطق الحل أو المنطق الهوريستكي، ونص **الخوارزمي** يشير إلى مسألة التثبت بوضوح، إذ يقول: فإذا وردت عليك مسألة تخرجك إلى هذا الباب فامتحن صوابها بالزيادة فإن لم تكن فهي بالنقصان لا محالة، وهذا الباب يعمل بالزيادة والنقصان جميعًا[1].

وأخيرًا لا بد أن نذكر موقف **الخوارزمي** من المقادير التخيلية التي قد تظهر عند حل المعادلات، إذ يرى أن المسألة تكون مستحيلة إذا ما ظهرت نتيجة الحل مقدارًا تخيليًا مثل √3، فيقول: واعلم أنك إذا نصفت الأجذار في هذا الباب وضربتها في مثلها فكان مبلغ ذلك أقل من الدراهم التي مع المال فالمسألة مستحيلة[2]. ويمكن التعبير عن هذا النص جبريًّا بالشكل الآتي:

س= ب/ 2+ √(ب/ 2)^2– ج

إذا كانت القيمة العددية لـ(ب/ 2)^2 أقل من ج، فإن النتيجة تكون كما يأتي:

س= ب/ 2+ √ – م

أو س=ب/ 2– √ م

وفي ذلك يعتبر **الخوارزمي** المسألة مستحيلة، وقد أشار المحققان لكتاب الجبر والمقابلة إلى ذلك بالقول: تنبه **الخوارزمي** للحالة التي يستحيل فيها إيجاد قيمة حقيقية للمجهول فقال إن المسألة تكون في هذه الحالة مستحيلة، وقد بقي هذا اسمها بين علماء الرياضيات إلى أواخر القرن الثامن عشر، عندما بدأ البحث في الكميات التخيلية على أيدي **كاسبا فسل** و**جان روبير أرجان**[3].

---

(1) المصدر السابق، ص20. (المؤلف)

(2) المصدر السابق، ص20-21. (المؤلف)

(3) المصدر السابق، ص21. (المؤلف)

الفصل الثالث

الموضوعية ووحدة الحقيقة*
في التراث العلمي العربي

المبحث الأول: الموضوعية، تحديد المفهوم وتاريخية الاهتمام فيه

الموضوعية Objective في البحث العلمي شرط أساس من شروط الطريقة العلمية، ومبدأ جوهري لمن أراد التقدم في سبيل العلم، لأن الالتزام به من مستلزمات الباحث والعالِم الساعي نحو كشف قاعدة أو قانون أو صياغة نظرية علمية شاملة، والموضوعية ضرورية للعلم والمعرفة على السواء من أجل استقراء واستقصاء عالَم الحقائق الجزئية باتجاه إدراك عالم الحقائق الكلية، فهي مرتبطة بالتجريبية والبحث القائم على الملاحظة والتجربة المختبرية، كما يبقى ارتباطها فعالًا في مجال المفاهيم وصياغة الفروض والقوانين العامة والنظريات، وبذلك يكون المجال الحيوي لفعل الموضوعية في حدود العلوم الطبيعية بخاصة، والعلوم التجريبية عامة.

نصادف في الفلسفة والعلم كلمة موضوعي Objective على أساس أنها صفة، وتعني ما يكون متعلقًا بالشيء Object، وهو معنى يناقض دلالة الكلمة ذاتي Subjective وذلك لتعلق الذاتي بالذات Subject دون الموضوع، ويقال من الناحية الفلسفية إن شيئًا ما موضوعي إذا كان ذلك حقيقة أو واقعة وهو نقيض الذاتي، ويكون الشيء موضوعيًّا عندما يكون الأساس هو الشيء وليس الذات، والذاتي ما كان متصلًا بالشعور والمشاعر والميول، فالموضوعي ما

---

* نشر هذا البحث في مجلة المجمع العلمي العراقي، ج2، مجلد 31، السنة 1980، وقد أضفنا إلى عنوان البحث (التراث العلمي العربي)، لأن البحث قائمة على إثبات هذا العنوان حصرًا والدفاع عنه أمام ما يقال في التراث العلمي الأوربي من أنه يملك وحدة الحقيقة. (المحقق)

كان متحققًا في الشيء، وعلى نقيضه الذاتي وهو ما لم يكن متحققًا في الشيء أو الموضوع، ويتحقق في المشاعر والميول والمواقف المتباينة للذات[1].

والموضوعية مهمة للعلم، ولم يتوصل الإنسان إلى إدراك أهميتها وضروريتها إلا بعد مدة طويلة من البحث الدائب والمعاناة المتواصلة، إذ عرف في نهاية الأمر كيف وضع الحدود التي تفصل عالَم الذات عن عالَم الموضوع، وعدم تصوير الموضوع من خلال الذات بكل ما تحمله من الأهواء والانفعالات والتصورات الوقتية التي ترافق عملية الإدراك في بعض الأحيان، ثم التركيز على فهم الموضوع من غير أن يكون للذات أيّ دور سوى الفهم والإدراك بعيدًا عن الأهواء والميول المتباينة والتصورات.

تذكر المصنفات والقواميس الفلسفية أن أبرز ما حققه الفكر الأوربي الحديث على صعيد الطريقة العلمية هو أنه استطاع أن يتحرر من الذاتية ويتوجه نحو الموضوعية في العلم، فحقق بذلك قفزات كبيرة في البحث العلمي، وخلق أرضية فكرية صالحة لنمو المعرفة العلمية في الطريق الصائب، ولقد كان نقد الفيلسوف فرنسيس بيكن (ت1626م) للعقل علامة بارزة في تاريخ الفلسفة، إذ بين بوضوح الأوهام التي تعترض التفكير العلمي وهي أوهام القبيلة وأوهام الكهف وأوهام السوق وأوهام المسرح[2]، ودعا إلى ضرورة التخلص منها من أجل معرفة

(1) يُراجع في ذلك القاموس الفلسفي تحت عنوان الموضوعية Obektiv، تأليف Herausgegben von and W. Brugger s.j. Philosophisches Worterbuch, Verlag Harder Freiburg 1953. p215-216. (المؤلف).

(2) الأوهام التي تحدث عنها فرنسيس بيكن وهي كالآتي: النوع الأول أوهام القبيلة Idola Tribus، وهي تعود إلى النقص الطبيعي في العقل الإنساني من حيث هو كذلك، أي من حيث هو عقل إنسان أورثته الخطيئة الكبرياء والغرور، والعقل هنا أشبه بالمرآة الكاذبة التي تشوه طبيعة الأشياء وألوانها، إن أوهام القبيلة تجعل العقل حين يستريح إلى صورة من الصور يجتهد في فرضها على الواقع، وإن اقتضى منه ذلك أن يلوي الوقائع لتتفق مع صوره، وهو في ذلك يصدر عن كبريائه وادعائه، لأنه يتعالى عن النظر إلى الطبيعة وخصائصها ودقائقها ويكتفي بعقله وقوانينه متصورًا ومدعيًا أنه حاصل على اليقين بذاته، أما أوهام الكهف Idola Specus، فهي تعود إلى الطبيعة الفردية لكل إنسان من حيث إن له مزاجه الخاص بمكوناته الفطرية والمكتسبة على السواء، فهي تصدر عن الاستعدادات الأصلية وعن العادات المكتسبة بالتربية والعلاقات الاجتماعية والمطالعات، فهذه كلها تعطي الإنسان طبيعته الفردية، وإذا كانت هذه الفردية هي بمثابة الكهف الأفلاطوني، فإن العقل الإنساني يكون سجينًا فيها كما لو كان سجينًا في كهف أفلاطون، لا ينظر إلى العالم إلا من خلاله ولا يرى إلا ما يتواءم مع ظلاله، وما من إنسان إلا وهو سجين كهف تعوقه أوهامه عن الرؤية

علمية أساسها الاستقراء[1]، وأخذ الفكر الأوربي يشق طريقه نحو بناء العلم بعد أن تعينت الأرضية الفكرية في اشتراط الموضوعية في العلم. فأقام الطريقة العلمية وما يرتبط بها من استقراء، وتعليل أو تفسير Explanation، واستدلال وتمثيل أو تشبيه Analogy، سواء كان ذلك في حدود صياغة القوانين العلمية، أو في حدود التثبت من صدقها بالأسلوب التجريبي.

لقد أكدت المؤلفات التي تناولت الطريقة على دور العلماء والفلاسفة الأوربيين في إرساء دعائم الطريقة، وأغفلت الجهود الكبيرة التي بذلها العلماء والفلاسفة العرب من قبل في هذا المجال وما يرتبط به من أفكار ومبادئ وشروط. ونعذرهم لعدم معرفتهم بتراثنا العلمي، ولكننا لا نستطيع أن نعذر أنفسنا عندما نردد ما يقوله غيرنا بغير وجه حق، فنقع في الخطأ والتوجيه المخالف للحقيقة.

إن الواجب العلمي الملقى على عاتق الباحث العربي في الجامعات والمراكز العلمية هو البحث عن الحقيقة، وتصحيح الآراء الخاطئة والمضللة، وإعطاء كل ذي حق حقه في سياق التطور العلمي والتأريخي من خلال كشف ما أنجزه العلماء العرب وما خلفوه من أعمال على صعيد النظر والعمل.

وتتجلى غايتي في هذا البحث أن أبرهن على مقدار تمسك العلماء العرب بالبحث

الصادقة للطبيعة، وما إنسان كذلك يدري أنه سجين، وكيف يكون كذلك وهو يسعد بكهفه ويجد في حياته وفي علمه المحدود بشخصه مجالًا للمتعة واللذة؟. وأوهام الكهف تبين في مظاهر عديدة، فمن الناس من يُسلِّم بالجديد ويقبله دون فحص لأنه جديد، بينما آخرون يُسلِّمون بالقديم ويكفيهم القدم ذاته علامة على الصدق... والنوع الثالث من الأوهام أوهام السوق Idola Fori، وهي الناشئة من الألفاظ، ويرى بيكن أنها أكثر الأوهام مثارًا للاضطراب، وقد سميت أوهام السوق لأن الناس متى اجتمعت كما تجتمع في الأسواق لا تملك أداة للمناقشة وتبادل الأفكار سوى الألفاظ وما يتكون منها من قضايا، والألفاظ تكون أصلًا طبقًا للحاجات العملية والتصورات العلمية، والنوع الرابع من الأوهام هو أوهام المسرح Idola Theatri، وهي الناشئة مما تتخذه القضايا والنظريات والمذاهب الفلسفية المتوارثة عن الفلاسفة من مقام ونفوذ، فهذه كلها يتلقاها الناس عن الفلاسفة القدماء كما يتلقى المشاهدون في المسرح كلمات الممثلين تلقى عليهم من عل، ولدينا من تاريخ الفلسفة ما هو حافل بهذه الأوهام. يُراجع، د. حبيب الشاروني، فلسفة فرنسيس بيكن، ط1، الدار البيضاء، المغرب 1981، ص45 وما بعدها. (المحقق)

(1) دعا بيكن إلى ذلك في كتابه المنطق الجديد Novum Drganum، الذي أنجزه عام 1620 ميلادية، ويظهر من عنوانه أنه أراد منطقًا آخر يعارض به منطق الاستدلال لأرسطو. (المؤلف)

الموضوعي، ودعوة الفلاسفة والمفكرين العرب إلى الالتزام بالحقيقة والصدق والعدل في الأحكام، وصلة الموضوعية بالشك العلمي كمنهج له أصوله الفكرية، وبالبحث عن الحقيقة الواحدة كغاية يسعى العالِم والفيلسوف إلى تحقيقها.

المبحث الثاني: في الصلة بين الشك[1] العلمي والموضوعية ووحدة الحقيقة عند الفلاسفة والعلماء العرب المسلمين

إن أفضل وسيلة لعرض الصلة بين المحاور العلمية الثلاثة، تكون في بحث منهج الشك العلمي من زاوية ارتباطه بالموضوعية أولًا ثم بحث الموضوعية أو ما يعادلها من مفاهيم أو مقولات في الفكر العلمي والفلسفي العربي ثانيًا، ثم بحث وحدة الحقيقة من زاوية الموضوعية والمنهج العلمي ثالثًا.

فالشك هو أول الطريق نحو إزالة الأوهام أو الشبهات، فهو طريقة في النقد، نقد العقل الإنساني من جهة ونقد المفاهيم والأقوال والأحكام من جهة أخرى، ولا يخفى على الباحث في الفكر العربي الإسلامي أن الشبهات والشكوك من الأمور الواجب إزالتها في المسائل الدينية والشرعية ليستقيم الحكم وينجلي الحق، ويأخذ العدل مجراه، وقد أخذ هذا الواجب طريقه في الفكر الفلسفي والفكر العلمي، بل وأصبح الشك في الأقوال والآراء الواردة عن الأقدمين من اليونان والهنود وغيرهم هو الأساس في التثبت منها، كما كان لإثارة الشكوك والشُبه المختلفة حول مسألة مطروحة للبحث هو الطريقة الواجب اتباعها قبل الوصول إلى الأحكام العامة القطعية، وهذا معناه أن العلماء العرب رفضوا التقليد والانسياق وراء الاعتقاد الجازم لمجرد أن الأقوال والآراء قد وردت على لسان مفكرين وعلماء كبار أمثال أرسطو (ت322ق،م) وإقليدس (ت300ق،م)، وبطليموس (ت165م)، وغيرهم من اليونان.

---

(1) الشك Doubt: هو التردد بين النقيضين بلا ترجيح لأحدهما على الآخر عند الشاك، وفعل الشك ما استوى طرفاه وهو الوقوف بين الشيئين لا يميل القلب إلى أحدهما، يُراجع، الجرجاني، التعريفات، مادة شك، وعند ديكارت يعني الشك فعل من أفعال الإرادة فهو ينصبّ على الأحكام لا على التصورات والأفكار، لأن التصورات في ذاتها من غير حكم لا تسمى صادقة ولا كاذبة. والشك أنواع منها: الشك الجدلي والشك المنهجي وهو عند ديكارت بخاصة. يُراجع، يوسف كرم، المعجم الفلسفي، مادة شك. (المحقق)

وقد وقف أبو حامد الغزالي (ت505هـ/ 1111م)، موقفًا نقديًا رائعًا في كتابه تهافت الفلاسفة، إذ ناقش آراء الفلاسفة وألزم التناقض في أقوالهم، فضلًا عن إيراد الحجج أو البينة العقلية، وحمل على من اعتنق آراء الفلاسفة من دون نظر وتصديق وتحقيق، إذ يقول: وإنما مصدر كفرهم سماعهم أسماء هائلة كسقراط وبقراط وأفلاطون وأرسطوطاليس وأمثالهم، وإطناب طوائف من متبعيهم وضلالهم في وصف عقولهم، وحسن أصولهم، ودقة علومهم: الهندسية والمنطقية والطبيعية والإلهية، واستبدادهم لفرط الذكاء والفطنة باستخراج تلك الأمور الخفية، وحكايتهم عنهم أنهم مع رزانة عقولهم وغزارة فضلهم منكرون للشرائع والنحل، وجاحدون لتفاصيل الأديان والملل، ومعتقدون أنها نواميس مؤلفة وحيل مزخرفة، فلما قرع ذلك سمعهم ووافق ما حكي عن عقائدهم وطبعهم، تجملوا باعتقاد الكفر، تحيزًا إلى غمار الفضلاء بزعمهم، وانخراطًا في سلوكهم وترفعًا عن مسايرة الجماهير والدهماء، واستنكافًا من القناعة بأديان الآباء، ظنًا بأن إظهار التكايس في النزوع عن تقليد الحق، بالشروع في تقليد الباطل، جمال، وغفلة منهم عن أن الانتقال إلى تقليد عن تقليد، خرق وخبال، فأية رتبة في عالم الله أخس من رتبة من يتجمل بترك الحق المعتقد تقليدًا بالتسارع إلى قبول الباطل تصديقًا دون أن يقبله خبرًا وتحقيقًا[1].

ويقوم المذهب النقدي للغزالي على أربعة أركان يسميها مقدمات، وهي تعرب عن مساق الكلام في كتابه، فالمقدمة الأولى تقوم على إظهار التناقض في أقوال الفلاسفة، وتقوم المقدمة الثانية على أن الخلاف بين الفلاسفة يرجع إلى لفظ مجرد أو اختلاف معاني الألفاظ، بينما تقوم المقدمة الثالثة على أساس حسن الظن والاعتقاد في الفلاسفة ومسالكهم، وتقوم المقدمة الرابعة على أساس أن فهم العلوم الإلهية يحتاج إلى المنطقيات والرياضيات[2].

والغزالي في ذلك يميز بوضوح بين العلم الإلهي والعلمين الرياضي والطبيعي، إذ يرى أن العلم الإلهي لا يرقى إلى اليقين الذي سيتوفر في العلوم الحسابية والمنطقية، وأن العلوم الرياضية والمنطقية تقوم على البراهين، وتفتقر العلوم الطبيعية إلى المشاهدة والرصد فضلًا عن الاختبار والاعتبار.

---

(1) يُراجع، الغزالي، تهافت الفلاسفة، تحقيق سليمان دنيا، ط4، القاهرة 1966، ص74. (المؤلف)

(2) المصدر السابق، المقدمات من ص76-85. (المؤلف)

والعلم اليقيني الذي يهدف إليه الغزالي معرفة خالية من الشك، ومطلبه العلم بحقائق الأمور، فالعلم اليقيني هو الذي ينكشف فيه المعلوم انكشافًا لا يبقى معه ريب، ولا يقارنه إمكان الغلط والوهم، ولا يتسع القلب لتقدير ذلك، بل الأمان من الخطأ، ينبغي أن يكون مقارنًا لليقين، مقارنة لو تحدى بإظهار بطلانه مثلًا من يقلب الحجر ذهبًا والعصا ثعبانًا، لم يورث ذلك شكًا وإنكارًا، فإني إذا علمت أن العشرة أكثر من الثلاثة، فلو قال لي قائل: لا، بل ثلاثة أكثر، بدليل أني أقلب العصا ثعبانًا، وقَلبها، وشاهدت ذلك منه، لم أشك بسببه في معرفتي، ولم يحصل لي منه إلا التعجب من كيفية قدرته عليه!، فأما الشك فيما علمته، فلا. ثم علمت أن كل ما لا أعلمه على هذا الوجه، ولا أتيقنه، هذا النوع من اليقين فهو: علم لا ثقة به، ولا أمان معه، وكل علم لا أمان معه، فليس بعلم يقيني[1].

ومن جانبه يقف الحسن بن الهيثم (ت1038م)، في مقدمة العلماء العرب في مزاولة النقد التحليلي من أجل إزالة الشكوك والشبه ابتغاء بناء معرفة علمية موضوعية، ويتميز مذهب النقد والشك عند ابن الهيثم بميزات عديدة أهمها أنه:

1. أصبح منهجيًا بدلالة استخدامه بدقة عند معالجة أقوال وآراء الأقدمين في العلوم، فكانت خطوات النقد متتالية مصحوبة بامتحان للأقوال والآراء المختلفة.
2. أصبح محور تفكيره من أجل كشف الحقائق العلمية عن طريق إزالة الشكوك والشبه المثارة حول المسألة المطروحة.
3. أصبح مقترنًا بالاختبار على المستويين، النظري والتجريبي، وذلك عن طريق البرهان بوجود التناقض في النظرية العلمية أو المذهب، وعن طريق اللجوء إلى التجربة والاعتبار لإثبات الصدق أو للتكذيب.

ويتجلى الشك بصورة واضحة في كتاب ابن الهيثم الموسوم الشكوك على بطليموس، إذ بدأ بمقدمة منهجية رائعة لمذهبه في النقد والشك، فيقول: الحق مطلوب لذاته، وكل مطلوب لذاته فليس يعني طالبه غير وجوده، ووجود الحق صعب، والطريق إليه وعر،

---

(1) يُراجع، الغزالي، المنقذ من الضلال والموصل إلى ذي العزة والجلال، تحقيق عبد الحليم محمود، ط4، القاهرة 1964، ص13-14. (المؤلف)

والحقائق منغمسة في الشبهات، وحسن الظن بالعلماء في طباع الناس جميعهم، فالناظر في كتب العلماء إذا استرسل مع طبعه، وجعل غرضه فهم ما ذكروه وغاية ما أرادوه، حصلت الحقائق عنده هي المعاني التي قصدوا لها، والغايات التي أشاروا إليها، وما عصم الله العلماء من الزلل، ولا حَمَى عِلمهم من التقصير والخلل، ولو كان ذلك كذلك لما اختلف العلماء في شيء من العلوم، ولا تفرقت آراؤهم في شيء من حقائق الأمور، والوجود بخلاف ذلك، فطالِب الحق ليس هو الناظر في كتب المتقدمين، المسترسل مع طبعه في حسن الظن بهم، بل طالب الحق هو المتهم لظنه فيهم، المتوقف فيما يفهمه عنهم، المتبع الحجة والبرهان، لا قول القائل الذي هو إنسان، المخصوص في جِبلّته بضروب الخلل والنقصان.

والواجب على الناظر في كتب العلوم، إذا كان غرضه معرفة الحقائق، أن يجعل نفسه خصمًا لكل ما ينظر فيه، ويجيل فكره في متنه وفي جميع حواشيه، ويخصمه من جميع جهاته ونواحيه، ويتهم أيضًا نفسه عند خصامه فلا يتحامل عليه ولا يتسامح فيه، فإنه إذا سلك هذه الطريقة انكشفت له الحقائق وظهر ما عساه وقع في كلام من تقدمه من التقصير والشُّبَه[1].

وطريقة ابن الهيثم في الشك ذات هدف علمي، فهي تسعى إلى تطوير المعرفة العلمية عن طريق امتحان الآراء والأقوال، كما تسعى إلى كشف الحقائق ابتغاء الوصول إلى اليقين من دون شك وشبه، وقد اتبع ابن الهيثم هذه الطريقة بدقة في أبحاثه وكشوفه البصرية، وكانت النتائج التي توصَّل إليها خير معبر عن سلامة الطريقة والتزامه بها، ويمكننا من خلال أبحاثه ومؤلفاته أن نطرح طريقته على وفق الخطوات الآتية:

1. أن يثير الشكوك والشبهات حول مسألة مطروحة للبحث، فإذا كانت التجربة والاعتبار لا تؤيدها، التزم بالحكم التجريبي وارفض ما عداه، أما إذا أيدت التجربة والاعتبار حكم المسألة فإنه ينتقل إلى توسيع الحكم وطرح قول كلي لامتحانه من جديد وهكذا حتى يصوغ الحكم بصورته النهائية.

---

(1) يُراجع، الحسن بن الهيثم، الشكوك على بطليموس، تحقيق عبد الحميد صبرة ونبيل الشهابي، مصر 1971، ص30-4. (المؤلف)

2. أن يثير الشكوك والشبهات حول مسألة مطروحة للبحث، فإذا كان الحكم فيه مخالفًا لمبدأ أو قول كلي مقبول بالبرهان والاعتبار، رفض ذلك الحكم، أما إذا اتفق حكم المسألة مع قول كلي مقبول بالبرهان والاعتبار، فذلك برهان نظري على صدقه.

3. أن يثير الشكوك حول مسألة مطروحة للبحث، فإذا ظهر بين حكمها وحكم آخر أو أحكام أخرى تناقض، فذلك دليل على ضعف النظرية العلمية التي اشتملت على هذه الأحكام، وبرهان على فسادها أو فساد بعض أحكامها.

فبالنسبة للخطة المنهجية الأولى رفض ابن الهيثم نظرية الشعاع التي يرى أصحابها أن شعاعًا يخرج من البصر فيلامس الأشياء ليحدث الإبصار، فقلبها على وجهها الصحيح، فقال إن انعكاس الشعاع عن الأجسام هو المسؤول عن الإبصار[1].

وفي مجال دراسته للأضواء الطبيعية والمكتسبة، أخذ يتوسع في القول الكلي، أن الضوء يمتد على خطوط مستقيمة وذلك بالاعتبار والتجارب عن طريق دراسة سلوكه في الأجسام المُشِفَّة، ليصل إلى القول الأعم وهو: إن الشعاع هو كل ضوء يمتد على خطوط مستقيمة في جسم مُشِفّ كان الضوء ضوء الشمس أو كان ضوء القمر أو كان ضوء الكواكب أو كان ضوء النار[2].

وبالنسبة للخطوة الثانية نجد ابن الهيثم يبدأ أولًا بإثارة الشكوك مثال ذلك عند بحثه للمكان في رسالة المكان، فيقول: وطريق البحث عن ذلك هو أن يخص كل واحد منهما أو ينظر فيما يلزمه من الشبه الشنيعة والشكوك المعترضة فإن سلم أحدهما من الشبه والشكوك كان أولى من قرينه، وإن لزم كل واحد منها شبه وشكوك، كان أقلها شبهًا وشكوكًا أولى

(1) التزم أصحاب مذهب الشعاع من اليونان بالقول إن الإبصار يحدث بخروج شعاع أو نور من العين فيلامس الأشياء، وقد ذهب أمباذوقليس (ت430ق، م)، إلى الاعتقاد أن الإبصار يحدث بخروج عناصر من البصر لتلتقي بعناصر مشابهة لها يبعثها الجسم، وذهب الأفلاطونيون إلى الاعتقاد أن الإبصار يحدث بانبعاث قوة نورية من البصر، وانبعاث مشابه من الأجسام المضيئة بذاتها، إذ يندمج الاثنان في شعاع واحد فيحدث الإبصار، والتزم بنظرية الشعاع هذه كل من إقليدس وبطليموس. يُراجع، ياسين خليل، العلوم الطبيعية عند العرب، الكتاب الثاني من الأعمال الكاملة. (المؤلف)

(2) يُراجع، الحسن بن الهيثم، رسالة في الضوء، نشرة الهند 1357هـ، ص18-19. (المؤلف)

باسم المكان من الآخر[1]. ثم يستعين بما توصل إليه من أحكام كلية حول المادة والمدافعة والممانعة والخلاء ليصل في نهاية الأمر إلى القول الكلي الخاص بالمكان وهو: فمكان الجسم هو أبعاد الجسم التي إذا جردت في التخيل كانت خلاء لا مادة فيه مساويًا لجسم شبيه الشكل بشكل الجسم[2].

وبالنسبة للخطوة المنهجية الثالثة نذكر ما أثاره ابن الهيثم من شكوك وشبه حول بعض المسائل الفلكية لبطليموس محاولًا من وراء ذلك إثبات التناقض في النظرية، وقد استخدم هذا الأسلوب في بطلان بعض أقوال بطليموس في كتابه الشكوك على بطليموس من ذلك ما ذكره في أكثر من موضع وختم بقوله: فهذه المواضع التي ذكرناها هي المواضع المتناقضة التي وجدناها في كتاب المجسطي، ومنها ما هو معذور فيه، ومنها ما ليس له عذر فيه، وذلك أن منها مواضع تجري مجرى السهو الذي لا يعرى البشر منه، فهو معذور فيه، ومنها مواضع ارتكبها بالقصد، وهي الهيئات التي قررها للكواكب الخمسة، فليس له فيها عذر[3].

المبحث الثالث: مقولات قاعدة الموضوعية في الفكر العربي الإسلامي

إن الغاية التي يهدف منهج الشك العلمي إلى تحقيقها تتجلى في بناء معرفة علمية سليمة من الشبهات وخالية من الآراء الخاطئة والأهواء والميول التي قد ترافق العمل العلمي، ثم الوصول إلى الحقيقة واليقين الذي يسقط معه كل ظن وشك وشبهة.

ولا يتوقف طلب الحقيقة العلمية عند منهج الشك، بل يتجاوز ذلك إلى طرح مقولات ومبادئ تعبر عن منهجية الفكر العلمي في استقصاء واستقراء الحقائق، وتعبر في الوقت نفسه عن الموضوعية ابتغاء كشف الحقيقة الواحدة، ومن الضروري أن نتوقف قليلًا عند جملة من الملاحظات في سبيل بيان مجموعة المقولات التي تؤلف قاعدة الموضوعية في الفكر العربي.

---

(1) يُراجع، الحسن بن الهيثم، رسالة في المكان، نشرة الهند 1357هـ، ص3. (المؤلف)

(2) المصدر السابق، ص10. (المؤلف)، وللمزيد حول الفلسفة الطبيعية والمادة والخلاء والممانعة، يُراجع، كتابنا نظرية المكان في الفلسفة الإسلامية، ابن سينا أنموذجًا، دمشق 2008. (المحقق)

(3) يُراجع، ابن الهيثم، الشكوك على بطليموس، ص37. (المؤلف)

الملاحظة الأولى- إن البحث في التراث العربي بفرعيه الفلسفي والعلمي لا يزودنا بمصطلح الموضوعية، إذ لا نجد من علماء وفلاسفة العرب من استخدم هذا المصطلح في أبحاثه ومصنفاته ورسائله بالمعنى الذي نستخدمه في الوقت الحاضر.

الملاحظة الثانية- إن البحث في التراث العربي يزودنا بمصطلحات أخرى تصل إلى مرتبة المفاهيم والمقولات الواجبة في الفكر العربي الإسلامي، مثل: الحق والعدل، وطلب الحقيقة واليقين، والابتعاد عن الميول والأهواء، وهذه المصطلحات وإن كانت دينية في الأصل وذات جذور فقهية، إلا إنها بفضل العلماء العرب اكتسبت صبغة علمية حتى أصبحت جزءًا لا يتجزأ من الفكر العلمي العربي.

الملاحظة الثالثة- إن البحث في التراث العلمي العربي يزودنا بموقف واضح من البحث عن الحقيقة، إذ نجد العالِم والفيلسوف العربي يبدأ في الغالب بنقد الآراء والأقوال وإثارة الشكوك والشُّبَه حول المسألة المطروحة، ويستخدم النظر العقلي والمنطقي ويستعين بالتجارب، من أجل الكشف عن الحقيقة، وهو لا يعتقد بالخلاف حول الحقيقة، بل يرى أنها واحدة فيسعى في طلبها، ويرفض الأقوال أو المذاهب والنظريات المتباينة حولها، لكونها قاصرة عن إدراكها، محاولًا في الوقت نفسه بيان سبب قصورها عن إدراك الحقيقة.

إن الأساس الفكري والطريقة العلمية مبني على مجموعة من الأصول التي تستمد من العقيدة الإسلامية قوتها وحيويتها، إذ فتح الإسلام أمام الباحث سبل الولوج في خفايا الطبيعة والنفس الإنسانية، وأزال من طريقه كل معوق في سبيل التقدم العلمي، فكانت العقلانية في الفهم، والحجة في البرهان، والعدل في الأحكام، والطلب المثابر لاستجلاء الحقيقة وإزالة الشكوك، ووحدانية الخالق المؤدية إلى التمسك بوحدة الطبيعة والحقيقة، مجموعة الأصول التي اكتسبت بفضل المثابرة العلمية أردية علمية فضلًا عن أرديتها الدينية. فكانت خير قاعدة للتمسك بالبحث الموضوعي من أجل إدراك اليقين بالعلم والعمل.

لا شك أن مفهوم الموضوعية والذاتية من المفاهيم المستخدمة في الفلسفة الحديثة والعلم الحديث، وأن العلماء العرب لم يطرحوا ذلك، بل استحدثوا مفاهيم مناسبة مستمدة من التراث اللغوي والعقيدة الإسلامية وما نجم عنهما من دراسات تبلورت بوضوح بفضل علماء اللغة والفقهاء، فأصبحت المعين الذي ترتشف منه العقول العلمية في المنطلق

والدراسة وتقويم النتائج، وتحولت بعض المفاهيم الدينية فيما بعد وبالتدريج بفضل تقدم العلم إلى معايير تقاس بها البحوث والنتائج، فضلًا عما تشترطه على العالِم الذي يريد الحقيقة لذاتها من شروط واجبة التنفيذ.

إن أفضل سبيل لاستجلاء موقف العلماء والفلاسفة العرب من الموضوعية ووحدة الحقيقة هو في عرض مقولاتهم الفكرية والمنهجية، وتوضيح ذلك بالنصوص والتطبيق، فمن هذه المقولات ما يأتي:

1. مقولتا الحق والعدل- تمثل مقولتا الحق والعدل جوهر العقيدة الإسلامية، وأن الفقه الإسلامي يتوخى دائمًا الحق والعدل في كل ما يتصل بحياة الإنسان المسلم سواء في المعاملات أو الإرث والوصايا أو الخراج وغير ذلك من أوجه النشاط الإنساني، فضلًا عن ضرورة بناء الدولة والمؤسسات المرتبطة بها على أساس الحق والعدل.

وتمثل مقولتا الحق والعدل جوهر البحث العلمي الساعي نحو كشف الحقيقة، وارتبطت مقولة الحق بالعلم والعقيدة معًا، وارتبط العلم بالعمل، فكان العلم دليل العمل، فلا خير في علم مكن دون عمل ولا خير في عمل من دون علم، وإن غاية العلم إدراك الحق، ولا يمكن إدراك الحق إلا عند إزالة الشكوك والشبهات لذلك فإن الواجب يقتضي تخليص الحق من كل أثر من آثار الشبه والضلالات، ويذكر ابن الهيثم مقولة الحق في سياق منهجي يقوم على أساس التخلص من الشك بقوله: ولما كملت لإدراك الأمور العقلية، انقطعت إلى طلب معدن الحق، ووجهت رغبتي وحدسي إلى إدراك ما به تنكشف تمويهات الظنون، وتنقشع غيابات المتشكك المفتون، وبعثت عزيمتي إلى تحصيل المقرِّب إلى الله جل ثناؤه المؤدي إلى رضاه الهادي لطاعته وتقواه[1].

وارتبطت مقولة العدل بالعلم الطبيعي، فكانت الأساس في كثير من الفروع الطبيعية التي تعتمد على التجربة والمشاهدة فضلًا عن استعماله في التحكيم بين الأقوال والمذاهب والأقوال المتعارضة والمتناقضة.

---

(1) يُراجع، ابن أبي أُصيبعة، عيون الأنباء في طبقات الأطباء، تحقيق وشرح نزار رضا، بيروت، ص552. (المؤلف)

يبدأ عبد الرحمن الخازني (ت550هـ/ 1155م)، في كتابه ميزان الحكمة بتحليل لمفهوم العدل في الأخلاق والدين والعلم، فيقول عن العدل: فإن العدل نظام الفضائل جملة، وملاك الخيرات أجمع، لأن الفضيلة التامة هي الحكمة، وهي شقًا العلم والعمل وشطرا الدين والدنيا، علم تام وفعل محكم، والعدل مجمع بينهما وملتقى كماليهما به ينال قاصيه كلُّ مجدٍ وبسببه يُجاز قصب السبق في كل خير[1]. ثم يقول: والعدل في العمل نوعان عمل وهو تهذيب الأخلاق ورعاية المساواة بين قوى النفس، والقيام عليها بحسن السياسة على ما قيل أعدل الناس من أنصف عقله من هواه، ومن تتمانه النصفة بين ذويه وكف أذاه عن غيره حتى يأمن الناس شره[2].

ثم يتناول أحكام العدل بالتفصيل، فيرى أنها ثلاثة بحسب أقسام العدل: الأول- كتاب الله العزيز وهو القانون الأعظم الذي يرجع إليه في الأصول والفروع، والثاني- الأئمة المهتدون والعلماء الراسخون المنصبون لحل الشبه ورفع الشكوك، والثالث- الميزان الذي هو لسان العدل وترجمان الإنصاف بين العامة والخاصة[3].

وغاية الخازني من كل ما تقدم: التمييز الواضح بين العدل كمقولة عامة، والعدل في الأعمال العلمية، فالعدل مطلوب من أجل الدقة والوزن في بناء الأجهزة العلمية والموازين المختلفة، وهو مطلوب في التحقق من الأشياء وأوزانها المائية والهوائية وأوزانها النوعية بعامة سواء كانت معادن أو أحجارًا أو سوائل. فضلًا عن توثيق الصلة بين العدل مفهومًا دينيًا والعدل بالتجارب من أجل الحصول على نتائج مضبوطة، لذلك نجد التجربة والامتحان في قياس الوزن النوعي لأيّ معدن أو جوهر أو سائل تقوم على أساس الدقة والعدل في النتائج والأحكام.

وعلى الرغم من أن أبا الريحان البيروني (ت1048م) لم يعتمد مذهب الشك العلمي في أبحاثه العلمية، وذكر ذلك بصراحة في كتابه القانون المسعودي بقوله: الآراء في المقاصد مختلفة والأقاويل بحسبها كثيرة، وليس هذا موضع اتساع في مناقضة الشبه وتجريد الحق

(1) يُراجع، الخازني، ميزان الحكمة، نشرة الهند 1359هـ، ص2. (المؤلف)

(2) المصدر السابق، ص3. (المؤلف)

(3) المصدر السابق، ص3-4. (المؤلف)

من وضر الشكوك، ومبادئ هذه الصناعة (=علم الفلك) وإن كانت ضرورية لاستنادها إلى البراهين المساحية، فإنها لم تترتب في الكتب المشهورة، بحيث تستحكم الثقة بها فيمكن الإشارة إليها والإحالة عليها[1].

لقد اتخذ البيروني منهجًا آخر وصولًا إلى الحق، وهو أن يبدأ بالأصدق من المبادئ، ثم يقوم بترتيب ما يمكن البرهان عليه في نظام، إذ يسهل على المرء إدراك الصدق والحق من خلال البرهان والحجة العقلية أو المنطقية فضلًا عن المشاهدة والرصد.

ومن جهته فقد ميز الغزالي بوضوح بين الرجل والحق باعتماد قولة الإمام علي بن أبي طالب (عليه السلام): لا تعرف الحق بالرجال، بل اعرف الحق، تعرف أهله. فقال: والعاقل يعرف الحق، ثم ينظر في نفس القول، فإن كان حقًا قبله، سواء كان قائلًا مبطلًا أو محقًا، بل ربما يحرص على انتزاع الحق من أقاويل أهل الضلال، عالمًا بأن معدن الذهب الرغام[2].

2. مقولتا الحق واليقين- إن طلب الحقيقة ابتغاء اليقين الذي تسقط عنده كل الشبهات كان مطمح الفلاسفة والعلماء العرب، فكان المنهج أو مجموعة الطرق التي سلكوها ابتداء بالمحسوس وانتهاء بالمعقول هو السبيل نحو إدراك الحقيقة.

وإذا تصفحنا كتب الفلاسفة والعلماء العرب طلبًا لمعرفة ما تنطوي عليه كلمة حقيقة من دلالات، فإننا سرعان ما نواجه عدة استعمالات أبرزها:

1. الحقيقة أو الحقائق بالمعنى المادي، ويقصد به المحسوس الذي نتيقن منه، أو المحسوسات التي لا يتداخل الشك معها، كما تستخدم الحقيقة أو الحقائق بمعنى ما ثبت صدقه بالتجربة والاعتبار والامتحان، فالنتائج العلمية التجريبية حقائق إذا ما كانت صادرة عن رصد أو مشاهدة أو تجربة.
2. الحقيقة أو الحقائق بالمعنى العقلي، ويقصد به المعقول أو المعقولات التي ثبت صدقها بالبرهان، سواء كان ذلك البرهان قائمًا على الحجة التي لا يشوبها

(1) يُراجع، البيروني، القانون المسعودي، نشرة الهند 1954، ج1، ص24. (المؤلف)

(2) يُراجع، المنقذ من الضلال، مصدر سبق ذكره، ص46. (المؤلف)

شك، أو البرهان القائم على الاستدلال والاستنتاج في الرياضيات والمنطق، وذلك عن طريق افتراض مقدمات صادقة بالضرورة واشتقاق نتائج صادقة منها بناء على صدق ويقين المقدمات.

3. الحقيقة أو الحقائق بالمعنى الميتافيزيقي أو اللاهوتي، فالحقيقة الميتافيزيقية مختلفة عن الحقيقة الدينية، كما أن الميتافيزيقية هي موضع خلاف، وتختلف عن الحقيقة المنطقية والرياضية والطبيعية، أما الحقيقة الدينية فإن العقل يقبلها لاعتمادها على الوحي والإلهام.

ولنا هنا وقفة عند كل نوع من أنواع هذه الحقائق، فنبدأ بالمحسوسات أولًا، فالحواس خمس: البصر والسمع والشم والذوق واللمس، وتنفعل هذه الحواس بمحسوساتها، فالبصر محسوسه النور وألوان الأجسام وغير ذلك من الأشكال والهيئات حتى يعرف بها كمية المعدودات، والسمع محسوسه الأصوات والهواء الحامل إليه، والشم محسوسه الروائح والهواء يوصلها بحواملها إلى الخياشيم إذا انفصلت من المشموم، والذوق محسوسه الطعوم والرطوبة تحملها وتوصلها إلى الذائق، واللمس يلاقي الكيفيات التي هي محسوساته[(1)].

ولقد أولى العلماء العرب موضوع البصريات اهتمامًا كبيرًا، وانفرد ابن الهيثم في معالجة المحسوسات البصرية أو المبصرات، بتحليل علمي أساسه المشاهدة الهادفة والتجربة المختبرية وامتحان الظواهر من أجل معرفة حقيقتها، فدرس حقائق محسوسه مثل شروق الأضواء ونفاذها في الأوساط المختلفة الكثافة، وانعكاسها وانعطافها سواء كانت هذه الأضواء طبيعية أو مكتسبة، وغير ذلك من الظواهر الضوئية مثل القوس قزح والهالة وأحوال القمر... إلخ. ليصل باستقراء منتظم إلى اكتشاف حقائق علمية عامة هي الأقوال الكلية أو الأحكام العامة أو القوانين[(2)].

وتناول عدد غير يسير من العلماء العرب موضوع الأوزان النوعية للمعادن والأحجار

---

(1) البيروني، الجماهر في معرفة الجواهر، نشرة الهند 1355هـ، ص4. (المؤلف)

(2) يُراجع، ياسين خليل، المجلد الأول، الكتاب الثاني، العلوم الطبيعية عند العرب، الفصل الثاني، الذي فيه تفصيلات عن منهج ابن الهيثم في الاستقراء.

والمائعات، واشتهر منهم على وجه الخصوص كل من البيروني والخازني وعماد الدين الخوام البغدادي (القرن الثالث عشر ميلادي) وكمال الدين الفارسي (القرن الثالث عشر ميلادي) وجمشيد غياث الدين الكاشي (ت1419م)[1]. إذ كان للحقائق العلمية التي توصلوا لها بالتجربة خير مثال على ما تحققه التجربة بفضل الموضوعية من حقائق دقيقة أطلق عليها اسم القانون بعض الأحيان، فقد ذكر كتاب ميزان الحكمة ما نصه: الحديد أخذت خالصًا من توباله وخبثه وأملكت عجنه بالطرّق المتين وتشديد الإيقاد، واعتبرت أنواعه فتردد ماء المائة فيها بين اثني عشر مثقالًا وخمسة دوانيق وطسوجين فجعلناه قانونًا[2].

أما الحقائق العقلية فإنها كانت أكثر الأنواع حضورًا في الفلسفة والعلم معًا، وقد أطلق عليها الغزالي اسم الضروريات[3] مرة والعقليات مرة أخرى، ولكن المعقولات ليست خالية من الأوهام وصولًا إلى الحقيقة واليقين هي مهمة علم المنطق، وقد ذكر الغزالي بواعث تحرير كتابه معيار العلم فقال: فلما كثر في المعقولات مزلة الأقدام، ومثارات الضلال، ولم تنفك مرآة العقل عما يكدرها من تخليطات الأوهام، وتلبيسات الخيال، رتبنا هذا الكتاب معيارًا للنظر والاعتبار، ميزانًا للبحث والافتكار، وصيقلًا للذهن، ومشحذًا لقوة الفكر والعقل، فيكون بالنسبة إلى أدلة العقول، كالعروض بالنسبة إلى الشعر، والنحو إلى الإعراب، إذ كما لا يعرف منزحف الشعر عن موزونه إلا بميزان العروض، ولا يميز صواب الإعراب عن خطئه، إلا بمحك النحو، كذلك لا يفرق بين فاسد الدليل وقويمه، وصحيحه وسقيمه، إلا بهذا الكتاب، فكل نظر لا يتزن بهذا الميزان، ولا يعاير بهذا المعيار، فاعلم أنه فاسد العيار، غير مأمون الغوائل والأغوار[4].

وقد فصل الغزالي لبقول في المادة التي يكون منها القياس، فبحث في المقدمات التي يصفها بأنها يقينيات صادقة واجبة القبول، وقسمها إلى أربعة أصناف هي:

---

(1) يُراجع، جمشيد غياث الكاشي، مفتاح الحساب، تحقيق وشرح أحمد سعيد الدمرداش وحمد حمدي الحفني الشيخ، القاهرة، ص173. (المؤلف)

(2) يُراجع، ميزان الحكمة، ص61-62. (المؤلف)

(3) يُراجع، المنقذ من الضلال، ص15. (المؤلف)

(4) يُراجع، الغزالي، معيار العلم، تحقيق سليمان دنيا، ط3، القاهرة 1960، ص59-60. (المؤلف)

الأوليات العقلية المحضة[1]، والأوليات الحسية[2]، والمجربات[3] والحدسيات[4]، وأخيرًا ما يجري مجرى الأوليات العقلية، ويحدد الأوليات العقلية المحضة بقوله: هي قضايا تحدث في الإنسان من جهة قوته العقلية المجردة، من غير معنى زائد عليها يوجب التصديق بها[5]. ويدخل في هذا الصنف قضايا منطقية وأخرى رياضية، من ذلك: إن الشيء الواحد لا يكون قديمًا وحديثًا معًا، وأن الاثنين أكثر من الواحد، أما الأوليات الحسية مثال قولنا: الشمس منيرة، والثلج بارد، فإن العقل المجرد إذا لم يقترن بالحواس لم يقض بهذه القضايا، وإنما أدركها بواسطة الحواس[6]. وتتميز هذه الأوليات أنها جلية يدركها العقل بمساعدة الحواس، إذ لا سبيل إلى مجاحدتها أو نقصها، فالشمس التي تشرق بضوئها لا يمكن أن تكون إلا منيرة، والثلج الذي تشخصه بالحس لا يمكن أن يكون إلا باردًا، ولا يمكن أن يكون

---

(1) الأوليات- هي القضايا التي يصدق بها العقل الصريح لذاته ولغريزته لا لسبب من الأسباب الخارجة عنه من تعلم أو تخلق أو حب السلامة والنظام، ولا تدعو إليها قوة الوهم أو قوة أخرى من قوى النفس، ولا يتوقف العقل في التصديق بها إلا على حصول التصوير لأجزائها المفردة، والأوليات عند أرسطو تسمى علومًا متعارفة، مثل مبادئ عدم التناقض والثالث المرفوع والعلية، وهي لا تدخل عادة في القياس بل يتمشى القياس بموجبها دون ذكرها، أي أنها مقدمات بالقوة لا بالفعل، وهي ليست غريزية في العقل يكتسبها بالحدس فتبدو كالغريزية. يُراجع، يوسف مكرم، المعجم الفلسفي، مادة أولي. (المحقق)

(2) المحسوسات: هي أمور أوقع التصديق بها الحس كقولنا الثلج بارد، إن العقل المجرد إذا لم يقترن بالحواس لم يقض بهذه القضايا، وإنما أدركها بواسطة الحواس. يُراجع، محمد عاطف العراقي، ثورة العقل في الفلسفة العربية، ط3، القاهرة 1976، ص50. (المحقق)

(3) المجربات: هي أمور أوقع التصديق بها الحس بشركة من القياس، أي تحصل من مجموع العقل والحس، وذلك انه تكرر في إحساسنا وجود شيء لشيء مثل قولنا إن الخمر مسكر وأن الضرب مؤلم للحيوان الحي، وإذا تكرر منا ذلك حدثت لنا منه تجربة بسبب قياس اقترن بالذكر. فالمجربات إذن هي ما يحكم بها العقل بواسطة الحس مع التكرار. يُراجع، المرجع السابق، ص51. (المحقق)

(4) الحدسيات: يتمثل الحدس بسرعة الانتقال من المبادئ إلى المطالب ويزول معه الشك، كقولنا إن نور القمر مستمد من الشمس، فإننا لما شاهدنا اختلاف حال القمر في تشكلاته النورية بحسب اختلاف أوضاعه من الشمس قربًا وبعدًا، حدسنا منه أن نوره مستفاد من نورها، ولا بد للحدسيات من تكرار المشاهدة ومقارنة القياس الخفي كما في المجربات، والفرق بينهما أن المجربات معلوم السببية مجهول الماهية، أما السبب في الحدسيات فمعلوم السببية والماهية معًا. يُراجع، المرجع نفسه، ص54. (المحقق)

(5) المصدر السابق، ص186. (المؤلف)

(6) المصدر السابق، ص187. (المؤلف)

خلاف ذلك، فهذه قضايا صادقة ويقينية، والصنف الثالث: المجربات وما يجري مجراها من الحدسيات، والمجربات أمور وقع التصديق بها من الحس بمعاونة قياس خفي[1]. مثال ذلك: النار محرقة، والقطع مؤلم.

والقياس الخفي الذي يتحدث عنه الغزالي هو مبدأ السببية، يؤيد ذلك ما ذهب إليه بالقول: ولا تخلو عن قوة قياسية خفية تخالط المشاهدات، وهي أنه: لو كان هذا الأمر اتفاقًا، أو عرضيًا غير لازم، لما استمر في الأكثر من غير اختلاف، حتى إذا لم يوجد ذلك اللازم استبعدت النفس تأخره عنه، وعدته نادرًا، وطلبت له سببًا عارضًا مانعًا[2]. أما الصنف فإنه يحدد قضاياه بقوله: القضايا التي عرفت لا بنفسها، بل بوسط، ولكن لا يغرب عن الذهن أوساطها، بل مهما حضر جزء المطلوب، حضر التصديق به، لحضور الوسط معه، مثال ذلك: الاثنان ثلث الستة[3].

ويرى الغزالي في بيان اليقين أن البرهان الحقيقي ما يفيد شيئًا لا يتصور تغيره، ويكون ذلك بحسب مقدمات البرهان، فإنها تكون يقينية أبدية لا تستحيل ولا تتغير أبدًا، وأعني بذلك أن الشيء لا يتغير، وإن غفل إنسان عنه، كقولنا: الكل أعظم من الجزء، والأشياء المساوية لشيء واحد متساوية، وأمثالها. فالنتيجة الحاصلة منها أيضًا يقينية[4].

فأما العقليات الصرفة المتعلقة بالنظر في الإلهيات، ففيها بعض مثل هذه اليقينيات (الحسابية والهندسية والأوليات الحسية)، ولا يبلغ اليقين فيها إلى الحد الذي ذكرناه، إلا بطول ممارسة العقليات وفطام العقل عن الوهميات والحسيات، وإيناسها بالعقليات المحضة، وكلما كان النظر فيها أكثر، والجد في طلبها أتم، كانت المعارف فيها إلى حد اليقين التام أقرب[5].

---

(1) المصدر السابق، ص188. (المؤلف)

(2) المصدر السابق، ص189. (المؤلف)

(3) المصدر السابق، ص192. (المؤلف)

(4) المصدر السابق، ص246. (المؤلف)

(5) المصدر السابق، ص247. (المؤلف)

المبحث الرابع: وحدة الحقيقة

ترتبط هذه المقولة بغيرها من المقولات السابقة، وتتميز عنها أنها الغاية التي يسعى إليها العالِم والفيلسوف، فالشك وإثارة الشبهات حول المسائل المطروحة إنما يقصد إلى كشف الحقيقة والتخلص نهائيًا من الأوهام والميول والآراء التي تتعرض لهوى النفس ونزعاتها، وطلب الحق سلوك الباحث باتجاه معرفة الحقيقة.

كما أن العدل أساس العمل العلم ومنهج صائب ابتغاء تحقيق الموضوعية والنتائج العلمية الدقيقة، وإذ ارتبطت الحقيقة باليقين، فإن العلم متحقق بوحدة الحقيقة، لأن اليقين هو الصدق الضروري الذي لا مجال إلى دحضه مطلقًا، وأن الحقيقة اليقينية لا بد أن تكون واحدة لجميع المشتغلين بالفلسفة والعلم.

ويتفق كل من الحسن بن الهيثم والغزالي في موقفهما من اعتقادات الناس المختلفة والشك فيها جميعًا، لاعتقادهما أن الحقيقة واحدة، فقال ابن الهيثم: أني لم أزل منذ عهد الصبا مرتابًا في اعتقادات هذه الناس المختلفة، وتمسك كل فرقة منهم بما تعتقده من الرأي، فكنت متشككًا في جميعه، موقنًا أن الحق واحد، وأن الاختلاف فيه إنما هو من جهة السلوك إليه[1].

ويقول الغزالي: ولم أزل في عنفوان شبابي –منذ راهقت البلوغ: قبل بلوغ العشرين إلى الآن، وقد أناف السن على الخمسين- أقتحم لجة هذا البحر العميق، وأخوض غمرته خوض الجسور، لا خوض الجبان الحذور، وأتوغل في كل مظلمة، وأتهجم على كل مشكلة، وأتقحم كل ورطة، وأتفحص عن عقيدة كل فرقة، وأستكشف أسرار مذهب كل طائفة، لأميز بين محق ومبطل ومتسنن ومبتدع[2].

ولكننا الآن إزاء مشكلة منطقية وفلسفية هي: هل أن مجرد الاعتقاد بوحدة الحقيقة والإيمان بها يكفي أم هناك ما يدعم هذا الاعتقاد علميًا من خلال مجموعة مبادئ أو طرق منهجية وشروط؟

---

(1) يُراجع، ابن أبي أُصيبعة، عيون الأنباء، مصدر سبق ذكره، ص552. (المؤلف)

(2) يُراجع، الغزالي، المنقذ من الضلال، ص12.

وللإجابة عن هذا السؤال أرى أن نميز من جديد بين الحقيقة العلمية والحقيقة العقلية، وأقصد بالحقيقة العلمية كل ما يتوصل إليه العقل من أحكام عامة عن طريق المشاهدة والتجربة والاستقراء، وأقصد بالحقيقة العقلية كل ما يسلم به العقل تصديقًا مجردًا مثل قضايا الهندسة والحساب والمنطق.

اعتمد ابن الهيثم والبيروني والخازني منهجًا استقرائيًا في العلوم، وأكد كل واحد منهم على دور التجربة والامتحان في التوصل إلى الحقائق العلمية، ويربط ابن الهيثم منهجه العلمي لطلب الحقيقة بين الاستقراء ومقولة العدل والموضوعية الخالية من اتباع الهوى بقوله: ونجعل في جميع ما نستقريه ونتفحصه استعمال العدل لا اتباع الهوى، ونتحرى في سائر ما نميزه وننتقده طلب الحق لا الميل مع الآراء[1].

وابن الهيثم كغيره من العلماء العرب واجه أقوالًا ومذاهب مختلفة ومتعارضة، فوقف منها موقف الممتحِن المؤمن بوحدة الحقيقة، فينشدها لغايتها أو لذاتها، فاستمد من الملاحظة والرصد والتجربة المختبرية سبيله العلمي للتثبيت من الأقوال والمذاهب، وزاد على ذلك باكتشاف حقائق علمية جديدة، ونظرًا لاعتقاده الراسخ بوحدة الحقيقة، فقد بحث في العوامل التي تؤدي إلى عدم إدراكها وكان صائبًا في تشخيصه، وكانت أقواله في ذلك خير برهان على عزمه لاكتشاف الحقيقة العلمية، فيقول: وكل مذهبين إما أقواله أن يكون أحدهما صادقًا والآخر كاذبًا، وإما أن يكونا جميعًا كاذبين والحق غيرهما جميعًا، وإما أن يكونا جميعًا يؤديان إلى معنى واحد هو الحقيقة، ويكون كل واحد من الفريقين القائلين بذينك المذهبين قد قصر في البحث، فلم يقدر على الوصول إلى الغاية فوقف دون الغاية، أو وصل أحدهما إلى الغاية وقصر الآخر عنها، فعرض الخلاف في ظاهر المذهبين، وتكون غايتهما عند استقصاء البحث واحدة، وقد يعرض الخلاف أيضًا في المعنى المبحوث عنه من جهة اختلاف طرق المباحث، وإذا حقق البحث وأنعم النظر ظهر الاتفاق وانسفر الخلاف[2].

---

(1) يُراجع، مصطفى نظيف، الحسن بن الهيثم، بحوثه وكشوفه البصرية، القاهرة 1942، ص33. (المؤلف)

(2) المرجع السابق، ص32، نقلًا عن مخطوطة ابن الهيثم، المناظر، المقالة الأولى. (المؤلف)

وينطبق هذا القول على الأحكام العامة أو القوانين العلمية كما يصدق كذلك على النظريات العلمية، ومن الواضح أن ابن الهيثم قد التزم بمبدأ عدم التناقض في العلم، إذ لا يجوز أن تكون المذاهب والنظريات المتناقضة صادقة معًا، ويضيف ابن الهيثم من خلال حسه التجريبي ومنهجه النقدي القائم على الشك وصولًا لإدراك الحقيقة، ومنهجه في الاستقراء، فقرات أخرى يبين فيها مواضع الاختلاف بين المذهبين، وفي كل ذلك يشير إلى اليقين والاحتمال والاختلاف في مناهج البحث، فعندما يتطابق مذهب ما مع الحقيقة تطابقًا كليًا فلا بد أن يكون صادقًا، وأن المذهب المناقض له لا بد أن يكون كاذبًا، أما إذا لم يبلغا الغاية وهو إدراك الحقيقة الواحدة، فإن صدقهما سيكون احتماليًّا، وقد يكون الاختلاف الظاهر بين المذهبين مرده إلى الاختلاف في طرق البحث، وهذا أمر يمكن إزالته عند التحقق منه والبحث الدقيق فيه.

كما وشدد الغزالي بحثه في الحقيقة العقلية، فهي صادقة بالضرورة، وهي يقينية تامة، وأنه لا سبيل إلى مجاحدتها، فهي واحدة، لأن مبدأ عدم التناقض شرطها، فلا يمكن أن تكون إلى جانبها حقيقة عقلية صادقة تُكذبها، والعلم اليقيني هو أن تعرف أن الشيء بصفة كذا، مقترنًا بالتصديق أنه لا يمكن ألا يكون كذا، فإنك لو أخطرت ببالك إمكان الخطأ فيه والذهول عنه، لم ينقدح ذلك في نفسك أصلًا، فإن اقترن به تجوز الخطأ وإمكانه، فليس بيقيني[1].

وقد طرح الغزالي مبدأ عامًا في سياق تحليله لليقين، يقوم على مبدأ عدم التناقض، ويتناول فيه القضايا اليقينية، والمذاهب، والعلم اليقيني، فيقول: فالتناقض في البراهين الجامعة للشروط التي ذكرناها، محال، فإن رأيتها متناقضة فاعلم أن أحدهما أو كليهما لم يتحقق فيه الشروط المذكورة، فتفقد مظان الغلط والمثارات السبع التي فصلناها[2]، والذي يقصده الغزالي من ذلك الاستدلال أو القياس وضرورة أن تكون مقدماته يقينية، وأن المثارات السبع هي الشروط الواجبة في القياس الصحيح[3].

---

(1) يُراجع، الغزالي، معيار العلم، ص246. (المؤلف)

(2) المصدر السابق، ص246. (المؤلف)

(3) المصدر السابق، ص207-218. وذكرت المثارات السبع في المغالطات في القياس، الفصل الأول، في حصر مثارات الغلط. (المؤلف)

والاختلاف بين الحقيقة العلمية والحقيقة العقلية واضح، فالأولى تخضع لاستقراء ومشاهدة وتجربة وطرق مباحث، وقد تكون متطابقة مع المذهب أو لا تكون، كما يمكن أن يكون التطابق معها بسبب عدم الوصول إلى الغاية، وان على الباحث أن يتحرى المعنى المبحوث وطرق المباحث لكشف أسباب الاختلاف بين مذهبين يؤديان إلى الحقيقة، أما الثانية، فإنها إما أن تكون صادقة ونقيضها كاذب، إذ لا يجتمع الصدق والكذب فيها، أو أن التناقض قد وقع بسبب عدم التزام أحد البراهين أو كلاهما بالشروط الواجبة في القياس الصحيح.

الخاتمة

وفي ختام هذا البحث لا بد لنا للتيسير من تلخيص ما توصلنا إليه من نتائج على هيئة نقاط محددة:

1. لا نجد في التراث العلمي العربي مصطلح الموضوعية بالمعنى الذي نعرفه في الفلسفة والعلم في العصر الحديث، بل نجد منهجًا دقيقًا فيه من الشروط والقواعد والمقولات ما يجعل الموضوعية بالمعنى الأوربي جزءًا من محتوياته، وبعبارة أخرى: إذا أطلقنا على هذا المنهج اسم الموضوعية العربية، لكانت الموضوعية بالمعنى الأوربي جزءًا منها.
2. ارتبطت الموضوعية العربية بالبحث عن الحقيقة، ولما كانت الحقائق منغمسة في الشبهات والأوهام والخيالات، فلا بد من منهج دقيق يحقق الموضوعية يقوم على أساس الشك في الأقوال والمحسوسات لإزالة هذه الشبهات والأوهام فتنكشف الحقائق، وكان الشك العلمي والشك الفلسفي هو المنهج الذي بفضله يمكن التثبت من صدق الحواس والآراء والأقوال، لأنه الطريق الذي يضع الباحث في أول مراحل البحث الموصل إلى كشف الحقيقة.
3. ارتبطت الموضوعية العربية بأنواع متباينة المستوى من الحقائق،- فالحقيقة الحسية والتجريبية، والحقيقة العقلية والضرورية، والحقيقة اللاهوتية الميتافيزيقية، ليست واحدة، وأن المنهج المقترح للكشف عنها ليس واحدًا، فالحقيقة الحسية

والتجريبية تخضع للرصد والمشاهدة والاستقراء، وهو منهج يكفل إزالة الأغاليط في المعرفة الحسية والتجريبية، والحقيقة العقلية الضرورية تخضع لشروط وقواعد المنطق، وهو منهج يكفل إزالة أوهام العقل باتجاه كشف الحقائق الدينية، والحقيقة اللاهوتية الميتافيزيقية لا تخضع لمنهج الاستقراء، كما لا تخضع لمنهج الاستدلال والبرهان، فهي تخمينية.

4. ارتبطت الموضوعية العربية بمجموعة من المقولات هي: الحق والعدل، والحقيقة واليقين، ووحدة الحقيقة، وأن ما تشترطه هذه المقولات من سلوك ومطالب كفيل إلى هداية الإنسان، فالعدل في الأحكام وعدم الميل مع الآراء والأهواء ابتغاء الحق شرط ضروري، والبحث في الحقيقة ابتغاء إدراك اليقين هو السلوك الذي تطمئن إليه النفس عند انكشاف الحقيقة، والاعتقاد بالحقيقة الواحدة يبعد الباحث عن الوقوع في التناقض، إذ لا يمكن أن تكون الحقائق متناقضة، وأن المطلب الأساس للباحث يتجلى في إزالة التناقض وصولاً إلى إدراك الحقيقة الواحدة.

الفصل الرابع*
العلوم على مذهب العرب

المبحث الأول: ما المقصود بالعلوم على مذهب العرب؟

إنّ من أوائل شروط البحث العلمي عند كتابة بحث ما الالتزام الكامل بالموضوعية، واعتماد النصوص، وتوفير الأدلة الثابتة للبرهان على الفروض، سواء كان ذلك من جهة الإثبات أو من جهة التكذيب والرفض، كما أن تعيين حدود البحث ومجالاته هو الخطوة الأولى التي تعقبها خطوات أخرى من أبرزها طرح الفرضية، واعتماد المنهج العلمي لمعالجتها، واستنباط النتائج المترتبة على الفرضية[1] أو الفرضيات بعد البرهان عليها بصورة قطعية، وفي ضوء ما تقدم نطرح السؤال الآتي: ما المقصود بالعلوم على مذهب العرب؟

1. نقصد بالعلوم في العبارة العلوم على مذهب العرب، مجموعة المعارف العلمية التي ارتبطت بحياة الإنسان العربي وأسلوب معيشته، فهي ليست مجرد معلومات نظرية أو تصورات أسطورية، بل مجموعة واسعة من الملاحظات والمشاهدات والتجارب والخبرات التي تكونت من خلال تفاعل الإنسان مع المحيط الخارجي، فأصبحت بفضل عناصرها التجريبية والعملية مبادئ ومنطلقات وأساليب يفيد منها الإنسان في حياته اليومية، فضلًا عن إحساسه بأنها لازمة وضرورية له لفهم ما يجري في الكون، فهي مبادئ لأنها الأساس الذي أقام عليه الإنسان العربي بناء نظرة شاملة للكون والحياة، وهي منطلقات لأنها تؤلف الجذور الفكرية والعقلية لاستيعاب معارف جديدة، وهي أساليب لأنها

---

* نُشر هذا البحث في مجلة المجمع العلمي العراقي، ج3، مج 31، السنة 1980.

(1) الفرضية: في المنهج التجريبي هي كل بداية لازمة لكل استدلال تجريبي، وبغير هذا يعجز المرء القيام بأيّ بحث. (المحقق)

تكون بمجموعها قواعد للتعامل مع العالَم الخارجي[1] والتعرف عليه وتوقع ما يمكن حدوثه.

2. ونقصد بالعبارة على مذهب العرب[2]، ما اختصت به العرب وأسلوبها في البحث والاستقصاء والتجربة والاختبار، ونظرًا لارتباط ذلك بالعلوم فإن المقصود من العبارة جميعها ما اختصت به العرب من معارف، وما تميزت به من معلومات ومعطيات تبلورت وتراكمت نتيجة التطور الحضاري الذي شهده الإنسان العربي قبل اتصاله بالحضارات الأجنبية، اليونانية والفارسية والهندية واللاتينية، إذ لم تكن هذه المعارف تجريبية بحتة، بل ازدادت ثراء بالتعليل والتنبؤ، وهذا معناه أن العلوم عند العرب قد تجاوزت حدود التجربة الساذجة إلى التجربة المنظمة والخبرة الهادفة، ومحاولة توظيف هذه الخبرة في الحياة اليومية من خلال الاعتماد على مبادئ عامة لتعليل الحوادث وما يقع من وقائع، وإمكانية التنبؤ بما قد يحدث في المستقبل من خلال ربط سببي أساسه توقع ظهور المعلولات عند ظهور العلل، وغياب المعلومات عند غياب العلل.

3. ويقودنا بعد ذلك البحث إلى ضرورة تحديد مجالات هذه المعارف بغية تصنيفها في العلوم حسب صلة كل معرفة بالعلم الذي تخصه، فنطرح السؤال الآتي: ما العلوم على مذهب العرب وكيف نصنفها؟ وللإجابة نجد أنه إذا نظرنا إلى ما خلفه العرب من معارف قبل عصر الترجمة لوجدناها تنحصر في دائرة العلوم الطبيعية مع شيء من الرياضيات، فهي تتوزع على علم الحساب وعلم الفلك وعلم الأنواء الجوية وعلم النبات وعلم الحيوان. عليه، سوف نبين مساهمات العرب في هذه العلوم من خلال ما جمعه العلماء الأوائل وما صنفوه من مؤلفات في العلوم على مذهب العرب.

---

(1) بصدد موقف الفلاسفة من العالَم الخارجي، يُراجع بحثنا بذات العنوان، ضمن كتابنا من الآخر إلى الذات، دار الطليعة، بيروت 2008. (المحقق)

(2) وردت هذه العبارة في أكثر من موضع واحد مثبتة في كتاب عبد الرحمن الصوفي الموسوم (صور الكواكب الثمانية والأربعين)، وذلك عند مناقشته ما كتبه أبو حنيفة الدينوري في الأنواء باعتبار ذلك طريق العرب في معرفة الأنواء إلى جانب مذهب المنجمين كذلك. (المؤلف)

المبحث الثاني: فرضيات البحث في العلوم على مذهب العرب، عرضها، نقدها، منهج دراستها

1. عرض الفرضيات- ننتقل بعد تحديد موضع البحث إلى الفروض التي نريد طرحها ومناقشتها ليتبين لنا الطريق بشكل أوضح، فنختار المنهج العلمي الذي سنطبقه في ضوء الفروض، ومجالات البحث، والفرضيات التي نختارها للمناقشة والبحث ثلاث، هي:
الفرضية الأولى- ليس للعرب قبل الإسلام من معارف علمية، وحسبهم من المعرفة ما يتصل بحياتهم البدائية والجاهلية، فالعرب مجرد أقوام بدائية متصارعة وأعراب رحل، وأن ليس لهم من أسباب الحضارة إلا اليسير جدًا[1].
الفرضية الثانية- ليس للعرب قبل اتصالهم بالحضارات الأجنبية أية معارف علمية، وأن ترجمة التراث اليوناني والفارسي والهندي إلى العربية كان هو الباعث الوحيد للنهضة العلمية التي شهدها العالم العربي الإسلامي في العصر الوسيط[2].
الفرضية الثالثة- أن للعرب ثروة علمية كبيرة في مجالات علمية عديدة قبل الإسلام ثم تعززت وتوسعت بفضل الإسلام والعلوم العربية المتصلة به من قرآن وحديث وتاريخ ولغة وفقه وأدب، فشكّل كل ذلك قاعدة صلبة لاستيعاب العلوم الأجنبية والتوسع فيها، والإضافة إليها وتعديل ما ورد فيها من أخطاء وعيوب، فلولا تلك القاعدة لما حدثت النهضة العلمية العربية، ولبقيت العلوم الأجنبية محصورة في دائرة ضيقة من المعرفة.
2. نقد الفرضيتين الأولى والثانية - أن الخطأ الذي وقع فيه أصحاب الفرضية الأولى وأصحاب الفرضية الثانية، وإن اختلفت الاجتهادات، إنما يكمن هذا

(1) ذهب المتزمتون بالدين الإسلامي مذهب الرافضين لكل رأي يقول بوجود معارف متطورة لدى عرب الجاهلية، لاعتقادهم أن ذلك هو السبيل لإثبات عظمة الإسلام وسمو تعاليمه وما ينطوي عليه من معارف وعلوم. (المؤلف)

(2) حاول معظم رجال الاستشراق الغربي التقليل من أهمية المعرفة العلمية لدى عرب الجاهلية، وذهب بعضهم إلى نفي كثير من الأخبار العلمية الذي كانت عندهم مثل: معرفتهم بالنجوم، والمنازل، والنسيء وغير ذلك، واعتبروا ما كان عندهم مجرد معرفة بدائية. (المؤلف)

الخطأ في اعتقادهم أن اسم العرب ينطبق فقط على عرب الحواضر مكة والمدينة والطائف وما حولها من قبائل وأعراب في المدة الزمنية التي سبقت ظهور الدعوة الإسلامية. وأن لفظ الجاهلية تعني جهل العرب بالمعارف العلمية فضلًا عن جهلهم بالتوحيد، بينما الصحيح هو أن اسم العرب ينطبق على منطقة واسعة سكنتها أقوام عربية وأقيمت عليها حضارات متقدمة ساهمت مساهمة كبيرة في رفد مسيرة العلم بإنجازات كبيرة، فهم عرب الجزيرة العربية وعرب العراق وعرب الشام وعرب اليمن وغير ذلك، وأن المراكز الحضارية والعلمية التي أقيمت في هذه المناطق هي مراكز حضارية عربية، وأن العلوم التي أنجزتها هي تراث علمي عربي[1]، تناقلت الأجيال العربية معارفه بالأخبار والأشعار والحِكم والأمثلة، فضلًا عن توارث ممارسات عملية في المعارف التي ترتبط بالعمل والتطبيق، وأن لفظة الجاهلية تعني جهل عرب الجزيرة العربية في الفترة التي سبقت ظهور الإسلام بالله ورسوله، وليس المقصود منها الجهل بالعلم والمعرفة[2].

وانفرد أصحاب الفرضية الثانية بخطأ آخر لاعتقادهم أن اللغة العربية كانت قاحلة ولم تصبح علمية إلا بفضل العلم اليوناني المترجم إلى العربية، ويكمن الخطأ في هذا الاعتقاد في أنهم أغفلوا مساهمة العلماء العرب في العلوم التي أطلق عليها اسم العلوم العربية، وهي علوم القرآن والحديث والفقه والتشريع والتاريخ واللغة والأدب، كما أغفلوا فضل الإسلام في إزالة الخرافات والأوهام التي تعرقل كل تطور علمي، وتمهيده الطريق نحو طلب العلم باستخدام العقل وتدعيمه بالعمل، وما اشتمل عليه القرآن الكريم من آيات تخص كل جوانب الكون والحياة.

(1) من الخطأ ربط اسم العرب بأهل البادية والصحراء، والاعتقاد أنهم أقوام الجزيرة العربية فقط، فالعرب سكان الأمصار والحواضر، كما أن الحضارات التي أقيمت في مختلف بقاع الجزيرة قبل الإسلام في اليمن والعراق والشام وغيرها هي حضارات عربية أمدت الإنسان العربي دومًا بتراث علمي ضخم. (المؤلف)

(2) ورد في لسان العرب لابن منظور، طبعة بولاق، مصر، ج13، ص1370138، أن الجاهلية هي الحال التي كانت عليها العرب قبل الإسلام من الجهل بالله سبحانه ورسوله وشرائع الدين والمفاخرة بالأنساب والكِبر والتجبر وغير ذلك. (المؤلف)

إنّ القرآن الكريم والعلوم العربية قد خلقت لدى الإنسان العربي المسلم أرضية صالحة لاستيعاب العلوم، فضلًا عن بناء شخصيته المتميزة بطلب الحق والعدل في الأحكام، ومواصلة السير في طريق امتحان الآراء والأقوال بالمحاكمة العقلية والتجربة، فكانت الموضوعية والتجريبية المستندة إلى أحكام عامة صائبة هي السبيل الوحيد للتثبت من شتى الفرضيات والنظريات العلمية في العلوم الطبيعية بخاصة.

فالإسلام حد فاصل بين فترتين أو عهدين، فنزول القرآن الكريم بلغة عربية على أمة العرب بما اشتمل عليه من أحكام عامة ونظرة شاملة إلى الكون والحياة يعزز الاعتقاد أن الأمة العربية كانت على قدر كبير من التطور الثقافي والحضاري يؤهلها لفهم ما ورد في القرآن الكريم من آيات حول الإنسان والحيوان والنبات والطبيعة والظواهر الطبيعية والكون وغير ذلك. كما أنه في الوقت نفسه وحد الجهد العربي في نظرة واحدة إلى الكون والحياة، فساهم مساهمة كبيرة في نقل المعرفة من حالة التبعثر إلى حالة عقلية منظمة تجلّت بخاصة في العلوم التي ارتبطت به، إذ احتل الكتاب والتصنيف في العلوم المختلفة وتدوين الأخبار والأشعار والسير وغير ذلك المكانة الأولى في اهتمام العلماء العرب الأوائل.

أما الفرضية الثالثة فهي التي تهدف إلى البرهان عليها في هذا البحث، وهو برهان نفي بالنسبة للفرضية الأولى والثانية، وبرهان إثبات بالنسبة للفرضية الثالثة.

3. منهج تدعيم الفرضية الثالثة- وفي ضوء ما تقدم يتعين علينا تحديد المنهج الذي نتناول به هذا البحث، وما يلزمنا من تحليلات لإثبات الفرضية الثالثة، وهذا أمر يتطلب أن يضم المنهج ثلاثة أركان رئيسية هي:

أ. أن يلتزم بالدراسة التاريخية من حيث تتبع ما أنجزته العقلية العربية في العلوم قبل عصر الترجمة، وذلك بالاعتماد على المراجع الصحيحة التي تثبت ما نطلق عليه العلوم على مذهب العرب في جميع المجالات وحيثما ظهر ذلك، لأن من المصنفات ما انفرد بذكر هذه العلوم على أساس ما عرفه العرب وما وجد في لغتهم من مدلولات على مفرداتها، كما أن من

المصنفات ما ذكر بعض جوانب ما عرفه العرب على سبيل الاستشهاد والاستطراد التاريخي، فهذه المعلومات وغيرها تكون المادة الرئيسية لموضوع البحث، وأن مهمة المنهج تتجلى في ربط هذه المعلومات بعضها ببعض في أطر موحدة، واستنتاج ما يمكن استنتاجه في حدود الموضوعية والتسلسل التاريخي.

ب. أن يلتزم بالدراسة التحليلية من حيث فهم ما أنجزته العقلية العربية وكشف دوره في رفد مسيرة العلم من جهة وفي المساهمة التي أنجزها في النهضة العلمية العربية بعد الترجمة من جهة أخرى، والتحليل اللغوي والعلمي وللنصوص والآثار ليس بالمهمة السهلة، لأن على الباحث أن يكون حذرًا لكيلا يحمل النص أكثر مما يجب فيقع في الخطأ، بل عليه أن يعتمد في الوقت نفسه على سبيل المقارنة عند الضرورة واعتماد نصوص كثيرة لموضوع واحد، والتعرف بعد ذلك على الخصائص الفكرية المشتركة.

ج. أن يلتزم بالدراسة النقدية من حيث إزالة بعض الشكوك والظنون لكشف ما هو صادق ومتين فلا تتسرب إليه بعدئذ نقاط الضعف، والنقد عملية تواكب التحليل، سواء كان النقد منصبًا على النص ذاته أو المرجع أو كان منصبًا على النتائج المستنبطة في الوقائع المثبتة، والنقد في الدراسة التاريخية هو الدليل نحو كشف الحقائق، إذ لا يجب التسليم بالآراء والأفكار من دون تمحيص وتدقيق، كما أن النقد قد يساعد الباحث على سدّ كثير من الفجوات التي غالبًا ما تظهر في التعامل مع الدراسات التاريخية، وذلك بكشف ما يجب أن يطرح كفرضية أو رأي لتكون الدراسة مستكملة لجميع جوانبها فلا تبقى صورة وفيها فجوات تثير الشك والريبة.

المبحث الثالث: علم الحساب، منهج دراسته على وفق مذهب العلوم عند العرب

إن أول العلوم التي نتناولها بالبحث هو علم الحساب على مذهب العرب، ولأجل معرفة طبيعته يجب التمييز بين أربعة أنواع من الحساب شاعت استعمالاتها بين العرب في نهضتهم الحضارية، وهذه الأنواع هي:

1. الحساب العملي- ويقصد به مجموعة الطرق الحسابية المستخدمة لأغراض الحياة اليومية، التي يفتقر إليها الإنسان في التجارة، وتوزيع الأموال والمواريث وحساباتها، وحساب العمل والأجور، وإحصاء المحاصيل والإنتاج، وقياس المسافات والمساحات وغير ذلك من الأوجه الحياتية التي تتطلب معرفة جيدة للأعداد والكسور والعمليات الحسابية من جمع وضرب وطرح وقسمة وغير ذلك.
2. حساب المنجمين- ويقصد به مجموعة الطرق الحسابية التي استخدمها المنجمون وعلماء الفلك في حساب الأشهر والسنين، ودوران الأفلاك ومعرفة الأبراج وحركات الكواكب وغير ذلك من الظواهر الفلكية، واعتمد هذا الحساب على النظام الستيني، وهو بلا شك من أصل بابلي أخذه اليونان كذلك لحساباتهم الفلكية، ويقوم هذا الحساب على معرفة بالأعداد والكسور فضلًا عن مجموعة العمليات الحسابية الأربع وغيرها مما يستوجب عمله في حسابات الأفلاك وترتيب الجداول الفلكية.
3. الأريثماطيقي (الحساب النظري) - ويقصد به معرفة خواص الأعداد من حيث التأليف، أما على التوالي أو بالتضعيف[(1)]. ويعرِّف أبو نصر الفارابي (ت339هـ/ 950م) الحساب النظري أنه يفحص الأعداد بإطلاق على أنها مجردة في الذهن عن الأجسام وعن كل معدود منها، وإنما ينظر فيها مخلص عن كل ما يمكن أن يعُدّ بها من المحسوسات ومن جهة ما يعم جميع الأعداد التي هي أعداد المحسوسات وغير المحسوسات، فعلم العدد النظري يفحص عن الأعداد على الإطلاق، وعن كل ما يلحقها في ذواتها مفردة من غير أنه يضاف بعضها إلى بعض[(2)].
4. الحساب الهندي- ويقصد به ما ورثه العرب من الحساب وعملياته عن الهنود، ويمتاز أنه يقوم على نظام عشري، وكان محمد بن موسى الخوارزمي (ت850م) أول من ألف فيه كتابًا فساهمت الطريقة الحسابية من تضعيف وتنصيف وجمع وتفريق وغيرها بالنسبة للأعداد والكسور[(3)].

---

(1) يُراجع، ابن خلدون، المقدمة، تحقيق علي عبد الواحد وافي، القاهرة، ص1091. (المؤلف)

(2) يُراجع، إحصاء العلوم، تحقيق عثمان أمين، القاهرة 1949، ص93-94. (المؤلف)

(3) يُراجع، غياث الدين الكاشي، مفتاح الحساب، مقدمة المحققان، مرجع سبق ذكره. (المؤلف)

إن ما نقصده بالحساب العملي على مذهب العرب هو الحساب العملي، وقد كان مستعملًا قبل الإسلام في التجارة والمعاملات المختلفة، والأدلة على استعماله أنه كان للعرب تجارة واسعة في مجتمع مكة والمدينة وحولهما، كما كانت لهم تجارة وقوافل مع عرب اليمن وعرب الشام، والدليل الآخر على استعمال هذا الحساب ما ورد في القرآن الكريم من آيات كثيرة مختصة بالمعاملات والصدقات والمواريث والغنائم ومختلف الالتزامات الشرعية وغير ذلك، كما ورد في الآيات القرآنية ذكر الأعداد من آحاد وعشرات ومئات وألوف، فضلًا عن ذكر الكسور مثل النصف والثلث والخمس والثمن وغير ذلك، وكل ذلك يحتاج إلى دربة ومهارة حسابية في الجمع والضرب والقسمة والطرح، لا سيما إذا أدركنا الصعوبات الكبيرة التي يلاقيها الحاسب عند قسمة المواريث على الأفراد حسب ما تقتضيه أحكام الشريعة الإسلامية، لأن ذلك يتطلب إلى جانب المهارة الحسابية قدرة تفوق ما يوفره الحساب العملي من عمليات حسابية، وهذا أمر يقودنا إلى الاعتقاد أن علم الحساب العملي قد تطور وتوسع بفضل ما يقتضيه التشريع الإسلامي من أحكام مشفوعة بالقسط والعدل، وأن علم الجبر قد نشأ وتطور نتيجة هذه المتطلبات، وأنه وليد الحساب العملي.

ولهذا ألّف العلماء العرب في هذا الضرب من الحساب لأسباب علمية وعملية، أولها: تثبيته كنوع من أنواع الحساب وعرضه بأسلوب علمي دقيق مترابط الأجزاء يعتمد على بيان أصوله وأركانه ومختلف العمليات العامة فيه، وثانيها: تقديمه كمرجع لعمال الدواوين والحُسَّاب في إجراء المعاملات المختلفة، وتفاديًا للأخطاء التي غالبًا ما تظهر نتيجة الاجتهاد وعند المرجع الصحيح، ويذكر ابن النديم في كتابه الفهرست طائفة من المهتمين بعلم الحساب جاء ذكرهم في المقالة السابعة- الفن الثاني، إذ تناول أخبار أصحاب التعاليم: المهندسين والأرثماطيقيين والموسيقيين والحُساب والمنجمين وصناع الآلات وأصحاب الحيل والحركات، كما ذكر في المقالة الثانية- الفن الثالث، طائفة من علماء النحو واللغة ممن خلطوا بين مذهب البصريين ومذهب الكوفيين، فكان من بينهم أحمد بن داود الملقب بأبي حنيفة الدينوري (ت895م)، الذي ذكر له من الكتب: كتاب النبات وكتاب الفصاحة وكتاب الأنواء وكتاب القبلة والزوال وكتاب حساب الدور وكتاب الرد على الأصفهاني وكتاب البحث في حساب الهند وكتاب البلدان وكتاب الجمع والتفريق وكتاب الجبر والمقابلة

وكتاب الأخبار الطوال وكتاب الوصايا وكتاب نوادر الجبر وكتاب الشعر والشعراء وكتاب ما يلحن به العامة[1].

وممن ذكرهم ابن النديم في المقالة السابعة – الفن الثاني، محمد بن موسى الخوارزمي وله من الكتب الرياضية: كتاب الحساب الهندي، كتاب الجمع والتفريق، كتاب الجبر والمقابلة[2]، وإذا عقدنا مقارنة بين المصنفات الرياضية للخوارزمي والدينوري لوجدنا تشابهًا كبيرًا، إذ ألّف كل واحد منهما في الحساب الهندي، وفي الجبر والمقابلة، وفي الجمع والتفريق، ومن الممكن أن نستنتج مع قليل من التحفظ أن كتاب الجمع والتفريق عند كل منهما قد اختص بالحساب العربي[3].

ويُعدّ كتاب أبي الوفاء البوزجاني (ت998م) الموسوم كتاب ما يحتاج إليه العمال والكتاب من صناعة الحساب، خير معبر عن الحساب المستخدم في الدواوين والحياة العامة، يؤكد ذلك ما ذكره في صدر كتابه كتاب يشتمل على جميع ما يحتاج إليه الكامل والمبتدئ والتابع والمتبوع من الحساب وصناعة الكتابة وأعمال الخراج وسائر الأنواع التي تجري في معاملات الدواوين، من النسبة والضرب والقسمة والمسايح والطسوق والمقاسمات والتصريف، وغير ذلك بما يتعامل به الناس في طبقاتهم ويحتاجون إليه في معايشهم[4]. ولسوف نتعرف على الحساب العربي من خلال هذا الكتاب، فنتناول الخطوط البارزة والرئيسية فيه على هيئة نقاط وموضوعات:

1. يذكر الكتاب الأعداد الطبيعية وكذلك الكسور المختلفة على هيئة لفظية مثال ذلك: واحد، اثنان، ثلاثة، أربعة، خمسة، ستة، سبعة، ثمانية، تسعة، وهكذا بطريقة العد الطبيعي، ويذكر الكسور كنسبة بين عددين وعلى هيئة لفظية كذلك مثال: ثلاثة أسباع، أربعة أخماس، ونصف وخُمس وعُشر...الخ. والملاحظ أن

---

(1) يُراجع، ابن النديم، الفهرست، تحقيق رضا تجدد، طهران 1971. (المؤلف)

(2) يوجد خطأ في كتاب الفهرست ص333-334، إذ نسبت هذه الكتب إلى سند بن علي، بينما الصحيح أنها من تصانيف الخوارزمي، وربما يكون الخطأ قد نتج بسبب النسخ. (المؤلف)

(3) إن سبب التحفظ هو أن الكتابين المذكورين مفقودان، ولا يمكن الحكم بشأنهما بشكل قاطع. (المؤلف)

(4) يُراجع، البوزجاني، علم الحساب العربي، تحقيق أحمد سعيد سعيدان، الأردن، ص64. (المؤلف)

هذه الطريقة في تدوين الأعداد تختلف عن طريق حساب الجمل التي تتخذ من الحروف الأبجدية رموزًا للدلالة على الأعداد، وعن طريقة التدوين بالأرقام، وهذه الطريقة أقدم من الطرق الأخرى، وقد استعملها العرب قبل الإسلام، كما وردت في القرآن الكريم بالهيئة اللفظية كذلك.

2. تجري بين الأعداد الصحاح والكسور مختلف العمليات الحسابية وتتصدر النسبة والضرب والقسمة هذه العمليات، وذلك على أساس أن جميع الأنواع الحسابية وحساب المعاملات تعتمد عليها، فهي بمثابة الأصول والأركان، وقد ذكر الجوزجاني أن كل واحد من الضرب والقسمة يحتاج إلى النسبة، فهي تستعمل في الضرب والقسمة، وبخاصة في أنواع الكسور منها، والنسبة لا يحتاج شيء منها إلى الضرب والقسمة إلا في مسائل نوادر، فذلك قدمنا النسبة على الضرب والقسمة، وخلطنا الضرب بالقسمة لأن كل واحد منهما يحتاج إلى الآخر، فإن الضرب نستعمل فيه القسمة، والقسمة يُستعمل فيها الضرب[(1)].

3. والنسبة هي قدر عددين، أحدهما عند الآخر، وتنقسم ثلاثة أنواع هي: نسبة القليل إلى الكثير مثل نسبة الأربعة على الستة، ونسبة الكثير إلى القليل مثل نسبة التسعة إلى الأربعة، ونسبة المساواة مثل نسبة الأربعة إلى الأربعة، وأن أول هذه الأنواع هو ما يحتاجه حساب المعاملات وأصحاب الدواوين لمعرفة الكسور، وتنقسم الكسور إلى أربعة أنواع هي: الرؤوس، المركب، المضاف، الأصم، فالرؤوس هو كل كسر يمكن أن يلفظ به مفردًا من غير إضافته إلى كسر آخر، مثل النصف والخمس والعُشر، والمركب هو كل كسر مركب من الرؤوس، مثل: ثلاثة أرباع، أربعة أخماس، خمسة أسباع، فالمضاف هو كل كسر تكون حكايته من إضافة إلى آخر، مثل نصف سدس، ثلث سبع، والأصم هو الكسر الذي لا يمكن تحصيله بهذه الأنواع الثلاثة من الكسور، ومثل جزأين من أحد عشر، ومثل ثلاثة أجزاء من ثلاثة عشر، ومثل أربعة أجزاء من سبعة عشر[(2)].

---

(1) المصدر السابق، ص70. (المؤلف)

(2) المصدر السابق، ص76. (المؤلف)

ومن الجدير بالملاحظة هنا أن البسائط من الألفاظ المعبرة عن الكسور في اللغة العربية تسعة هي: النصف والثلث والربع والخمس والسدس والسبع والثمن والتسع والعُشر، وأنه من الأفضل استخدام هذه الكسور في التعبير عن الأنواع الأخرى، أو بعبارة أخرى: ردّ الأنواع الأخرى من الكسور إلى هذه البسائط من الألفاظ الحسابية، فالكسر 1/ 16، يعبر عنه مثلًا بنصف ثمن، 1/ 2×1/ 8، وهكذا، وإذا كان الكسر أصم فإن طريقة التعبير المفضلة عنه تكون بالتعريب، مثال ذلك ثلاثة أجزاء من أحد عشر تكون بالتقريب ربعًا وخمسًا وتسعًا (1/ 4 + 1/ 5 × 1/ 9).

4. والضرب تضعيف أحد العددين بقدر ما في الآخر من الآحاد[1]، ومنه أنواع بسيطة وأخرى مركبة، والبسيطة تنقسم إلى الأنواع الآتية: ضرب الصحاح في الصحاح وهو الأساس في الضرب والقسمة، وضرب الكسور في الكسور، وضرب الصحاح في الكسور، أما الأنواع المركبة فهي: ضرب الصحاح والكسور في الصحاح، وضرب الصحاح والكسور في الكسور، وضرب الصحاح والكسور في الصحاح والكسور.
5. والقسمة عكس الضرب، وهي تفريق أحد العددين بقدر ما في الآخر من الآحاد[2]، ومنها أنواع بسيطة وأخرى مركبة، والبسيطة تنقسم إلى الأنواع الآتية: قسمة الأعداد الصحيحة على الأعداد الصحيحة، وقسمة كسور على كسور، وقسمة الصحاح على الكسور، وقسمة الكسور على الصحاح، أما الأنواع المركبة فهي: قسمة الصحاح والكسور على الصحاح، وقسمة الصحاح على الصحاح والكسور، وقسمة الصحاح والكسور على الكسور، وقسمة الكسور على الصحاح والكسور، وقسمة الصحاح والكسور على الصحاح والكسور.
6. وهذا الحساب بكسوره وعملياته الحسابية يعتمد أو يرتبط بالنظام الستيني، فالكسور الملقبة بالرؤوس على سبيل المثال عددها تسعة، منها ستة تُنسب إلى

(1) المصدر السابق، ص124. (المؤلف)

(2) المصدر السابق، ص126. (المؤلف)

الستين صحيحًا بلا كسر، وثلاثة منها لا تُنسب إلى الستين إلا بكسر، والستة الصحاح هي النصف، الثلث، الرُبع، الخُمس، السُدس، العُشر، وهي من الستين على التوالي: ثلاثون، عشرون، خمسة عشر، اثنا عشر، عشرة، ستة، أما الذي لا يخرج إلا بكسر فهو السُّبع والثُمن والتُسع.

7. ولم يقتصر الحساب العملي على العمليات الحسابية فقط، بل شمل كذلك ما يتصل منه بأعمال المساحات: الدائرة، قطع الدوائر، المثلث القائم الزاوية، المثلث المنفرج الزاوية، المثلث الحاد الزوايا، المربعات، ذوات الأضلاع الكثيرة وغيرها من الأشكال المركبة، المجسمات، وغير ذلك، كما شمل أعمال الخراج المختلفة، والتصريف وأعمال المقاسمات، وحساب الأبنية، والتجصيص والمسنيات وغيرها من الأعمال التي تحتاج إلى علم الحساب.

كما ويرتبط بهذا الحساب مباشرة حساب الجبر والمقابلة، إذ استخدم الخوارزمي أصول هذا الحساب من الأعداد والكسور والعمليات الحسابية المختلفة بطريقة لا تختلف من حيث المنهج والعرض، وقد جعله قرينًا للحساب العملي في الموضوعات التي يعالجها، فذكر ذلك بقوله: ألفت من كتاب الجبر والمقابلة كتابًا مختصرًا حاصرًا للطيف الحساب وجليله لما يلزم الناس من الحاجة إليه في مواريثهم ووصاياهم وفي مقاسمتهم وأحكامهم وتجاراتهم، وفي جميع ما يتعاملون به بينهم من مساحة الأرضين وكري الأنهر والهندسة وغير ذلك من وجوهه وفنونه[1].

ويبدو لنا بوضوح أن الخوارزمي عرف بشكل جيد الحساب العملي الذي مارسه أصحاب الدواوين والمعاملات، وأن جزءًا من هذا الحساب بلا شك يعود لأصول بابلية، كما أدرك الصعوبات التي يلقاها الحُسَّاب في عملياتهم سواء كانت متصلة بالمواريث أو المقاسمات أو المعاملات التجارية، ففي غالب الأحيان يكون البحث عن المجهول هو الغاية، وأن اختلاف المجاهيل يجعل من الحاسب دقيق العمل والنظر في إيجاد الطريقة المناسبة للحل، ولا يستبعد أن تكون بعض العمليات الجبرية المتفرقة معروفة عند أصحاب

(1) يُراجع، الخوارزمي، كتاب الجبر والمقابلة، تقديم وتعليق مصطفى مشرفة ومحمد مرسي أحمد، مصر 1968، ص16. (المؤلف)

الدواوين والمعاملات، وأن مهمة الخوارزمي كانت حصر هذه المعلومات في كتاب واضح الأصول والأسس مشفوعًا بمجمل العمليات الحسابية المعروفة في الحساب العملي[1]، إذ عالج الخوارزمي في ضوء حساب الجبر والمقابلة المعاملات والوصايا وجملة من الأبواب التي اختصت بالديون والتركات والأنصبة وغير ذلك.

المبحث الرابع: علم الأنواء ومنهج دراسته ضمن مذهب العلوم عند العرب

والعلم الآخر الذي كان للعرب فيه نصيب وافر في الإنجاز هو علم الأنواء الذي اشتمل على معلومات فلكية فضلًا عن معارف متنوعة بالرياح والأمطار والسحب وغير ذلك، فاعتمدت هذه المصنفات في الأنواء على ما ورد في أشعار العرب وأسجاعهم وأمثالهم وحكمهم وأخبارهم، فكانت خير معبر عن معارف العرب في علم الأنواء.

لا شك أن أول الذين اهتموا بالمعارف العربية قبل الإسلام وبعده هم علماء اللغة، إذ استعانوا بفصحاء الأعراب والبادية في تسجيل كثير من المعلومات الخاصة بالنجوم والكواكب والبروج والمنازل، وأنواع النباتات وخصائص الحيوانات وأسماء الموجودات المختلفة، وكانت غايتهم جمع مفردات اللغة العربية وصيانة أو تنقية اللغة العربية مما علق بها من شوائب اللحن نتيجة اتصال العرب بالأعاجم، وضبط قواعد اللغة وفصاحة اللسان، لقد أمدت هذه الحركة اللغوية القوية علماء معاجم اللغة بعدد كبير من المفردات، كما أنها أفادت العلماء في شتى أنواع العلوم من حيث المصطلح العلمي والمعرفة العلمية العامة، وزودت علماء النحو واللغة بالشواهد المختلفة.

يذكر ابن النديم في الفهرست عددًا من العلماء العرب الذين أولوا اهتمامهم بجمع معارف العرب عن الأنواء، فوضعوا المصنفات في ذلك، وفيما يلي ما يذكره من أسماء الكتب ومؤلفيها: كتاب الأنواء للأصمعي، كتاب الأنواء لأبي محلم، كتاب الأنواء لقطرب، كتاب الأنواء لأبي الإعرابي، كتاب الأنواء للمبرِّد، كتاب الأنواء لابن قتيبة، كتاب الأنواء لأبي حنيفة الدينوري، كتاب الأنواء للزَّجَّاج، كتاب الأنواء لابن دُريد، كتاب الأنواء للوهبي،

(1) يُراجع، ياسين خليل، منطق الخوارزمي في الجبر والمقابلة، البحث الخامس ضمن هذا الكتاب. (المؤلف)

كتاب الأنواء للمرثدي، كتاب الأنواء لوَكيع، كتاب الأنواء لابن عمار، كتاب الأنواء لأبي غالب أحمد بن سليم الرازي، كتاب الأنواء لمحمد بن حبيب[1].

واستمرت الكتابة في علم الأنواء على مذهب العرب على الرغم من ترجمة أمهات الكتب الفلكية والطبيعية، اليونانية والهندية، إلى العربية، فقد أفاد علماء الفلك العرب من المعلومات الواردة في كتب الأنواء، كما نجد بعض المؤلفين على مذهب العرب يقتبسون معلومات عن كتب الفلك المترجمة إلى العربية، فمن المعروف أن عبد الرحمن بن عمر الصوفي (ت986م) يذكر في كتابه الموسوم صور الكواكب الثمانية والأربعين، أسماء الكواكب التي استعملها العرب في القديم، ويحاول أن يربط بين مذهب المنجمين ومذهب العرب عند استعراضه لنجوم الكواكب، كما أن المؤلفات الفلكية لأبي الريحان البيروني (ت1048م) وهي كتاب الآثار الباقية من القرون الخالية، وكتاب القانون للمسعودي، قد احتوت على معلومات من الفلك على مذهب العرب.

ومن أشهر العلماء الذين ألّفوا في علم الفلك على مذهب العرب مع تأثرهم بالمذاهب الفلكية الأخرى أبو علي المرزوقي (ت1030م) في كتابه الأزمنة والأمكنة، وأبو إسحق إبراهيم ابن الأجدابي (ت1027م) في كتابه الأزمنة والأنواء، وقد وصلت إلينا بعض المصنفات في علم الأنواء، بينما ضاع الجزء الآخر منها، ويُعَدّ في حكم المفقود، ومن المصنفات التي وصلت إلينا كتاب الأنواء لعبدالله بن مسلم بن قتيبة الدينوري (ت889م) وكتاب الأزمنة والأمكنة للمرزوقي، وكتاب الأزمنة والأنواء لابن الأجدابي، أما كتاب الأنواء لأحمد بن داود أبي حنيفة الدينوري، فإنه مفقود، وقد ذكره عبد الرحمن الصوفي في كتابه مفضلاً إياه على غيره من كتب الأنواء بقوله: وأما الفرقة الأخرى فإنها سلكت طريقة العرب في معرفة الأنواء ومنازل القمر ومعولهم على ما وجدوه في الكتب المؤلفة في هذا المعنى، ووجد في الأنواء كتبًا كثيرة أتمها وأكملها في فنه كتاب أبي حنيفة الدينوري، فإنه يدل على معرفة تامة بالأخبار الواردة عن العرب وأشعارها وأسجاعها فوق معرفة غيره ممن ألفوا الكتب في هذا الفن[2].

---

(1) يُراجع، الفهرست، ص97. (المؤلف)

(2) يُراجع، عبد الرحمن الصوفي، كتاب صور الكواكب الثمانية والأربعين، نشرة الهند 1954، ص7. (المؤلف)

وعلى الرغم من فقدان كتاب الدينوري وكتب أخرى في الأنواء، فإننا نستطيع أن نتعرفها من خلال المصنفات التي أخذت عنها، وهي مصنفات فلكية ومعاجم لغوية، ولعل كتاب المخصص لأبي الحسن علي بن إسماعيل بن سيدة (ت1066م)، خير المعاجم اللغوية في تناول علم الأنواء على مذهب العرب، إذ خصص السفر التاسع من كتابه للبحث في الأنواء، فاختص بالذكر ما وصل إليه من معارف عن أبي حنيفة الدينوري، وابن دُريد، والخليل بن أحمد الفراهيدي، وأبي عبيدة وابن الأعرابي وابن السكيت وغيرهم.

إنّ المعلومات التي وردت في كتب الأنواء لا تمثل إلا جزءًا يسيرًا من معرفة العرب بالأنواء، ولا يمكن أن نفترض أنها تعكس الصورة الصحيحة والكاملة لما عرفه العرب في هذا العلم، وذلك للأسباب الآتية:

1. كانت غاية المشتغلين بالأنواء جمع المعلومات عن هذا العلم من زاوية لغوية، ولم يكن من بينهم من كانت له معرفة دقيقة وصحيحة بعلم الفلك، وبالتالي فلن تكوين صورة كاملة عن علم الأنواء من خلال هذا المسح اللغوي لا يمكن أن تكون وافية، فضلًا عن إمكانية تسرب الأخطاء إليها.
2. اعتمدت هذه المصنفات على معارف أهل البادية والأعراب بأحوال السماء، وهي معارف متوارثة ومنقولة شفاهًا بالشعر والسجع والمثل، وبالتالي فإنها لا تعكس إلا ما له صلة بحياتهم المعاشية وما تفرضه عليهم أحوالهم في الانتقال والسفر والزرع والجدب وغير ذلك، فهي لا تعكس لنا معرفة تامة عما ورثه العرب عن أسلافهم أو الحضارات التي سبقتهم في هذا المضمار، كما أغفلت معرفة عرب المدن والحواضر، وهي معرفة لا نشك في أن تكون على درجة عالية من النضج، وان الآيات الكريمة تشير بوضوح إلى نضج هذه المعرفة عند أهل الحضر والمدن.
3. إن تدوين المعرفة الفكية من خلال ما وصل من الأمثال والأشعار والأسجاع التي يتداولها الأعراب وسكان البادية لا تمثل معرفة دقيقة بأحوال السماء والمنازل والأبراج وإن كانت تحتوي على أسماء الكواكب والنجوم وبعض أحوالها وقد يقع الخطأ نتيجة جهل الراوي أو سوء تحليل المدَّون، لذلك كانت هذه

المعلومات عُرضة للنقد من قبل علماء الفلك والهيئة العرب، وأدرك الصوفي هذه الحقيقة بقوله: ولا أدري كيف كانت معرفته بالكواكب (يقصد الدينوري) على مذهب العرب عيانًا، فإنه يحكي عن ابن الأعرابي وابن كناسة وغيرهما أشياء كثيرة من أمر الكواكب تدل على قلة معرفتهم بها، وأن أبا حنيفة أيضًا لو عرف الكواكب لم يسند الخطأ إليهم[1].

وعلى الرغم من كل الانتقادات التي وجهت إلى كتب الأنواء من قبل علماء الفلك والهيئة، فإن حقيقة تبقى راسخة هي أن صورة القبة السماوية كما يراها العرب وأسماء النجوم فيها بقيت متداولة في كتب الفلك، ولا يسعنا هنا إلا أن نرسم هذه الصورة من خلال مؤلفات العرب في الأنواء، فنذكر المبادئ والأصول والأسماء برهانًا على ما وصله هذا الفن من رقي في المعرفة.

1. منازل القمر ثمانية وعشرون منزلًا وهي: الشرطان ويسمى النطح كذلك، البطين، الثريا، الدبران، الهقعة، الهنعة، الذراع، النثرة، الطرف، الجبهة، الزبرة وتسمى الخرتين كذلك، والصرفة، العواء، والسماك الأعزل، ثم الغفر، الزباني، الإكليل، القلب، الشولة، النعائم، البلدة، سعد الذابح، سعد بُلع، سعد السعود، سعد الأخبية، الفرغ الأول، الفرغ الثاني، وبطن الحوت ويسمى السمكة والرشاء كذلك[2]. والسبعة الأولى هي منازل الربيع، والسبعة الثانية هي منازل الصيف، والسبعة الثالثة هي منازل الخريف، والسبعة الرابعة وهي الأخيرة هي منازل الشتاء، ويعتبر العرب أربعة عشر منزلًا من هذه المنازل شامية، وأربعة عشر يمانية، فيبدؤون بالشرطين حتى السماك الأعزل، ثم تبدأ المنازل اليمانية بالغفر حتى بطن الحوت. ولا يظهر من المنازل في القبة السماوية غير أربعة عشر منزلًا، بينما تختفي عن الناظر الأربعة عشر منزلًا الأخرى، فإذا غاب أحدها في المغرب طلع رفيقه من المشرق، بحيث يبقى في السماء أربعة عشر منزلًا دائمًا،

---

(1) المصدر السابق، ص7. (المؤلف)

(2) يُراجع، ابن سيده، المخصص، السفر التاسع، بيروت، ص10، وتتفق جميع كتب الأنواء في تسمية هذه المنازل. (المؤلف)

وتسمى منازل القمر نجوم الأخذ كذلك، لأن القمر يأخذ كل ليلة منها في منزل، يقال أخذ القمر كذا، أي نزل به، وأنشد أبو عبيد:

وأخوت نجوم الأخذ إلا أنضةً   محل ليس قاطرها يثري[1]

2. والشرطان كوكبان يقال إنهما قرنا الحمل، ويسميان النطح الناطح، ويسمى النطيح أيضًا، واحد الشرطين في ناحية الشمال، والآخر في ناحية الجنوب، وإلى ناحية الشمال كوكب صغير يعد معهما أحيانًا، فيقال الأشراط. والبطين ثلاثة كواكب خفية كأنها أثافي، والثريا أصلها من الثروة، وهي كثرة العدد، وهي ستة أنجم ظاهرة، في خللها نجوم كثيرة خفية، والدبران كوكب أحمر منير يتلو الثريا بين يديه كواكب كثيرة مجتمعة من أدناها إليه كوكبان صغيران يكادان يلتصقان به كلباه والبواقي غنيمته[2]، والهقعة رأس الجوزاء، وهي ثلاثة كواكب صغار مثفاة وتسمى الأثافي، والهنعة كوكبان أبيضان، يقال لأحدهما الذر وللآخر الميسان، والذراع هي ذراع الأسد المقبوضة، وللأسد ذراعان مقبوضة ومبسوطة، والمبسوطة تلي اليمن والمقبوضة تلي الشام والقمر ينزل بالمقبوضة وهما كوكبان، بينهما قيد سوط، وكذلك المبسوطة مثلها الصورة إلا أنها أرفع في السماء، وسميت مبسوطة لأنها أمدّ منها، وبين الذراعين كواكب يقال لها الأظفار[3]. والنثرة ثلاثة كواكب متقاربة أحدها كأنه لطخة وهو أنف الأسد، والطرف طرف الأسد، وهما كوكبان من بين يدي الجبهة، وقُدَّام الطرف كواكب كثيرة، يقال لها الأشعار[4]، والجبهة جبهة الأسد وهي أربعة كواكب خلف الطرف، وحيال الجبهة كوكب منفرد يسمى الفرد، والزبرة زبرة الأسد وهي كوكبان نيران على أثر الجبهة ويسميان الخراتين، والصرفة كوكب واحد على أثر الزبرة، مضيء عنده كواكب صغار طمس[5] والعواء أربعة أنجم على

(1) المصدر السابق، السفر التاسع، ص9. (المؤلف)

(2) يُراجع، عبد الله بن مسلم بن قتيبة، كتاب الأنواء في مواسم العرب، نشرة الهند 1956، ص17. (المؤلف)

(3) يُراجع، ابن سيده، المخصص، السفر التاسع، ص10. (المؤلف)

(4) يُراجع، ابن قتيبة، كتاب الأنواء في مواسم العرب، ص48-49. (المؤلف)

(5) المصدر السابق، ص55. (المؤلف)

أثر الصرفة، والسماك هما السماك الأعزل وهو كوكب أزهر، والسماك الرامح، والغفر ثلاثة كواكب خفية بين السماك الأعزل وبين زباني العقرب على نحو من خلفه العواء[1]. والزباني هما قرنا العقرب وهما كوكبان مفترقان، والإكليل رأس العقرب وهو ثلاثة كواكب مصطفة معترضة. والقلب قلب العقرب وهو الكوكب الأحمر، وراء الإكليل بين كوكبين يقال لهما النياطان، والشولة كوكبان متقاربان في ذنب العقرب، والنعائم ثمانية كواكب على أثر الشولة، والبلدة وهي رقعة في السماء لا كواكب بها بين النعائم وبين سعد الذابح ينزل القمر بها[2]. وسعد الذابح كوكبان غير نيرين أحدهما مرتفع في الشمال والآخر هابط في الجنوب، وسعد بلع نجمان مستويان في المجرى وسعد السود ثلاثة كواكب أحدهما نير والآخران دونه، وسعد الأخبية أربعة كواكب متقاربة، واحد منها في وسطها، وهي تمثل برجل بطة، ويقال إن السعد منها واحد، وهو أنورها، والثلاثة أخبيته[3]. والفرغ الأول فرغ الدلو المقدم، والدلو أربعة كواكب، اثنان منهما هو الفرغ الأول، واثنان منها الفرغ المؤخر، والفرغ الثاني هو الفرغ المؤخر، والحوت كواكب كثيرة، وفي موضع البطن نجم منير هو قلب الحوت.

3. والبروج في علم الفلك على مذهب العرب اثنا عشر برجًا هي: الحمل والثور والجوزاء والسرطان والأسد والسنبلة والميزان والعقرب والقوس والجدي والدلو والحوت. ولكل برج منزلان وثلث من منازل القمر الثمانية والعشرين، فللحمل: الشرطان والبطين وثلث الثريا، وللثور: ثلثا الثريا والدبران وثلثا الهقعة، وللجوزاء ثلث الهقعة والهنعة والذراع، وللسرطان: النثرة والطرف وثلث الجبهة، وللأسد: ثلثا الجبهة والزبرة وثلثا الصرفة، وللسنبلة: ثلث الصرفة والعواء والسماك، وللميزان: الغفر والزباني وثلث الإكليل، وللعقرب: ثلثا الإكليل والقلب وثلثا الشولة، وللقوس : ثلث الشولة والنعائم والبلدة، وللجدي: سعد الذابح وسعد

(1) المصدر السابق، ص59. (المؤلف)

(2) المصدر السابق، ص67. (المؤلف)

(3) المصدر السابق، ص75. (المؤلف)

بلع وثلث سعد السعود، وللدلو: ثلثا سعد السعود الأخبية وثلثا الفرغ المقدم، وللحوت: ثلث الفرغ المقدم والفرغ المؤخر والرشاء[1].

4. والفلك في اللغة العربية ما استدار، وهو مجرى النجوم والشمس والقمر والكواكب، والسماوات طباق هي سبعة، فضلًا عن الشمس والقمر توجد الكواكب الخُنَّس المتحيرة، وهذه سيارة في البروج، إلا أنها متفاوتة السُرعة بعضها عن بعض، فما كان منها فوق الشمس فهو أبطأ من الشمس، وما كان منها دون الشمس فهو أسرع من الشمس، وهذه الكواكب هي: زحل والمشتري والمريخ وعطارد والزهرة، وزحل بطيء السير وفي لونه صفرة، ومسيره في كل برج اثنان وثلاثون شهرًا، ثم المشتري وهو كوكب أبيض كبير، ومسيره في كل برج سنة، ثم المريخ وهو كوكب أحمر شديد الحمرة ويقطع الفلك في سنتين، ويقيم في كل برج سبعة وأربعين يومًا إذا أسرع، وربما أقام في البرج شهرين ونصف إذا أبطأ، وهذا إذا كان مستقيمًا، فأما إذا رجع في برج فإنه يقيم فيه ستة أشهر[2]. ثم الشمس ومسيرها في كل برج شهرًا، ثم تليها الزهرة وهي أعظم الكواكب منظرًا وأشدها نورًا وبياضًا، ومسيرها في كل برج خمسة وعشرون يومًا أو سبعة وعشرون يومًا[3]. ثم عطارد ومسيره في كل برج سبعة أيام، أو سبعة عشر يومًا إذا أسرع، وكان مستقيمًا، وربما أقام في البرج الواحد قريبًا من شهرين إذا كان راجعًا[4]. ثم يليه القمر، ومسيره في كل برج ليلتان وثلث الليلة، وفي كل منزل ليلة، ويستتر إذا كان الشهر ثلاثين يومًا، ليلة تسع وعشرين، ويستتر إذا كان الشهر تسعًا وعشرين ليلة ثمانٍ وعشرين، ويقطع المنازل في استسراره

---

(1) المصدر السابق، ص80. (المؤلف)

(2) المصدر السابق، ص121. (المؤلف)

(3) يُراجع، ابن الأجدابي، الأزمنة والأنواء، تحقيق عزة حسن، دمشق 1964، ص91. يذكر ابن قتيبة أن مسيرة المريخ في كل برج خمسة وأربعون يومًا في حين يذكر ابن الأجدابي أن مسيره سبعة وأربعون يومًا. (المؤلف)

(4) يُراجع، ابن الأجدابي، المصدر السابق، ص92. يذكر ابن الأجدابي أن مسيرة الزهرة خمسة وعشرون يومًا ونحوها وتبطئ تارة، فتقيم في البرج كثر من شهر، بينما يذكر ابن قتيبة أن مسيرة الزهرة سبعة وعشرون يومًا. (المؤلف)

كما يقطعها في ظهوره، والعرب تسمي آخر ليلة في الشهر البراء لتبرّؤ القمر فيه من الشمس[1].

5. يذكر الصوفي في استعراضه لصور الكواكب على مذهب العرب كذلك: فمن الأمثلة على ذلك ما ذكره بالنسبة لكوكبة الدب الأصغر فيقول: فأما الأصغر لأن العرب تسمي السبعة على الجملة بنات نعش الصغرى، منها الأربعة التي على المربع نعش والثلاثة التي على الذنب بنات، وتسمي النيرين من المربع الفرقدين والنير الذي على طرف الذنب الجدي وهو الذي يتوخى به القبلة[2]. وبالنسبة لكوكبة الدب الأكبر فإنها تتألف من سبعة وعشرين كوكبًا، والعرب تسمي الأربعة النيرة على المربع المستطيل والثلاثة على ذنبه بنات نعش الكبرى، وبني نعش وآل نعش منها الأربعة النيرة التي على المربع المستطيل. وهي السادس عشر والسابع عشر والثامن عشر والتاسع عشر نعش والثلاثة التي على الذنب بنات ويسمى أيضًا الأربعة التي على النعش سرير بنات نعش ويسمى الذي على طرف الذنب وهو السابع والعشرون القايد والذي على وسطه العناق والذي يلي النعش وهو الذي على أصل ذنبه الجوز، وفوق العناق كوكب صغير ملاصق له يسميه العرب السها، وفي بعض اللغات من العرب السنا، والصيدق ونعيش[3].

ويذكر لنا ابن الأجدابي إلى جانب بنات نعش الصغرى وبنات نعش الكبرى جملة أخرى من مشاهير الكواكب هي العوائد، والفكه والنسران والفوارس والردف والصليب والكف الخضيب والكف الحذماء، والعيوق والكوكب الفرد وعرش السماك والخيل والشماريخ وسهيل والسعود والسفينة، ويعدد لكل منها ما فيها من كواكب على مذهب العرب[4].

---

(1) المصدر السابق، ص93. يذكر ابن الأجدابي أن عطارد تقيم في البرج الواحد بين سبعة عشر يومًا وشهرين، بينما يذكر ابن قتيبة أن مسيرة عطارد في كل برج سبعة أيام. (المؤلف)

(2) يُراجع، ابن قتيبة، كتاب الأنواء في مواسم العرب، مصدر سبق ذكره، ص128–129. (المؤلف)

(3) يُراجع، الصوفي، الكواكب، مصدر سبق ذكره، ص37. (المؤلف)

(4) المصدر السابق، ص32. ويُراجع كذلك ابن الأجدابي، ص67، إذ يذكر أن بنات نعش الكبرى سبعة كواكب أربعة منها على شكل التربيع وتسمى نعشًا، والثلاثة بناته وحذاء الأوسط من البنات نجم صغير جدًا، يكاد يلتقي به، يسمى السها، وبه يضرب المثل في الخفاء فيقال: أريها السها وتريني القمر. (المؤلف)

المبحث الخامس: الظواهر الفلكية والأزمنة وسبل دراستها على مذهب العرب

ولم تكن معرفة الإنسان العربي في الجاهلية وصدر الإسلام وقبل الاتصال بالثقافات الأجنبية بالظواهر الفلكية مجردة، بل كانت مشفوعة بأغراض عملية كذلك، فالدين الجديد وما يقتضيه من تعيين القبلة وأوقات الصلاة والحج وصوم شهر رمضان وغير ذلك من الشعائر الدينية تقتضي الاهتمام بالمعرفة الفلكية بشكل واسع، كما أن صلة الظواهر الفلكية بالأزمنة والمواقيت والحساب معروفة تتصدر معرفة الإنسان العربي بالأنواء فضلًا عن الارتباط القائم بين الأنواء والأزمنة والظواهر الجوية من مطر ورياح وعواصف وجدب وغير ذلك، وارتباط الأنواء بالطالع حسنًا كان أو سيئًا.

قال أبو عبيدة: الأنواء ثمانية وعشرون نجمًا معروفة المطالع في أزمنة السنة كلها من الصيف والشتاء والربيع والخريف، يسقط منها في كل ثلاث عشرة ليلة نجم في المغرب مع طلوع الفجر، ويطلع آخر يقابله في المشرق من ساعته، وكلاهما معلوم مسمى، وانقضاء هذه الثمانية والعشرين كلها مع انقضاء السنة، ثم يرجع الأمر إلى النجم الأول مع استئناف السنة المقبلة، وكان العرب في الجاهلية إذا سقط منها نجم وطلع آخر قالوا: لا بد من أن يكون عند ذلك مطر أو رياح فينسبون كل غيث يكون عند ذلك إلى ذلك النجم، فيقولون: مطرنا بنوء الثريا والدبران والسماك[1]، والنوء على الحقيقة سقوط نجم من المغرب وطلوع آخر في المشرق، فالساقطة في المغرب هي الأنواء والطالعة في المشرق هي البوارح[2].

ومن المعروف أن العرب في الجاهلية جعلوا النجوم مسؤولة عن الظواهر الجوية والتغيرات الحادثة في الطقس حتى جاء الإسلام وأبطل الرسول الكريم هذا الاعتقاد. الذي هو واحد من بين ثلاثة أمور هي: الطعن في الأنساب والنياحة والأنواء.

أما ما يخص الأزمنة عند العرب، فإن للعرب في الجاهلية أسماءً للأيام والأشهر غير تلك التي ظهرت بعد الإسلام، فالأسبوع يتألف من سبعة أيام، وأن أسماء الأيام فيه كما ظهرت بعد الإسلام هي الأحد والاثنان والثلاثاء والأربعاء والخميس والجمعة

---

(1) ابن الأجدابي، المصدر السابق، ص65-76. (المؤلف)

(2) يُراجع، ابن منظور، لسان العرب، مج1، ص176. (المؤلف)

والسبت، أما أسماء الأسبوع عند عرب الجاهلية فهي: السبت- شيار، الأحد- أول، الاثنان- أهون وأوهد وأهود، والثلاثاء- جُبار، والأربعاء- دبار، والخميس- مؤنس، والجمعة- العَروبة[1].

أما أسماء الأشهر في الإسلام فهي: المحرم وصفر وربيع الأول وربيع الآخر وجمادى الأولى وجمادى الآخرة ورجب وشعبان ورمضان وشوال وذوو القعدة وذو الحجة. أما أسماء الأشهر في الجاهلية فهي: المؤتمر- المحرم، وناجر- صفر، وخوان- ربيع الأول، وبصان- ربيع الآخر، والحنين- جمادى الأولى، ورُبى- جمادى الآخرة، والأصم- رجب، وعاذل- شعبان، وناتق- رمضان، ووعل- شوال، وورنة- ذو القعدة، وبُرك- ذو الحجة[2].

أما بالنسبة لفصول السنة فإن العرب تذهب في عدد الأزمنة إلى الابتداء بفصل الخريف، وتسميه الربيع، لأن أول الربيع وهو المطر، يكون فيه، ثم يكون بعده فصل الشتاء، ثم يكون بعد الشتاء فصل الصيف[3]. ويقسم بعض العرب السنة إلى نصفين شتاء وصيفًا، ثم يقسِّم الشتاء إلى نصفين، فيكون الشتاء أوله والربيع آخره، ويقسم الصيف إلى نصفين، فيكون الصيف أول له والقيظ آخره، وقد يقسم الشتاء على ثلاثة والصيف على ثلاثة، فتكون السنة كلها ستة أزمنة، ثلاثة للشتاء وثلاثة للصيف، ويسمى كل زمن باسم الغيث الواقع فيه، فأول أزمنة الشتاء الوسمي، ثم الشتاء، ثم الربيع، وأول أزمنة الصيف الثلاثة: الصيَّف، ثم الحميم ثم الخريف، وكلها صيف[4]، فأما أوقات هذه الأزمنة في السنة فإنها محدودة عندهم فيما ذكر مالك -رحمه الله-بسقوط المنازل وطلوعها، فلكل زمن منها أربع منازل وثلثان، ومدة ذلك ستون يومًا وثلثا يوم، وهم يعتدون في أزمنة الشتاء بالسقوط، وفي أزمنة الصيف بالطلوع، فصار حسابهم لأجل ذلك بالمنازل الشامية خاصة ساقطة وطالعة. فأول ذلك الوسمي وله من النجوم الحوت والنطح، والبطين والثريا وثلثا الدبران، فهذه سقوط هذه المنازل هي في زمن الوسمي، ثم الشتاء، ونجومه ثلث الدبران الباقي، والهقعة والهنعة والذراع والنثرة

(1) المصدر السابق، مج1، ص176. (المؤلف)

(2) يُراجع، ابن سيده، المخصص، السفر التاسع، ص42. (المؤلف)

(3) المصدر السابق، ص43. (المؤلف)

(4) يُراجع، ابن قتيبة، مصدر سبق ذكره، ص104. (المؤلف)

وثلث الطرف، فهذه سقوط هذه المنازل، وهي في زمن الشتاء، ثم الربيع ثلثا الطرف الباقي والجبهة، والزبرة والصرفة والعواء، فهذه سقوط هذه المنازل وهي في زمن الربيع، ثم يدخل الصيف ويحسب بالطلوع، ومنزله السقوط، ويعاد من أول الحوت، فيقسم زمن الصيف على نحو ما قسم لأزمنة الشتاء فتكون نجوم أزمنة الصيف هي نجوم أزمنة الشتاء بعينها، إلا أنها في الشتاء ساقطة، وهي في الصيف طالعة، ومن الناس من يبتدئ في القسمة من الفرغ المؤخر، ويختم بالصرفة، وهذا أشبه بمذهب العرب، حكى ابن كناسة أو غيره أن الوسمي عند العرب سقوط الفرغ المؤخر إلى سقوط الثريا[1].

ونأتي بعد ذلك إلى حساب السنين، فنجد الأمم مختلفة في ذلك، فمنهم من يأخذ بالسنة الشمسية، ومنهم من يأخذ بالسنة القمرية، ومنهم من يمزج بينهما، والعرب في الجاهلية من بين الأمم التي تمزج لبين التقويمين أو السنتين، بينما اكتفى المسلمون بالسنة القمرية، وأشهر الروم والقبط والسريان بالسنة الشمسية، ويذكر البيروني ذلك بقوله: فمستعملو سنة الشمس مفردة هم: الروم والفرنجة والقبط والسريان والفرس والسغد (=الأفغانيون)، وربما استعملها النصارى في بعض أمورهم دون بعضهم، ومستعملو سنة القمر مجرد هم أمة الإسلام فقط من بين سائر الأمم، والمازجون بين السنتين هم الهند وترك المشرق والصين والعرب في الجاهلية واليهود[2].

إنّ عدد أيام السنة الشمسية ثلاثمائة يوم وخمسة وستون يومًا وربع اليوم، وتكبس كل أربع سنوات، فتكون السنة الرابعة ثلاثمائة يوم وستة وستين يومًا، بينما عدد أيام السنة القمرية الإسلامية 355 يومًا وسدس اليوم، وبذلك يظهر الفرق بين السنة الشمسية والسنة القمرية بعدد الأيام، وهو الأمر الذي أدى بعرب الجاهلية إلى محاولة كبس السنة القمرية بزيادة الأيام بين السنتين، نظرًا لاستعمالهم السنة الشمسية والقمرية معًا، والفرق بين السنتين عشرة أيام ونصف وثلث ونصف عشر بها تسبق سنة القمر سنة الشمس في المرة الواحدة، فمن أراد الأخذ بكليهما احتاج إلى إلحاق ما يجتمع من ذلك السبق في المرات[3].

---

(1) يُراجع، ابن الأجدابي، مصدر سبق ذكره، ص98. (المؤلف)

(2) المصدر السابق، ص99-100. (المؤلف)

(3) يُراجع، البيروني، القانون المسعودي، ج1، نشرة الهند، ص69. (المؤلف)

وكانت العرب في الجاهلية تزيد في كل ثالثة من سنيها شهرًا واحدًا، فتكون تلك السنة ثلاثة عشر شهرًا قمريًا، وكان يسمون ذلك النسيء[1]، وقد أبطل الإسلام ذلك وحرمه بالآية الكريمة ﴿إِنَّمَا النَّسِيءُ زِيَادَةٌ فِي الْكُفْرِ يُضَلُّ بِهِ الَّذِينَ كَفَرُوا يُحِلُّونَهُ عَامًا وَيُحَرِّمُونَهُ عَامًا لِيُوَاطِئُوا عِدَّةَ مَا حَرَّمَ اللَّهُ فَيُحِلُّوا مَا حَرَّمَ اللَّهُ زُيِّنَ لَهُمْ سُوءُ أَعْمَالِهِمْ وَاللَّهُ لَا يَهْدِي الْقَوْمَ الْكَافِرِينَ﴾[2]

ولم تكن نظرة الإنسان العربي إلى الكون بكل ما فيه من ظواهر إلا صورة تعززها الوحدة في الموقف والارتباط، فليست الظواهر والموجودات من جماد وحيوان ونبات إلا شواهد حقيقية على وحدة الكون وارتباط الأشياء والظواهر فيه بعضها بعضًا، فكانت مراقباته للسماء وما يحدث فيها أساسًا لتفكيره العلمي، فالحساب يعتمد على حركة الشمس الظاهرية وحركة القمر، كما يعتمد علم الأنواء على تلك المراقبات المستمرة للأفلاك والكواكب، فضلًا عن المعرفة بالمنازل والبروج، وما يتصل بالأنواء من ظواهر جوية مثل: الأمطار والرياح والبرد والبرق والرعد وغير ذلك.

كما ارتبطت معرفة العربي العلمية للنبات بالفصول والظواهر الجوية بالأنواء كذلك، وكانت الفلاحة مرتبطة بالمعرفة الفلكية والأنواء بصورة عامة، وقد ألف سنان بن ثابت بن قرة (ت943م) كتابًا في الأنواء، رتبه على الأيام، إذ بيّن أحوال الأرض والجو لكل يوم، وما يصدق على النبات والفلاحة يصدق كذلك على الحيوان، وذلك لارتباط حياة الحيوان ونتاجه بالفصول والنبات والكلأ والحشيش.

---

(1) المصدر السابق، ص91.. (المؤلف)

(2) التوبة، آية 37. وقد ذهب كرلو نيلنو في كتابه علم الفلك، تاريخه عند العرب في القرون الوسطى، روما 1911، في مناقشة مسألة النسيء إلى إيراد آراء مختلفة، ليصل إلى التشكيك في معرفة العرب بوجود الكبس وكيفيته، فمرة يلجأ إلى اختلاف المفسرين في معنى النسيء الوارد في الآية الكريمة (سورة التوبة) ومرة أخرى يورد كلام بعض علماء الفلك ومنهم البيروني وما ثبته من روايات ليصل إلى القول: إن هذه الأخبار بوجود الكبس (=سنة كبيسة) وكيفيته عند عرب الجاهلية جميعًا من باب مجرد الظن والتخمين ذهب إليه الفلكيون في عهد لم يقف فيه أحد على حقيقة الشيء (ص92-93. ثم يناقش نلينو آراء المحدثين من المستشرقين من أنواع حساب السنين عند عرب الجاهلية، محاولًا التشكيك فيما توصلوا إليه، والمنهج الذي اتبعه نلينو يعتمد من حيث الأساس على إبراز الاختلافات بين الروايات ومحاولة الطعن بالآراء المؤيدة بوجود الكبس عند عرب الجاهلية، وهذا منهج بعيد عن روح العلم لأن الاختلاف في الروايات لا يكون حجة صحيحة للرفض. (المؤلف)

واهتم الإنسان العربي بالظواهر الجوية لعلاقتها المباشرة بحياته ومعاشه، وقد وصل إلينا من الأشعار والحِكم والأسجاع العربية ما يبرهن على إدراك ثاقب بالحالات الجوية وأنواع الرياح والسحاب والأمطار وغير ذلك، إذ يمكن القول إن هذا المعرفة تؤلف بحد ذاتها ركنًا أساسيًا من معرفته العامة بالطبيعة والكون، فأمهات الرياح وهي معاظمها أربع وهي: الشمأل والجنوب والصبا والدبور، فالشمأل تأتي من ناحية القطب الأعلى، والجنوب تأتي من ناحية القطب الأسفل، والصبا تأتي من وسط المشرقين، والدبور تأتي من وسط المغربين[1]. ويطلق العرب على ريح الشمأل الشامية، لأنها تأتي من ناحية الشام، وعلى ريح الجنوب يمانية، لأنها تأتي من ناحية اليمن، وعلى ريح الصبا شرقية، وريح الدبور تأتي من دبر الكعبة، ولكل ريح من هذه الأربعة خواص، فريح الشمال مذمومة لأنها تقشع الغيم وتأتي بالبرد، ولكنها في الوقت نفسه تصاحب الضباب فتصبح الأرض كأنها ممطورة، وهي لأجل ذلك تحمد، أما ريح الجنوب فإنها تثير البحر حتى تسوده وتظهر كل ندى كامن في بطن الأرض حتى تلين الأرض، والدبور قليلة الهبوب، وهي كثر عجاجًا وسحابًا لا مطر فيه، وهي هيف تيبس الأرض وتحرق العود من النكباء التي بين الدبور والجنوب التي تجيء من مغيب سهيل[2].

وقد أطلق العرب على أسماء السحب بعض الأسماء التي تصفها، كما ميزوا بوضوح بين السحب الممطرة والسحب غير الممطرة، وإنا لنذكر بعض هذه الأسماء الدالة على كل سحابة. فإذا كان السحاب طوال الأعناق سمي بالعبط، وإذا كانت السحابة مؤلفة من سحب صغار متباعدة سميت نمرة وهي مخيلة للمطر، وإذا كان السحاب أسود فهو سحاب مظلم، وذلك علامة من علامات الغيث، وإذا كان السحاب أبيض يبرق بضوء فذلك دليل على مائه، وإذا كان السحاب بطيئًا في سيره فهو كثير الماء، أما إذا كان السحاب أصهب إلى البياض فذلك دليل الجدب لأنه لا يحمل ماء.

ويذكر لنا ابن سيده في المخصص جملة واسعة من أسماء التي يطلقها العرب على أنواع السحب، ومن هذه الأسماء الصبير وهي السحابة البيضاء، والنمرة أو النمر من السحاب وهو

(1) يُراجع، ابن قتيبة، مصدر سبق ذكره، ص158. (المؤلف)

(2) المصدر السابق، ص162. (المؤلف)

قطع صغار متدان بعضها من بعض، والقزع وهو قطع متفرقة صغار، والكسف وهي سحابة عريضة، والصرمة وهي قطعة من السحاب، والرمي وهي قطع صغار دقاق قدر الكف أو اكبر شيئًا، والكنهور وهي قطع مثل الجبال، والخال وهي سحابة ضخمة، ودلوج وهي سحابة مثقلة بالماء، والمعصرات وهي ذوات المطر، والعين وهي كل سحابة تبدأ من قبل للقِبلة، والريق وهو السحاب الممطر، والعقر وهو السحاب الأبيض، والنقيح وهو سحاب صيفي، والركام وهو السحاب إذا ركب بعضه بعضًا، والرباب وهو السحاب المتعلق دون السحاب وقد يكون أبيض ويكون أسود، والهيدب وهو الذي يتدلى ويدنو مثل هدب القطيفة، والمزن سحاب ذو ماء، وسحابة خلوج أي كثيرة الماء والبرق، والقماية سحاب أسود ذو ماء كثير، وسحابة لهموم أي غزيرة المطر[1].

وخلاصة القول في أنواع السحب إن العرب قد وصفوا الأسماء المطابقة لأوصاف كل سحابة، فلأنواع السحب التي لا تحمل الماء وغير ممطرة أسماء خاصة، ولأنواع السحب الممطرة أسماء أخرى، كما اختلفت أسماء السحب حسب الرقة والكثافة، ولم تكن معرفتهم بالسحب الممطرة مجردة عن معرفتهم بعوامل أخرى فلكية وجوية، بل نجد تلك المعرفة مرتكزة على عدة عوامل، ففضلًا عن أنواع السحابة وشكلها ولونها وابتعادها عن الأرض أو دنوها منها، فإن معرفتهم بالريح والأنواء والفصول والأزمنة وغير ذلك عوامل مؤثرة في تكهنهم بالغيث والسيول والأمطار، فمما ورد عن أبي حنيفة الدينوري قوله: من أمارات الغيث الهالة التي تكون حول المطر، فإن كانت كثيفة ومظلمة كانت من دلائل المطر، ولا سيما أن كانت مضاعفة، ومن دلائله الندأة وهي الحمرة التي تكون عند مغرب الشمس أيام الغيوث[2]. ولعل ما ورد عن الشيخ الأعرابي غُنيمته ما بوضوح إلى الاستدلال ببعض الظواهر قبل هطول المطر: روي أن شيخًا من العرب كان في غنيمة له فسمع صوت رعد فتخوف المطر وهو ضعيف البصر، فقال لأمة له كانت ترعى معه كيف ترين السماء فقالت كأنها ظُعُن مقبلة، فقال أرعي ثم قال كيف ترين السماء فقالت كأنها بغال دهم تجر جلالها، فقال أرعي ثم قال كيف ترينها فقالت كأنها ثروب معزى هزلى، فقال ارعي، ثم قال كيف

---

(1) يُراجع، المخصص، السفر التاسع. (المؤلف)

(2) المصدر السابق، ص102. (المؤلف)

والجروح، وهي معرفة أساسها الخبرة الطويلة وما تعلمته الأقوام العربية التي سكنت الحواضر والأمصار من معارف طبية وصيدلانية، وقد أمدت هذه المعرفة الطبيب العربي والصيدلاني كذلك بمعلومات جيدة غير تلك التي نقلها عن الكتب الطبية والنباتية عن اليونان بعد عصر الترجمة. وقد زخرت الكتب الطبية بأنواع الحشائش والنباتات التي وصفها العرب للعلاج، وكتاب الحاوي الكبير لأبي بكر محمد بن زكريا الرازي وكتاب القانون لأبي علي بن سينا وغيرهما من كتب الطب شواهد على هذه المعرفة، كما أن كتاب الجامع لمفردات الأدوية والأغذية لضياء الدين عبدالله بن أحمد المعروف بابن البيطار (ت1284م) وكتاب تذكرة أولي الألباب والجامع للعجب العجاب لداود بن عمر البصير الانطاكي (ت1600م) وغيرهما من كتب النبات والصيدلة أدلة على مقدار ما أفاده الفكر النباتي والصيدلاني من معرفة العرب بالنباتات والأعشاب الطبية.

ومن أوائل العلماء العرب الذين أولو عناية كبيرة بالنبات والشجر على مذهب العرب طائفة من علماء اللغة، إذ التمسوا هذا النوع من المعرفة عن طريق الاتصال بفصحاء العرب ومن كانت له دراية كبيرة بشؤون النبات والشجر، فدّنوا هذه المعرفة في الكتب والمعاجم اللغوية، ويتميز هذا النوع من الاستقراء بناحيتين: الأولى- لغوية بما تتضمنه من مفردات لغوية مختلفة لشتى مفردات النبات والشجر، والثانية علمية بما تتضمنه من أوصاف لنوع كل نبتة من سُوق وأغصان وثمار وبذور وأوراق وغير ذلك. وقد أورد ابن النديم في كتاب الفهرست طائفة من هؤلاء العلماء مع ذكر ما صنفوه من كتب في هذا الباب[1].

ولنا هنا وقفة عند بعض هؤلاء العلماء، فنذكر منهم الخليل بن أحمد الفراهيدي (ت876م) والنضر بن شميل (ت820م) وأبا عبيدة البصري (ت824م) وأبا سعيد عبد الملك بن قريب المعروف بالأصمعي الباهلي (ت828م) وأبا زيد الأنصاري وأحمد بن حاتم وابن الأعرابي وأبا عبد الله محمد بن وزياد ويعقوب بن إسحق بن السكيت وأبا حاتم السجستاني وأبا حنيفة الدينوري وغيرهم. إذ وضع هؤلاء العلماء مصنفات قيمة في النبات على مذهب العرب، فاشتمل كتاب العين للخليل على جملة واسعة من أسماء النبات والشجر، واشتمل

---

(1) يُراجع، الفهرست، مصدر سبق ذكره، ص 58. (المؤلف)

كتاب الصفات للنضر بن شميل على خمسة أجزاء، إذ ذكر في الجزء الخامس منه الزرع والكرم والعنب والبقول والأشجار والرياح والسحاب والمطر. وصنف أبو عبيد البصري عددًا من الكتب في النبات والحيوان واللغة، وألف الأصمعي كتاب النبات والشجر الذي ذكر منه أسماء الأرض من حيث قبولها للزرع والنبات، وأسماء النبات في أطواره المختلفة، وأقسام النبات إلى أحرار وغير أحرار، وحمض وخلة، وما ينبت من النبات في السهل وفي الرمل، وذكر أسماء النبات حتى بلغ عددها نحو 280 اسمًا[1]. ولأبي زيد الأنصاري مصنف في النبات والشجر، ولأحمد ابن حاتم كتاب في الزرع والنخل، وكتاب الشجر والنبات، ولابن الأعرابي كتاب صفة الزرع وكتاب النبات، وكتاب النبت والبقل، ولابن السكيت كتاب النبات والشجر، ولأبي حاتم السجستاني كتاب النخلة وكتاب الزرع، وكتاب الكرم، وكتاب النبات، وكتاب العشب، أما أبو حنيفة الدينوري فله من الكتب في شتى المعارف، وكان كتاب النبات الذي صنفه من بين ثلاثة كتب اشتهر بها هي علم الأنواء وعلم النبات وعلم القرآن، ويقع كتاب النبات للدينوري في ستة مجلدات احتوت على جميع ما عرفه العرب من أنواع النبات والشجر، وامتاز هذا المصنف فضلًا عن الثروة اللغوية بسعة المعرفة في النبات والوصف العلمي الدقيق لكل نبتة، كما يبين قدرة فائقة على الاستقصاء العلمي وتطبيقًا لمنهج علمي في المعاينة والتدقيق والتفريق بين أنواع النباتات، واشتمل كتاب النبات للدينوري على معجم بأسماء النباتات والأشجار، وعلى أبواب تختص بالرعي والمراعي والكمأة والصمغ والدباغ والزناد والروائح وغير ذلك، ونظرًا لشمولية كتاب النبات ودقة المعلومات الواردة فيه فقد أصبح مصدرًا ومرجعًا مهمًا أفادت منه كتب المعاجم اللغوية وكتب الطب والعقاقير فضلًا عن المصنفات التي تناولت علم النبات على مذهب اليونان وعلم الفلاحة.

لقد اتبع الدينوري منهجًا لغويًا وعلميًا معتمدًا في ذلك على ما ورد على ألسنة فصحاء العرب، وما تشير إليه أسماء النباتات من دلالات، مبينًا بوضوح تام كل ما يتصل بالنبتة والنبات من صفات وخصائص، وفيما يلي بعض الشواهد على صدق هذا المنحى.

---

(1) طبع هذا الكتاب من قبل أوجست هافنر والأب لويس شيخو في بيروت 1908. (المؤلف)

سلع: أخبرني أعرابي من أهل السراة، قال: السلع شجرة قيل السنعبق إلا أنه ينبت بقرب الشجرة ثم يتعلق بها فيرتقي حبالًا خضرًا، لا ورق له، ولكن قضبانه يلتف على الغصون ويتشبك، وله ثمر مثل عناقيد العنب، صغار، فإذا أينع اسودّ، فتأكله القرود فقط، لا يأكله الناس، ولا السائمة، قال: ولم أذقه، وأحسبه مرًّا، قال: وإذا قصف، سال منه ماء لزج صاف، له سعابيب[1].

سنعبق: أخبرني إعرابي من الأزد، قال: السنعبق نبات ينبت في الصخر فيتدلى حبالًا خضرًا، لا ورق له، وله نَور مثل نَور الدفلى لا يأكله شيء ولا تجرسه النحل، له رائحة خبيثة، وإذا قصف منها عود، سال منه ماء لزج له سعابيب[2].

الحناء: أبو حنيفة، شجرة كبار مثل شجر السدر وله فاغية وهي نَورة وبزرة وعناقيد متراصة إذا انفتحت أطرافها شبهتها بما ينفتح من الكزبرة إلا أنه أطيب رائحة وإذا تحات نَوره له حبة غبراء صغيرة أصغر من الفلفلة والفاغية كل نَوره طيبة الرائحة، وقد خصت فاغية الحناء بذكر الفاغية فيقال فاغية فتعرف من غير تشبيه وهي ذكية حمراء، وقال مرة أخرى الفاغية تخرج أمثال العناقيد وينفتح فيها نوار فتجتنى منه ويزيت به الدهن الذي يقال له دهن الحناء فيقال الدهن المغفو، وإنما تطحن الحناء من ورقة وتنّور في السنة مرتين وهي بأرض العرب[3].

ووجدت الثروة اللغوية والعلمية في النبات طريقها إلى كتب المعاجم، وقد اعتمد علماء اللغة والمعاجم على ما صنفه العلماء العرب الأوائل في النبات، فنجدهم يذكرون ما دوّنه هؤلاء عند استعراضهم لنبتة أو شجرة، متوسمين في ذلك الدقة والأمانة في النقل[4]، وهكذا نستطيع القول أن علم النبات على مذهب العرب يمثل صورة صادقة لمعرفة الإنسان العربي بأحوال النبات وأوصافه وكل ما يتصل به من ثمار وزرع واستزراع وما ينتج عنه من

---

(1) يُراجع، أبو حنيفة الدينوري، كتاب النبات، القسم الثاني من القاموس النباتي، نشرة المعهد العلمي الفرنسي بالقاهرة، حروف س-ي، ص44. (المؤلف)

(2) المصدر السابق، ص51. (المؤلف)

(3) يُراجع، ابن البيطار، الجامع لمفردات الأدوية والأغذية، مكتبة المثنى، بغداد، ج2، ص41. (المؤلف)

(4) نذكر على سبيل المثال كتاب المخصص لابن سيده، وكتاب جمهرة اللغة لابن دريد، وكتاب الصحاح في اللغة للجوهري، وكتاب العباب الزاخر واللباب الفاخر للصغاني، وكتاب لسان العرب لابن منظور، وكتاب القاموس المحيط للفيروز آبادي، وكتاب تاج العروس للزبيدي. (المؤلف)

صموغ وأدوية وألبان وغير ذلك، وفي سبيل توضيح معالم هذه الصورة نرسم خطوطها العامة على الوجه الآتي:

1. تمثل معرفة الإنسان العربي بالنبات حصيلة كبيرة من الخبرات الطويلة في فن الزراعة والرعي والمراعي، ومعرفة دقيقة بأنواع النباتات والشجر ومواسم الزراعة والاستزراع، وحاجة النبات إلى الماء وأنواعه سواء كان ماء نهر أو بئر أو مطر، ومعرفة بأنواع الأراضي الصالحة للزرع والمراعي، وسواء كانت تلك الأراضي رملية أو سهلية أو جبلية أو مستوية، ومعرفة بأوصاف الشجر وتوريقها وتنويرها وأوصافها من حيث قلة الأوراق وسقوطها، وحجم الأشجار وعيوبها، وآفات الزرع، وأجزاء النبتة، وأدوات الزراعة المختلفة وغير ذلك من الأمور الزراعية التي تدل بوضوح على معرفة جيدة ودقيقة بالنبات.
2. تمثل معرفة الإنسان العربي بالنبات وجهًا من وجوه معرفته الشاملة بالكون والحياة، إذ ارتبطت معرفته النباتية بالفلك والأنواء، كما ارتبطت حياته بالزراعة والمطر والأرض، لذلك كانت ملاحظاته المستمرة للنجوم والكواكب جديرة ومهمة في استدلالاته على الخصب والجدب، وكثرة الأمطار وقلتها، ومواسم الزرع والحصاد، والرياح وأنواعها، وكل ما له صلة بحياته المعاشية واهتماماته بالحيوان والنبات على السواء.
3. استدعت حاجة الإنسان العربي للنبات والحيوان ضرورة المحافظة على المياه في خزانات وسدود، فكان إنسان اليمن والعراق والشام على معرفة واسعة بطرق الإرواء المختلفة وأساليب شق الجداول والترع والأنهار، فضلًا عن معرفته ببناء السدود والإفادة من المياه المخزونة فيها للزراعة في المواسم التي يقل فيها المطر أو تتعرض الأرض إلى الجفاف، لذلك تطور فن الزراعة وتنوعت أساليبه على مدار السنة، وتنوعت النباتات المزروعة حسب الفصول السنوية، فضلًا عما تقوم به السدود من منافع لدرء أخطار السيول عند هطول الأمطار.

لقد أمدت المعرفة النباتية الإنسان العربي بأنواع مختلفة من الصناعات فمن النبات استخلصت أنواع الصموغ والروائح والعقاقير لمعالجة الأمراض، كما أفاد من النبات في

مجالات البناء والصناعات اليدوية المختلفة، فضلًا عن صناعة القسي والسهام ودباغة الجلود، واستخدم النبات من أنواع مخصوصة لقدح النار، وغيره لغسل الثياب، والأصباغ، وصناعة أنواع الحبال، ويفيد الزرع والزراعة والحروب والمعارك، وبناء الحصون وغير ذلك من الأوجه التي تعتمد على صناعة واستخدام الأخشاب.

المبحث السابع: علم الحيوان على مذهب العرب

عرف الإنسان العربي قبل الإسلام وبعده أنواعًا مختلفة من الحيوانات، تشير إلى ذلك ما خلفته الأمثلة والأسجاع والأشعار والأخبار من معلومات دقيقة تناولت سلوك الحيوان وأسلوب معاشه وطرق اصطياده وأماكن معيشته فضلًا عن الصفات الجسمية والألوان للحيوانات المختلفة، إذ يمكن الاستنتاج أن هذه المعرفة قد تجاوزت حدود الملاحظات العابرة، وأنها انتقلت بالفعل إلى مرحلة دقة الملاحظة والمراقبة المستمرة للحيوان من جميع الوجوه، ولا سيما تلك الحيوانات التي أفاد منها في حياته اليومية والمعاشية.

إنّ سعة الرقعة الجغرافية التي استوطن فيها الإنسان العربي وتجواله في مناطق متنوعة من الأرض العربية، جعلت معرفته بأنواع الحيوانات على درجة عالية من التوسع، فعرف بذلك جميع أنواع الحيوان الذي يعيش في الجزيرة العربية وخارجها، كما تعلم كيفية تربية أنواع مخصوصة من الحيوان وطرق تكاثرها وسفادها، والمحافظة على ما تنجبه من خلف، لذلك فإن أفضل وسيلة لرسم صورة عامة لمعرفته بالحيوان هي أن نستعرض أولًا مصنفات العلماء العرب في الحيوان الذين ذهبوا في التأليف باستقصاء هذه المعرفة مباشرة من فصحاء العرب من الناحيتين اللغوية والعلمية على السواء، ثم استقصاء هذا المذهب في دراسة الحيوان في المصنفات الأخرى التي جاءت بعد ذلك ثانيًا، وهي مصنفات المعاجم اللغوية وكتب الحيوان المتخصصة.

ذكر ابن النديم في كتابه الفهرست عددًا من الفصحاء والعلماء الذين صنفوا الكتب في الحيوان وغيرها من العلوم، ومنهم يزيد بن عبدالله المعروف بأبي زياد الكلبي، وله كتاب الإبل، ونهشل بن زيد أبو خيرة، وله كتاب الحشرات، وأبو محلم الشيباني، وله كتاب الخيل، والنضر بن شميل، وله كتاب الصفات الذي احتوى على الإبل فقط في الجزء الثالث، وأبو الحسن سعيد بن مسعدة الملقب بالأخفش المجاشعي، وله كتاب صفات الغنم وألوانها

وعلاجها وأسنانها، وأبو عبيدة معمر بن المثنى التميمي، وله كتاب صفات الغنم وألوانها وعلاجها وأسنانها، وأبو عبيدة معمر بن المثنى التميمي، وله كتاب الحيوان، وكتاب البازي، وكتاب الحمام وكتاب الحيّات وكتاب العقاب، وكتاب الخيل وكتاب الإبل وكتاب أسماء الخيل، وسعيد بن اوس الأنصاري المعروف بأبي زيد، وله كتاب الإبل والشاة، وكتاب الوحوش، وكتاب نعت الغنم، وعبد الملك بن قريب الأصمعي، وله كتاب الخيل، وكتاب الإبل، وكتاب الشاة، وكتاب الوحوش وأحمد بن حاتم، وله كتاب الإبل، وكتاب الخيل، وكتاب الطير، وكتاب الجراد، وأبو حاتم السجستاني وله كتاب الطير وكتاب الوحوش وكتاب الحشرات وكتاب النحل والعسل، وكتاب الإبل، وغير هؤلاء من العلماء[1].

وقد أفادت كتب معاجم اللغة العربية من هذه المصنفات كثيرًا، وكان ابن سيده في كتابه المخصص أمينًا على تصنيف الحيوان على مذهب العرب، ودقيقًا في النقل، إذ يذكر على الدوام أسماء العلماء الذين يأخذ عنهم، وحسبي هنا أن ابدأ بتصنيف الحيوان على مذهب العرب بالاعتماد على طريقة تصنيف الكتب وطريقة تناول ابن سيده لموضوعات الحيوان وأصنافه في كتابه المخصص.

فالملاحظة الأولى التي يدركها المرء بسهولة عند استعراضه للكتب الخاصة بالحيوان هي أنها تتناول بالتفصيل الأصناف الآتية: الخيل والإبل والغنم والوحوش والسباع والحشرات والطير، والملاحظة الثانية هي: أن بعض الكتب تناولت أبوابًا تدخل تحت هذه الأصناف مثل: الجراد والنحل والحيات والبازي والحمام والعقاب وغير ذلك، ولقد تناول ابن سيده أصناف الحيوان في الجزء السادس والجزء السابع والجزء الثامن من كتابه، وذلك حسب كتب وأبواب، فذكر كتاب الخيل، وكتاب الإبل، وكتاب الغنم، وكتاب الوحوش، وكتاب السباع، وكتاب الحشرات، وكتاب الطير.

اشتمل كتاب الخيل على جملة واسعة من المباحث الخاصة بالخيل مثل حملها ونتاجها وأسنانها وخلقها فضلًا عما يستجيب في الخيل وما يكره، وألوانها وشعورها وأصواتها ونعوتها وعيوبها وأدواؤها وسماتها، كما اختص بذكر خصاء الخيل وصفة مشيها وغزوها،

---

(1) يُراجع، الفهرست، الفن الأول من المقالة الثانية، والفن الثاني من المقالة الثانية. (المؤلف)

ونعوتها في الجري وفي العرق والطلق والإعياء، فضلًا عن ركوب الخيل وسوابقها وحسن الثبات عليها ومحابسها وإكرامها وإهانتها، وغير ذلك من الصفات والخصائص[1].

واشتمل كتاب الإبل على جملة واسعة من المباحث الخاصة بالإبل من حيث حملها، ونتاجها وصفاتها من قبل أوقاتها وكيفية حملها، ومن حيث نعوتها في نتاجها وكثرة النتاج وقلته، وأسنان الإبل ومظام[2] الإبل وحنينه، والحلب والرضاع، وألوان الإبل وأصواتها، وعلف الإبل واجترارها، وصغار الإبل، وسمات الإبل وعيوبها وأمراضها ومعالجة جرب الإبل وأدواؤها في المرض وأنواع أمراضها وغير ذلك من الصفات والخصائص[3].

واشتمل كتاب الغنم على معلومات واسعة مما يتعلق بكل جوانب حياة الغنم وخصائص الأغنام وصفاتها، ومن حيث الحمل والنتاج، ورضاع الغنم وضروعها وألبانها، ومظام الغنم وحلبها وأسنان أولادها، وشيات الضأن ونعوتها، وشيات المعز ونعوتها، وأصوات الغنم ونعوتها من قبل صوفها وشعرها، وتناطحها وخصاؤها وصغار الغنم وعيوبها، وأمراض الغنم وضروب الغنم[4].

واشتمل كتاب الوحوش على جملة من الحيوانات التي هي من دواب البر مما لا يستأنس، مثل الظباء والوعول والأيل ونحوه، والبقر والحُمر والوحش والحمير، والنعام والفيلة والكركدن أو الهرميس، وقد اختص الكتاب بدراسة نتاجها وسفادها وأولادها وصفاتها وأصواتها وسلوكها وغير ذلك من الخصائص والصفات التي ترافق كل نوع من أنواع الوحوش[5].

واشتمل كتاب السباع على جملة واسعة من الحيوانات هي: الأُسود والنمور والذئاب والضباع والفهود والببر والنمس وبنات أوى والدببة والخنازير والقردة والثعالب والأرانب والكلاب وغير ذلك[6].

---

(1) يُراجع، المخصص، السفر السادس، ص135-193. (المؤلف)

(2) المَظام: من الزرع ما تسقيه السماء.

(3) المخصص، السفر السادس، ص1-175. (المؤلف)

(4) المصدر السابق، السفر السابع، ص176-197، والسفر الثامن ص1-20. (المؤلف)

(5) المصدر السابق، السفر الثامن، ص1-58. (المؤلف)

(6) المصدر السابق، السفر الثامن، ص58-85. (المؤلف)

واشتمل كتاب الحشرات على مجموعة من الحيوانات هي الدواب الصغار مثل: اليربوع والقنافذ والضباب والجرذ والفأر والوبر وابن عرس، ومنها الهوام وهي الورل والعظاء والحرباء وأم حبين، ومنها الأحناش والدواب والعقرب، والحيات والخنافس والجعلان والعناكب والقمل والنمل ونحوهما والدود ونحوه، والقردان والحلم وأشباهها[1].

واشتمل كتاب الطير على دراسة شاملة لحياة الطيور ومعيشتها وسفادها وبيضها وأفراخها وعشها وخلقها وأصواتها وصفاتها وطيرانها، كما اشتمل على أنواع أخرى من الطيور مثل: النسر والصقر والبازي والشاهين والعصفور والحمام، وصنفت الجنادب واليعاسيب والنمل والذباب من الطير، كما أن من الطير ما يسكن البر ومنها في الماء، وقد ذكر ابن سعدة مجموعة كبيرة من طيور البر منها الغراب والعقعق والخفاش واليمامة والحمامة والدجاج والجراد وغير ذلك[2].

إنّ التأليف للمصنفات الخاصة بالحيوان على مذهب العرب قد اعتمدت منهجًا علميًا لا يقل دقةً عن منهج أرسطو في دراسة الحيوان، فكثيرًا ما نلمس في الوصف لحيوان ما دقة في الملاحظة، واستقصاء لفعالياته وسلوكه وطرق معيشته فضلًا عن معاينة ذلك الحيوان عن كثب لمعرفة ما يمتاز به من صفات وخصائص، لذلك فإن رسم صورة واضحة لعلم الحيوان على مذهب العرب يتطلب بيان أبرز ما فيها من خطوط رئيسية، وهي بإيجاز كما يأتي:

1. اعتمدت الدراسة على ناحيتين لغوية وعلمية، فجاءت المؤلفات زاخرة بالمصطلحات العلمية والاشتقاقات اللغوية والمعاني الدالة على أوجه متعددة لحياة الحيوان، إذ تناولت هذه المؤلفات بالدراسة الصفات والخصائص العامة لصنف أو نوع من أنواع الحيوانات، ثم فصلت الدراسة كل حيوان من حيث صورته ولونه وسفاده وصغاره ومعيشته وصوته وسلوكه وخلقه وغير ذلك من الأوجه التي تؤلف حياة الحيوان.
2. اعتمدت الدراسة على الملاحظة الدقيقة لكل حيوان مهما بلغ حجمه في الصغر أو العِظم، وعلى المتابعة المستمرة لحياته قصد تسجيل كل ما يصدر عنه من

(1) المصدر السابق، السفر الثامن، ص91-123. (المؤلف)

(2) المصدر السابق، السفر الثامن، ص124-186. (المؤلف)

سلوك فردي أو جماعي، وما يظهر عليه من اختلاف في السلوك والمظهر قبل السفاد وبعده، وسلوكه مع الأنثى وصغاره، وكيفية إرضاعهم وجلب القوت لهم وبناء الأعشاش، وما يقتات عليه من غذاء، وغير ذلك، فكانت الطبيعة بالنسبة للإنسان العربي هي المكان الطبيعي لدراسة حياة الحيوان وملاحظة سلوكه في محيطه الطبيعي.

3. اعتمدت معرفة الإنسان العربي للحيوان على استقصاء صفة أو صفات جوهرية تكون السمة العامة لصنف معين من أصناف الحيوان، وتندرج تحته مجموعة أخرى من الأنواع، لذلك نجد التصنيف للحيوانات إلى خيل وإبل وغنم ووحوش وسباع وحشرات وطير يقوم على أساس ملاحظة تنوع كل صنف في ذاته واتفاقه في صفات جسمية أو سلوكية أو غيرهما، واعتمد التصنيف على التعريف، وقد ظهرت اختلافات بين علماء العرب حول الأنواع التي تندرج تحت كل صنف، ولكننا بشكل عام نجد خطًا واضحًا ومحصلة واحدة تجمع ما ذهبوا إليه، فالخيل والإبل والغنم من الأصناف التي تستأنس، بينما الوحوش مثل الظباء والحُمر والوحش والأيل وغير ذلك من دواب الأرض لا تستأنس، كما نجد تمييزًا بين السباع وغيرها من الأصناف مثل: الحشرات والطير والوحوش، وذلك على أساس طباع كل صنف وسلوكه وكيفية معيشته، فالحشرات دواب صغار فهي تضم كل الهوام والأحناش فضلًا عن تلك الحيوانات التي تسكن جحور الأرض مثل اليربوع والجرذ والفار، وأن صنف الطير يشتمل على الحيوانات القادرة على الطيران سواء ما كان منها مثل الحمام واليمام والعصافير والجوارح ونحو ذلك أو ما كان غير ذلك مثل الخفاش والجراد والذباب والنحل واليعاسيب.

4. اعتمدت معرفة الإنسان العربي للحيوان على وصف الصفات والأعضاء الجسمية للحيوانات المختلفة مع التمييز وبعض الأحيان بين ما يعيب الحيوان في لأعضائه، وما يكون حميدًا، ففي باب خلق الخيل على سبيل المثال نجد تفصيلًا لكل أجزاء الرأس وأسمائها، وكذلك بقية أعضاء الجسم، ويصدق الشيء نفسه على معظم الحيوانات التي تناولها الدراسة، وإن اللغة العربية لشاهد على

ذلك من خلال ما نجد من أسماء لكل عضو من أعضاء الحيوان سواء كان طيرًا أو وحشًا أو حشرة وسواهم.

5. اعتمدت معرفة الإنسان العربي للحيوان على ملاحظة طباعه وسلوكه مثل: حنين الإبل على أوطانها وخلوج الناقة على ولدها، وذكاء الخيل وصبرها، وأخلاق الشاء الحزون التي تلمس ثياب من مر بها، والثموم[1]، وغير ذلك، وربط العربي بين الصفات الجسمية والسلوكية لبعض الحيوانات مثل الخيل والإبل، كما ربط بين الأصوات المختلفة للحيوانات وما تدل عليه مثال ما يحدث أثناء السفاد وقبله وبعده، ودعوة الصغار أو زجرهم، وما يصدر عن الحيوان من أصوات في حالات مختلفة.

إن هذه الصورة والمنهج بقيت واضحة في كتابات العلماء العرب، فمن أشهر المؤلفات في علم الحيوان ما كتبه عمرو بن بحر الجاحظ (ت869م) في كتابه الحيوان الذي يقع في سبعة أجزاء، إذ تناول فيه كل ما يعرفه العرب من حيوانات معروفة في محيطهم وغريبة عنهم، وعلى الرغم من استعانته بعض الأحيان بما كتبه أرسطو في الحيوان، فإن الخط الفكري العام لمؤلفه بقي محافظًا على منهج مذهب العرب في علم الحيوان[2].

كما نجد المعجم العلمي الذي طرحه كمال الدين الدميري (ت1405م) في كتابه حياة الحيوان الكبرى لا يخرج عن الخط الفكري العام لمذهب العرب في علم الحيوان على الرغم من استعانته بما ألفه اليونان في هذا المضمار.

(1) الحزون: الشاة السيئة الخُلُق، والثموم: الشاة تأكل الثمام، ويعني: تقلع الشيء بفيها، والثمام: ما يبس من الأغصان التي توضع تحت النضد. يراجع: لسان العرب، مادة ثموم، ومادة حزون.

(2) يُراجع، الجاحظ، كتاب الحيوان، تحقيق عبد السلام هارون، القاهرة. (المؤلف)

الفصل الخامس
منطق الحرّاني في التحليل والتركيب

تمهيد: إنّ مساهمات العلماء والفلاسفة العرب في مختلف العلوم والفلسفة كثيرة ومتشعبة، وأن الدراسات الحديثة قد تناولت بعض الأوجه من الإنجازات الفكرية والفلسفية والعلمية والنظرية والتطبيقية لتراث العرب. وغالبٌ ما كانت الأحكام حول هذه الإنجازات يعوزها الدليل وتطغى عليها روح العاطفة في حالة الاعتزاز بالتراث[1].

وعلى الطرف الآخر نجد عددًا من رجال الاستشراق ومن سار في ركابهم يركزون اهتمامهم في أغلب الأحيان على دراسة التراث العربي من زاوية تاريخية بحتة تسعى إلى رده بكل الوسائل إلى جذور يونانية أو فارسية أو هندية، ولم يشذ عن هذه القاعدة إلا نفر قليل من العلماء[2]، فإذا بالأحكام العامة التي طرحتها الغالبية منهم لا تهدف غير البرهان على عجز العرب في الابتكار والإنجاز الأصيل.

---

(1) لا توجد أكثر إساءة إلى التراث من ادعاء باطل يحاول أن يبرهن بالتحيز والتعصب أو بالكلمات فقط، على أن تراثنا العلمي العربي احتوى كل شيء، وأن كل إنجاز حديث لا بد أن يرد إلى الماضي العربي، وإن الدراسة الموضوعية بالنقد والتحليل هي الأسلوب الأمثل في تقصي الحقائق وبيان فضل علماء الأمة العربية وفلاسفتها على الحضارة الإنسانية. (المؤلف)

(2) إن التحيز الأوربي والعداء الذي أثارته الحروب ضد العرب على مدى القرون الماضية، والاعتزاز الفائق عن الحدّ بالتراث اليوناني على أساس أنه يمثل إنجازًا أوربيًا كبيرًا، قد أساء إلى فهم التراث العلمي العربي، وقد تركزت جهود عدد كبير من المستشرقين الأوربيين على البرهان بوسائل غير علمية وغير دقيقة، على أن ما أنجزته العقلية العربية ليس إلا مجرد تكرارات للتراث اليوناني، وأن ما عرف عند العرب من ابتكار مرده إلى التراث اليوناني أو الهندي أو الفارسي أو السرياني، ولم يشذ عن هذه القاعدة إلا نفر قليل من العلماء أو المحققين الذين أظهروا ما للعرب من مكانة سامية وفضل في تقدم العلوم. (المؤلف)

والموضوع الذي اخترت للكتابة فيه من الموضوعات التي أصابها الإهمال، فأردت أن أكشف عن جوانبه المختلفة، وما أنجزه العلماء العرب في موضوع اشتهر فيه غيرهم من فلاسفة الغرب على الرغم من أن الآثار العلمية جميعها تشير إلى حقيقة لا مجال إلى إنكارها، وعي أسبقية العلماء العرب على غيرهم في هذا الميدان من الناحيتين الزمنية والفكرية.

لقد اخترت الكتابة في منطق التحليل والتركيب، لأسباب عديدة، أُريد أبرزها على هيئة نقاط رئيسية:

أولًا: لم تتناول الدراسات الحديثة للتراث العلمي العربي هذا الموضوع بالدراسة والتحليل، وأن المقالات التي خلَّفها العلماء والفلاسفة العرب في هذا الميدان لم ينشر منها إلا النزر اليسير، ولم تجر دراسة تحليلية جادة لما تم نشره في ضوء التطور الفكري والفلسفي المعاصر[1].

ثانيًا: أن ما خلفه العرب في التحليل والتركيب يمثل خطوة كبيرة وواسعة نحو بناء المنطق الهورستيكي، أو منطق حل المسائل[2]، وهو منطق اشتهر به عدد من فلاسفة أوربا في العصر الحديث من أمثال رينه ديكارت (ت1650م)، وجوتفريد فلهلم ليبنتز (ت1716م)، وليونارد بولتزانو (ت1848م)[3].

ثالثًا: لقد طمست البحوث والدراسات المنطقية المعاصرة ما خلفه العلماء العرب من إنجاز وإضافة وابتكار في التحليل والتركيب، بينما جرى التأكيد في كتب المنطق وتاريخه على دور غيرهم من العلماء، أمثال بابوس pappus،

---

(1) لقد أشار مترجم كتاب البحث عن الحل، لمؤلفه ج. بوليا، الأستاذ أحمد سليم سعيدان في مقدمته، أن مقالة الحرّاني في طريق التحليل والتركيب ما تزال تنتظر من يدرسها دراسة متقنة مقارنة ويطبعها طبعة علمية محققة، بيروت 1960، ص24-25. (المؤلف)

(2) يُراجع، د. ياسين خليل، منطق الحل، مجلة آفاق عربية البغدادية، السنة 4، العدد 6، شباط 1979. (المؤلف)

(3) من الصعب حصر جميع الذين ساهموا في تطوير منطق التحليل والتركيب، ولكننا نستطيع القول إن كل عالم أقدم على حل مشكلة جديدة بأسلوب مبتكر لا بد أن يكون قد ساهم في التطوير، فعلماء الرياضيات والمنطق والفيزياء وغيرهم، إنما يستخدمون طريق التحليل أو التركيب في أعمالهم بالإضافة إلى ما قد يضيفونه إلى هذا المنطق من أشياء جديدة. (المؤلف)

(القرن الرابع الميلادي)، من اليونانيين[1]، وديكارت ولايبنتز من فلاسفة أوربا المحدثين وغيرهم.

المبحث الأول: المصنفات العربية في منطق التحليل والتركيب

وحسبنا ونحن نتطلع إلى دراسة هذا الموضوع أن نشير إلى أبرز الشخصيات العلمية العربية التي ساهمت في رفد منطق التحليل والتركيب بالابتكار والإنجاز الأصيل، وذلك من خلال استقراء ما ذكرته بعض المصادر والمراجع العربية القديمة، وأن نبين قدر المستطاع ما اختصت به بعض المؤلفات الرياضية من حيث صلتها بهذا المنطق.

تقع المصنفات العربية في منطق التحليل والتركيب في مجموعتين:

1. مجموعة المصنفات التي اختصت بالبحث في طريقة التحليل والتركيب، إذ طرحت مجموعة من الإرشادات والتعليمات في كيفية حل المسائل الرياضية، فضلًا عن تثبيت عدة شروط لازمة للحل وقواعد عامة تجعل حل المسائل بطريقة التحليل أو التركيب ممكنًا وصائبًا. فمن مصنفات هذه المجموعة، نذكر كتاب إبراهيم بن سنان الحرّاني (ت946م)، الموسوم (مقالة في طريق التحليل والتركيب)[2]، وكتاب الحسن بن الهيثم (ت1038م)، في التحليل والتركيب الهندسيين على جهة التمثيل للمتعلمين[3]، ويختص بمسائل هندسية وعددية، وقد بين كيفية حلها بطريقتي التحليل والتركيب.
2. مجموعة المصنفات الرياضية التي تشير إلى التحليل أو التركيب في حل المسائل المعروضة فيها، ولا تخلو هذه المصنفات من الإرشادات والتعليمات

---

(1) يعود الفضل إلى تطور طريقة التحليل والتركيب إلى جهود أفلاطون في تحليل المعرفة بعامة، والعلم الرياضي بخاصة، وإلى جهود أرسطو المنطقية، وإلى إنجاز إقليدس الهندسي، وأبولونيوس وغيرهم، وأخيرًا وضع بابوس كتابًا عالج فيه التحليل والتركيب، إذ يبدأ بتعريف التحليل والتركيب، يُراجع، Heath,L, A History of Greek Mathematics, Oxford 1965, Vol 2, pp 399-401. (المؤلف)

(2) إبراهيم بن سنان الحرّاني، كتاب في حركات الشمس، حيدر آباد 1947، ص66، ذُكرت هذه المقالة ضمن قائمة آثار الحرّاني العلمية، الهندسية والفلكية في ذيل كتابه الآنف الذكر، وقد ذكر جمال الدين القفطي هذه القائمة، يُراجع، كتابه أخبار العلماء بأخبار الحكماء، ص43. (المؤلف)

(3) يُراجع، ابن أبي أُصيبعة، عيون الأنباء، ص554. (المؤلف)

والشروط والقواعد الخاصة بكيفية حل المسائل بطريقة أفضل. ومن مصنفات هذه المجموعة، نذكر مقالة لإبراهيم بن سنان الحرّاني بعنوان: مقالة فيها إحدى وأربعون مسألة هندسية من صعاب المسألة في الدوائر والخطوط والمثلثات والدوائر المتماسة وغير ذلك. سلك فيها طريق التحليل من غير أن يذكر تركيبًا إلا في ثلاث مسائل احتاج إلى تركيبها[1]. ونذكر كتاب الحسن بن الهيثم الموسوم: الكتاب الجامع في أصول الحساب، وهو كتاب يقول عنه ابن الهيثم: لقد استخرجت أصوله بجميع أنواع الحساب من أوضاع إقليدس في أصول الهندسة والعدد، وجعلت السلوك في استخراج المسائل الحسابية بجهتي التحليل الهندسي والتقدير العددي[2]. ونذكر كتاب أبي سهل القوهي (القرن العاشر للميلاد)، الموسوم، كتاب مراكز الدوائر على الخطوط من طريق التحليل دون التركيب. وكتاب في الدوائر المماسة عن طريق التحليل[3].

وإذا ما ألقينا نظرة فاحصة على المعلومات المتوفرة عن اهتمامات هذه المصنفات من خلال ما أوردته كتب التراجم والمراجع العربية لظهرت أمامنا عدة حقائق مهمة:

1. إدراك علماء الرياضيات العرب لفضل معرفة الطريقة في حل المسائل الرياضية، وضرورة التمييز بين طريقتي التحليل والتركيب، وبيان قواعد وشروط وإرشادات لحل المسائل بواسطة التحليل دون التركيب، أو التركيب دون التحليل، وضرورة توافق طريقتي التحليل والتركيب.
2. إدراك علماء الرياضيات العرب لضرورة بحث الطريقة ذاتها من حيث ما تقتضيه من قواعد وشروط وتوجيهات وإرشادات لإيجاد الحلول السليمة، سواء كانت بطريقة التحليل أو التركيب، وتقديم الأمثلة المختلفة بغية الإبانة والتوضيح، فيسهل على المتعلمين حل المسائل بسهولة.

---

(1) يُراجع، ابن النديم، الفهرست، تحقيق رضا تجدد، طهران 1971، ص342. (المؤلف)

(2) يُراجع، ابن أبي أُصيبعة، عيون الأنباء في طبقات الأطباء، بيروت 1965، ص555. (المؤلف)

(3) ذكرها الحرّاني في كتابه في حركات الشمس، ص68، كما ذكرها القفطي، في أخبار الحكماء، ص43. (المؤلف)

3. إدراك علماء الرياضيات العرب لأهمية طريقة التحليل والتركيب خارج نطاق علم الهندسة كذلك، فنجد منهم من استخدمها في الحساب فضلًا عن استخدامها في الهندسة، وقد أشار إبراهيم بن سنان الحرّاني إلى استعمال طريق التحليل في سائر العلوم بقوله: وإذا تأملت غرضهم فيه تأملًا شديدًا وجدته يؤدي إلى طريق التحليل الصحيح الذي يستعمل في سائر العلوم[1].

المبحث الثاني: خطة البحث في منطق الحرّاني

نتعرف في هذه الخطة على جوانب الدراسة وأطرافها، وما ينبغي إثباته وبيان أصالته في مبحث التحليل والتركيب، ويمكن طرح خطة البحث على هيئة نقاط محدودة مشفوعة بإيضاحات مبسطة قصد التعرف على كل نقطة من نقاط الخطة، وهذه النقاط هي:

1. أن نتعرف أولًا مؤلف مقالة في طريق التحليل والتركيب، ومؤلفاته في علم الهندسة والفلك، وأن نتلمس بعض الجوانب في هذه المقالة قصد معرفة مناهلها، وما اعتمد المؤلف من مصنفات رياضية لعلماء الرياضيات الأوائل في إنجاز المقالة.
2. موضوع بحث طريقتي التحليل والتركيب، وفيه تتعين حدود البحث وما يتناوله، وتبرز فيه بشكل واضح أهمية المسائل الهندسية، بحيث يمكن القول بسهولة إن موضوع البحث يتركز حول ماهية المسألة وما تحتويه من عناصر بالإضافة إلى أنواعها المختلفة.
3. تحديد لطريقة التحليل عن طريق بيان ماهيتها وما تستوجبه من قواعد وشروط، إذ يصبح الأمر ميسورًا أمام الباحث لتتبع الطريقة عند الحل أو التعرف عليها عند مواجهته لأيّ حل مطروح، واكتشاف فيما إذا كان الحل مستوفيًا لكافة الشروط أو غير ذلك.
4. تحديد لطريقة التركيب من خلال تثبيت القاعدة الخاصة بالتركيب وما تستوجبه الطريقة من قواعد وشروط، إذ يصبح الأمر ميسورًا أمام الباحث لتتبع الطريقة

---

(1) يُراجع، الحرّاني، مقالة في طريق التحليل والتركيب، حيدر آباد 1947، ص44. (المؤلف)

عند إجراء الحل، أو تعرفها عند مواجهة المرء لأيّ حل مطروح، واكتشاف فيما إذا كان الحل مستوفيًا كافة الشروط أو غير ذلك.

5. الغاية التي تستهدفها طريقة التحليل والتركيب، وذلك من خلال رسم الطريق الذي يحتاج إليه المتعلم في استخراج المسائل الهندسية بصورة مضبوطة، وما يقع من الغلط في التحليل، وما يجب إتباعه من قواعد وشروط وصولًا إلى الحلول الصحيحة.
6. مقارنة بين منطق التحليل والتركيب للحراني، ومنطق القياس لأرسطو، ولسوف نختار للمقارنة مجموعة الملاحظات التي أوردها الحرّاني في مقالته، فضلًا عن بعض النقاط التي نراها ضرورية، وما يترتب على ذلك من إيضاحات ضرورية.
7. استنتاجات عامة تشمل ما نحصل عليه من نتائج البحث، وما يترتب على هذه النتائج من توضيحات خاصة لدور منطق التحليل والتركيب في العلوم، والآثار التي تركها هذا المنطق في فلسفات بعض الفلاسفة المرموقين في العصر الحديث.

المبحث الثالث: إبراهيم بن سنان الحرّاني، حياته ومؤلفاته

يتركز موضوع بحثنا بالدرجة الأولى حول كتاب إبراهيم بن سنان الحرّاني الموسوم: مقالة في طريق التحليل والتركيب، بقصد تحليله وإدراك ما به من جدة وإضافة وابتكار، وحسبنا أن نبدأ أولًا بالتعرف على مؤلف المقالة، ثم نستعرض بعض الجوانب الخاصة بمصنفاته العلمية، ومصادر المقالة أو الكتب والمصنفات التي أفاد منها في تطوير منطق التحليل والتركيب ثانيًا.

ذكرت كتب تراجم الأعلام العربية القديمة جانبًا من سيرة حياة الحرّاني ومنزلته العلمية ومصنفاته في الرياضيات والفلك، فقال عنه ابن النديم ما نصه: إبراهيم بن سنان، ويُكنى أبا إسحق بن ثابت، وتوفي عن سن قليلة وكان فاضلًا في علم الهندسة مقدمًا فيها، ولم يُرَ في زمانه أذكى منه، وتوفي سنة...وله من الكتب كتاب ما وجد في تفسيره للمقالة الأولى من المخروطات، كتاب أغراض المجسطي[1].

---

(1) يُراجع، الفهرست، طبعة طهران، ص332. (المؤلف)

وقد ذكر ابن أبي أُصيبعة سنة مولد الحرّاني ووفاته، ولم يذكر مؤلفاته، فقال ما نصه: أبو إسحق إبراهيم بن سنان بن ثابت بن قرة، كان كاملًا في العلوم الحكمية فاضلًا في الصناعة الطبية، متقدمًا في زمانه، حسن الكتابة وافر الذكاء، مولده في سنة ست وتسعين ومائتين، وكانت وفاته في يوم الأحد النصف من المحرم سنة خمس وثلاثين وثلاثمائة ببغداد، وكانت العلة التي مات فيها ورم في كبده[1].

وتوسع القفطي في ذكر مصنفات الحرّاني، ولسوف نورد جانبًا مما نقله عن رسالة الحرّاني نفسه[2]. فقال القفطي: إبراهيم بن سنان بن ثابت بن قرة الصابي الحرّاني يكنى أبا إسحق، كان ذكيًا عاقلًا فهمًا عالمًا بأنواع الحكمة، والغالب عليه فن الهندسة، وهو مقدم في ذلك ولم يُرَ أذكى منه، وله مصنفات حِسان في هذا الشأن، ظفرت له برسالة في ذكر ما صنفه، فمن تصانيفه على ما حكى في أمر علم النجوم ثلاثة كتب، أولها: كتاب سماه كتاب الآلات الأظلال، والثاني الذي بين فيه أمر الرخامات كلها، ثم عمل بعد ذلك كتابًا فيما كان بطليموس القلوذي استعمله على سبيل التساهل في استخراج اختلافات زحل والمريخ والمشتري...، وعمل في الهندسة ثلاث عشرة مقالة فيها إحدى عشرة مقالة في الدوائر المتماسة بين فيها على أي وجه تتماس الدوائر والخطوط التي تجوز على النقط وغير ذلك، وعمل بعد ذلك مقالة أخرى تتمة ثلاث عشرة مقالة فيها إحدى وأربعون مسألة هندسية من صعاب المسائل في الدوائر والخطوط والمثلثات والدوائر المتماسة وغير ذلك، سلك فيها طريق التحليل من غير أن يذكر تركيبًا إلا في ثلاث مسائل احتاج إلى تركيبها، وعمل مقالة ذكر فيها الوجه في استخراج المسائل الهندسية بالتحليل والتركيب وسائر الأعمال الواقعة في المسائل الهندسية...، وعمل أيضًا مقالة لطيفة في رسم القطوع الثلاثة بين فيها كيف توجد نقط كثيرة بأي عدد شئنا تكون على أي قطع أردنا من قطوع المخروط[3].

ولقد أغفل القفطي ذكر مصنفات أخرى ذكرها الحرّاني في الرسالة التي أشار إليها، منها مقالة سماها (المسائل المختارة) التي قال عنها: وسميت هذه المقالة المسائل المختارة إلا أني

---

(1) يُراجع، عيون الأنباء في طبقات الأطباء، ص307. (المؤلف)

(2) المقصود هو كتاب الحرّاني في حركات الشمس. (المؤلف)

(3) يُراجع، القفطي، أخبار الحكماء، ص43. (المؤلف)

لم أظهر هذه المقالة الثالثة عشرة لأشياء، منها أن فيها مسائل استخرجها غيري، وقد حكيت استخراجهم ثم استخرجتها، واتفق أن طرقي في أكثرها أقرب وأسهل، فتخوفت أن يظن من استخرجها قبلي أني أردت مباهاته أو يتبين الزيادة عليه وغير ذلك من أسباب يطول شرحها[1].

ومن الكتب الأخرى كتاب في مساحة القطع المكافئ في مقالة مفردة، وكان جَدي استخرج مساحة هذا القطع فعرفني بعض أهل هذا العصر من المهندسين للماهاني[2] في ذلك عملًا أوقفني عليه أسهل من عمل جَدي، فلم أحب أن يكون للماهاني عمل تقدم على عمل جَدي ولا يوجد فينا من يزيد عليه فيما عمله، وكان جَدي استخرج ذلك في عشرين شكلًا، وقدم له مقدمات عددية كثيرة من جملة العشرين شكلًا ويبين له أمر مساحة القطع بطريق الخلف، وقدم أيضًا الماهاني مقدمات عددية لما بيّنه ثم برهن بطريق الخلف ما أراده في خمسة أشكال هندسية لم أقدم لها مقدمة عددية، وبينت مساحة القطع بطريق البرهان المستقيم ولم أحتج إلى طريق الخلف[3].

ويذكر خير الدين الزركلي في كتابه الأعلام، ما نصه: إبراهيم بن سنان بن ثابت بن قرة ابن مروان بن ثابت، أبو إسحق الحرّاني ثم البغدادي، مهندس طبيب من الصابئة، أصله من حران ومولده ووفاته ببغداد، من كتبه زبدة الحكم في الحكمة، وأغراض المجسطي، وتفسير المقالة الأولى من المخروطات، وآلات الظلال، ورسالة في الأسطرلاب، ومقالة في رسم القطوع الثلاثة[4]، فيما لم يذكر قدري حافظ طوقان أي كتاب أو رسالة للحراني لم نذكرها فيما تقدم[5].

ومن آثار الحرّاني الهندسية والفلكية التي تم نشرها ست مقالات، وقد تولت مطبعة جمعية دائرة المعارف العثمانية بحيدر آباد الدكن نشرها، وهي على التوالي:

---

(1) يُراجع، الحرّاني، كتاب في الشمس، ص69. (المؤلف)

(2) الماهاني: هو أبو عبد الله محمد بن عيسى، ولد ببغداد في القرن التاسع للميلاد، ولم نتمكن من معرفة تاريخي ولادته ووفاته، ويقول سمث: إنه من المحتمل أنه توفي بين 874 و884م، يُراجع، قدري حافظ طوقان، التراث العلمي العربي، بيروت، ص177. (المؤلف)

(3) يُراجع، كتاب في حركات الشمس، ص69-70. (المؤلف)

(4) يُراجع، ط3، بيروت 1969، ج3، ص35-36. (المؤلف)

(5) يُراجع، تراث العرب العلمي، ص253. (المؤلف)

1. رسالة في الأسطرلاب، 1943م.
2. مقالة في طريق التحليل والتركيب، 1947م.
3. كتاب في حركات الشمس، 1947م.
4. مقالة في رسم القطوع الثلاثة، 1943م.
5. كتاب مساحة قطع المخروط المكافئ، 1947م.
6. رسالة في الهندسة والنجوم، 1947م.

إن الذي يعنينا من آثاره المنشورة في هذا البحث مقالته في طريق التحليل والتركيب، بقصد تحليلها والتعرف على ما فيها من إنجاز علمي، ويبدو أن الحرّاني خصها بعناية فائقة، لا سيما بعد أن أدرك بوضوح أهمية التحليل والتركيب في حل المسائل الهندسية وما انطوت عليه مؤلفاته الرياضية السابقة من استخدام لطريق التحليل والتركيب في مجالات هندسية ورياضية متنوعة.

تقع المقالة في تسعين صفحة تقريبًا من القطع المتوسط، وهي محشوة بالأخطاء المطبعية وخالية من الفواصل، فضلًا عن أن تحقيقها لم يكن بالشكل الجيد، فهي في الوقت نفسه خالية من مقدمة تكشف عن الدراسة والصعوبات والمخطوطات التي تم اعتمادها، والقارئ يجد صعوبة بالغة وكبيرة في فهم المراد من فقراتها ناهيك عن الأمثلة الهندسية فيها، والشرح الذي جاهد الحرّاني في إظهاره.

وخلاصة القول: إن هذه المقالة المهمة تحتاج إلى تحقيق علمي دقيق ونشر جديد لتكون خير عون للباحثين في معرفة ما تنطوي عليه بشكل أفضل، مع بيان مكانة المقالة في تطور منطق التحليل والتركيب، وأثرها في الدراسات التي قامت بعدها، وعلى الرغم من تعدد الأخطاء والضعف الواضح في التحقيق، فقد حاولت جاهدًا أن اكشف عن الإنجاز الضخم الذي ساهم به الحرّاني في التحليل والتركيب.

ويمكن تعرّف مصادر المقالة أو الكتب والمصنفات التي أفاد منها في تطوير منطق التحليل والتركيب من خلال ما ذكره في المقالة ذاتها، وما له صلة وثيقة بالبحث، فضلًا عن مساهماته الشخصية الفذة نتيجة ممارساته في علم الهندسة وكيفية حل المسائل الهندسية المختلفة.

كما ورد في المقالة ذكر بعض علماء الهندسة من اليونانيين، منهم إقليدس الذي اشتهر بكتاب الأصول أو المبادئ، إذ ذكره الحرّاني أكثر من مرة واحدة[1]، وأبولونيوس (ت190ق.م)، الذي اشتهر هو الآخر بكتاب المخروطات، وثاوذوسيوس (القرن الأول قبل الميلاد)، إذ ذكر له الحرّاني كتاب الأكر، المقالة الثالثة[2]، كما أشار الحرّاني إلى أرسطوطاليس، في كتابه التحليلات الأولى (الأنالوطيقا)[3]، فضلًا عما تقدم نجد الحرّاني يكرر من ذكر كتاب الدوائر المماسة، في أكثر من موضوع واحد، ويعتمد عليه كثيرًا في التحليل والأمثلة[4].

المبحث الرابع: منطق التحليل والتركيب عند الحرّاني

نتناول الآن موضوع بحث طريقتي التحليل والتركيب، فإذا ما استعرضنا كتب التحليل والتركيب سواء كانت مختصة بالطريقة ذاتها أو كانت مجرد مصنفات رياضية تتخللها الطريقة لوجدنا قاسمًا مشتركًا فيها يتجلى في بحث المسائل الهندسية والعددية من جهة، وفي كيفية الحل وما يقتضيه من قواعد وشروط وغير ذلك من جهة أخرى، فالمسالة الرياضية هي موضوع البحث وكيفية الحل وهدفه، وهذا معناه: أن طريقة التحليل والتركيب تسعى إلى دراسة المسألة للوقوف على أجزائها من مفروضات وشروط ومطلوبات، والسلوك إلى حلها بالطريقة المناسبة بعد التعرف عليها بصورة صحيحة، وعلى صنفها أو نوعها.

إذ حدد إبراهيم بن سنان الحرّاني قصده من كتابه (مقالة في طريق التحليل والتركيب)، بقوله: فرسمت في هذا الكتاب طريقًا للمتعلمين يشتمل على جميع ما يحتاج إليه في استخراج المسائل الهندسية بقول مجمل، ثم قسمت الأقسام وأوضحت كل قسم منها بمثال، ثم أرشدت المتعلم إلى طريق يعرف به في أيّ قسم منها يدخل ما يلقى عليه من المسائل، ومع ذلك كيف الوجه في التحليل من التقسيم والاشتراط، والوجه في تركيبها وما يحتاج إليه من الاشتراط فيه؟، ثم كيف يعلم هل المسألة مما تخرج مرة واحدة أو مرارًا[5].

---

(1) مقالة في طريق التحليل والتركيب، ص44-49. (المؤلف)

(2) المصدر السابق، ص63. (المؤلف)

(3) المصدر السابق، ص92. (المؤلف)

(4) المصدر السابق، ص31،30، 46، 55. (المؤلف)

(5) المصدر السابق، ص3. (المؤلف)

يتركز موضوع بحث منطق التحليل والتركيب حول المسائل المختلفة سواء كانت هندسية أو حسابية أو فيزياوية وغيرها، لذلك يوجب علينا تحليل المقال أن نبدأ بدراسة ماهية المسألة فنطرح السؤال الآتي: ما المسألة المبحوثة في التحليل والتركيب؟

تناول الحرّاني في مقالته عن التحليل والتركيب جملة من المسائل الهندسية، ولكنه في الوقت نفسه أشار إلى أن التحليل والتركيب لا يقتصران على المسائل الهندسية، بل تتعدى ذلك إلى المسائل العددية أو الحسابية وغيرها من المسائل في سائر العلوم.

أما إذا استعرضنا الكتاب المذكور فإننا سرعان ما نلاحظ أن جميع الأمثلة التي يطرحها هي مسائل هندسية، وكأنه يريد بها نموذجًا يحتذى به في سائر المسائل الأخرى، وعلى الرغم من عدم وجود تحديد واضح لما يقصد بالمسألة في مقالة الحرّاني، فإننا نستطيع أن نحددها ببساطة من خلال تحليله لعناصرها وأنواعها. فالمسألة قضية (هندسية، أو حسابية، أو منطقية، أو فيزياوية، أو غير ذلك)، أو مشكلة مطروحة يتوخى الباحث أو المتعلم التصدي لها عن طريق إيجاد الحل المناسب لها أو إثبات أنها غير قابلة للحل أو أنها تحتاج إلى تعديلات بالزيادة أو النقصان من أجل الجواب القاطع لها بالنفي أو الإيجاب.

ويمكن معرفة ما تنطوي عليه كل مسألة من خلال تحليل العناصر المؤلفة لها، وإن استعراض المواقف المختلفة للحراني من المسائل المتنوعة يجعلنا نستخلص نتيجة مهمة هي أن المسألة تتألف من العناصر الأساسية الآتية:

أولًا: المفروضات- وهي المعلومات التي تفترضها المسألة ليفيد منها الباحث أو المتعلم كمقدمات ضرورية يبدأ منها صاعدًا باتجاه المبادئ الضرورية، أو نازلًا منها باتجاه النتائج اللازمة عليها منطقيًا بالضرورة، فهي في الحاليين ضرورية من أجل اكتشاف أنسب الطرق وصولًا إلى النتيجة.

ثانيًا: الشروط - أو الشرائط كما يسميها الحرّاني، وهي مجموعة من التقييدات التي تسمح أو لا تسمح بالعمل عند القيام بالحل، وقد تكون على هيئة توجيهية أو تحذيرات واجبة الإتباع لكيلا يصل الحل إلى طريق مسدود أو نتيجة غير صحيحة.

ثالثًا: المطلوبات- وهي مجموعة العناصر أو المجهولات أو النتائج التي تتوخى المسألة إيجاد الجواب أو الأجوبة لها أو حلها أو التي يسير الحل باتجاه الوصول إليها، وقد تكون مجهولًا أو مطلوبًا واحدًا أو عدة مجهولات أو مطلوبات.

لا شك أن المسائل التي طرحها الحرّاني في كتابه من النوع الذي يتوخى الإجراء أو الإنشاء Construction، فهي تنطوي على ثلاثة عناصر مهمة هي: المفروضات والشروط والمطلوبات، ولكن من المسائل الهندسية ما يتوخى البرهان Proof، أو الإثبات، وهذه تنطوي على مفروضات ومطلوبات، ولأجله نميز بين الصنفين من المسائل الهندسية، ونضرب مثالًا مبسطًا على نوع منها.

مثال على الصنف الأول: فيه المفروض والمطلوب والشرط (مسألة إنشائية).

كيف ننشئ مثلثًا على خط مستقيم معلوم، بحيث تكون أضلاعه الثلاثة متساوية؟

نلاحظ في هذا المثال أن المفروض فيه هو خط مستقيم معلوم، والمطلوب هو إنشاء مثلث على مستقيم معلوم، والشرط هو أن تكون أضلاع المثلث متساوية، أو أن يكون المثلث متساوي الأضلاع.

مثال على الصنف الثاني: فيه المفروض والمطلوب (مسألة برهانية)

إذا تقاطع مستقيمان، فكل زاويتين متقابلتين متساويتان.

نلاحظ في هذا المثال أن المفروض فيه هو: تقاطع مستقيمين في نقطة، والمطلوب إثباته هو أن الزوايا المتقابلة متساوية، وسواء كانت المسألة إجرائية أو برهانية، فإن ذلك لا يعني أن الصنف الأول لا يحتاج إلى بديهيات أو مبرهنات بغية الوصول إلى الحل.

كما أن هذا لا يعني بالضرورة أن الصنف الثاني لا يحتاج إلى إجراء إنشاء، إذ لا يوجد ما يمنع استخدام البديهيات والمبرهنات لحل مسائل من الصنف الأول، ولا يوجد ما يمنع استخدام الإجراءات العملية لحل مسائل من الصنف الثاني.

ولقد أدرك الحرّاني حقيقة إمكانية استخدام ما في كتاب إقليدس من قضايا الهندسة لحل المسائل التي تنطوي على إجراء أو إنشاء، وذلك بقوله: وإن احتجت إلى استعمال

شيء من قضايا الهندسة التي في كتاب إقليدس أو غيرها استعملت في كل ما تصلح أن تستعمله[1].

المبحث الخامس: مسائل منطق التحليل والتركيب وأنواعها

المسائل التي يتصدى الحرّاني لدراستها ليست من نوع أو صنف واحد، بل إنها على أنواع مختلفة، وإن اختلافها يقوم على ما تنطوي في منطوقها من مطلوبات وشروط، وما يكون عليه الحل سواء كانت المسألة صحيحة أو مستحيلة أو سيالة وغير ذلك.

ومنطوق المسألة: هندسية كانت أو حسابية أو فيزيائية أو غير ذلك يمثل الأساس الذي يقوم عليه الحل، لذلك اتجهت جهود الحرّاني منذ البداية إلى فحص المنطوق وإدراك الزيادة أو النقصان أو التمام فيه قبل كل مناقشة الحل وكيفية إدراكه.

والمنطوق في صورته العامة قد يكون مختلفًا في ظاهر اللفظ، ولكنه من حيث المعنى واحد، إذ من الجائز أن يواجه المرء مسألة بمنطوقين مختلفين في الظاهر، ولكن البحث فيهما يثبت بوضوح أنهما واحدة في المعنى.

ولقد بين الحرّاني ذلك بقوله: كيف يعمل مثلثًا مساويًا لمثلث معلوم ويكون شبيهًا بمثلث معلوم، وقد يسأل المهندس على جهة ثانية، فيقال له إذ كان مثلث معلوم كيف تعلم أضلاع المثلث، وسنبين مستأنفًا أن هذين القولين يرجعان إلى معنى واحد[2].

وبناءً على ذلك يمكننا استخلاص قاعدة في منطق التحليل والتركيب، وإن لم يكن الحرّاني قد دونها بصراحة، وهي بالصورة الآتية:

قاعدة المعنى: من الضروري إدراك معنى منطوق المسألة بوضوح، إذ من الجائز أن تظهر مسألة واحدة بمنطوقين مختلفين في ظاهر اللفظ، ولكنهما في حقيقة الأمر يرجعان إلى معنى واحد.

وإذا كانت المسائل تختلف بعضها عن بعض فيما ينطوي عليه المنطوق من شروط

(1) المصدر السابق، ص44. (المؤلف)

(2) المصدر السابق، ص5. (المؤلف)

ومفروضات، فإن المسائل الصحيحة في نظر الحرّاني هي تلك التي تكون مستوفية للشروط والمفروضات، وبناءً على ذلك يمكن استخلاص تعريف للمسألة الصحيحة بالصورة الآتية:

تعريف المسألة الصحيحة: هي مسألة مستوفية الشروط والمفروضات، ولا تحتاج إلى استثناء فيها، ولا زيادة ولا نقصان، ولا تغيير في منطوقها.

وإذا نظرنا إلى المسائل الصحيحة من زاوية الحل على أساس معرفة ما إذا كانت قابلة للحل أو غير قابلة له، فإن القسمة الثنائية تشترط علينا أن نقسم المسائل إلى مسائل صحيحة تخرج بمعنى أن يكون لها حل تنتهي إليه، ومسائل صحيحة لا تخرج بمعنى ألا يكون لها حل تنتهي إليه.

فمن الأمثلة على النوع الأول الذي تكون فيه المسائل مستوفية الشروط والمفروضات كقولك: كيف نقسم خطًا مفروضًا على نسبة معينة؟ فإن هذه المسألة مستوفاة الشروط والمفروضات تخرج كيف ما وضع الخط وبأي مقدار فرض وكيف كانت أحوال النسبة من نسب الأعظم إلى الأصغر أو عكس ذلك أو نسب المثل[1].

ومن الأمثلة على النوع الثاني الذي تكون فيه المسائل مستوفاة الشروط والمفروضات ولا تخرج البتة كقولك: نريد أن نقسم خطًا بقسمين يكون ضرب أحدهما في الآخر مثل مربع الخط كله، فإن هذه المسألة محال كيف قسم الخط وبأيّ مقدار كان وكيف تصرفت به الحال[2].

وهكذا نصل إلى استنتاج مهم من الوجهة المنطقية، وهو أن من المسائل الصحيحة ما يخرج، ومن المسائل الصحيحة ما لا يخرج، ونطلق على النوع الأول اسم المسائل الصحيحة المطلقة، ونطلق على النوع الثاني اسم المسائل الصحيحة المستحيلة، وتعرف الأولى والثانية بالصورة الآتية:

تعريف المسألة المطلقة: هي التي تكون مستوفاة الشروط والمفروضات بالإضافة إلى كونها مسألة تخرج، بمعنى أن يتوفر لها الحل في كل الأحوال.

---

(1) المصدر السابق، ص6. (المؤلف)

(2) المصدر السابق، ص6. (المؤلف)

تعريف المسألة المستحيلة: هي تلك التي تكون مستوفاة الشروط والمفروضات بالإضافة إلى كونها مسألة لا تخرج البتة، بمعنى عدم توفر أي حل تنته إليه في كل الأحوال.

لقد أدرك الحرّاني أهمية وضوح منطوق المسألة، وفيما إذا كان محتاجًا إلى شرط أو فرض أو فيه زيادة غير ضرورية، فإذا كان منطوق المسألة مبهمًا وغير واضح، فإن المسألة عندئذ يمكن أن تخرج أو لا تخرج، وذلك من خلال تخصيص السؤال بأن يضف إلى المسألة شرط، فتتحول إلى مسألة صحيحة مطلقة أو مسألة صحيحة مستحيلة، وفي ذلك يقول الحرّاني ما نصه: وإذا جعلت المسألة عامية السؤال مبهمة فيمكن أن تخرج وألا تخرج، فأما إذا خصص السؤال بأن يضاف إليه الشيء الذي به تخرج المسألة فإن المسألة تكون من الصحيحة على الإطلاق، وإن خصصت بالتصريح في السؤال بما لا تخرج المسألة جرت مجرى المسائل المحال التي يجري ذكرها ودخلت معها[1].

وبناءً على ما تقدم يمكن استخلاص تعريف المسألة المبهمة على النحو الآتي:

تعريف المسألة المبهمة: هي تلك التي تكون عامية المنطوق، تحتاج إلى شرط أو تخصيص، لكي تتحول إلى مسألة صحيحة، فإذا ما خصص السؤال بإضافة الشيء الذي به تخرج المسألة كانت المسألة صحيحة مطلقة، وإذا ما خصص السؤال بما به لا تخرج المسألة، كانت المسألة صحيحة مستحيلة.

إن غاية المهندس في نظر الحرّاني هي أن يحلل منطوق السؤال ليقف على صنفه أو نوعه، فإن كانت المسألة صحيحة مطلقة، فما عليه إلا أن يثبت لها الحل الذي به تخرج، أما إذا كانت المسألة من الأصناف الأخرى التي تحتاج إلى تغيير في منطوقها باستثناء أو زيادة أو نقصان، فإن على المهندس أن يعالجها بذكر شرط أو مفروض، أو حذف شرط أو مفروض، فإذا تحولت بعد ذلك إلى صنف المسائل الصحيحة على الإطلاق، كان عليه أن يثبت لها الحل الذي تخرج به. أما إذا تحولت بعد ذلك على صنف المسائل الصحيحة المستحيلة، فإن عليه أن يبين ذلك بالتحليل.

تعريف المسألة السيالة: ويذكر الحرّاني صنف المسائل، السيالة، على أساس أنها

---

(1) المصدر السابق، ص7. (المؤلف)

مسائل تحتاج إلى تغيير شيء من مفروضاتها أو شروطها بزيادة شيء لم يكن في السؤال أو نقصان شيء[1].

وعلى الرغم من أن الحرّاني لم يحدد صنف المسائل السيالة بدقة في كتابه، فإن الأمثلة التي يسوقها تلقي الضوء على طبيعتها وأسلوب حلها، وإليك المثال الآتي: نريد أن نجد خطين نسبة أحدهما إلى الآخر معلومة، فإن هذه المسألة سيالة إلى أن نقول ويكون مجموعهما معلومًا فيكون من المسألة الصحيحة[2].

وليست جميع أصناف المسائل السيالة من هذا الصنف، فمنها مسائل تحتاج إلى زيادة في المفروضات أو الشروط لكي تصبح صحيحة، ومنها مسائل تحتاج إلى نقصان أو حذف في المفروضات أو الشروط لكي تصبح صحيحة، ومنها مسائل تحتاج إلى استثناء لكي تصبح من المسائل الصحيحة.

وبناءً على ذلك نستطيع تعريف المسائل السيالة بالصورة الآتية أن نقول: هي تلك التي تحتاج إلى تغيير شيء من مفروضاتها أو شروطها بزيادة شيء لم يكن في السؤال أو نقصان شيء، فإذا تم ذلك تحولت إلى مسألة صحيحة مطلقة أو مسألة صحيحة مستحيلة.

يظهر لنا من التعريف عدة حقائق، منها أن المسألة السيالة مسألة غير محددة، وأن إيجاد حل لها يتوقف على زيادة في منطوقها أو حذف منه ليتم المنطوق معناه بدقة، ومنها أن المسألة السيالة لا تتحول إلى مسألة صحيحة مطلقة بمجرد الزيادة أو النقصان، بل إنها تجري مجرى أصناف المسائل الأخرى، إذ يمكن أن تكون من المسائل الصحيحة المطلقة أو من المسائل الصحيحة المستحيلة.

والشيء المهم في جميع أنواع هذه المسائل وأصنافها هو أن التغيير الذي يطرأ على منطوقها لكي تكون من المسائل الصحيحة يعيدها بالتالي إلى أحد أمرين: إما أن تكون المسألة المعدلة صحيحة مطلقة وبذلك تخرج بحل معين لها، أو صحيحة مستحيلة لا تخرج بحل لها.

---

(1) المصدر السابق، ص8. (المؤلف)

(2) المصدر السابق، ص9. (المؤلف)

ونجد الحرّاني يصنف المسائل إلى ثمانية أصناف، يذكر ما سلف أن بيناه بتلخيص فيقول: هي هذه المسائل الصحيحة بلا شرط ولا استثناء ولا زيادة ولا نقصان، الباطلة من الوجوه، السيالة بلا شرط، السيالة بشرط، المحدودة، وهي التي تحتاج أن تقر بمفروضاتها على جهتها ويراد فيها شرط، التي تحتاج إلى نقصان من المفروضات ليرجع إلى المسائل الصحيحة، التي ترجع بالنقصان إلى صنفي المسائل السيالة، التي ترجع بالنقصان إلى المحدودة، فذلك ثمانية أصناف[1].

وبأسلوب منهجي يواصل الحرّاني بحثه للتحليل والتركيب بعد أن ثبت أصناف المسائل الهندسية جميعًا، وذلك لإدراكه الواضح للعلاقة بين هذه الأصناف والطريقة، وتناول في البداية طريقة التحليل وتوسع بها، بحيث لم يبق شيء لم يذكره وكانت له صلة بالتحليل، فطريقة التحليل للمسائل الهندسية قد انطوت على معنيين يرتبطان بإجراءين مختلفين: أولهما: معنى يتصل بالقسمة أو التجزئة، وثانيهما: معنى يتصل بجوهر الحل وأسلوبه، فالمسألة المطروحة للحل بحاجة إلى تحليل يبين ما فيها من أجزاء أو أقسام أو عناصر، وهذا تحليل يقتضي التجزئة، وغايته معرفة ما تنطوي عليه المسألة من مفروضات وشروط ومطلوبات، وفيما إذا كانت المسألة ناقصة أو فيها زيادة في أحد عناصرها الرئيسية، وفيما إذا كانت المسألة من النوع الذي تخرج أو من النوع الذي لا تخرج، وفي أيّ نوع من المسائل.

المبحث السادس: مفهوم القسمة وقواعدها

وبناءً على ذلك يجب علينا بيان مفهوم القسمة عند الحرّاني وما يشترطه، فنبدأ بطرح السؤال الآتي: ما الفائدة التي يتوخاها المرء من تحليل المسألة؟

وللجواب على هذا السؤال يتطلب منا أن نتعرف بالتفصيل على أهمية القسمة وارتباطها بالحل، فنقول: أن القسمة ضرورية لأنها تطلعنا على ما في المسألة من أجزاء وعناصر، فندرك من خلال ذلك ما يأتي:

1. ما في المسألة من مفروضات وشروط ومطلوبات، ومعرفة إن كانت المسألة قيد البحث إجرائية يحتاج حلها إلى عمل، أو برهانية تحتاج إلى مفروضات

(1) المصدر السابق، ص17. (المؤلف)

ومقدمات ضرورية وصولًا إلى المطلوب الذي يمثل نهاية الحل وغايته.

2. نوع المسألة قيد البحث، وأين تقع، إن كانت قابلة للحل أو غير قابلة للحل، أو إن كانت من المسائل المستحيلة أو السيالة أو الصحيحة وغير ذلك، وما هو الأسلوب الأفضل لحلها، فهل نتبع طريق التحليل أو طريق التركيب؟

3. الزيادة أو النقصان في المسألة، وما تحتاجه من شروط أو مفروضات، إن كانت من المسائل التي تخرج، أو حذف ما هو زائد عن منطوق المسألة، وإتاحة الفرصة لإيجاد حل أفضل.

وفي ضوء ما تقدم يمكننا استخلاص نتيجة هامة، هي بمثابة قاعدة عامة في التحليل بمعنى القسمة، ومشيرين في الوقت نفسه إلى هذه القاعدة من خلال أقوال الحرّاني، لكيلا يكون الاستنتاج مجرد استخلاص فحسب، وتكون القاعدة بمثابة شرط قابل للتطبيق عند إجراء حل المسائل، وبالصورة التي مارسها الحرّاني نفسه من خلال الأمثلة التوضيحية التي يسوقها. وسوف يكون هذا المطلوب في هذا البحث كلما وجدنا في أقوال الحرّاني ما يشير إلى قاعدة عامة.

قاعدة القسمة الأولى: يجب على المرء عند حل مسألة ما أن يبتدئ بالقسمة ما وسعه ذلك حسب الحاجة لمعرفة ما تنطوي عليه المسألة من معلومات ومجهولات، وما تحتاجه من زيادة في المفروضات أو الشروط أن كانت ناقصة، وما يمكن الاستغناء عنه إن كانت زائدة. فإنك إذا حللت فاستغنيت ببعض المفروضات عن بعض علمت أن في المسألة زيادة[1].

قاعدة القسمة الثانية: يجب على المرء أن يقسم السؤال عند حله للمسألة بطريقة تهديه إلى الحل المطلوب، وذلك عن طريق انتقال ذهنه بالقسمة من قسم إلى قسم آخر لإدراك الحل، فإن احتجت المسألة إلى مواصلة القسمة فليكن ذلك، فيجول المرء بخاطره كل الممكنات حتى يعثر على الحل المطلوب.

ويمكن التعبير عن معنى القاعدة بأقوال الحرّاني نفسه فيقول: فقد يجب على المهندس أن يقسم السؤال مبتديًا بذلك أن كان السؤال محتملًا للقسمة كقولك كيف تعمل دائرة تماس

---

(1) المصدر السابق، ص39. (المؤلف)

خطين ودائرة، فإن هذه المسألة تحتاج أن تقسم أولًا، ويقال: الخطان إما أن يكونا متوازيين أو لا يكونا كذلك، وإن كانا متوازيين فإن هذه الدائرة لا تخلو من أن تكون خارج الخطين غير ملاقية لأحدهما أو خارجهما مماسة لأحدهما أو قاطعة لأحدهما أو واقعة فيما بينهما غير ملاقية لواحد منهما، ثم إن احتيج أيضًا إذا شرعت في التحليل إلى قسمة شيء من هذه الأقسام قسمته كأنك إن احتجت أن تقول في بعض الأقسام إنه إما أن يكون مركز الدائرة المعلومة واقعًا في الوسط بين الخطين المتوازيين وإما ألا يكون كذلك، هكذا ينبغي أن يجري الأمر في التقسيم[1].

واشترط الحرّاني في القسمة أن تكون مؤدية إلى الحل، وإلا ضاعت جهود المرء إذا ما سارت القسمة في طريق آخر، فحذر من ذلك بقوله: والذي يُكرَه في التقسيم أن يحل ببعض الأقسام فاحذر أن يقع لك ذلك، وأخطر ببالك جميع الأقسام والوقوعات والأوضاع ثم بعد التقسيم ينبغي أن تحلل قسمًا على حدته[2].

يبدو لنا الآن بوضوح تام أن المسألة في منطق الحرّاني ليست إلا سؤالًا مطروحًا يسعى المرء إلى حله على خطوات، وأن أولى الخطوات هي في تقسيم السؤال إلى أجزائه وعناصره، ثم النظر في المسألة من خلال ذلك لرسم خطة مؤدية إلى الحل، وأن القسمة التي نجدها في القاعدة الثانية تحمل معها صورة أولية لرسم الخطة عن طريق تقليب الممكنات المتاحة، ووضع اليد على بداية الحل الصحيح.

المبحث السابع: منطق التحليل وقواعده وشروطه

أما المعنى الآخر للتحليل الذي يتصل بجوهر الحل وأسلوبه، فيمكن إدراكه من خلال تعريف الحرّاني لمفهوم التحليل، وهو التعريف الذي يمثل منهجًا وقاعدة ضرورية في منطق التحليل والتركيب، الأمر الذي يقودنا إلى طرحه كقاعدة نطلق عليها اسم قاعدة التحليل.

---

(1) المصدر السابق، ص42. (المؤلف)

(2) المصدر السابق، ص43. (المؤلف)

قاعدة التحليل: وهو أنك تبتدئ فتضع الشيء الذي تطلبه موجودًا، ثم تنظر في جميع شروط المسألة والمفروضات فيها وما طلب منك وضعته على أنه موجود فتجمع منها بالتحليل من غير أن تحذف شيئًا منها أصلًا، أن الذي طلب منك معلوم إن كان مما تريد أن تجد وضعه فتبين أنه معلوم الوضع، وإن كان مما تريد قدره فتبين أنه معلوم القدر، وإن كان المطلوب الصورة منه، فتبين أنه معلوم الصورة[1].

ينطوي منطوق القاعدة على عدة شروط منطقية واجبة الاتّباع عندما يقتضي الأمر البحث عن الحل لمسألة صحيحة، يمكن طرح هذه الشروط من خلال فهم القاعدة وأساليب تطبيقها في كتاب الحرّاني بالشكل الآتي:

الشرط الأول: يقتضي التحليل ضرورة تبيُّن المطلوب في المسألة من بين المعلومات التي تقدمها المسألة، وأن تكون بداية الحل أو العمل في أن نفترض منذ البداية أن المطلوب موجود، فنضعه مقدمة ننتقل منه إلى خطوات الحل الأخرى.

الشرط الثاني: تقتضي الخطوة التالية في التحليل أن نتبين من خلال المعلومات التي يقدمها منطوق المسألة، والشرط والمفروضات، فضلًا عن المطلوب، لأن ذلك هو السبيل للإفادة من هذه المعلومات في طريق الحل.

الشرط الثالث: يقتضي التحليل ألا تحذف أيّ شيء من الشروط والمفروضات، فإذا ما طرحت مسألة صحيحة وطلب منك إيجاد حل لها، فمن الواجب أن تفيد من كل المعلومات التي تقدمها المسألة من شروط ومفروضات، فلا تحذف أيّ شيء منها.

نتبين من القاعدة وما تنطوي عليه من شروط، فضلًا عما تقدم ذكره من استعمال الحرّاني للتحليل بمعنى التجزئة والقسمة، أن التحليل قد أخذ بمجامع المسألة وأسلوب حلها، أنه بذلك تعدى التحليل في عرف بابوس[2] الذي اقتصر على الجانب البرهاني في المسألة.

ولكي نتبين فضل الحرّاني لا بد أن نذكر تعريف التحليل الذي ورد في آثار بابوس، إذ يرى: أننا في التحليل نعتبر ما يطلب عمله أنه قد عمل، ثم نتساءل: من أي شيء يمكن

(1) المصدر السابق، ص43-44. (المؤلف)

(2) ورد التعريف ببابوس في الفصل السابق، فليُراجع في موضعه. (المحقق)

أن ينتج ذلك، ثم من أيّ شيء يمكن أن ينتج هذا الشيء، وهكذا نعود القهقري بخطوات إلى أن نصل إلى شيء سبق معرفته أو ينتمي إلى مجموعة المبادئ الأولية، ونطلق على مثل هذه الطريقة التحليل كحل معكوس[1].

وما دمنا بصدد طريقة التحليل عند الحرّاني، فمن الضروري أن نتعرف بالتفصيل قاعدة إجراء الحل ومجموعة الإرشادات التي يراها ضرورية لحل المسائل المختلفة.

لقد اطلع الحرّاني دون أدنى شك على المؤلفات الهندسية اليونانية وتعلم منها كيفية إجراء الحل، ومارس بنفسه البرهان الهندسي حتى أصبحت لديه خبرة هندسية في الطريقة تفوق من سبقه، بل ذهب إلى التقويم والنقد لأعمال العاملين في الهندسة، وأضاف من القواعد والإرشادات ما لا نجده في مصنفات الأوائل، وقد بيّن بوضوح من خلال الأمثلة التي اختارها مقدار أهمية كل قاعدة، وفائدة الإرشادات في تلمس طريق الحل الصحيح.

وفي سبيل تقديم صورة منطقية واضحة لطريقة إجراء الحل عند الحرّاني، لا بد من تثبيت القاعدة العامة أولًا، وطرح مجموعة الإرشادات المرتبطة بها ثانيًا.

قاعدة إجراء الحل بالتحيل: وهم يتوصلون (يقصد علماء الهندسة) إلى هذه الحال بأن يجمعوا مفروضات المسألة كلها، ويقربوا بعضها ببعض، ويستعملوا القضايا التي قد بينت من القضايا الهندسية كل واحدة منها في المسألة التي تصلح أن تستعمل فيها وتليق بها وتحتاج إليها وتنظر، وما يجب منها، إلى أن ينتهي لهم الأمر إلى أن يكون الحدّ الذي به خرج المسألة من خط أو نقطة أو غير ذلك مفروضًا بالوضع أو بغير وضع[2].

لا شك في أن المفروضات والشروط ضرورية، لأنها تمثل المؤشرات الأولى مع المطلوب إلى طريق الحل، ومن الواضح أن يبدأ إجراء الحل بجمع المفروضات بعضها بعضًا، وكذلك الشروط لتعرّف ما بينها من روابط منطقية، والتمييز فيما بينها لإدراك ما يمكن عمله في سبيل كشف المقدمة التي نتج عنها المطلوب، والإفادة من غيرها من المفروضات

(1) Heath, L. Op. Cit. P 400.

(2) يُراجع، الحرّاني، مقالة في طريق التحليل والتركيب، ص15. (المؤلف)

لكشف مقدمة أخرى أو مقدمات مرتبطة منطقيًا بما سبقها، وهكذا حتى نصل إلى المقدمات التي نُسلّم بصحتها.

وقد بيّن الحرّاني هذا الأسلوب من خلال إرشاداته للحل، وبالطريقة الآتية:

إرشاد أول: جمعت على أن تعمل أعمالًا وتنقل مفروضات المسألة من شيء إلى شيء إلى أن ينتهي إلى الشيء الذي تريد أن تعمله[1].

ينطوي هذا الإرشاد على عاملين مهمين هما: العامل الذهني الذي يقوم على أساس النظر في إمكانية الحل من خلال المفروضات وكيفية الإفادة منها في كل خطوة من خطوات الحل، والعامل الإجرائي الذي يقوم على أساس القيام بالعمل على وفق ما يقتضيه العامل الذهني، وإجراء الحل بالطريق الذي يؤدي إلى ما تريده المسألة من عمل.

إرشاد ثانٍ: إن احتجت إلى استعمال شيء من قضايا الهندسة التي في كتاب إقليدس أو غيرها استعملت في كل مسألة ما تصلح أن تستعمله فيها[2].

ينطوي هذا الإرشاد على عاملين مهمين هما: عامل البرهان الذي يقوم على أساس الإفادة من قضايا الهندسة من البديهيات والمصادرات والمبرهنات والتعريفات التي في كتاب إقليدس المعروف بالأصول، أو غيرها من القضايا الهندسية في كتب أخرى مثل كتاب المخروطات لأبولونيوس، وعامل المجانسة الذي يقوم على أساس اختيار القضايا الهندسية المتفقة مع برهان المسألة، والتي تكون صالحة الاستعمال في البرهان.

إرشاد ثالث: وتأخذ القضايا القريبة أبدًا المشاكلة المجانسة للشيء المطلوب والأعمال التي تقرب بها مما تريده[3].

يشير هذا الإرشاد إلى ضرورة تحديد مجال اختيار القضايا الهندسية عند القيام بحل المسألة، فإذا كان المطلوب مجانسًا لمجموعة القضايا الخاصة بالدائرة فمن الضروري أن

(1) المصدر السابق، ص44. (المؤلف)

(2) المصدر السابق، ص44. (المؤلف)

(3) المصدر السابق، ص45. (المؤلف)

يقع الاختيار على هذه المجموعة أولًا، والبحث عن القضية أو القضايا من بين المجموعة التي تقرب الحل ولا تبعد به عن الطريق ثانيًا.

ولقد أدرك الحرّاني أهمية الاتصال والتوالي بين القضايا في البرهان على المسائل الهندسية، وانتقد تلك الأعمال الهندسية التي تفتقر إلى هذا المبدأ، التي قام بها علماء الهندسة قصد الاختصار، فطلب بضرورة ذكر جميع الخطوات من دون أيّ حذف، وذلك لكشف الصورة المنطقية البرهانية للمسألة بشكل كامل من جهة، ولإثبات خطأ القائلين بأن بين طريق التحليل وطريق التركيب اختلافًا من جهة أخرى، وجاء في كلامه هذا الهدف بصراحة بقوله: وأومأت إلى ما يقع للمهندسين من الغلط في التحليل باستعمالهم عادة قد جرت لهم في الاختصار المسرف، وذكرت أيضًا لأيّ سبب يقع للمهندسين في ظاهر الأشكال والمسائل خلاف بين التحليل والتركيب، أنه ليس يخالف تحليلهم التركيب إلا باب الاختصار، وأنهم لو وفوا التحليل حقه لساوى التركيب وزال الشك من قلب من يظن بهم أنهم يأتون في التركيب بأشياء لم يكن لها ذكر في التحليل من قبل ما يرى في تركيبهم من الخطوط والسطوح وغيرها مما لم يكن له ذكر في التحليل[1].

والتزم الحرّاني بتحقيق هذا الهدف من خلال تمسُّكه بقاعدة الاتصال والتوالي، التي نجد نصًا واضحًا لها بالصورة الآتية:

قاعدة الاتصال والتوالي: وكلما كان لك في المسألة شرط أو مفروض فأقِرّ به بمفروضات المسألة ليخرج لك ما تريده مفروضًا، وينبغي لأن تكون إذا وجدت مفروضًا في المسألة لم يكن لك ولا هو الذي تريد علمه، أو علمت عملًا أن تحفظه أو تضيف إليه إما شرطًا آخر أو مفروضًا أو قضية وتستعمله، فإنك متى تركته ولم تستعمله لم تنتفع به، وإنما تحتاج أن تربط عملك بعضًا ببعض على الاتصال والتوالي[2].

تنطوي هذه القاعدة على مجموعة من الشروط المنطقية التي يجب اتباعها عند الشروع بإجراء الحل، كما تشتمل على معيار منطقي في غاية الأهمية هو الترابط المنطقي بين القضايا

(1) المصدر السابق، ص3-4. (المؤلف)

(2) المصدر السابق، ص45. (المؤلف)

في سلسلة استنتاجيه من دون ترك ما هو ضروري للبرهان سواء كان ذلك بقصد الاختصار أو بقصد أن ما تُرِك معروف لا حاجة إلى ذكره.

وفيما يلي مجموعة الشروط على التوالي:

الشرط الأول: أن يجري الاستنتاج من خلال مفروضات المسألة أو الشرط والمفروض في المسألة، قصد الحصول على مقدمة تكون بمثابة مفروض جديد بالنسبة لمقدمة أو مقدمات أخرى.

الشرط الثاني: ينبغي أن تقرر فائدة ما تحصل عليه في المسألة نتيجة الاستنتاج، فإذا ما وجد مفروض لم يكن ما تريد علمه، فأمامك اختياران: إما أن تتركه إذا شعرت بعدم فائدته للحل، أو أن تضيف إليه شرطًا أو مفروضًا أو قضية هندسية وتستعمله.

الشرط الثالث: وهو معيار تكامل السلسلة الاستنتاجية، ينبغي أن يكون البرهان أو الحل مترابط الأجزاء، متتابع الاستنتاج، متواليًا يلزم بعضه بعضًا، حيث يبدأ بالمطلوب (طريق التحليل) والإفادة من المفروضات والشروط باتجاه استنتاج مقدمة، والانتقال من ذلك خطوة بعد خطوة بعد خطوة أخرى من دون إهمال مفروض أو شرط أو قضية هندسية ضرورية للحل، حتى نكسب كافة المقدمات الضرورية، والمقدمات هي المبادئ أو المبرهنات.

تضع هذه القاعدة بشروطها الحرّاني في مقدمة قائمة علماء الرياضيات والمنطق الذين طالبوا باستمرار أن تكون السلسلة الاستنتاجية خالية من الانتقالات المفاجئة والثغرات، ونجد تشابهًا كبيرًا بين مطالبة الحرّاني بتكامل السلسلة الاستنتاجية، ومطالبة عالم المنطق والرياضيات جوتلوب فريجة[1] (ت1925م)، بضرورة ذكر عناصر البرهان جميعها، على الرغم من اختلاف الهدف، فلم يكن من مهام الحرّاني غير توجيه المتعلمين والعلماء إلى ما يجب أن يكون عند اختيار حل المسائل الهندسية بطريق التحليل وطريق التركيب، بينما

(1) فيلسوف ورياضي ومنطقي ألماني، قاده بحثه عن مثال لمنهج علمي صرف في الرياضيات إلى تجديد عميق في المنطق وإلى تأسيس المنطق الرياضي الحديث. مع محاولة لتأسيس الحساب على المنطق وحده، إذ كان أول من أعطى تعريفًا منطقيًا للعدد الأصلي وأول من صاغ صياغة أولية نظرية المجاميع، ومن مؤلفاته: أسس الحساب، والمفهوم، المعنى والدلالة، القوانين الأساسية للحساب، مباحث منطقية. (المحقق)

استهدف فريجة من وراء مطالبته بيان أن علم الحساب مجرد منطق متطور، ومثل هذا الهدف لا يمكن تحقيقه إلا من خلال تكامل السلسلة البرهانية، إذ يكون البرهان قائمًا على عناصر برهانية كاملة، فتذكر البديهية والمفروض والفرضية[1].

وطالب الحرّاني إلى جانب ذلك بضرورة التحرز في البرهان خوفًا من الوقوع في الخطأ الذي يؤدي إلى عدم استجلاء الحل والوصول بالمسألة إليه، فيقول: وكلما أشرنا إليه بالتحرز منه قد تبين في الأعمال أنه لم يتحرز منه وقوع الإنسان في خطأ من حيث لا يعلم أن يترك شيئًا من شروط المسألة ومفروضاتها، فإنك إن فعلت ذلك وكانت المسألة من المسائل الصحيحة لم ينته إلى أن يعلم شيئًا إذا كان ذلك الشيء المجهول إنما يُعلم بالأشياء التي نأخذها في المسألة أجمع[2].

وإذا ما تم للمرء ما عزم عليه من البرهان بطريق التحليل، فإن ما يجنيه من منافع علمية ليس بالقليل، وقد ذكر الحرّاني هذه المنافع بطريقة مباشرة مرة وبطريقة غير مباشرة مرة أخرى، ونستطيع بدورنا إجمال هذه المنافع على هيئة نقاط بالشكل الآتي، مع دعم ما نثبته بالنص الحرفي إن كانت المنفعة قد ذكرت بطريق مباشر.

أولًا: يوقفنا التحليل على أجزاء المسألة، فنقع على المطلوب فيها والمفروضات والشروط مما يساعد على الحل في الحالتين، حالة البرهان بطريق التحليل وحالة البرهان بطريق التركيب.

ثانيًا: يوقفنا التحليل على صنف المسألة وما يحتاج إليه فيها، وقد عبر الحرّاني عن النقطة الأولى والثانية بقوله: فأما المنفعة في التحليل فهي واضحة بينة، وذلك أنه بالتحليل يستخرج جميع المطلوبات في هذه الصناعة، ثم بعد ذلك فالتحليل يوقفك على شيء مما قيل أعني صنف المسألة وما يحتاج إليه فيها[3].

ثالثًا: يتيح التحليل مراجعة الحل بسهولة للتأكُّد من النتائج التي توصلنا إليها، وهذا أمر محمود بالنسبة لطريق التركيب كذلك، لأن التركيب كما سنجد هو معكوس

---

(1) Frege, G, Grrundgesetze der Arithmetik, Vol 1. p 7.

(2) يُراجع، مقالة في طريق التحليل والتركيب، ص47. (المؤلف)

(3) المصدر السابق، ص60. (المؤلف)

التحليل، إذ نبدأ فيه من حيث انتهى التحليل، وقد أجمل الحرّاني مراجعة الحل بالتحليل بعبارات واضحة بقوله: وإذا انتهيت إلى آخر التحليل فانظر الآن إن كنت قد تأديت إلى حق فقل إن ما انتهيت إليه حق، وإن كان محالًا فقل أنه محال، وإن كان يحتاج إلى شريطة أو كان سيالًا أو غير ذلك مما تقدم تقسيمه فخبّر بما انتهيت إليه، واذكر ما ينبغي أن يكون فيه من شريطة على ما ذكرناه مما قيل من أحد الشريطة بالقرب من مفروضات المسألة لتعلم أن أمر المسألة يتعلق بشريطة، وإلا فمتى أخذت الشريطة بالبعد من مفروضات المسألة كان في ذلك ما تقدم القول فيه من العيوب، ومع ذلك فقد يوهمك ما تعمله بالبعد من مفروضات المسألة كما قلنا فيما تقدم أن المسألة تحتاج إلى شريطة وليست كذلك ولا تعمل من ذلك شيئًا إلا بعد أن تطالب نفسك بأن تحيط بالعلم بسببه والعلة فيه، فإذا أثبت على ذلك في قسم من أقسام المسألة، فإنك قد فرغت من التحليل[1].

المبحث الثامن: منطق التركيب وقواعده وشروطه

والطريق الآخر في منطق الحرّاني لحل المسائل الهندسية البرهانية منها والإنشائية أو الإجرائية هو التركيب، الذي يرى فيه الحرّاني طريقًا لا يختلف عن طريق التحليل إلا من حيث إنه يمثل حلًا معكوسًا، إذ نبدأ في التركيب من حيث انتهى التحليل، فنبدأ بالأشياء التي نسلّم بها أو التي اكتُسِبَت مقدماتها بالتحليل، فتكون بمثابة مقدمات ضرورية لاستنتاج ما بعدها، وهكذا يسير الحل خطوة بعد أخرى حتى يصل الاستنتاج المطلوب، وعندها يتحقق الهدف المنشود من الحل.

ولما كانت الصلة وثيقة بين التحليل والتركيب، فإن أفضل أسلوب لعرض تركيب التركيب يتمثل في الربط بين الإجراءين، وبخطوات مشابهة لما عرضناه في طريق التحليل، وأولى هذه الخطوات هي التأكيد على أن تحليل المسألة إلى عناصرها من مفروضات أو مطلوبات وشروط ما هو إلا إجراء ضروري بالنسبة للتحليل والتركيب معًا، وأن الإفادة من

---

(1) المصدر السابق، ص59-60. (المؤلف)

هذه المعطيات في الحل شرط ضروري لا يمكن الاستغناء عنه في الحل بواسطة التركيب، وإذا كان التحليل يشترط القسمة (قاعدة القسمة الأولى والثانية)، فإن التركيب يفيد من هذا الإجراء على أساس تركيب الأشياء من دون حذف أي عنصر أساس عند الشروع بإيجاد الحل.

قاعدة الإحاطة الأولى[1]: يجب على المرء إن أراد تركيب المسألة بعد تحليلها بالطريق الذي يوجبه التحليل، أن يحصر عناصر المسألة جميعها، وينظر فيها مطالبًا نفسه بالتركيب شريطة ألا يفوته أيّ شيء، وبعبارة الحرّاني نفسه: ركب وأنظر ما يوجبه التركيب لئلا يكون شذّ عليك في التحليل شيء من الأشياء حتى لا يفوتك شيء مما في المسألة[2].

وإذا كان التحليل يطلعنا على نوع المسألة وصنفها، فمن الضروري تثبيت القرار بعد التحليل إن كانت المسألة تخرج أو لا تخرج، أو كان الحل محتاجًا إلى شريطة وغير ذلك، لأن مثل هذا القرار مهم بالنسبة لطريق التركيب، لذا فإن القاعدة الثانية لا بد أن تأخذ بنظر الاعتبار ما انتهى إليه التحليل.

قاعدة الإحاطة الثانية: يجب على المرء أن يدرك بطريق التحليل نوع المسألة أو صنفها وفيما إذا كانت من المسائل التي تخرج أو لا تخرج، وإن كانت بشريطة أو استثناء وإن كانت من المسائل المطلقة أو السيالة أو المحالة أو غيرها، وذلك لأن طريق التركيب إجراء يعتمد على هذه النتائج المستخلصة بطريق التحليل.

ويربط الحرّاني من جديد بين طريق التحليل وطريق التركيب في قاعدة التركيب لإيمانه أن لا فرق بين التحليل والتركيب، فالتركيب يبدأ من حيث انتهى إليه التحليل، فيكون أول التحليل آخر التركيب.

قاعدة التركيب الأولى: وإذا قد عملت التحليل كيف هو، فتركيب ذلك هو أن تنظر الشيء الذي به قد خرجت المسألة، فإن كان لك من أول وهلة معادلة، فارجع في الأشياء

---

(1) اخترت هذه التسمية (الإحاطة) لأنها تشير بحق إلى الأخذ بمجامع المسألة علمًا بأن هذه التسمية ليست للحرّاني. (المؤلف)

(2) يُراجع، مقالة في التحليل والتركيب، ص59. (المؤلف)

التي كانت قبله في التحليل واحدًا إلى أن ينتهي أول التحليل، فيكون أول التحليل آخر التركيب، وكان التركيب هو التحليل مقلوبًا[1].

قاعدة التركيب الثانية: وإن لم يكن لك منذ أول وهلة فانظر بما صار لك في التحليل معلومًا، فإن كان بشيء موضوع لك في المسألة، وإلا نظرت أيضًا بما عملت ذلك ولا تزال حتى تنظر أيّ شيء كان لك معلومًا فاستخرجت به شيئًا شبيهًا، ولا تزال تستخرج تلك الأشياء واحدًا واحدًا إلى أن ينتهي إلى آخرها، فإذا انتهيت إلى الشيء الذي به خرجت المسألة واستخرجت قوّم إقامة البرهان عليها بأن تبتدئ بآخر ما عملته وهو ما كانت المسألة خرجت به في التحليل ثم اصعد في شيء على الولاء تأخذ ما قبل كل شيء إلى أن تنتهي إلى أول التحليل الذي هو آخر التركيب على توالٍ ونظام ومخالف لتوالي التحليل ونظامه ولا تخطيء شيئًا[2].

ينطوي منطوق القاعدة الأولى والثانية على عدة شروط على الرغم من أن القاعدة الثانية تزيد في حقيقة التثبت من البرهان بالتحليل عندما لا يكون الطريق مستقيمًا أو ظاهرًا من أول وهلة، ويمكن إجمال هذه الشروط كما يأتي:

الشرط الأول: ينبغي الإفادة من عناصر المسألة التي خرجت بالتحليل، بأن يكون المفروض والمطلوب واضحًا، وأن يسير الحل عكس طريق التحليل فنبدأ بالمفروضات والأشياء التي نُسلِّم بها، ونستنتج منها وبخطوات متتابعة حتى نصل إلى استنباط المطلوب.

الشرط الثاني: ينبغي أن يكون حل المسألة بطريق التركيب غير مخالف لحل المسألة بطريق التحليل، إلا من حيث إن أول التحليل هو آخر التركيب على توالٍ ونظام مخالف لتوالي التحليل ونظامه.

الشرط الثالث: ينبغي أن نبدأ بالتركيب من حيث انتهى إليه التحلي، وذلك بترتيب منطقي، إذ نبدأ مما سبق معرفته ونستنتج الخطوة التي سبقته، وهكذا صعودًا تأخذ ما قبل كل شيء إلى أن تنتهي إلى أول التحليل وهو آخر التركيب.

---

(1) المصدر السابق، ص66. (المؤلف)

(2) المصدر السابق، ص66-67. (المؤلف)

وقد حذر الحرّاني في أكثر من موضع في كتابه من المبالغة في اختصار البرهان وعدم ذكر جميع الخطوات، كما أشار إلى أن الاختلاف الذي قد يبدو في البرهان بين التحليل والتركيب إنما مرده الاختيار أو ذكر أشياء ليست ضرورية، وفي ذلك يقول الحرّاني صراحة: وقد ينبغي أن يعلم أن بعضًا يطعن على هذا الطريق ويقول إنهم إذا ركبوا ظهر في التركيب ما لم يكن في التحليل ذكر، بل إنما سبيل التحليل والتركيب أن يكون الكلام فيهما واحدًا لا خلاف فيه وأن الخلاف بين التحليل والتركيب إنما هو في الترتيب فقط، بأن هذا كان ذاك معلومًا[1].

ولكي يبدو فضل الحرّاني في باب التركيب وسعة معلوماته ودقته في الإجراء والبرهان، نورد ما ورد على لسان بابوس بشأن التركيب، فيقول: ولكن في التركيب نسير على العكس، إذ نُسلِّم بما تم فعلًا للشيء الأخير الذي توصلنا إليه في التحليل، وعن طريق ترتيب الأشياء حسب النظام الطبيعي كنتائج أو لواحق للتي كانت سوابق قبلًا، ثم يربط بعضها ببعض على التوالي، وهذا هو ما نطلق عليه التركيب[2].

يتضح لنا الآن مدى الاتفاق بين بابوس والحرّاني بصدد طريق التركيب، ويظهر لنا في الوقت نفسه اهتمام الحرّاني بالتفاصيل وبالكيفية الدقيقة التي يجب أن يكون عليها طريق التركيب سواء من خلال ما يثبته من أقوال أو ما يورده من أمثلة هندسية متنوعة يوضح فيها كيفية تطبيق القواعد والالتزام بالشروط والتوجيهات العامة.

وقاعدة إجراء الحل بالتركيب تبيّن بوضوح تام حرص الحرّاني على تتبع الخطوات العملية وصولًا إلى الحل الذي هو غاية الطريق.

قاعدة إجراء الحل بالتركيب: فإذا استتمت هذه الأشياء فينبغي أن تبتدئ بتركيب ما حللته، فانظر أولًا لا تركب شيئًا انتهى بك التحليل فيه إلى ما يبطل المطلوب، أعني لا تركب مسألة قد وضح لك من تحليلها أنها محال، وكذلك في أقسام المسائل، ولكن انظر كل ما سوى المحال فركبه حقًا مطلقًا فقد ينبغي أن تركبه بلا استثناء، وإن كان حقًا باستثناء

---

(1) المصدر السابق، ص78. (المؤلف)

(2) Heath, TH. Op. cit, p400.

فليكن تركيبك إياه هكذا، تذكّر الشريطة ثم تقول إما أن يكون ذلك موجودًا في هذه المسألة أو لا يكون موجودًا، فإن كان موجودًا كذا وتصنع كذا وتركب كذا إلى أن ينتهي إلى آخر التركيب وهو أول التحليل[1].

يقصد الحرّاني بقوله: (فإذا استتمت هذه الأشياء). ما قد سلف أن بينه، وهو ما انتهى إليه التحليل ابتداءً بالمفروضات والشروط ومعرفة نوع المسألة أو صنفها وأقسام المسألة، وانتهاءً بالحل، وبعد ذلك يأتي دور التركيب وإجراء الحل بواسطته، فإذا كانت المسألة محالًا أن تخرج وعرفنا ذلك عن طريق التحليل فمن الضروري أن نهمل حلها بالتركيب، إذ لا يمكن تركيبها.

ويلزم الحرّاني في القاعدة السابقة أن نعرف أيّ صنف من أصناف المسائل التي نريد تركيبها، هل هي مسألة صحيحة مطلقة؟، هل هي مسألة سيالة؟، هل هي مسألة محدودة؟ وبصورة عامة فإن المسألة تكون إما صحيحة على الإطلاق وعندئذ يمكن تركيبها بسهولة، أو تكون بزيادة شريطة أو بنقصان شريطة، وفي الحالتين يجب رد المسألة إلى صنف المسائل الصحيحة على الإطلاق إن كانت بعد الرد من المسائل التي تخرج، وإلا كانت من المسائل المستحيلة التي لا يمكن تركيبها. وتلزم الضرورة في جميع الأحوال عند إجراء الحل بطريق التركيب أن يذكر الاستثناء أو الشريطة، ثم يجري الحل بعكس طريق التحليل.

أما الإرشادات التي تقترن في العادة بإجراء الحل، فإنها واحدة سواء كانت الإرشادات لحل المسائل بطريق التحليل هي ذاتها بالنسبة لطريق التركيب مع مراعاة طريق التركيب وما يستوجبه من ضرورة البدء بالمقدمات واستنتاج المطلوب.

ولرب سائل يطرح علينا السؤال الآتي: هل هناك صلة بين منطق الحرّاني في التحليل والتركيب، ومنطق أرسطو؟

وللإجابة عن هذا السؤال يجدر بنا أن نبقى في دائرة تفكير الحرّاني ومنطقه، وأن نعزز الإجابة بمقارنة دقيقة مع أصول ومبادئ منطق أرسطو.

---

(1) يُراجع، مقالة في طريق التحليل والتركيب، ص60. (المؤلف)

لقد شُغل الفكر اليوناني بالبرهان لإثبات صدق مسألة هندسية أو حسابية، وإن استعراضًا بسيطًا لكتاب إقليدس المعروف بالأصول أو المبادئ يشير بما لا يقبل الشك بأن التعريفات للحدود الهندسية والبديهيات والمصادرات هي المقدمات الضرورية لحل المسائل الهندسية وذلك على أساس صدق هذه المقدمات وصدق ما ينتج عنها بالضرورة. ومن الواضح أن يتجه التفكير الرياضي صوب أسلوب الحل.

فهل يبدأ بالمقدمات التي قد تكون تعريفات أو مصادرات أو بديهيات أو مبرهنات سبق البرهان عليها واستنتاج المطلوب منها بخطوات منطقية متلازمة؟ أو هل يبدأ بالمطلوب ويسير عكس الطريق السابق وصولًا إلى المقدمات؟

إن الطريقين صحيحان من الوجهة المنطقية، ولكن ذلك لا يكفي، لأن الممارسة العلمية للبرهان أثبتت وجود عقبات ومشكلات وليس من السهل حلها بمجرد الإشارة إلى طبيعة البرهان ونوعيته. بل تحتاج إلى دراسة وتتبع لكل طريقة، وإدراك واضح للصعوبات والمشكلات، وكانت غاية الحرّاني كما يظهر لنا مما سبق تحليله ودراسته في تتبع الإجراءات بطريق التحليل وطريق التركيب تشير إلى اهتمامه بدراسة خطوات الحل والصعوبات التي تعترض الحل بالإنشاء أو البرهان، وإلى ضرورة تلافي الأخطاء التي يقع فيها المهندسون والمتعلمون لعلم الهندسة، فضلًا عما قد ينتج من إهمال للشروط وعدم الالتزام بالمحاذير، وتأثير ذلك على البرهان ذاته.

وفي ضوء ما قد تم إنجازه من دراسة دقيقة لطريق التحليل والتركيب، وما يرافق الطريقين من شروط وإرشادات، نحاول الآن عرض النتائج بالأسلوب الرمزي قبل إجراء مقارنة مع منطق أرسطو.

أولًا: استهدف تحليل المسألة معرفة صنفها، وما تحتويه من مفروضات وشروط ومطلوبات، والإفادة من هذه العناصر عند إجراء الحل سواء كان بطريق التحليل أو بطريق التركيب.

نرمز للمطلوب في المسألة بالرمز [م]. ونرمز إلى مجموعة المفروضات بالصيغة الآتية: [1أ .... نأ]، ونرمز إلى مجموعة الشروط بالصيغة الآتية [1ب .... نب].

ثانيًا: يشترط طريق التحليل أن نبدأ بالمطلوب مع الإفادة من المفروضات والشروط في المسألة، ونسير بخطوات منطقية متلازمة، فلا ننتقل إلى طلب المقدمات أو المسلمات إلا بعد أن نتأكد من أن الخطوات صحيحة منطقيًا، وأن القضية صادقة وما ينتج عنها صادق، بمعنى: إذا كانت القضية [ق] صادقة، فمن الضروري أن تكون القضية [ل] صادقة أن نتأكد أن كل قضية في السلسلة الاستنتاجية صادقة.

ثالثًا: يشترط طريق التركيب أن نبدأ عكس طريق التحليل فنبدأ بالمقدمات مع الإفادة من المفروضات والشروط في المسألة، ونسير بخطوات منطقية متلازمة، فلا ننتقل إلى ما يلزم عن المقدمات إلا على أساس أن النتائج صادقة بالضرورة استنادًا إلى صدق المقدمات، بمعنى: إذا كانت [ل] صادقة فمن الضروري أن تكون [ق] صادقة، وهذا معناه كذلك: أن الصلة بين التحليل والتركيب وثيقة وأن الخلاف بينهما في الترتيب فقط، فكل خطوة في السلسلة الاستنتاجية لطريقة التحليل يجب أن تكون معكوسة في التركيب، فإذا قلنا في التحليل: إذا كانت [ق] صادقة فإن [ل] صادقة، فيجب علينا التأكد من أن كل قضية هي لاحقة أو نتيجة ضرورية لأخرى، بحيث أن صدق [ق] يعتمد كذلك على صدق [ل]، بمعنى: أن صدق [ق] ينبع من صدق [ل].

رابعًا: نرمز إلى الاستنتاج أو الاشتقاق بالرمز [→]، ونرمز إلى المقدمات بالصيغة الآتية [ك 1......ك ن]، ونرمز إلى رابطة العطف [و]، بالرمز [∧]، لتقوم بعملية الربط المنطقي، وبذلك نستطيع التعبير عن حل المسألة بطريق التحليل بالصيغة الآتية:

[1^{أ} ...... ن^{أ}] / [1^{ب} .... ن^{ب}] ∧ م ⇐ [1^{ك} ..... ن^{ك}]

كما نستطيع التعبير عن حل المسألة بطريق التركيب بالصيغة الآتية:

[1^{أ} ......ن^{أ}] / [1^{ب} .... ن^{ب}] ∧ [1^{ك} .....ن^{ك}] ⇐ م

وللتبسيط نستغني عن المفروضات والشروط لاشتراكهما في الطريقين معًا، فيظهر التحليل عكس التركيب بوضوح.

م ⇐ [1^{ك} ..... ن^{ك}] طريق التحليل

[1^{ك} ..... ن^{ك}] ⇐م طريق التركيب

إن الطريقة التي يطلق عليها علماء الرياضيات اسم طريق التحليل هي ولا شك الطريقة التي سبق أن ثبت أرسطو أصولها في منطق النظرية القياسية، التي تعرف بطريقة الرد Reduction[1]. وتقوم الطريقة على أساس قسمة الأقيسة الصحيحة إلى قسمين: قسم يضم الأقيسة الكاملة Perfect Syllogism، وقسم آخر يضم الأقيسة الناقصة Imperfect Syllogism، إذ تكون الأولى بمثابة مقدمات ضرورية أو مبادئ أساسية نسلم بصحتها ولا تحتاج إلى برهان، بينما تكون الثانية مبرهنات تحتاج لإثبات صدقها إلى برهان، وذلك بردها إلى الأقيسة الكاملة.

ولتوضيح ما نذهب إليه نأخذ مثالًا منطقيًا بأسلوب التدوين الرمزي:

مثال: رد قياس Cesare إلى قياس Celarent

الحل: قياس Ceasare من الأقيسة الناقصة وهو المطلوب. فالخطوة الأولى هي أن نطرح هذا القياس في بداية الحل، وصيغته المنطقية كما يلي:

أ E ب ∧ ج A ب ← ج E أ

ثم نرد هذا القياس الناقص Cesare إلى القياس الكامل Celarent، وذلك بتطبيق القاعدة الاستنتاجية الآتية:

أ E ب ← ب E أ

فنحصل على قياس Celarent بالاستبدال.

ب E أ ∧ ج A ب ← ح E أ   Celarent

لقد أدرك الحرّاني بوضوح تطابق طريقة أرسطو المنطقية في رد الأقيسة مع طريقة التحليل، وفضل أرسطو في تحليل العلم الرياضي وشروطه، فقال: وذلك أن التحليل التمس

(1) يُراجع، د. ياسين خيل، نظرية أرسطو المنطقية، بغداد 1964، إن ما ردّ من صيغ رمزية تعبر عن برهان أرسطو بالرد لقياس Cesare، فالحرف [أ] يشير إلى متغير، وكذلك الحرف [ج]، أما الحرف [ب] فيشير إلى الحد الأوسط، وهو مشترك في المقدمتين، ويشير الرمز [A] إلى الكلي الموجب، ويشير الرمز [E] إلى الكلي السالب، أما الرمز [∧] فيشير إلى رابطة العطف، ويشير الرمز [←] إلى الشرطية. (المؤلف)

وجود المقدمات التي ينتج منها المطلوب على أن يكون فيها حد أوسط، بين أن المحلل إذا انتهى إلى غايته في التحليل فقد وجد التحليل المقدمات، وعمل ما يسميه أرسطو في كتاب أنالوطيقا اكتساب المقدمات[1].

التحليل طريقة في العمل والبرهان تبدأ بالمطلوب ثم تسير خطوة بعد خطوة نحو المقدمات التي ينتج منها المطلوب، ويتوقف البرهان على اكتساب المقدمات التي نسلم بصدقها أو التي سبق البرهان على صدقها من المبرهنات.

وأفاد الحرّاني من منطق أرسطو وتحليلاته الدقيقة في التحليل والتركيب، إذ أوجز ذلك بقوله: وإذا وجدت في التحليل المقدمات فحدودها لا محالة عنده موجودة معلومة مشار إليها، ففي التحليل ينبغي أن يذكر الحدود ويسار إليها، وأما التركيب فليس فيه استخراج الحدود ولا المقدمات، وإنما فيه تأليف تلك المقدمات[2].

وقد أدرك الحرّاني النظرية القياسية لأرسطو وما تقتضيه من استدلالات مترتبة على المقدمات وما ينتج منها، كما التزم به صاحب المنطق، وليس على ما جرى من عادة عند المهندسين الذين يسرفون في الاختصار، فيظهر وكأن التحليل لا يوافق التركيب.

وأجمل الحرّاني موقفه بشكل دقيق من منطق أرسطو وأعمال المهندسين في أقوال دالة على عمق في الفهم وإدراك للصلة الوثيقة بين المنطق والعلوم البرهانية عامة والهندسية بخاصة، فيقول: وإنما وجدت في التحليل وحمل الحدود بعضها على بعض، فإذن عند التركيب إنما ينبغي أن نُقِرّ ما كان استنبط واكتسب في التحليل من حدود المقدمات التي منها يؤلف القياس الذي ينتج المطلوب، ونعمل على أنها موجودة غير مفقودة ونقتصر في التركيب على نظم القياس فقط وتنتج منه النتيجة، إلا أن هذا إنما نعمله عند التحليل الصحيح الذي أومأنا إليه قبيل لا عند التحليل الذي جرت عادة المهندسين باستعماله مضمرًا فيه أمر الحدود غير موجودة فيه شيء منها، والحدود في قضايا الهندسة هي التي يستعملها المهندسون من الخط الفلاني والسطح الفلاني وغير ذلك، ويحملون بعضها على بعض.

---

(1) يُراجع، مقالة في طريق التحليل والتركيب، ص91-92. (المؤلف)

(2) المصدر السابق، ص92. (المؤلف)

وأما التحليل الذي يستعمله المهندسون فليس فيه تصريح شيء اكتسب ولا إيماء إليه ولا ذكر حدود المقدمات بأعيان الحدود، وإنما أكثره مضمر غير ظاهر، وليس هكذا تكتسب المقدمات[1].

المبحث التاسع: تقويم عام لمنطق الحرّاني في التحليل والتركيب، مع مقارنة بينه وبين الفيلسوف ديكارت

وأخيرًا لا بد لنا من إجراء تقويم عام لمنطق الحرّاني في التحليل والتركيب إنصافًا للرجل ولا أنجزه هذا العالِم العربي الكبير في ميدان من العلم لم يبرز فيه في تاريخ العلم والفلسفة إلا مجموعة قليلة من العلماء، ولم يَلقَ الاهتمام الكافي إلا حديثًا.

إنه لمن الإنصاف أن نقول إن إبراهيم بن سنان الحرّاني رائد في هذا النوع من المنطق، وأن أبحاثه ومقالاته وكتبه تشير بوضوح إلى إدراكه العميق لأهمية الطريقة في اكتشاف الحل عند مجابهة مسألة علمية سواء كانت هندسية أو عددية أو غير ذلك.

ففضلًا عن إنجازه الكبير هذا، نجد فيه تواضع العلماء والمفكرين، وهو السلوك الذي استمد قيمه من الإسلام العظيم، ففي مستهل كتابه مقالة في التحليل والتركيب، يشير إلى إدراكه للريادة العلمية في بحثه وحسن تواضعه، فيقول: وقد ينبغي لمن نظر في هذا الكتاب إن وجد فيه تقصيرًا أن يعلم أن الإنسان إذا ابتدأ بمعنى لم يكثر غيره الخوض فيه لم يخل من بعض التقصير، لأن العلوم إنما تنمو وتتزيد بأن يبتدئ واحد من الناس شيئًا منها ثم يزيد من بعده فيه فيصححه ويقومه، فقد يجد على من وقف على تقصير أن يقول فيه ما يوجبه الحق وأن يزيد إن اقتضى لأمر زيادة أو ينقص، أو يعمل لنفسه كتابًا في هذا المعنى يستوفي فيه الأمر على حقه فيحوز الجمال لنفسه وشرف الإصابة له دون غيره، فإني ما أخلو من تقصير في كثيرٍ مما أعمله لأشغال تقسمني وتعوقني عن المواظبة على هذه الأشياء وما أشبهها والله الموفق[2].

والحرّاني في مجموع أبحاثه ومؤلفاته يلتزم بالموضوعية وذكر مَنْ سبقه من العلماء

---

(1) المصدر السابق، ص92. (المؤلف)

(2) المصدر السابق، ص4-5. (المؤلف)

عندما يأخذ عنهم، فشأنه في ذلك شأن العلماء العرب يشير بالفضل لمن سبقه في ميدان بحثه أو لمن أفاد منه واعتمد عليه، فهو يذكر إقليدس وأبولونيوس وثاوذوسيس وأرسطو في مقالته وما أخذ عنهم.

كما ويذكر فضل أبولونيوس في التحليل والتركيب بقوله: ووجدت المهندسين في هذا العصر قد أغفلوا طريق أبولونيوس في التحليل والتركيب وسائر الأشياء، التي ذكرتها واقتصروا على التحليل فقط واختصروه حتى أنهم صيروا التحليل إلى أن يظن أنه ليس تحليل التركيب الذي يركبونه[1].

وقد أثار استغرابي أن الحرّاني لم يذكر فضل بابوس في التحليل والتركيب، والأرجح أنه لم يطلع على آثاره، وأن بعض معلوماته قد استقاها مباشرةً من مؤلفات علماء الهندسة اليونان، فكانت مقالته بحق أول مقالة علمية دقيقة تناولت جميع أوجه منطق التحليل والتركيب، وأن سر تفوقها على ما عداها يكمن في معرفة الحرّاني الدقيقة بعلم الهندسة وطرق حل المسائل الهندسية.

ولكن الذي يثير في النفس استغرابًا واندهاشًا أكبر هو أن الفيلسوف الفرنسي الحديث رينه ديكارت (ت1650م)، لم يذكر في مقالة الطريقة Discourse of Method[2]، فضل من سبقه

---

(1) يُراجع، كتاب في حركات الشمس، ص66. (المؤلف)

(2) تُرجم هذا الكتاب لديكارت بأكثر من ترجمة عربية حديثة، منها ترجمة المرحوم محمود الخضري، القاهرة 1930، بعنوان: مقال عن المنهج لإحكام قيادة العقل وللبحث عن الحقيقة في العلوم، وترجمه المرحوم جميل صليبا، ط2، بيروت 1970، بعنوان: مقالة الطريقة لحسن قيادة العقل وللبحث عن الحقيقة في العلوم، وترجمه عمر الشاروني، ط1، تونس 1987، بعنوان: حديث الطريقة لقيادة العقل قيادة حسنة والبحث عن الحقيقة في العلوم، وهناك ترجمة أخيرة اطلعت عليها، قام بها فواز الملاح وزميله، ط1، دمشق 1988، بعنوان: المنهج لإحكام قيادة العقل والبحث عن الحقيقة في العلوم. وهناك دراسات حديثة تحاول أن تثبت أن ثمة صلة بين هذا الكتاب وكتاب الغزالي (أبي حامد) الموسوم المنقذ من الضلال والموصل إلى ذي العزة والجلال، من حيث ترتب القواعد الأربع في الوصول إلى الحقيقة في العلوم، كما وجد بعض الباحثين في ذلك أن ديكارت قد اطلع هذا الكتاب وأقام جملة ملاحظات عليه، بمعنى أن كتاب الغزالي هذا قد ترجم إلى اللغة اللاتينية وكان معروفًا في الدوائر الفلسفية والعلمية أيام ديكارت، يُراجع للتفصيلات، د. محمود حمدي زقزوق، المنهج الفلسفي بين الغزالي وديكارت، ط1، القاهرة 1973. ولكن على عادة الفلاسفة الغربيين المحدثين والمعاصرين لا يشيرون إلى من سبقهم في هذا المضمار، أنهم واقعون تحت تأثير المركزية الأوروبية الغربية والتعصب الفكري تجاه الشرق الإسلامي والعربي.. (المحقق)

في طريق التحليل والتركيب، ولكنه (أي ديكارت) ما تعلمه في المنطق والتحليل الهندسي والجبر، فضلًا إلى تعرفه على ما أنجزه لولي Lully أو ريماندوس لولوس[(1)].

ويرى ديكارت أن القواعد الأربع التي توصل إليها كافية لحل المسائل الرياضية، وتمثل الطريقة التي اهتدى إليها من خلال امتحانه للعلم الرياضي.

ولا أدري إن كانت أقواله هذه تقنع الباحث أنه لم يعرف التحليل والتركيب في مؤلفات علماء الرياضيات اليونان والعرب، ولكني مقتنع أن ما توصل إليه ديكارت لا يمثل إلا النزر اليسير مما أفاض به الحرّاني في مقالته، وأن مقارنة بسيطة بينهما تشير إلى سمو منزلة الحرّاني على ديكارت في منطق التحليل والتركيب، وشمولية الفكر الرياضي المنهجي للحرّاني على محدودية الفكر الرياضي المنهجي لديكارت[(2)].

وفيما يلي بعض أوجه المقارنة بين الحرّاني وديكارت:

أولًا: إن طريقة الحرّاني أوسع بكثير من طريقة ديكارت، فهي (أي طريقة الحرّاني)، تفصِّل القول في أنواع المسائل أو أصنافها وكيفية ردها إلى المسائل الصحيحة على الإطلاق لتكون جاهزة للحل، وتثبت مجموعة القواعد والشروط والإرشادات وما ينبغي عمله لحل المسألة بالتحليل أو بالتركيب والالتزام بضرورة منطقية منهجية هي توافق التحليل والتركيب اللهم إلا اختلافهما من حيث الترتيب والنظام، فلقد أرشدني الحرّاني[(3)] إلى ضرورة استخدام القضايا الهندسية من بديهيات ومصادرات ومبرهنات لحل المسائل، وبين أن التحليل

---

(1) سبقت الإشارة إلى لولوس في الفصل السابق والخاص بمنطق الخوارزمي، فليُراجع في موضعه. (المحقق)

(2) يحاول هنا ياسين خليل أن يبين أصالة منطق الحرّاني الرياضي بإزاء ما طرحه ديكارت من منهج في الفلسفة الحديثة، وأن أسبقية وعمق منهج الحرّاني أكثر أصالة على منهج ديكارت، وهنا يسجل أسبقية أخرى للعلم العربي على العلم الأوربي الحديث ومن خلال الحرّاني، مثلما سُجل من قبل عن الغزالي. (المحقق)

(3) هذا اعتراف آخر مصرح به من قبل الفيلسوف ياسين خليل من أن التراث العلمي العربي، قد أرشده إلى أهمية درسه وتحليله وعدم نسيانه، والبحث في موضوعات فلسفية غربية تنظر إلى التراث العلمي العربي نظرة قاصرة، إنها صحوة علمية وإن جاءت متأخرة نوعًا ما، مثل سابقه المرحوم زكي نجيب محمود لأن كليهما ينتمي إلى المدرسة الوضعية المنطقية الأوربية المعاصرة، كما بيَّنا ذلك في مقدمتنا للكتاب الأول من المجلد الأول، فليُراجع هناك. (المحقق)

هو قسمة وإجراء حل، وأن التركيب يقوم على التحليل من دون حذف، وأنه إجراء حل فضلًا عن ذلك. أما قواعد ديكارت فلا تشكِّل من منطق الحرّاني إلا جانبًا بسيطًا، فالقاعدة البديهية موجودة عند الحرّاني ضمنًا، والقاعدة التحليلية لا تمثل إلا قاعدة القسمة عند الحرّاني، والقاعدة التركيبية ليست إلا وجهًا مبسطًا للقاعدة التركيبية عند الحرّاني، وقاعدة الإحصاء التام نجدها ملازمة لتفكير الحرّاني في التحليل والتركيب وقد أكدها في منطقه[1].

ثانيًا: تشكل طريقة الحرّاني منطقًا متكاملًا لحل المسائل الهندسية، وقد توصّل إلى ضرورة إبرازه وتعليمه من خلال ممارساته الهندسية في حل المسائل، واكتشافه أن هذه الطريقة لم تكن كاملة قبله، ولم يدرك أهميتها إلا عدد قليل من العلماء، أما طريقة ديكارت فليست إلا مقترحات تحتاج إلى دعم بالشواهد، وهي ناقصة، لأنها خالية من قواعد إجراء الحل، بينما عمل الحرّاني في مقالته أن تكون طريقته مشفوعة بالشواهد الهندسية، فضلًا عن تثبيته لقواعد إجراء الحل، وبذلك تتفوق طريقة الحرّاني على طريقة ديكارت بدقتها من ناحية وأسلوب استخدام القواعد عند القيام بالحل من ناحية أخرى.

ثالثًا: أفاد الحرّاني من منطق أرسطو في كتابه لمقالته في التحليل والتركيب، وإدراك الصلة بين القياس والتركيب من جهة، والرد والتحليل من جهة أخرى، واشترط الحرّاني فضلًا عن ذلك موافقة التحليل للتركيب منطقيًا، على الرغم من ظهورهما مختلفين عند المهندسين بسبب استخدامهم أسلوب الاختصار عند إجراء الحل، لذلك نجد الحرّاني يؤكد أهمية تسلسل الاستنتاجات من دون حذف، وهذا معيار يضع الحرّاني في مصاف علماء المنطق في اكتشاف الحل والتعامل مع الاستدلال المنطقي. ولكننا إذا تفحصنا مقالة الطريقة لديكارت فإننا سنشعر بخيبة أمل لعدم إدراكه لأهمية المنطق في الرياضيات من جهة، وانشغاله بأمور لا تمت بصلة للطريقة من جهة أخرى.

---

(1) يُراجع، عن هذه القواعد عند ديكارت، كتابه مقالة الطريقة، وقد سبق وأن أشرنا إلى الترجمات العربية لهذا الكتاب. (المحقق)

تتجلى قيمة منطق التحليل والتركيب في إمكانية تطبيقه في سائر العلوم فضلًا عن أهميته في التربية وأصول تدريس العلوم، ولقد أفاد فلاسفة أوربا وعلماؤهم من هذا المنطق في حل المسائل العلمية، سواء كانت على هيئة تعليمية أو إبداعية، كما أصبح حجر الزاوية في اختيار أفضل السبل لعرض الكتب العلمية التعليمية بصورة سهلة ومقبولة لذهن الطالب والمتعلم.

وتوسع هذا المنطق بصورة كبيرة في العصر الحديث، إذ يمكن القول إنه ما من علم إلا ويستخدم طريقة معينة لحل المسائل أو المشكلات التي تعترضه، ولم تعد طريقة التحليل والتركيب إلا النموذج الجيد في العلوم المضبوطة النظرية، وابتدعت طرق أخرى مختلفة، فالتدوين الرمزي والتعريف وفحص الوحدات الفيزياوية أو غيرها والتثبت من صحة الحل أو خطئه، وكيفية اكتشاف الحل وغير ذلك، أساليب جديدة ابتدعها الإنسان باتجاه حل المسائل العلمية.

ولقد بذلت محاولات عامة من أجل تصنيف المشكلات في الوقت الحاضر، فكانت ثلاثة أصناف: مشكلات مدرسية ومشكلات برهانية ومشكلات البحث العلمي، وكانت الغاية من ذلك التعرف على نوع المشكلة وأسلوب حلها، ولعل هذه المحاولة أولى خطوة على طريق بناء منطق حل المشكلات بشكل كامل، منطلقين من محاولة الحرّاني وما أنجزه العلم الحديث من دراسات في هذا الميدان[1].

(1) يُراجع، ياسين خليل، منطق البحث العلمي، ط1، بيروت 1974، ق1، فصل 5. (المؤلف)

الفصل السادس

العلوم الصرفة[*]

المبحث الأول: نمو العلوم وتطورها

تمهيد: لقد كانت الخبرة المستمدة من ضرورات الحياة العملية هي المصدر الأول لكل معرفة إنسانية، إذ لا يمكن تصور المعرفة العلمية مجردة من الخبرة في زمن كان الإنسان يتلمس بداية الطريق متفاعلًا مع الطبيعة وموجوداتها لإدامة حياته على الأرض والمحافظة على جنسه من الأخطار التي تحيط به من كل جانب.

وإذا كانت الخبرة العملية بسيطة ومتفرقة في بداية الأمر وخاضعة في أغلب الأحيان لمثابرة الإنسان في التجربة والخطأ وإمكانية انتقاء الصالح الذي أفرزته التجربة الصحيحة، إلا أن القدرات الذاتية للإنسان قد مكنته في المناطق التي شهدت بزوغ الحضارة على الأرض من تطوير وتوحيد المتقارب والمتشابه من الخبرة في وحدة موضوعية لتكون بداية حقيقية لنشأة العلم وسلوك الإنسان في الطريق نحو فهم الطبيعة والسيطرة عليها.

ولم تكن هذه الخبرة في بدايتها بحتة، بل رافقتها مجموعة من التصورات والأفكار الدينية والأسطورية التي وهبتها نوعًا من الاحترام والتقديس حتى أصبحت في الحضارات الأولى جزءًا من المعتقدات الدينية لا يمارسها إلا نفر قليل من الناس هم الكهنة والقوَّامون على

---

(1) نُشر هذا الفصل في كتاب موسوعة حضارة العراق، الجزء الثامن، بغداد 1985. وقد جاء خلوًا من أية إشارة إلى المصادر والمراجع المعتمدة في البحث، وأظن أن هذا الفصل الذي نشر في موسوعة حضارة العراق إنما هو حصيلة وجمع كل ما كتبه الفيلسوف ياسين خليل في كتبه الثلاثة الأولى الخاصة بالتراث العلمي العربي، فضلًا عن أبحاثه العلمية التي نشرها في المجلات العلمية العراقية مثل: مجلة التراث العلمي العربي ومجلة المجمع العلمي العراقي ومجلة آفاق عربية البغدادية في سبعينيات القرن المنصرم وحتى منتصف ثمانينيات ذات القرن. (المحقق)

الديانة وطقوسها، وكانت الخطوة الحضارية الكبيرة عندما أخذت المعرفة العلمية طريقها نحو الانتشار بفضل المدارس وتعليم الناشئة أسرار الخبرة المحفوظة فيها.

إن التوجه نحو التعليم بفضل اختراع الكتابة قد مهد السبيل نحو فصل المعرفة العلمية عن التصورات والأفكار اللاهوتية، وذلك لاختلاف طبيعة كل منهما، إذ تختص الأولى بإمكانية الإفادة منها في الحياة العملية الخاصة والعامة، بينما تختص الثانية بالناحية العقائدية وما تمليه على الفرد من تصورات وأفكار نظرية حول الطبيعة ونشأة الإنسان ومصيره، والآلهة وقدراتها في التحكم والسيطرة على ذلك، كما أن التعليم قد ساهم مساهمة في خزنها وتداولها والإفادة منها عند الحاجة وأساسًا مهمًا لتطويرها باستمرار.

إن نجاح الإنسان في استخدام خبراته العملية المتراكمة والإفادة منها لأغراض حياته اليومية في الزراعة والري والعمارة والهندسة والبناء وصناعة الأواني والأقمشة والملابس وابتكار أدوات القتال والدفاع وغير ذلك، قد مهد له الطريق الصحيح لخلق تقنية أساسها الخبرة والابتكار معًا، كما أن ممارساته في الإفادة من النبات والحيوان وما يتوفر لديه من معادن في تحضير أنواع الأدوية والعقاقير لمعالجة الأمراض والأوبئة، وفي صناعة عدد من المواد الكيمياوية المستعملة لأغراض الحياة اليومية والصناعة، وقد ساهمت في وضع الأسس الأولى للصناعات الكيمياوية وابتكار الأجهزة العلمية للتحضير الكيمياوي، وزيادة الفعالية التجريبية والبحث عن المواد الأولية.

إن الانتقال من الخبرة العملية إلى الابتكار والإضافة العلمية لا يمكن أن يتحقق من خلال الخبرة البحتة، إذ لا بد أن نُسلِّم بلا جدال أن الابتكار وليد الخبرة النظرية وما تحتاجه من مستلزمات عملية، وأنه لا بد أن نعترف أن الإنسان قد استطاع تجاوز الخبرة العملية إلى دائرة الخبرة النظرية لنفهم بصورة صحيحة ودقيقة الانجازات والمبتكرات القديمة.

لا شك أن الخبرة العملية كانت بمثابة الرحم الذي تولدت فيه العلوم المختلفة، فالحاجة الملحَّة إلى البناء والعمارة والزراعة والري وما تمليه الحياة اليومية من معاملات كانت الدافع وراء ابتكار العلوم الرياضية وتطورها، كما أن التصورات والأفكار حول الكون ونشأته والاهتمام بالظواهر الطبيعية بغية إيجاد تفسيرات لحدوثها، والحاجة إلى العمل في

الزراعة والعناية بالحيوان والنبات، وابتكار الوسائل والأدوات المختلفة وخلق تقنية يحتاجها المجتمع في مرحلة تطوره، كانت اللبنات الأولى لبناء العلوم الطبيعية وتقدمها، كما أن الاهتمام بحياة الإنسان في الصحة والمرض والمثابرة على إيجاد الوسائل العلاجية لشفائه وإدامة صحته، والعمل على زيادة المعرفة بأنواع المرض وأعراضه من خلال ملاحظة أحوال الإنسان، واختلاف مزاجه، واعتلال صحته وتغير بدنه وأجهزته، كان القاعدة الأساسية التي انطلق منها علم الطب والصيدلة في تطوره وبناء أساسياته.

إن ارتباط المعرفة العلمية باللاهوت والأسطورة والخرافة في الحضارات القديمة قد عرقل تطور العلم من جهة[1]، كما ساعد على عدم فهم الإنجاز والابتكار الذي خلفته هذه الحضارات من جهة أخرى، فإذا بالآراء والأفكار الكاذبة والمتحيزة تنتشر لتطمس القدرة الخلاقة لإنسان الحضارات الأولى في الشرق الأوسط.

كتب المهتمون بتاريخ العلم من الغربيين طوال أكثر من قرنين عن تطور العلوم في حضارة وادي الرافدين والنيل والحضارات التي توالت بعدهما، وأمعنوا بدراسة ما أنجزته الحضارة العربية الإسلامية، ولكن كانت النتائج مع الأسف تحمل طابع التعصب للحضارة اليونانية بعدِّها حضارة أوربية وطابع التشويه والكذب لإنجازات حضارة الشرق الأوسط القديمة، فإذا بهم يتحدثون عن المعجزة اليونانية وقدرة الإنسان اليوناني على الابتكار مقابل عجز الإنسان في وادي الرافدين والنيل والحضارة العربية الإسلامية، ولم يشذ عن هذه القاعدة إلا نفر قليل وسط الكثرة التي أسمعت صوتها بكل وسيلة ليتأثر بها الإنسان العربي المعاصر[2].

---

(1) ناقشنا هذا الموضوع من قبل، حول ربط تصورات الإنسان الأولى بالأسطورة والخرافة واللاهوت (=التفسير الغيبي الديني للظواهر الطبيعية)، وقلنا إن ما ندعيه الآن من أنها تصورات غيبية إنما هو موقفنا نتيجة تطور العلم ومناهجه في اكتشاف مجاهيل الطبيعة، لكن هذه التصورات القديمة عند الإنسان الأول كانت هي الأخرى بمثابة علم في زمانه يقيم عليها تصوراته وأحكامه وصلة ذلك كله بالمجتمع والسلطة المعرفية والدولة والدين وغير ذلك، هذا من جهة، ومن أخرى أن ارتباط المعرفة العلمية بالأسطورة والخرافة قد أفرغ المنجز العلمي العملي التجريبي من محتواه، وهذا مما عرقل تطور الحياة العلمية والعملية بإطارها الصحيح، أي أن الغيبيات كانت معرقلة لتطور العلم والحياة العلمية. (المحقق)

(2) هذا الموقف من الحضارات العراقية والمصرية والسورية القديمة فضلًا عن الحضارة الإسلامية، إنما شكله مجموعة من المستشرقين والفلاسفة الغربيين المعاصرين، ومفاده أن الحضارة اليونانية حضارة غربية أوربية ولا صلة لها بالشرق إطلاقًا، وأن الحضارة اليونانية حضارة قائمة على العلم والعقل العلمي والمنطق

وغايتنا في هذا المبحث والمباحث القادمة أن نكشف الحقيقة مقابل الزيف الاستشرافي، وأن نتعرف التطور والتفاعل العلمي بين الحضارات مبتعدين عن النظرة العرقية الاستعلائية التي غالبًا ما رافقت كتابات رجال الاستشراق، ملتزمين بالحجة المنطقية والبرهان العلمي القويم.

اعتمد مؤرخو العلم على أسلوب منهجي للفصل بين العلم العملي والعلم النظري، وأصدروا أحكامًا وقواعد يبغون من ورائها استنتاج ما تهوى نفوسهم، فكان نصيب العلم العملي أقل شأنًا من العلم النظري، وذلك على أساس أن العلم النظري هو غاية المعرفة، وأنه أكثر رقيًا في سلم التجريد والمعرفة الدقيقة، وأن الإنسان يطمع في الحصول عليه لذاته من دون أن يتأثر بالفوائد العملية، لأن غايته كشف الحقيقة لذاتها والتمتع بجمالها.

ولما كانت المعرفة العلمية في واديَيّ الرافدين النيل (بنظر هؤلاء) تعتمد في الغالب على الخبرة العملية، وأن المعرفة في اليونان تجاوزت الخبرة العملية إلى دائرة التجريد والبحث النظري، فإنها استنادًا إلى القواعد المفروضة أكثر تقدمًا من المعرفة العلمية في حضارة واديَيّ الرافدين والنيل. ويجري تطبيق هذه القواعد نفسها على إنجازات إنسان الحضارة العربية الإسلامية مع التزام صارم تجاه كل إنجاز أو ابتكار عربي، إذ لا بد أن يكون (بنظرهم) من مصدر يوناني أو هندي أو فارسي أو سرياني [1]، والغاية من ذلك واضحة تتجلى في تجريد الإنسان العربي من كل قدرة على الإنجاز والابتكار والإضافة العلمية الجادة.

إنَّ هذه القواعد ليست صحيحة في موازين العلم المعاصر، وهي وإن كانت صحيحة نسبيًا ولحد ما في الماضي، إلا أنها أصبحت غير قائمة وغير سليمة بعد التطور العلمي والتقني

الرياضي ومبتكرة لأساليب البحث في الطبيعة واكتشاف مجاهيلها، وأن الحضارات في الشرق الأوسط القديمة حضارة تعتمد الخرافة والأسطورة والدين في أحكامها ومقولاتها وفلسفتها، ومع الأسف قد شايع مجموعة من الباحثين العرب هذا الرأي لهؤلاء الغربيين. وقد ناقش الفيلسوف ياسين خليل هذا الموضوع بالتفصيل في الكتاب الأول من هذا المجلد، ودافع بشدة عن أصالة الحضارات الشرق أوسطية القديمة، بأدلة علمية ممتازة، وأثبت أن الحضارة اليونانية وعلمها وفلسفتها لم تكن لتقوم لولا وجود هذه الحضارات السابقة عليها، وقد علقنا طويلًا على ذلك في حواشي الكتاب الأول، فليُراجع في موضعه. (المحقق)

(1) يفترض ياسين خليل ألا يضع السريان ضمن القائمة هذه من الأمم الأخرى، لأنهم منجز حضاري عربي قائم في الأرض العربية، وله جذوره الحضارية والعلمية والدينية والفكرية العميقة الممتدة في هذه الأرض. (المحقق)

المعاصر، إذ أصبحت التجربة مصدر كل معرفة، وأن مجرد التفكير بإمكانية الحصول على المعرفة العلمية من خلال التأمل والنظر العقلي ضرب من الخيال. فالخبرة والنظرية توأمان لا يمكن الاستغناء عن أحدهما.

إنَّ دراسة نمو العلوم وتطورها يتطلب من الناحيتين العملية والعلمية أن نفهم تاريخ العلوم في ضوء أربع مراحل متمايزة بعضها عن بعض، هي:

المرحلة الأولى: التي تمثل إنجازات حضارة واديّ الرافدين والنيل.

المرحلة الثانية: التي تمثل إنجازات الحضارة اليونانية الهيلينية.

المرحلة الثالثة: التي تمثل إنجازات الحضارة اليونانية الهيلنستية.

المرحلة الرابعة: التي تمثل إنجازات الحضارة العربية الإسلامية[1].

ولما كان هدفنا الرئيس دراسة المراحل الأربعة بالتفصيل، فإن مهمتنا في المراحل الأخرى تنحصر في إبراز أهم الخصائص التي تميزها، وبيان صلة مرحلة بأخرى، وتأكيد النمو العملي الذي رافق تسلسل المراحل، وتعيين المصادر الحقيقية في الإبداع لكل مرحلة.

(1). خصائص المرحلتين الرافدانية والمصرية

لقد أجمع مؤرخو العلم على أن العلم في واديي الرافدين والنيل لم يتجاوز الخبرة العملية، وأنه وجد لأغراض الحياة اليومية، وهذا حكم لا نتفق معه للأسباب العلمية الآتية:

أولًا: لا شك أن المعرفة العلمية تبدأ بالخبرة والتجربة العملية، ولكنها لا تبقى في هذه الحدود محصورة اللهم إلا في الحضارات البدائية غير المتطورة، وحضارتا وادي الرافدين والنيل من الحضارات العظيمة التي حققت تواصلًا حضاريًا لمدة

(1) لقد درس ياسين خليل التطورات العلمية ومراحلها ونموها في هذه الحضارات بشكل مفصل في الكتاب الأول، القسم الأول من هذا المجلد، بعنوان مصادر التراث العلمي العربي، كما ويقصد بالحضارة اليونانية الهيلينية، الحضارة التي تعبر عن روح اليونان الخالصة غير المتأثرة بغيرها من الشعوب، أما الحضارة اليونانية الهيلنستية، فهي الحضارة التي اصطبغت بحضارات الشرق وتصوراته الكونية والدينية، ولا سيما العراق ومصر وسوريا. (المحقق)

طويلة من الزمن، فأثرتا فيما حولهما من حضارات أقل تقدمًا، وكانت الحضارة اليونانية ذاتها واحدة من الحضارات التي ارتشفت المعرفة والعمل من هاتين الحضارتين.

ثانيًا: إن العلم النظري وليد الخبرة الحية والتجربة العملية[1]، ولا يجوز التفكير في الحضارات الأصيلة وما أنجزته من علم إلا من خلال الخبرة العملية أولًا، وإن وجدت حضارة خالية من عطاء الإنسان في مجال الخبرة العملية، حيث لا نشاهد غير علم نظري مقطوع الجذور ولا علاقة له بالحياة العملية، فلا بد أن نفترض أن هذا العلم ليس أصيلًا في تلك الحضارة، وأنه مجرد معرفة منقولة من حضارات أخرى أكثر تقدمًا، وهذا ما ينطبق إلى حد ما على الحضارة اليونانية.

ثالثًا: أن الجانب العملي في إنجازات حضارتي واديي الرافدين والنيل يمثل قاعدة الهرم العلمي فيهما، بينما أخذ العلم النظري بالتطور والنمو كلما تقدمت الحضارة، حتى غدا في النمو العلمي ممثلًا لقمة الهرم ومن دون أن يفقد صلته بالحياة العملية، ولا أدل على ذلك ما نراه من تقدم كبير في مجال علوم الجبر والحساب والفلك في الحضارة البابلية، وما نراه من تقدم كبير في علوم الهندسة والحساب في الحضارة المصرية القديمة.

رابعًا: من حقائق مناهج العلوم حديثًا حقيقة مهمة جدًا، هي: أن الخبرة البحتة لوحدها غير كافية لخلق خبرات عملية جديدة، وأن الأصل في الابتكار يتوقف على ناحيتين مهمتين هما: النظر والعمل، والنظرية والخبرة العملية، وأنه لولا الخبرة والتجربة لما وجدت النظرية أصلًا، إن التوصل إلى صياغات دقيقة للعمليات الجبرية والحسابية ووضع الدساتير الجبرية لإيجاد المجهول وحل المسائل المختلفة، وتكوين النظريات الهندسية وإدراك ما لها من صلة بنظريات أخرى وعموميتها في التطبيق، فضلًا عن إدراك ما للحل من أهمية في إثراء المعرفة الهندسية، يمثل

---

(1) يُلاحظ هنا أن ياسين خليل، يقدم الخبرة العملية على الأساس النظري في قيام الحضارات الأصيلة، أي أن الواقع العملي العلمي هو الذي يؤسس للنظر الفلسفي بمعنى أن الواقع هو الذي يؤصل للنظر، أي الوجود سابق على الماهية بالمعنى الفلسفي. وهو ما سيؤكده في النقطة والنقاط اللاحقة. (المحقق)

بلا شك قفزة كبيرة نحو بناء العلم النظري في بابل ومصر، وما ينطبق على هذه العلوم ينطبق بدرجات متفاوتة من التجريد العلمي بالنسبة للعلوم الأخرى.

لقد دوّن إنسان وادي الرافدين خبراته ومعلوماته وعلومه على الرُقَم الطينية، ودون إنسان وادي النيل خبراته ومعلوماته العلمية على ورق البردي، فكان نصيب عدد غير قليل من الرُقم الطينية الاندثار والتلف، فضاعت بذلك ولا شك معلومات قد تكون على جانب كبير من الأهمية العلمية. ولإلقاء الضوء على المستوى الذي بلغته الحضارة البابلية من التطور العلمي، كما أن الحفريات والتنقيبات لم تُستكمَل حتى الآن، مما يولد انطباعًا أن كثيرًا من المعلومات العلمية لا تزال غير مكتشفة، وأن كثيرًا من أحكامنا في الوقت الحاضر على المستوى العلمي للحضارة البابلية قد تتغير بالتدريج نتيجةً للاكتشافات الأثرية في المستقبل.

فضلًا عن ذلك، أن الحضارة اليونانية التي أخذت الكثير من المعارف العلمية البابلية لا يمكن تشخيصها بدقة من خلال العلم اليوناني إلا إذا توفر الأصل البابلي، ويصدق الشيء نفسه بالنسبة للحضارة المصرية، على الرغم من اعتراف اليونانيين بفضل المصرين وتفوقهم في علم الهندسة، إذ لا نعرف بالضبط ما أخذته الحضارة اليونانية من المعارف العلمية المصرية، ولا سيما عندما انتقل المركز العلمي من اليونان إلى الإسكندرية، إذ عكف العلماء اليونان على تدوين المعارف المصرية باللغة اليونانية.

(2). خصائص المرحلة اليونانية الهيلينية

لقد تميزت الحضارة اليونانية في مهدها الأول بالنظر العقلي والمنطقي، فكانت الخبرات العلمية في كل ميدان من ميادين المعرفة موضوعًا للتحليل والتفسير والتأمل، وبذلك تفوق فيها العلم النظري وتوطدت دعائمه وأسسه، وأصبحت الخبرة اليومية والتجربة العملية لا تحتل عند المفكر اليوناني إلا المقام الثاني النظر والتفسير، بل لقد ذهب عدد غير قليل من المفكرين اليونان إلى احتقار الخبرة الحسية والعلوم العملية، واعتبروها أقل شأنًا ولا تستحق أن تصنّف مع العلوم النظرية في طلب الحقيقة والمعرفة اليقينية.

وهكذا انقلب ميزان السلوك العلمي بعدما كانت الخبرة العملية هي الأساس في طلب الإنسان البابلي للمعرفة، فأصبحت النظريات والمفاهيم والمبادئ النظرية هي الأساس

في طلب الإنسان اليوناني للعلم، ونشطت محاولات المفكر اليوناني في فهم جميع الظواهر الطبيعية والإنسانية والاجتماعية على أسس عقلية ومنطقية، فإذا بالفلسفة باعتبارها حب الحكمة تتنامى شيئًا فشيئًا لتؤلف الأساس النظري، ولتعتمد الغاية في طلب الحقيقة لذاتها، والبحث عن جواهر الموجودات وعللها، واكتشاف المبادئ الضرورية لكل علم ومعرفة إنسانية.

وبفضل المثابرة الفلسفية اليونانية توسعت دائرة المعارف الإنسانية وتنوّعت الاختصاصات العلمية، فتوضحت حدود عدد غير قليل من العلوم من خلال تعيين الموضوعات التي تتناولها أو من خلال المفاهيم والمبادئ التي فُهمت في ضوئها حقائق ذلك العلم، وبرز إلى الوجود المصنف الفلسفي مختصًا ببحث جانب واحد من جوانب المعرفة، إذ تميز بالعمق الفكري والدراسة الواسعة والمنطقية الواضحة.

ومن أبرز الأمثلة على ذلك ما ذهب إليه أفلاطون (ت347ق.م)، في التأليف الفلسفي، فكانت المحاورات التي اقترنت باسمه خير شاهد على اهتمام أفلاطون بتحليل المفاهيم والمبادئ العلمية. إذ اختصت كل محاورة من محاوراته بموضوع بحث معين، سواء في الطبيعة أو في الرياضيات أو السياسة والقانون أو ما بعد الطبيعة وعلم الجمال والأخلاق، وغير ذلك.

وكانت الخطوة التالية من نصيب أرسطو (ت322 ق.م)، إذ أصبحت المنهجية في التأليف هي القاعدة والأساس في بحث المسائل الفلسفية والعلمية المختلفة، فوضع أرسطو الكتب للعلوم والمعارف التي كانت معروفة في عصره، وأصبحت فيما بعد أساسًا مهمًا في تصنيف العلوم، ويعود الفضل إلى أرسطو فضلًا عن فضله في وضع الدعامات الأساسية لكل علم من مفاهيم ومبادئ وتحديد واضح للموضوع الذي يتناوله بالتأليف. في بناء علم المنطق من خلال تحليله الدقيق للعلم الرياضي من أجل اكتشاف أنواع الاستدلالات فيه وطريقة البرهان وما تستلزم من مفاهيم ومقدمات ضرورية ونتائج. فكان القياس هو النظرية المنطقية العامة التي توفر أنواع الاستدلالات، وكانت المبادئ العامة والشروط وجميع متطلبات البراهين الرياضية هي الأصول فيما يجب أن يكون عليه العلم البرهاني.

لقد خلف أرسطو ثروة فلسفية وعلمية في شتى صنوف المعرفة، فصنف في الطبيعة، وما بعد الطبيعة، وفي الآثار العلوية، والكون والفساد، وفي النبات، والحيوان، وفي النفس، والأخلاق، والسياسة، وفي المنطق، وغير ذلك.

(3). خصائص المرحلة اليونانية الهيلنستية وأبرز علمائها

كما ازدهرت العلوم الطبية في اليونان على الرغم من مواقف الفلسفة منها، ولا يمكن رد هذا الازدهار إلى العبقرية اليونانية فقط، بل لا بد من الاعتراف بفضل الطب البابلي والأشوري والمصري في تزويد الطب اليوناني بأساسيات علم الطب والصيدلية.

خلف الطبيب البابلي والأشوري معرفته مدونة على الرقم الطينية، وهي تدل على اهتمامه بأعراض المرض تمهيدًا لتشخيصه، كما تدل على معرفة بالعلاقة بين الأعراض والأجهزة الحيوية في الإنسان، وتشير كذلك على مجموعة الأدوية والعقاقير التي يجب تناولها خلال المرض، فضلًا عن كيفية التداوي والمعالجة.

وكانت الجراحة من بين المهارات التي يلجأ إليها الطبيب لمعالجة بعض الأمراض المستعصية أو التي لا يمكن علاجها بالأدوية فقط، وقد ورد ذكرها في شريعة حمورابي إلى جانب العقوبات التي تقع على الطبيب إن أخفق في عمله الجراحي، وفي الكتابات الطبية نصوص تشير إلى عمليات قدح العين وخراجات الأذن وقلع الأسنان واستئصال الأجزاء المصابة بالتلف الشديد في الأطراف، وخياطة الجروح الكبيرة ومعالجة الكسور المختلفة وغير ذلك.

وكان الطبيب المصري على جانب كبير من التطور سواء في معالجة الأمراض والأوبئة وتحضير الأدوية والعقاقير أو في الجراحة، إذ كانت لديه معلومات طبية قيمة عن تشريح الجسم الإنساني ووظائف الأعضاء المختلفة.

لا شك أن المعلومات والممارسات الطبية في بابل وآشور ومصر قد وجدت طريقًا إلى اليونان عبر ممرات بحرية وبرية، فلم تكن اليونان مقطوعة الصلة عن هذه المراكز الحضارية، بل كثيرًا ما نجد في المؤلفات اليونانية ذكرًا لهذه المراكز، وإشادة بما حققته من تطور علمي.

كما أن انتشار العلوم البابلية إلى مناطق بعيدة في سوريا وسواحل البحر الأبيض المتوسط وفي الجزيرة العربية والخليج وإيران، قد جعل الاحتكاك والاتصال الحضاري مسألة على جانب كبير من الأهمية عند الحديث عن انتقال العلوم البابلية إلى مناطق بعيدة وتأثيرها بالطريق المباشر وغير المباشر في التطور العلمي اليوناني.

لقد استطاع الطبيب أبقراط (ت375 ق. م)، أن ينتقل بالعلوم الطبية من مستوى الخبرة العملية والتعليل البسيط إلى النظريات والتعليل الطبيعي، فدافع أبقراط عن نظرية الأركان الأربعة التي تنص على أن العناصر الأساسية هي النار والهواء والماء والتراب هي التي تتكون منها الموجودات بنسب متفاوتة. ولهذه العناصر كيفيات هي الحرارة والبرودة والرطوبة واليبوسة، وأن الاختلاف الذي قد يصيب أعضاء الجسم فيغير من طبيعتها الكيفية يؤدي بالإنسان إلى المرض، وأن الاعتدال من دون خلل في مزاج الأعضاء يورثها الصحة.

خلّف أبقراط مصنفات قيّمة في الطب منها، كتاب الفصول، وكتاب تقدمة المعرفة، وكتاب أبيديميا، وكتاب الأمراض الحادة، وكتاب الجبر والخلع، وكتاب طبيعة الإنسان، وكتاب الأخلاط، وكتاب القروح وجراحات الرأس، وكتاب المياه والأهوية والبلدان، وغير ذلك[1].

انتقل العلم اليوناني بعد غزو الإسكندر (ت323 ق.م)، للشرق إلى مراكز علمية جديدة، وكان حظ الإسكندرية من بين جميع هذه المراكز عظيمًا، وقد أسسها الإسكندر عام 323 ق.م، في الموقع الذي كانت تشغله من قبل القرية المصرية راقودة.

اتخذ بطليموس سوتر أحد قادة الإسكندر مدينة الإسكندرية مقرًا لمُلكهِ، فأنشأ الأكاديمية التي أصبحت بفضله بمثابة جامعة يونانية. وانتشرت الثقافة اليونانية بفضل هجرة عدد كبير من علماء اليونان إلى مراكز علمية كثيرة في المناطق التي تم غزوها.

---

(1) يُراجع، للتفصيلات عن حياة أبقراط، وبالرجوع إلى المصادر القديمة من أمثال: ابن أبي أصيبعة عيون الأنباء في طبقات الأطباء، والقفطي في كتابه أخبار العلماء بأخبار الحكماء، كتاب الدكتور كمال السامرائي، مختصر تاريخ الطب العربي، ج1، بغداد 1984، ص98 وما بعدها. (المحقق)

يطلق على الفترة الواقعة بين عام 336 ق.م، وعام 30 ق.م، بالحركة الهيلنستية، وهي الفترة التي بدأت منذ غزو الإسكندر للشرق وانتهاءً بعصر الإمبراطور أوغسطس[1].

وتميزت الحركة الهيلنستية بأنها حركة ثقافية امتزجت فيها الثقافة والعلم اليوناني بالتراث الثقافي والعلمي للشرق، فهي ليست يونانية خالصة، إذ فيها من أفكار وتصورات وإنجازات الشرق الشيء الكثير، وأن كثيرًا من معارف بابل ومصر على سبيل المثال أخذت طريقها إلى اللغة اليونانية، فامتزجت بلا شك بالمعارف اليونانية الموروثة حتى أصبحت ثقافة واحدة[2].

إن الدورة الحضارية التي ابتدأت بطابعها العلمي والتجريبي من بابل ومصر لتنتقل إلى اليونان بطابع نظري وتأملي. تعود من جديد لتشرق من الإسكندرية في مصر بطابع يوحد إلى حدٍ بعيد بين الطابع العملي التجريبي والطابع النظري التأملي.

لقد اكتسب الفكر اليوناني عند انتقاله إلى الشرق خبرات جديدة، فالإرث المصري والتراث البابلي يزود هذا الفكر بمعلومات ومعارف لم تكن معروفة في العصر الهليني (=عصر أفلاطون وأرسطو).

وهكذا نجد العلوم قد تطورت وتقدمت بصورة سريعة وباتجاه مختلف عن الاتجاه الذي تميز به الفكر والعلم اليوناني في المرحلة الهيلينية، إذ لا يمكن فهم القفزة العلمية والحضارية في مدرسة الإسكندرية إلا إذا أخذنا بنظر الاعتبار التراث المصري الذي نقله اليونانيون إلى لغتهم، والأجواء الجديدة الذي اخذ الفكر اليوناني يترعرع فيها متأثرًا بالعقائد والإنجازات الحضارية الضخمة والمدونات العلمية التي خلفها المصريون، لتتفاعل مع العلم اليوناني القادم من الغزو الإسكندري.

---

(1) لمعرفة تفاصيل أكثر عن هذه المدرسة ومزاياها وفلاسفتها وعلمائها، يُراجع الكتاب الأول من هذا المجلد، بعنوان، في مصادر التراث العلمي العربي.... (المحقق)

(2) يُلاحظ هنا لدى الفيلسوف ياسين خليل، التأصيل العلمي للحضارة اليونانية من خلال ما ورثته عن طريق الغزو لأكبر حضارتين في زمانهما وهي بابل ومصر، وبالتالي فإن الحضارة اليونانية قائمة على مفهوم الغزو للجيران لا الحوار معهم ونقل العلوم والمعارف عن طريق البحث والتقصي والرحلات العلمية، إنها ثقافة مؤسسة على امتصاص ثقافة الغير ونهب علومها. (المحقق)

كما برز في الإسكندرية عدد كبير من العلماء في شتى صنوف المعرفة فخلفوا لنا مصنفات علمية ضخمة كان لها أثرها البالغ في التطور العلمي من جهة، وفي النهضة العلمية التي حققتها الأمة العربية بعد انتقال علوم الإسكندرية إلى بغداد من جهة أخرى.

وكان من أبرز العلماء الذين ظهروا في المدرسة الإسكندرية العالِم الرياضي إقليدس (ت300 ق.م)، والعالِم الرياضي أبولونيوس (ت200 ق.م)، وعالِم الفلك بطليموس، والطبيب جالينوس، فضلًا عن العالِم الرياضي والفيزيائي أرخميدس (ت212 ق.م)، الذي درس في الإسكندرية لمدة قصيرة جدًا عندما كان شابًا، وعاد إلى مسقط رأسه في صقلية.

اشتهر إقليدس بين العلماء بكتابه الموسوم بالأصول، أو الأركان، وهو كتاب في علم الهندسة، اشتمل على ثلاثة عشر كتابًا جمعت أصول الهندسة المستوية والهندسة المجسمة أو الفراغية، فضلًا عن الحساب ونظرية الأعداد.

وكان فضل إقليدس على العلم كبيرًا، إذ استطاع أن يرتب الخبرات الهندسية الموروثة وتلك التي استقاها من دون شك من العلم المصري، ليصوغها في نظام هندسي بديع يعتمد على البرهان والمنطق، إذ يبدأ من مفاهيم هندسية وتعريفات، لينتقل إلى ذكر مقدمات محدودة العدد هي البديهيات والمصادرات، ثم يتناول بترتيب منطقي المسائل الهندسية مبرهنًا عليها على أساس أن صدق المقدمات يؤدي إلى صدق النتائج عند استخدام الاستدلال المناسب.

واشتهر أبولونيوس بكتابه الموسوم بالمخروطات، وهو كتاب في الهندسة لا يقل أهمية عن كتاب الأصول لإقليدس، يتناول القطوع المخروطية والمخروطات المختلفة ببراهين هندسية متينة، وقد نجح أبولونيوس في بناء نظام هندسي جديد مستفيدًا من خبرات وإنجازات من سبقه فضلًا عن ابتكاراته بإضافة قضايا هندسية جديدة وفي طريقة المعالجة.

وأفاد بطليموس من المعلومات والجداول الفلكية المصرية والبابلية، فضلًا عن معلومات يونانية في علم الفلك، وإرصاداته الفلكية الخاصة، فألف كتابه الذي عرف بالمجسطي، وهو كتاب يحتوي على معارف فلكية ورياضية.

واشتهر بطليموس بنظريته الفلكية المعروفة التي تنص على أن الأرض هي مركز العالم وأن جميع الكواكب السيارة وبضمنها الشمس تدور في أفلاك دائرية الشكل حول الأرض.

كما اشتهر بطليموس في علم البصريات وله في ذلك دراسات وأبحاث اعتمد فيها بالأسلوب الرياضي للتعبير عن النتائج.

ومن أبرز علماء الفيزياء أرخميدس الذي خلف لنا أبحاثًا في الرياضيات والفيزياء، ولا يزال قائمًا في المؤلفات الرياضية والفيزياوية حتى يومنا هذا[1].

أما مصنفات أرخميدس العلمية فكثيرة، نذكر منها على سبيل المثال لا الحصر كتاب الكرة والاسطوانة وتربيع القطع المتكافئ وتوازن المستويات والأجسام الطافية.

ومن المعروف عن أرخميدس اختراعاته العلمية، فإليه يعود الفضل في اختراع الساعة الشمسية والبكرات المركبة، والمرايا المحرقة وآلات حربية، وغير ذلك.

يذكر القفطي في كتابه أخبار العلماء بأخبار الحكماء، ص48، أن أرخميدس كان يونانيًا أخذ عن المصريين أنواعًا من فنون الهندسة، لأنهم كانزا قائمين بها من قديم، وله كتب جميلة جليلة.

وبرز في الطب جالينوس القلوذي[2] الذي خلف لنا موسوعة علمية جمعت العلوم الطبية التي سبقه إليها عدد غير قليل من الأطباء اليونان وخبرات أهل مصر المتقدمة في ميدان الأمراض والتشريح والجراحة والأدوية والأغذية.

كما أثر جالينوس في الطب العربي، إذ تناول الأطباء العرب مصنفاته بالتحليل والشرح والتفنيد والإضافة، أما مصنفاته فكثيرة جدًا، نذكر منها على سبيل المثال لا الحصر كتاب النبض الصغير، وكتاب في العضل، وكتاب في العصب، وكتاب العلل والأمراض، وكتاب النبض الكبير، وكتاب أصناف الحميات، وكتاب علاج التشريح، وله كتب أخرى في الأدوية والأغذية ومنافع الأعضاء، وغير ذلك.

---

(1) لا بد هنا من التنويه إلى أن الفيلسوف ياسين خليل قد تناول هذه الموضوعات في العصر الهيلنستي في كتابه الأول من هذا المجلد، وفي القسم الأول منه، وكذلك القسم الثالث. لطالب المزيد، يُراجع في موضعه. (المحقق)

(2) سبق الحديث بشكل تفصيلي عن الطب اليوناني من أبقراط وجالينوس وغيرهم، في الكتاب الثالث من هذا المجلد، والخاص بالطب والصيدلة عند العرب، فللمزيد يُراجع هناك في موضعه. (المحقق)

(4). خصائص ما بعد المرحلة الهيلنستية

ومن الحقائق العلمية والتاريخية الواضحة أن العلم اليوناني لم ينتقل إلى الأمة العربية وحدها، وأن نمو العلوم وتطورها لم يكن متصاعدًا باستمرار، إذ نعرف أن عددًا من الشعوب قد ورثت العلم اليوناني، ولكنها لم تستطع أن تحقق إضافات علمية كبيرة، وأن العلم شهد ركودًا لفترة طويلة من الزمن، وأن الإضافات التي أنجزت لم تكن بالمستوى المطلوب قياسًا بالفترات الزمنية، فمن المعروف أن الدولة الرومانية ورثت العلم والثقافة اليونانية، ولكنها لم تستطع على الرغم من قوتها العسكرية واندفاعها لغزو أمم أخرى واتصالها الحضاري بثقافات جديدة، على تحقيق تطور وتقدم علمي كبير، فاهتمت بالعلوم العملية وأهملت العلوم النظرية، كما أن من نتائج حرق مكتبة الإسكندرية عدة مرات قبل ظهور الإسلام واضطهاد العلماء لأسباب دينية، هجرة العلماء من مدرسة الإسكندرية إلى الرها ونصيبين وقنسرين ورأس العين.

وكان حظ السريان كبيرًا، إذ تم لهم ترجمة أو نقل التراث اليوناني العلمي والفلسفي إلى اللغة السريانية، ولكن التطور العلمي وتقدمه لم يكن كبيرًا كذلك، لاهتمامهم بالجوانب الفلسفية والدينية أكثر من غيرها.

ويصدق الشيء نفسه في بلاد فارس، فمدرسة جنديسابور التي أسسها الملك الفارسي سابور الأول قد استقبلت عددًا من العلماء اليونان والسريان والهنود، وتمركز نشاطها في دائرة علمية ضيقة في الطب والفلسفة، ولم يكن لها نصيب كبير في تطور العلوم، فلم يعرف عن فارسي اشتهر بالعلم والمعرفة في هذه الفترة[1] وبعدها. وهكذا احتفظت مدرسة جنديسابور بتراث أجنبي ولم تحقق نموًا وتطورًا علميًا يمكن الاعتماد عليه في التوثيق العلمي لتقدم العلوم.

(5). خصائص مرحلة ما قبل الإسلام وبعده

أولًا- قبل الإسلام: يتبادر سؤال غاية في الأهمية مؤداه، لماذا استطاعت الأمة العربية الإفادة من التراث اليوناني والسرياني في مدة وجيزة، لتحقق تقدمًا كبيرًا في جميع أنواع العلوم؟، وهل كانت الأرض العربية خالية من كل تراث حضاري وعلمي ذاتي؟، وهل اقتصر

---

(1) كثيرًا ما يستعمل الفيلسوف ياسين خليل لفظة (فترة)، للمدة الزمنية أو الحقبة التي لا إبداع فيها، والفترة من الفتور والتعب والنصب، وبذلك قوله تعالى (على فترة من الرسل). (المحقق)

التطور العلمي على الاتجاهات والعلوم التي تركها اليونان؟ بحيث يصح أن ننظر إلى الأمة العربية خالية من كل حضارة، فهي كأرض جرداء استقبلت التراث اليوناني كما تستقبل الأرض القاحلة قطرات المطر؟ فإذا صح ذلك، فكيف نفهم المعجزة العربية في تقدم العلوم ومجموع الإنجازات النظرية والعملية التي خلفها العرب إبان الدولة العربية الإسلامية.

كان العرب قبائل متفرقة في الجزيرة العربية وخارجها، وكانوا سكان مدن وبواد، وازدهرت مدنهم في أماكن متفرقة في شمال الجزيرة وجنوبها، وأنه من الخطأ الاعتقاد أن العرب لا يقصد بهم غير عرب الجزيرة، إذ المعروف أنهم وجدوا منذ القدم في العراق والشام، وتركوا شواهد أثرية تدل على تقدمهم في الحضارة، فضلًا عن ذلك أن الجزيرة العربية قبل الإسلام لم تكن خالية من النشاط الحضاري والثقافي، إذ شهدت قيام حضارات راقية تطورت فيها جميع جوانب الحياة، فعرف عرب اليمن الكتابة والقراءة واستخدام الآلات الزراعية وبناء السدود والمعابد والمباني الضخمة.

كما ازدهرت الفنون والآداب والعلوم العملية، وكان للاتصال الحضاري بين عرب الجنوب وعرب الشمال متواصلًا، كما كانت الصلات مع الشام والعراق قائمة، واستمرت جميع هذه الحواضر بالعطاء الحضاري مدة طويلة من الزمن قبل الإسلام، وتبلورت من خلال ذلك وحدة لغوية وحضارية، كما تبلورت مجموعة من المعارف من خلال ما هو موروث والتجربة العملية، ولقد ساهمت هذه المعارف مساهمة كبيرة في تزويد الإنسان العربي عن طريق الشعر والأمثال والحِكم والأسجاع بمعلومات ذات صلة بحياته اليومية، كما أصبحت هذه المعارف بعد الاتصال الثقافي بالحضارة والعلم اليوناني مادة مهمة للتأكيد على ما للعرب من علوم، فبرز عدد من المؤلفين والعلماء يجمعون هذا التراث العلمي ليبرهنوا على فساد الأقوال التي ترمي العرب بالبداوة وعدم الثقة وعدم القدرة على المساهمة الحضارية.

وهكذا نجد هؤلاء العلماء يطلقون على المعارف التي سبقت احتكاك العرب بالحضارة والعلم اليوناني، وسبقت ظهور الإسلام بالعلوم على مذهب[1] العرب.

---

(1) يقصد ياسين خليل في مؤلفاته بمصطلح مذهب العرب، الطريقة التي انتهجها العلماء والفلاسفة العرب في الكشف عن الحقيقة. (المحقق)

وهكذا يجب على الباحث المنصف أن يميز بين تيارين علميين هما العلوم على مذهب اليونان، والعلوم على مذهب العرب، لا سيما وأن مذهب العرب في العلوم بقي مستمرًا في الوجود مع مذهب اليونان. وقد أفاد عدد كبير من العلماء العرب بعد الإسلام من العلوم على مذهب العرب، وقد ذهب بعضهم إلى تفضيل مذهب العرب على مذهب اليونان في علم الفلك والأنواء على سبيل المثال، وذلك لاعتماد مذهب العرب على الملاحظة الدقيقة والتجربة العملية والخبرة الموروثة.

اشتملت العلوم على مذهب العرب على علم الحساب وعلم الفلك وعلم الأنواء الجوية وعلم النبات وعلم الحيوان.

يتعين علم الحساب على مذهب العرب من خلال النشاط الذي مارسه العرب قبل الإسلام في المعاملات التجارية، وتوزيع الأموال والمواريث، وحساب العمل بالأجور، وإحصاء الإنتاج وقياس المسافات والمساحات والأوزان وغير ذلك من العمليات الحسابية التي يحتاجها الإنسان في حياته اليومية، وكل ذلك يتطلب بلا شك معرفة دقيقة بالأعداد والكسور والجمع والطرح والضرب والقسمة وغير ذلك.

وبناء على ذلك يطلق هذا النوع من الحساب بالحساب العملي تمييزًا له عن الحساب النظري أو الأرثماطيقي الذي نقله العرب من التراث اليوناني.

واشتمل علم الأنواء على معلومات فلكية وأخرى مختصة بالرياح والأمطار والسحب وغير ذلك، وقد استقى علماء اللغة الذين أولوا اهتمامًا بتسجيل المعلومات الخاصة بالنجوم والكواكب والبروج والمنازل، ومن أهل البادية والأعراب لمعرفتهم بأحوال السماء، وهي معرفة عملية يفيد منها أهل البادية في حياتهم المعاشية، فمنازل القمر ثمانية وعشرون منزلًا: السبعة الأولى هي منازل الربيع وهي: الشرطان والبطين، الثريا والدبران والهقعة والهنعة والذراع، والسبعة الثانية هي منازل الصيف وهي: النثرة والطرف والجبهة والزبرة والصرفة والعواء والسماك الأعزل، والسبعة الثالثة هي منازل الخريف وهي: الغفر والزباني والإكليل والقلب والشولة والنعائم والبلدة، والسبعة الرابعة وهي منازل الشتاء وهي: سعد الذابح وسعد بلع وسعد السعود وسعد الأخبية والفرغ الأول والفرغ الثاني وبطن الحوت[1].

---

(1) يراجع، ابن سيده المخصص، السفر التاسع، ص10، وتتفق جميع كتب الأنواء في تسمية هذه المنازل.

وعرف العرب أنه فضلًا عن الشمس والقمر توجد الكواكب الخنس (المتحيرة)، وهي متفاوتة السرع، وهي: زحل والمشتري والمريخ وعطارد والزهرة، كما راقب الإنسان العربي القبة السماوية وصور الكواكب فيها، نذكر منها: بنات نعش الكبرى والصغرى والدب الأكبر.

ومن مشاهير الكواكب هي: العوائد والفكة والنسران والفوارس والردف وعرش السماك والخيل والشمايخ وسهيل والسعود والسفينة[1].

وللعرب قبل الإسلام ما يخص الأزمنة أسماء للأيام والأشهر، فالأسبوع يتألف من سبعة أيام هي: السبت (شيار)، والأحد (أول) والاثنين (أهون وأهود) والثلاثاء (جُبار) والأربعاء (دبار) والخميس (مؤنس) والجمعة (العروبة).

أما أسماء الأشهر عندهم فهي: محرم (المؤتمر) وصفر (ناجر) وربيع الأول (خوان) وربيع الثاني (بصان) وجمادى الأولى (الحنين) وجمادى الآخرة (ربّى) ورجب (الأصم) وشعبان (عاذل) ورمضان (ناتق) وشوال (وعل) وذي القعدة (ورنة) وذو الحجة (بُرك).

واستعمل العرب قبل الإسلام السنة الشمسية والسنة القمرية، فالسنة الشمسية تتكون من ثلاثمائة يوم وخمسة وستين يومًا وربع يوم، وتكبس كل أربع سنوات، فتكون السنة الرابعة ثلاثمائة يوم وستة وستين يومًا، أما السنة القمرية فعدد أيامها ثلاثمائة وأربعة وخمسون يومًا وخمس يوم وسدس يوم.

وازداد اهتمام الإنسان العربي بالظواهر الجوية، فلم ينظر إلى أية ظاهرة بمعزل عن بقية الظواهر، لأنه وجد بين كل ظاهرة وأخرى علاقة تدل عليها، فالمطر والسحب والرياح فضلًا عن الظواهر الفلكية من بزوغ وغروب واختفاء وظهور الكواكب في المواسم المختلفة، ظواهر جاهد الإنسان العربي على مراقبتها باستمرار وإدراك العلاقات بينها، فالرياح على أربعة أنواع هي: الشمأل والجنوب والصبا والدبور، ولكل منها خواص واتجاهات، فريح الشمال الآتية من جهة الشأم تأتي بالبرد، وريح الجنوب تثير البحر، وريح الدبور أكثر عجاجًا وسحابًا لا مطر فيه، كما أطلق العرب على أنواع السحب أسماء تعين صفتها، وميزوا بوضوح تام بين السحب الممطرة وغير الممطرة.

---

(1) ابن الأجدابي، الأزمنة والأنواء، ص65-76.

فمن الأسماء التي أطلقها العرب على أنواع السحب: الصبير وهي السحابة البيضاء، والنمرة وهو قطع صغار متدانٍ بعضها من بعض، والقزع وهو قطع متفرقة صغار، والكنهور وهي قطع مثل الجبال، والخال وهي سحابة ضخمة، وولوح وهي سحابة مثقلة بالماء، والمعصرات وهي ذوات المطر، والريق وهو السحاب الممطر، والنقيح وهو سحاب صيفي، والركام وهو سحاب إذا ركب بعضه بعضًا، والمزن سحاب ذو ماء... وهكذا.

إنّ هذه المعرفة الغنية بالأنواء ليست تأملات، بل هي في حقيقة الأمر نتيجة لملاحظات دقيقة للقبة السماوية وأحوال الطقس، استعان بها الإنسان العربي في الزراعة والتجارة والأسفار، كما أفاد منها في التنبؤ دفعًا للأضرار من البرد والعواصف والرياح القوية والسيول الجارفة.

وأفضل ما في هذه المعرفة كونها قائمة على خبرات الأجيال الموروثة من ناحية، وإدراك الإنسان العربي لأهمية الصلة بين الظواهر الفلكية والأنواء من ناحية أخرى، إذ أمكنه التنبؤ قبل وقوع الحدث.

إنّ اهتمام الإنسان العربي بالأحوال الجوية والأنواء قد أنار له السبيل للسير بالقوافل وركوب البحر إلى مناطق بعيدة، وارتبطت معرفته بالأحوال الجوية والأنواء بالنبات والزراعة والرعي وتدجين الحيوانات.

وكانت مصادر معرفته بالنبات هي الخبرة العملية وتنوع الحضارات التي قامت خارج الجزيرة العربية وداخلها، إذ كانت عناية إنسان هذه الحضارات بالأرض والنبات والزراعة كبيرًا نظرًا لخصوبة الأرض وتوفر المياه واعتماد المجتمع على الزراعة، فاكتسبت الأقوام العربية التي سكنت أرض العراق والشام واليمن والجزيرة العربية خبرة واسعة في مجالات المعرفة بالنبات والزراعة.

وقد اشتهر الأنباط والكلدانيون من سكان العراق بفلاحة الأرض وعلاج أمراض الأشجار ودفع الآفات عنها وتحسين الثمار ونوع الانتاج في فصول السنة مع معرفة واسعة بأنواع الأرضين والنبات والشجر واستخدام الأعشاب والنباتات في معالجة الأمراض.

واشتهرت مكة قبل الإسلام بالتجارة، بينما اشتهرت المدينة بالزراعة، وعرفت اليمن بالزراعة والفلاحة والتجارة، وكانت على اتصال دائم بالمراكز الحضارية في الجزيرة العربية،

إذ يمكن القول إن العرب قبل الإسلام كانوا على معرفة واسعة بالنبات والزراعة، يؤيد ما جاء بالقرآن الكريم من آيات في وصف النبات والأشجار والثمار من أنواع مختلفة.

فضلًا عن اهتمام الرسول الكريم بالزراعة واستصلاح الأراضي دليل ثابت على فكر حضاري يعتمد الزراعة أساسًا لتوفير القوت والمعاش للناس جميعهم، فمن الآيات الكريمة في النبات والثمر قوله تعالى: ﴿وَهُوَ الَّذِى أَنشَأَ جَنَّاتٍ مَّعْرُوشَاتٍ وَغَيْرَ مَعْرُوشَاتٍ وَالنَّخْلَ وَالزَّرْعَ مُخْتَلِفًا أُكُلُهُ وَالزَّيْتُونَ وَالرُّمَّانَ مُتَشَابِهًا وَغَيْرَ مُتَشَابِهٍ كُلُوا مِن ثَمَرِهِ إِذَا أَثْمَرَ وَآتُوا حَقَّهُ يَوْمَ حَصَادِهِ وَلَا تُسْرِفُوا إِنَّهُ لَا يُحِبُّ الْمُسْرِفِينَ﴾. الأنعام/ 141. وجاءت أحاديث الرسول الكريم في إحياء الأرض وتنظيم الزراعة واستصلاح الأرض والتصرف بالمياه وغير ذلك، أدلة واضحة على مقدار اهتمام الإسلام بالزراعة والنبات.

وتعددت معرفة الإنسان العربي للزراعة وتدجين الحيوان إلى معرفة خصائص بعض النباتات والأعشاب في معالجة الأمراض والقروح والجروح، وهي معرفة أساسها الخبرة الطويلة وما تعلمته الأقوام العربية التي سكنت الحواضر والأمصار من معارف طبية وصيدلانية، وقد أمدت هذه المعرفة الطبيب العربي والصيدلاني كذلك بمعلومات جيدة غير تلك التي نقلها عن الكتب الطبية والنباتية عن اليونان عصر الترجمة.

ومن أوائل العلماء العرب الذين أولوا عناية كبيرة بالنبات والشجر على مذهب العرب طائفة من علماء اللغة، إذ التمسوا هذا النوع من المعرفة عن طريق الاتصال بفصحاء العرب ومن كانت لهم دراية كبيرة بشؤون النبات والشجر، فدونوا هذه المعرفة في الكتب والمعاجم اللغوية، ويتميز هذا النوع من الاستقراء بناحيتين: الأولى: لغوية بما تضمنته من مفردات لغوية وأسماء مختلفة لشتى مفردات النبات والشجر، والثانية: علمية بما تضمنته من أوصاف لنوع كل نبتة من سُوق وأغصان وأوراق وغير ذلك، وقد أورد ابن النديم في كتابه الفهرست، ص58، طائفة من هؤلاء العلماء مع ذكر ما صنفوه من كتب في هذا الباب، ومن أبرز هؤلاء العلماء الخليل بن أحمد الفراهيدي (ت170هـ/ 786م)، وأبو حنيفة الدينوري (ت282هـ/ 895م)، وأبو سعيد عبد الملك بن قريب المعروف بالأصمعي الباهلي (ت213هـ/ 828م).

واشتمل كتاب العين للفراهيدي على جملة واسعة من المعرفة النباتية، وتميز كتاب النبات للدينوري الذي يقع في ستة مجلدات بثروة لغوية وعلمية، فاشتمل على معجم بأسماء النبات والأشجار وعلى أبواب تختص بالرعي والمراعي والكمأة والصمغ والدباغ والزناد والروائح وغير ذلك.

ونظرًا لشمولية كتاب النبات ودقة المعلومات الواردة فيه، فقد أصبح مصدرًا ومرجعًا مهمًا أفادت منه كتب المعاجم اللغوية وكتب الطب والعقاقير، فضلًا عن المصنفات التي تناولت علم النبات على مذهب اليونان وعلم الفلاحة، وألف الأصمعي كتاب النبات والشجر الذي ذكر فيه أسماء الأرض من حيث قبولها للزرع والنبات، وأسماء النبات في أطواره المختلفة، وأقسام النبات إلى أحرار وغير أحرار، وحمض وخلة، وما ينبت من النبات في السهل والرمل.

ولم تقتصر معرفة الإنسان العربي على الزراعة والنبات، إذ من البديهي أن يركز اهتمامه على تدجين الحيوانات وتربيتها لأغراضه المختلفة، فكان أن تجمعت لديه ذخيرة كبيرة من المعلومات الحيوانية أخذت طريقها إلى مصنفات العلماء في الحيوان.

عرف الإنسان العربي قبل الإسلام وبعده أنواعًا مختلفة من الحيوانات، تشير إلى ذلك ما خلفته الأمثلة والأسجاع والأشعار والأخبار من معلومات دقيقة تناولت سلوك الحيوان وأسلوب معيشته وطرق اصطياده وأماكن معيشته، فضلًا عن الصفات الجسدية والألوان للحيوانات المختلفة، بحيث يمكن الاستنتاج بأن هذه المعرفة قد تجاوزت الملاحظات العابرة، وأنها انتقلت بالفعل إلى مرحلة دقة الملاحظة والمراقبة المستمرة للحيوان من جميع الوجوه، ولا سيما تلك الحيوانات التي أفاد منها في حياته اليومية والمعاشية.

إنّ سعة الرقعة الجغرافية التي استوطن الإنسان العربي فيها وتجواله في مناطق متنوعة من الأرض العربية، جعلت معرفته بأنواع الحيوانات على درجة عالية من التوسع، فعرف بذلك أنواع الحيوان الذي يعيش في الجزيرة العربية وخارجها، كما تعلم كيفية تربية أنواع مخصوصة من الحيوان وطرق تكاثرها وسفادها، والمحافظة على ما تنجبه من خلف.

وتناولت الكتب التي صنفت في الحيوان مساحة واسعة من أنواع الحيوانات، وقد ذكر صاحب الفهرست في كتابه عددًا من الفصحاء والعلماء العرب الذين صنفوا الكتب

في الحيوان وغيرها من العلوم، وكانت ذخيرة ما صنفوه تشمل كتبًا في الإبل والحشرات، وفي الخيل والغنم والبازي والحَمَامْ والحيات والعقاب والوحوش والطير والجراد والنحل والعسل وغير ذلك.

وقد أفادت كتب المعاجم اللغوية من هذه المصنفات كثيرًا، وكان ابن سيده في كتابه المخصص أمينًا على تصنيف الحيوان على مذهب العرب ودقيقًا في النقل، إذ يذكر على الدوام أسماء العلماء الذين يأخذ عنهم، وحسبي هنا أنه أبدأ بتصنيف الحيوان على مذهب العرب بالاعتماد على طريقة تصنيف الكتب وطريقة ابن سيده لموضوعات الحيوان وأصنافه في كتابه المخصص.

فالملاحظة الأولى التي يدركها المرء بسهولة عند استعراضه للكتب الخاصة بالحيوان هي أنها تتناول بالتفصيل الأصناف الآتية: الخيل والإبل والغنم والوحوش والسباع والحشرات والطير.

والملاحظة الثانية هي أن بعض هذه الكتب تناولت أبوابًا تدخل تحت هذه الأصناف مثل: الجراد والنحل والحيات والبازي والحمام والعِقاب وغير ذلك.

إنّ التأليف للمصنفات الخاصة بالحيوان على مذهب العرب، وقد اعتمدت منهجًا علميًا لا يقل دقة عن منهج أرسطو في دراسة الحيوان، فكثيرًا ما نلمس في الوصف لحيوان ما دقة في الملاحظة أو استقصاء لفعاليته وسلوكه وطرق معيشته، فضلًا عما يعانيه ذلك الحيوان عن كثب لمعرفة ما يمتاز به من صفات وخصائص.

إنّ رسم صورة واضحة لعلم الحيوان على مذهب العرب يتطلب بيان ما فيها من خطوط رئيسة وهي بإيجاز: اعتمدت الدراسة على ناحيتين لغوية وعلمية، فجاءت المؤلفات زاخرة بالمصطلحات العلمية الاشتقاقات اللغوية والمعاني الدالة على أوجه متعددة لحياة الحيوان، فلقد تناولت هذه المؤلفات بالدراسة الصفات والخصائص العامة لصنف أو نوع من أنواع الحيوانات. ثم فصلت دراسة كل حيوان من حيث صورته ولونه وسفاده وصغاره ومعيشته وصوته وسلوكه وخلقه وغير ذلك، كما اعتمدت الدراسة على الملاحظة الدقيقة لكل حيوان مهما بلغ حجمه، وعلى المتابعة المستمرة لحياته قصد تسجيل كل ما يصدر عنه من

سلوك فردي أو جماعي، وما يظهر عليه من اختلاف في السلوك والمظهر قبل السفاد وبعده، وسلوكه مع الأنثى وصغاره، وكيفية إرضاعهم وجلب القوت لهم وبناء الأعشاش، وما يقتات عليه من غذاء، وغير ذلك. واعتمدت معرفة الإنسان العربي للحيوان على استقصاء صفة أو صفات جوهرية تكون السمة العامة لصنف معين من أصناف الحيوان، وتندرج تحته مجموعة أخرى من الأنواع، لذلك نجد التصنيف للحيوانات إلى خيل وإبل وغنم ووحوش وسباع وحشرات وطير، يقوم على أساس ملاحظة تنوع كل صنف في ذاته واتفاقه في صفات جسمية أو سلوكية أو غيرهما، وبشكل عام نجد خطأ واضحًا ومحصلة واحدة تجمع ما ذهب إليه العلماء العرب، فالخيل والإبل والغنم من الأصناف التي تستأنس، بينما الوحوش مثل الضباء والحمر الوحش والأيل وغير ذلك من دواب الأرض لا تُستأنس، كما نجد تمييزًا بين السباع وغيرها من الأصناف مثل الحشرات والطير والوحوش، وذلك على أساس طباع كل صنف وسلوكه وكيفية معيشته، فالحشرات دواب صغار فهي تضم كل الهوام والأحناش فضلًا عن الحيوانات التي تسكن جحور الأرض مثل اليربوع والجرذ والفار، وأن صنف الطير يشتمل على الحيوانات القادرة على الطيران سواء ما كان منها مثل الحمام والعصافير والجوارح ونحو ذلك، أو كان منها غير ذلك مثل الخفاش والجراد والذباب والنحل واليعاسيب. واعتمدت معرفة الإنسان العربي للحيوان على وصف الصفات والأعضاء الجسمية للحيوانات المختلفة مع التمييز بين ما يعيب الحيوان في أعضائه، وما يكون حميدًا، ففي باب خلق الخيل على سبيل المثال نجد تفصيلًا لكل أجزاء الرأس وأسمائها، وكذلك بقية أعضاء الجسم، ويصدق الشيء نفسه على معظم الحيوانات التي تنالوها بالدراسة، كما اعتمدت معرفة الإنسان العربي للحيوان على ملاحظة طباعه وسلوكه مثل ذلك حنين الإبل إلى أوطانها وخلوج الناقة على ولده ولدها، وذكاء الخيل وصبرها، وأخلاق الشاة الحزون والثموم وغير ذلك.

ثانيًا- عصر الرسالة الإسلامية: لكن الأمة العربية التي بدأت بجمع شتاتها في وحدة حضارية وثقافية كانت تنتظر حدثًا عظيمًا ينقلها إلى دورها التاريخي في المجتمع الإنساني، إذ تهيأت لها كل أسباب التلقي للرسالة التاريخية من وحدة لغوية وفكرية ونهوض حضاري لا سبيل له إلا الانفتاح والانتظار للحدث الكبير، فكانت الرسالة الإسلامية هي الثورة التي قلبت موازين الحياة العربية، ومهدت السبيل للإنسان العربي لان يأخذ مكانه داعية للحق

ومحررًا للبشرية من خرافات وأساطير قيدتها فترة طويلة من الزمن، فإذا بالرسالة الإسلامية تبني الإنسان العربي بناءً عقليًا منفتحًا على نفسه وعلى العالم الذي يعيش فيه، فتكون المعرفة غاية العربي يسعى إليها ولا يخاف منها، ويصبح العلم أساس الفكر الحضاري الجديد، والدعوة إليه من المبادئ التي لا مناص من التمسك بها.

إنّ المجتمع العربي الجديد الذي انطلق بالظهور استجابة لمبادئ الدعوة الإسلامية وتوجيهات الرسول الكريم تطلب تركيز قيم أخلاقية وقانونية في النفوس بناءً لشخصية الفرد وتطلعاته في إطار وحدة فكرية خلاقة، وتدعيمًا لأواصر الأخوة والتكافل بين أفراد المجتمع الواحد مع بناء قاعدة اقتصادية وتنظيمية مستوحاة من المبادئ العامة في العدل والتكافل الاجتماعي وإقامة تعاون بين أفراد المجتمع الواحد، واشتمل القرآن الكريم على دعوة صريحة إلى العمل دون التواكل والتكاسل. وإلى النظر العقلي والعلمي في النفس الإنسانية وملكوت السموات والأرض، وتسخير ما في الطبيعة لخير الإنسان وسعادته، وقد وردت آيات كثيرة اختصت بالإنسان منذ نشأته حتى مماته، وحول الكون وقوانينه وانتظام حركاته بدقة، وحث الرسول الكريم صاحب الدعوة على طلب العلم، ففضَّل مجلس العلماء على مجلس الذكر، ووازن بين مداد العلماء ودماء الشهداء، وحث على طلب العلم من المهد إلى اللحد، لأن طلب العلم فضيلة، وطالب المسلم بطلب العلم في أقصى الأرض ولو كان في الصين، لأن طلب العلم فريضة وغاية المؤمن، وقال -صلى الله عليه وسلم-: غزوة في سبيل العلم خير من مائة غزوة. وذكرت الآيات الكريمة علو منزلة أهل العلم والمعرفة على من سواهم، وفضل الله الذين يعلمون على الذين لا يعلمون.

لقد كانت الآيات والأحاديث النبوية الأساس الفكري المتين الذي أقام عليه الإنسان العربي بناء العلم وتكريم العلماء والاستزادة من علوم أمم أخرى وترجمة ما وقع تحت أيدي العرب من مصنفات أجنبية إلى اللغة العربية ومساهمتهم في تطوير العلوم وفتح مجالات جديدة ابتغاء معرفة أكبر بشؤون الكون والتفكير في ملكوت الله لمعرفة عظمته وحكمته في خلق السماوات والأرض.

وبناءً على التزام العرب بنشر الدعوة كما نصت الآيات والأحاديث النبوية سارت الجيوش العربية صوب الشرق والغرب، فامتد سلطان الدولة العربية على رقعة كبيرة شملت

معظم أقطار العالم القديم، واتصل العرب بحضارات ذات أنماط ثقافية جديدة، وبشعوب ذات قيم ومفاهيم ونظرات مختلفة في الحياة والإنسان والكون، فامتزجت حياتهم بحياة هذه الشعوب التي دخلت الإسلام وازدادت معرفتهم بأحوالهم ومعارفهم وفنونهم وآدابهم.

وعندما استقرت الدولة الجديدة ومالت النفوس إلى حب المعرفة والآداب والفنون نشطت الحياة الفكرية، لا سيما وأن العقيدة قد استقرت في قلب الحضارة الجديدة، وبدأت الاجتهادات والموازنات بين نصوص الدعوة والحياة الجديدة مما تولد عنها دراسات قيمة وأصيلة في شتى فروع المعرفة الإنسانية، وإذا كان العلم مقصورًا على رجال الدين في بابل ومصر، ومقصورًا على طبقة أرستقراطية في اليونان، فإن العلم بفضل الحضارة العربية وقيمها الحيوية والإنسانية، أصبح نشاطًا عامًا مشاعًا لجميع الناس ومن مختلف الطبقات، بل غدا ضرورة وواجبًا لا بد للإنسان العربي المسلم من أن يأخذ بأسباب العلم جميعها، وانطلق العلم عند العرب من ضرورات العقيدة ومستلزماتها الدينية والاجتماعية والاقتصادية.

ولكن سرعان ما اجتاز مرحلة النشوء إلى مراحل أخرى لاحقة كان العلم فيها غاية وعملًا، ففي مرحلة النشوء وقبل الاتصال الحضاري بحضارات أجنبية امتلك العرب ذخيرة علمية كبيرة منها معارفهم في الجاهلية من حساب وأنواء وفلك وحيوان ونبات، ومنها ما زودته العقيدة الإسلامية من معارف ضخمة وتوجيهات وإرشادات، فتقسيم الإرث وتوزيع الصدقات وحساب المعاملات وتعداد الجنود والأرزاق وغير ذلك بحالة ماسة لمعرفة حسابية، كما كانت الحاجة إلى الهندسة لبناء المساجد وتخطيط المدن وإقامة الجسور وشق الجداول وغير ذلك، وكانت الحاجة إلى الفلك كبيرة لارتباط العبادات بكثير من الظواهر الفلكية، مثل الحاجة إلى تعيين أوقات الصلاة ومراقبة القمر ولتحديد الأعياد ومواسم الحج والسنة القمرية وغير ذلك. وأصبح الطب ضرورة اقتضتها الأحوال الجديدة نظرا لاستقرار الإنسان في المدن وتفشي الأمراض والأوبئة.

ونشأت حول الدعوة الإسلامية دراسات علمية رصينة، فالقرآن الكريم وأسباب نزوله وما احتواه من تشريع وتوجيه وتواريخ أمم سالفة ورسل سبقت رسول الله، وما تجلت في لغته العربية من بلاغة وإبداع وغير ذلك، قد مهد السبيل للدراسة والبحث، فازداد الاهتمام بالتاريخ والأدب واللغة والفقه والتشريع، والاطلاع على الكتب المقدسة القديمة وما تحويه

من أخبار وتواريخ بغية التعمق في معرفة معاني الآيات الكريمة، كما كانت سيرة الرسول الكريم أساسًا للدراسات التاريخية والاجتماعية والدينية، وكانت أحاديثه نماذج لغوية في البحث اللغوي وشواهد اجتماعية وأخلاقية وسلوكية.

وهكذا برزت إلى الوجود مدارس متعددة في الحديث وأخرى في الفقه والتشريع، وتوسعت دائرة الاهتمام بالتاريخ، وانتقل الناس إلى البوادي ينشدون جمع الأخبار والأشعار والأسجاع والمعارف الموروثة.

إنّ هذا التحول الكبير في الإنسان العربي بعد الإسلام هو السر الذي نفهم في ضوئه المعجزة العربية في نمو العلوم وتطورها، فالشخصية العربية الإسلامية وطيدة الأركان تمتلك ذخيرة كبيرة من المعرفة العلمية، بحيث تستطيع أن تنتقي من العلوم الأجنبية ما يزيد من معارفها وتنتقد الآراء والنظريات في ضوء ما أصابها من تفتح عقلي، وتطور بعض العلوم باتجاهات جديدة وغايات غير تلك التي وضعت لأجلها، وأضافت معارف وعلومًا عملية ونظرية.

(6). خصائص مرحلة الاتصال الحضاري للعرب مع الأمم الأخرى

وفي مرحلة الاتصال الحضاري بدأت أنشطة جديدة غايتها الترجمة والتأليف والتقويم باعتبار ذلك وجهًا من وجوه الانفتاح الحضاري وعنصرًا يبرهن على حيوية الأمة العربية بما تملكه من مصادر ذاتية.

كان من نتائج حرق مكتبة الإسكندرية عدة مرات قبل ظهور الإسلام، واضطهاد العلماء بسبب خلافات دينية بين المسيحيين والوثنيين أن تدهورت المدرسة الإسكندرية[1]، فهاجر العلماء إلى أعالي الشام في الرها ونصيبين وقنسرين ورأس العين، ونشط السريان في هذه الحقبة بنقل التراث اليوناني العلمي والفلسفي من اللغة اليونانية إلى اللغة السريانية، وعلى مقربة من الرها اشتهرت حرّان بنشاط علمي، إذ قامت مجموعة من المشتغلين في الرياضيات والفلك بجهود كبيرة كان للترجمة نصيبها في أنشطتهم، أما جنديسابور الفارسية التي أسسها

(1) لقد تمت الإشارة إلى مدرسة الإسكندرية وخصائصها وفلاسفتها ودورها في الفكر الفلسفي والعلمي، في الكتاب الأول من هذا المجلد. (المحقق)

الملك سابور الأول، فقد ازدهرت بفضل الأساتذة والأطباء فيها من اليونان والسريان والهنود، ولم يكن للفرس فيها نصيب يذكر من العلم، فكانت مركزًا للدراسات الطبية والفلسفية.

لقد كانت هذه المراكز بمثابة جسور عبرت فوقها العلوم من حضارات مختلفة، فامتزجت فيها رياضيات بابل وفلكها، وهندسة مصر وعلومها الطبية، وعلوم اليونان والهنود، لتصل إلى الحضارة العربية الجديدة في وقت بدأت علامات الانهيار تدب في معظم المراكز العلمية المذكورة، وكانت اللغة العربية بفضل الإسلام والآداب لغة ثرية في المفردات، وطيعة في اشتقاق المعاني الجديدة، ومؤهلة لأن تكون لغة العلم الجديدة، وبالفعل فقد بدأت الترجمة حركة واسعة شجعها الخلفاء أنفسهم، فانتقلت إلى اللغة العربية كثير من المؤلفات الأجنبية القيمة، وأصبحت في متناول من يطلبها من العلماء ورجال الفكر.

ولم تكن حركة الترجمة وليدة جهود خلفاء بني العباس بما أسبغوه من نِعم ودعم للمترجمين، بل إنه من الإنصاف أن نرد هذه الحركة إلى عصر بني أمية، إذ ترجمت الكتب العلمية إلى اللغة العربية، ففي الربع الأخير من القرن الأول الهجري (السابع ميلادي)، اهتم خالد ابن يزيد بن معاوية بالترجمة، وقيل إنه اشتغل بعلم الكيمياء، ويذكر ابن النديم أن اصطفن القديم نقل لخالد بن يزيد بن معاوية كتب الصنعة[1] وغيرها[2]، وعرف عن خالد بن يزيد تشجيعه للعلماء وترجمة كتب اليونان إلى اللغة العربية، فضلًا عن اهتمامه بعلم الكيمياء.

كما ونقلت عدة كتب في موضوع الطب في عهد مروان بن الحكم وعمر بن عبد العزيز، ومن المعروف أن عمر بن عبد العزيز قد أمر بنقل مكتبة الإسكندرية سنة 718 ميلادية إلى أنطاكية نظرًا للتدهور السريع الذي أصاب مدينة الإسكندرية.

ويذكر ابن جلجل في كتابه طبقات الأطباء والحكماء، أن عمر بن عبد العزيز وجد كتاب أهرن بن أعين القس في خزائن الكتب فأمر بإخراجه ووضعه في مصلاه،

---

(1) كتب الصنعة، هي الكتب الخاصة بعلم الخيمياء أو السيمياء (الكيمياء) وهي التي يختلط بالجانب التجريبي منها والعلمي الجانب الخرافي والأسطوري. (المحقق).

(2) الفهرست، ص354.

فاستخار الله في إخراجه إلى المسلمين للانتفاع به، فلما تم له في ذلك أربعين صباحًا أخرجه إلى الناس وبثه في أيديهم[1].

إنّ قرب المراكز العلمية في أعالي الشام من عاصمة الدول العربية، وانتقال التدريس من الإسكندرية إلى أنطاكية، واتصال هذه الدولة بالروم قد ساعد كثيرًا على نقل مؤلفات اليونان من السريانية إلى اللغة العربية. وعلى الرغم من انشغال الدولة الأموية بتعزيز مكانتها في الداخل وتوسيع رقعة الفتح والتحرير الإسلامي شرقًا وغربًا، فإنها لم تهمل الأدب والعلم وتكريم العاملين بهما، فلقد أقبل الناس على العلوم العربية مثل: فقه اللغة والتاريخ وعلم الحديث والفقه والتشريع وغير ذلك، كما أقبلوا على ترجمة ودراسة العلوم الأجنبية المنقولة من لغات أخرى.

ولقد شهدت الدولة العباسية نهضة علمية كبيرة، فنقلت الكتب من لغات عديدة، من السريانية واليونانية والهندية واللاتينية، وجلبت الكتب العديدة، وعنى المهتمون بالعلم بإخراج الكتب من بلاد الروم، منهم الحجاج بن مطر، وابن البطريق، ويوحنا بن ماسويه والأخوة الثلاثة أولاد موسى بن شاكر، وحنين بن إسحق وغيرهم، وساهم بالنقل عدد كبير من المترجمين، فمن المعروف أن يوحنا بن ماسويه قد قلده هارون الرشيد ترجمة الكتب القديمة مما وجده بأنقرة وعمورية وبلاد الروم، حين فتحها المسلمون[2]، ووضعه أمينا على الترجمة، وخدم ابن ماسويه في عهد هارون والأمين والمأمون، وكان يوحنا بن البطريق أمينًا على الترجمة وهو مولى المأمون العباسي، وترجم كثيرًا من كتب الأقدمين، أما حنين بن إسحق فهو تلميذ يوحنا بن ماسويه، وكان رئيسًا لبيت الحكمة في بغداد. واختير للترجمة مع عدد كبير من المترجمين الذين كانوا يترجمون ويتصفح حنين بن إسحق ترجماتهم.

ومن الذين ساهموا بالنقل إلى اللغة العربية الحجاج بن مطر الذي نقل كتاب المجسطي في الفلك، وكتاب إقليدس في الهندسة، وكذلك فعل غيرها أمثال ابن شهدي

---

(1) طبقات الأطباء والحكماء، ص61

(2) أُشير إلى دور هؤلاء المترجمين في الكتاب الأول من هذا المجلد، مع تفصيل تام بما ترجموا ونقلوا من كتب من اليونانية إلى العربية، وللتفصيلات بشكل أوسع، يُراجع، بيت الحكمة العباسي، عراقة الماضي ورؤية الحاضر، مؤتمر عالمي موسع عقد في بغداد، وطبع بمجلدين، بيت الحكمة، بغداد 2001. (المحقق)

الكرخي الذي نقل كتاب الأجنة لأبقراط، وقسطا بن لوقا الذي عرف بنقله الجيد من السريانية إلى العربية.

نشطت حركة الترجمة في العصر العباسي وتدفق على بغداد عدد كبير من المترجمين ينقلون من اللغات الأجنبية إلى اللغة العربية، وأقيمت المكتبات ودور الكتب وتنافس الأمراء والحكام على امتلاك العلوم واهتمامهم بالعاملين فيها، فأمر المنصور العباسي بترجمة كتاب الحساب المعروف بالسند هند (سدهنتا Siddhunta)، في حركات النجوم، فتولى ذلك محمد بن إبراهيم الفزاري (ت184هـ/ 800م)، وعمل منه كتابًا يسميه المنجمون السند الهند الكبير، ثم اختصره محمد بن موسى الخوارزمي وعمل منه زيجه المشهور.

لقد اظهر العلماء العرب نبوغًا وأصالة في قدرتهم على الاستيعاب السريع لعلوم الأوائل، وإدراكهم لأهمية العلوم المؤدية إلى اكتشاف الحقائق، ورسمهم للطريق التي يجب أن تسير عليها العلوم جميعها، وإبداعهم لحقائق جديدة، فظهرت مؤلفات يمكن تقسيمها إلى ثلاثة أصناف.

الصنف الأول- مؤلفات اهتمت بشرح الكتب القديمة وكشف الغوامض فيها، وتوضيح الأقوال التي يظهر فيها اللبس والإبهام، وفي ذلك خدمة جليلة للدارسين وطلاب العلم والمعرفة.

الصنف الثاني- مؤلفات اهتمت بإصلاح ما وقع فيه الأولون من أخطاء وإزالة مواقع الخلل والشكوك من طريق العلم مع بيان بالحجة العلمية المختبرية والعملية والمنطقية أسباب الخطأ وقاعدة إصلاحه.

الصنف الثالث- مؤلفات أظهرت نبوغ من قام بها وبوضعها لاهتمامها بابتكارات وإبداعات لم تكن معروفة من قبل، فتصدرت مكانة مرموقة في تاريخ العلم لما ظهر فيها من نتائج وأساليب وفروع جديدة في العلم

المبحث الثاني: مناهج البحث العلمي عند العرب

تمهيد- يقصد بمناهج البحث العلمي مجموعة الطرق والأساليب والقواعد التي يتولى العلماء تطبيقها في مجال بحوثهم ودراساتهم من أجل الكشف عن الحقائق الخاصة بعلمهم

والتثبت من صدق الأقوال والقوانين، سواء تلك التي ورثوها عمن سبقهم من العلماء أو تلك التي يتوصلون إليها من خلال مزاولتهم لعلمهم.

وفي سبيل أن نعطي صورة كاملة عن مساهمات العلماء العرب في مجال مناهج البحث العلمي، نرى أن نقسم موضوع البحث إلى ثلاثة أقسام هي[1]:

أولًا: مناهج العلوم الرياضية والفلكية: ونقصد بها مجموعة الطرق والأساليب والقواعد الاستدلالية والبرهانية المستخدمة في علم الهندسة وعلم الحساب وعلم الجبر وعلم الفلك، وأساس هذه العلوم هو البرهان أو البحث عن الحل أو استنباط المجهول من خلال المعلومات، وقد كان لهذه المناهج وما ابتكروه علماء الرياضيات والفلك العرب، ولا سيما أولئك الذين عملوا في بغداد أكبر الأثر في تطوير هذه العلوم، وتوسيع الإفادة منها في الحياة وفي العلوم على حدٍ سواء.

ثانيًا: مناهج العلوم الطبيعية: ونقصد بها مجموعة الطرق والأساليب والقواعد الاستقرائية المستخدمة في العلوم الطبيعية مثل علم الطبيعة أو الفيزياء وعلم الكيمياء وعلم الحيوان وعلم النبات وعلم المعادن والأحجار، وقد ساهم العلماء العرب والعراقيون منهم بخاصة في ابتكار المنطق الاستقرائي الذي يعتمد على الملاحظة الدقيقة والتجربة المختبرية وطرح الفروض واختبارها وصولًا إلى صياغة الأقوال الكلية أو القوانين، وفي سبيل تحقيق هذا المنطق اندفع العلماء العرب في اختراع الأدوات الخاصة بالتجربة وفي تثبيت الأسس الصائبة لإعداد التجربة المختبرية وصولًا إلى النتائج العلمية.

ثالثًا: مناهج العلوم الطبية والصيدلانية: ونقصد بها مجموعة الطرق والأساليب والقواعد التي اهتدى إليها الطبيب العربي من خلال ممارسته لمهنته، فلم يكتف بالخبرة العملية وما ورثه عن الأوائل، بل اعتمد التشريح ودراسة وظائف

(1) هذه الأقسام الثلاثة التي سيتناولها الفيلسوف ياسين خليل هنا بالبحث في المباحث الثلاثة القادمة من هذا الفصل، هي التي شكلت محور كتبه الثلاثة الأولى في التراث العلمي العربي، إذ اختص الأول فضلًا عن العلوم الإنسانية بعلم الرياضيات مفصلًا، وشكل الكتاب الثاني البحث في العلوم الطبيعية، أما الكتاب الثالث فكان محوره الطب والصيدلة. (المحقق)

الأعضاء، كما استخدم أسلوب التشخيص والتشخيص التفريقي، فضلًا عن منهج العلة والمعلول واختبار الأدوية والمنهج التعليمي، وقد ساعده على ابتكار هذه المناهج وتطبيقها تطور المستشفيات في بغداد، وظهور التخصص العلمي الدقيق، وتنوع المعرفة الطبية والصيدلانية، واستخدام التجربة المختبرية في إعداد الأدوية وتحضيرها من مصادر مختلفة نباتية وحيوانية ومعدنية.

وغايتنا الآن أن نتناول هذه المناهج بأقسامها الثلاثة بالتفصيل، بغية البرهان على ما للعلماء العرب في حقل مناهج البحث العلمي من ابتكار وريادة.

(1). منهج البحث في العلوم الرياضية

عرف العلماء العرب أن العلم الرياضي يختلف عن العلم الطبيعي، ذلك أن الأول يقوم على مجموعة محدودة من المفاهيم التي تشكل أساس النظرية الرياضية، ومن مبادئ أو مقدمات هي البديهيات والمصادرات، والبديهية: قول صادق وضروري وأولي لا يمكن البرهان عليه لبداهته أو وضوحه في الذهن. أما المصادرة فقول صادق وضروري وأولي لا يحتاج إلى برهان، أما الفرق بينهما فهو أن المصادرة تستخدم في علم واحد بعينه، بينما يمكن استخدام البديهية في أكثر من علم واحد، ويقوم العلم الرياضي على المبرهنات كذلك، وهي أقوال تحتاج إلى برهان، وهكذا تصبح المفاهيم والتعريفات والبديهيات والمصادرات والمبرهنات عناصر ضرورية في بناء العلم الرياضي بعامة وعلم الهندسة بخاصة.

يمثل الاستدلال في البرهان الرياضي أساس الإثبات على صدق النتائج، وهو يقوم على قاعدة منطقية معروفة مؤداها: إذا صدقت المقدمات في استدلال صحيح صدقت النتائج، إذ لا يمكن استنتاج نتيجة كاذبة من مقدمات صادقة في استدلال صحيح، وهكذا يصبح التلازم المنطقي بين المقدمات والنتائج أساس البرهان.

لا شك أن المنطق الذي خلَّفه أرسطو كان خير عون لفهم طبيعة العلوم الرياضية، وما يجب أن يكون عليه العلم الرياضي، فضلًا عن مجموعة الاستدلالات القياسية التي تبين كيفية ترتيب المقدمات للحصول على النتائج، وكانت القواعد الاستنتاجية ضرورية للعلم الرياضي كذلك، في سبيل الانتقال من مقدمة أو أكثر إلى نتيجة، وعلى أساس استنتاج قضية من قضية واحدة أو أكثر.

لقد أدرك العلماء والفلاسفة العرب ما للمنطق من علاقة وثيقة وضرورية بالعلم الرياضي، ولكنهم في الوقت نفسه لم يقفوا عند حدود المنطق اليوناني، فقد أدركوا ما فيه من قصور وعدم كفاية لتطوير كل أنواع المعرفة، إذ لا يمكن مثلًا الإفادة منه في تطوير علم الجبر، كما أنه لا يقدم القواعد والشروط الخاصة بإيجاد الحل، وهو فوق هذا وذاك لا يضيف إلى المعرفة الإنسانية خبرات جديدة لأن النتائج متضمنة في المقدمات أصلًا في القياس المنطقي الصحيح.

ولم يقبل العلماء العرب بالفرضيات والآراء والنظريات التي انتقلت إليهم من العلم اليوناني، على أساس أنها صحيحة وغير قابلة للشك أو الطعن، كما أن العقلية العربية العلمية لم تفتح أبوابها أمام جميع ما هو منقول عن العلم اليوناني، بل كانت عقلية انتقائية تختار ما يتفق مع البناء الثقافي العربي الإسلامي.

إن العلم الرياضي الذي تتميز مقدماته بالضرورة والأولية والصدق واليقين، كان عند العلماء موضع دراسة وتنقيح وإضافة وشك، فمن المعروف من زاوية المنهج أن عددًا من العلماء العرب وعلى رأسهم الحسن بن الهيثم (427هـ/ ت1038م)، أثاروا شكوكًا حول استقلالية المصادرة الخامسة التي تنص: إذا وقع خط مستقيم على خطين مستقيمين، وكانت الزاويتان الداخلتان اللتان في جهة واحدة أقل من قائمتين، فإن الخطين إذا خرجا في تلك الجهة فلا بد من أن يلتقيا، وكان سبب الشك هو أن هذه المصادرة الهندسية لم تكن واضحة بذاتها كما هو الحال بالنسبة للمصادرات الأخرى، ولذلك جرت محاولات البرهان عليها من خلال البديهيات والمصادرات الأخرى، وذلك على أساس أن هذه المصادرة من الناحية الرياضية والمنطقية ليست مستقلة عن بقية المصادرات.

وعلى الرغم من جدية برهان ابن الهيثم لهذه المصادرة التي عرفت في تاريخ الرياضيات بمصادرة التوازي التي صيغت عدة صياغات هندسية، فلقد ثبت أن هذه المصادرة مستقلة شأنها في ذلك شأن المصادرات الأخرى، ولكن المهم من الناحية الرياضية هو أن ابن الهيثم وغيره من العلماء العرب أثاروا في الأذهان الشك في استقلالية هذه المصادرة. فكان ذلك خير حافز للعلماء الأوربيين من بعدهم ليتناولوا هذه المصادرة من جديد من أجل البرهان عليها، واستحدثوا لذلك أساليب جديدة.

وقد أدت هذه الجهود إلى إنتاج هندسات لا إقليدية، فلم تعد هناك هندسة واحدة هي هندسة إقليدس. بل إنه بالإمكان بناء هندسات أخرى تختلف عن هندسة إقليدس نطلق عليها جميعًا اسم هندسات لا إقليدية.

وظهر أن منهج الشك قد رافق دراسات وبحوث ابن الهيثم، فلم يكتفِ بتأليف كتاب الشكوك على إقليدس في الهندسة، بل نجده كذلك يثير الشكوك حول نظرية بطليموس الفلكية في كتابه المعروف الشكوك على بطليموس في الفلك، وقد أورد ابن الهيثم في صدر هذا الكتاب مقدمة رائعة لمذهبه في النقد والشك، فيقول: الحق مطلوب لذاته، وكل مطلوب لذاته فليس يعني طالبه غير وجوده، ووجود الحق صعب، والطريق إليه وعر، والحقائق منغمسة في الشبهات، وحسن الظن بالعلماء في طباع الناس جميعهم، فالناظر في كتب العلماء إذا استرسل مع طبعه، وجعل غرضه فهم ما ذكروه، وغاية ما أوردوه، حصلت الحقائق عنده هي المعاني التي قصدوها، والغايات التي أشاروا إليها، وما عصم الله العلماء من الزلل، ولا حمى علمهم من التقصير والخلل، ولو كان ذلك كذلك لما اختلف العلماء في شيء من العلوم، ولا تفرقت آراؤهم في شيء من حقائق الأمور، والوجود بخلاف ذلك، فطالب الحق ليس هو الناظر في كتب المتقدمين، المسترسل مع طبعه في حسن الظن بهم، بل طالب الحق هو المتهم لظنه فيهم، المتوقف فيما يفهمه عنهم، المتبع الحجة والبرهان، لا قول القائل الذي هو الإنسان، المخصوص في جِبِلّتِهِ بضروب الخلل والنقصان. والواجب على الناظر في كتب العلوم، إذا كان غرضه معرفة الحقائق، أن يجعل نفسه خصمًا لكل ما ينظر فيه، ويجيل فكره في متنه وفي جميع حواشيه، ويخصمه من جميع جهاته ونواحيه، ويتهم أيضًا نفسه عند خصامه، فلا يتحامل عليه ولا يتسامح فيه، فإنه إذا سلك هذه الطريقة انكشفت له الحقائق وظهر ما عساه وقع في كلام من تقدمه من التقصير والشبه[1].

إن منهج الشك الذي مارسه ابن الهيثم في علم الهندسة وعلم الفلك تجاوز به إلى علم البصريات لامتحان الفروض والأقوال الكلية لعلماء اليونان، كما أن الموقف النقدي الهادف

(1) الشكوك على بطليموس، ص 3-4.

إلى اكتشاف الحقيقة كان رائده ورائد العلماء العرب جميعهم، لأن معرفة الحق والتمسك به يمثل ركنًا أساسيًا في العقيدة الإسلامية.

ويدرك ابن الهيثم بوضوح تام أن طلب اليقين في العلوم الرياضية شرط ضروري، وأن التناقض في النظرية الرياضية يزعزع الثقة بها، لذلك يصبح امتحان الأقوال والبرهان على صدقها منهجًا ثابتًا في فلسفة ابن الهيثم العلمية، وإن إزالة التناقض شرط منطقي لا يمكن الاستغناء عنه، إذ لا يمكن أن يجتمع الصدق والكذب في القول الواحد.

وإلى جانب المنهج الاستدلالي في علم الهندسة، ابتكر محمد بن موسى الخوارزمي في العلم الذي وضع أسسه العلمية الدقيقة وهو علم الجبر منهجًا جديدًا يختلف عن الاستدلال الهندسي، يقوم على أساس اختيار مبادئ وقواعد عامة من أجل معرفة المجهول في المسألة الجبرية، ويعرف هذا المنهج في العصر الحديث بالخوارزمية (Algorithm)، نسبة إلى اسم الخوارزمي نفسه، وهو يطلق عادة على مجموعة العمليات الرياضية التي تؤدي إلى الحلول الصحيحة، وغايتنا الآن أن نتعرف خطوات هذا المنهج بعد أن استخلصناها من كتابه المشهور الجبر والمقابلة، وهي على النحو الآتي:

1. أدرك الخوارزمي من خلال اشتغاله بالعلم الرياضي أن علم الهندسة يبدأ من مفاهيم أساسية هندسية، وأن جميع العلوم تختار لها مفاهيمها الخاصة، فاختار لعلم الجبر الذي تناول معادلات من الدرجة الثانية ثلاثة مفاهيم جبرية رئيسة هي: المال والجذر والعدد المفرد، (نعبر عن المال في الجبر الحديث بالرمز س2، وعن الجذر بالرمز س، وعن العدد المفرد أي عدد موجب)، ويستعين الخوارزمي بمفاهيم من علم الحساب وهي العمليات الأربع والمساواة للتعبير الكامل عن المعادلات.
2. اختار الخوارزمي ستة أشكال جبرية باعتبارها الأصول التي ترد إليها أنواع معادلات الدرجة الثانية جميعها، ويمكن تلخيص طريقة الرد الجبري بالصورة الآتية:
   أ. أن تكون في البداية معادلة جبرية من الدرجة الثانية.
   ب. أن تجري عمليات جبرية وأخرى حسابية حسب ما تقتضيه المعادلة.
   ج. أن نحصل على أحد الأشكال الستة للمعادلات.

د. أن نطبق الدستور الجبري الخاص بتلك المعادلة أو بذلك الشكل لنحصل على الحل المطلوب.

3. ثَبت الخوارزمي مجموعة من القواعد الجبرية التي تفيد العمليات الرياضية في الجبر، مثل ضرب الأعداد وقاعدة التوزيع في الضرب، وضرب العلامات، والجبر والمقابلة، وضرب الجذور، والقسمة، وقسمة الجذور، والتفريق، وغير ذلك، ومن الملاحظ كذلك أن الخوارزمي استعان بعمليات حسابية، وانه اعتمد ولا شك على الحساب العملي الذي يقوم أساسه على المذهب الستيني في إجراء العمليات الحسابية، وهو مذهب بابلي من دون شك.

4. استعان الخوارزمي بالأشكال الهندسية للتعبير عن معادلات الدرجة الثانية، وبذلك ربط بين الجبر والهندسة لحل هذه المعادلات، فكان بذلك رائدًا لهذا المنهج الذي أصبح فيما بعد من المناهج الرياضية الثابتة لحل معادلات أكثر تعقيدًا، كما يمكن القول إن هذا المذهب قد وضع اللبنة الأولى للهندسة التحليلية، وأثار في الأذهان الرياضية من بعده إمكانية التعبير عن المسائل الهندسية جبريًا وإيجاد الحلول لها.

إنّ التطور الكبير الذي شهده العلم الرياضي عند العرب قد أثار في نفوس عدد منهم ضرورة السبل الكفيلة بتعليمه لكل من يرغب في ذلك، وهذا معناه: بيان المنهج الصحيح الذي يجب أن يتعلمه المتعلم لحل المسائل الرياضية، وعلى الرغم من أن بعض علماء الرياضيات اليونان قد تنبه إلى هذا المنهج وكتب فيه، فإن التوسع والابتكار والإضافة التي حققها العلماء العرب قد جعلت منه منهجًا رياضيًا ثابتًا، ومنطقًا مختلفًا عن منطق أرسطو، له شروطه وقواعده وخطواته وتحذيراته وإرشاداته وغير ذلك، وهو المنطق الذي عُرف حديثًا بالمنطق الهورستيكي أو منطق إيجاد الحل.

ومن المصنفات المهمة في هذا العلم كتاب إبراهيم بن سنان الحرّاني (ت335هـ/ 946م)[1]، الموسوم مقالة في طريق التحليل والتركيب، وكتاب الحسن بن الهيثم الموسوم كتاب في التحليل والتركيب الهندسيين على جهة التمثيل للمتعلمين، وغير ذلك.

(1) تناول ياسين خليل موضوع منطق الحرّاني بالتفصيل في الفصل الثاني من هذا الكتاب. (المحقق)

يذكر الحرّاني في مقدمة مقالته التي تشتمل على خطته ومنهجه بقوله: إني وجدت أكثر من رسم طريقًا للمتعلمين في استخراج المسائل الهندسية من المهندسين، قد أتى ببعض الأمر المحتاج إليه في ذلك، ولم يأت بجميعه، لأن كل واحد منهم كان يخاطب من قد أمعن في الهندسة، وارتاض في استخراج مسائلها، وبقيت عليه بقايا، فكان يقصد لإيقافه عليها، وإرشاده إليها، فقط، فرسمت في هذا الكتاب طريقًا للمتعلمين يشتمل على جميع ما يحتاج إليه في استخراج المسائل الهندسية، وعلى التمام، بحسب طاقتي، وبينت فيه أقسام المسائل الهندسية، بقوم مجمل، ثم قسمت الأقسام، وأوضحت كل قسم منها بمثال، ثم أرشدت المتعلم إلى الطريق الذي يعرف به في أيّ قسم منها يدخل ما يلقى عليه من المسائل، ومع ذلك كيف الوجه في التحليل؟، وما يحتاج إليه في التحليل، من التقسيم والاشتراط، والوجه في تركيبها؟، وما يحتاج إليه من الاشتراط فيه؟، ثم، كيف يعلم هل المسألة مما يخرج مرة واحدة أو مرارًا؟[1].

والطرق التي يراها الحرّاني نافعة في حل المسائل الهندسية وغيرها هي: طريقة التحليل وطريقة التركيب، وهو يرى في التحليل: وهو أنك تبتدئ فتضع الذي تطلبه موجودًا، ثم تنظر في شروط المسألة جميعها، والمفروضات فيها، وما طلب منك وضعته على أنه موجود، فتجتمع منها بالتحليل، من غير أن تحذف شيئًا منها أصلًا، إن الذي طلب منك معلوم: إن كان مما تريد أن تجد وضعه، فتبين أنه معلوم الوضع، وإن كان مما تريد قدره فتبين أنه معلوم القدر، وإن كان المطلوب الصورة منه، فتبين أنه معلوم الصورة[2].

يعلم الحرّاني أن منطوق المسألة يحتوي على عناصر ضرورية لإدراك الحل، ومن أجل ذلك لا بدأن يبتدئ المرء بالقسمة وما وسعه ذلك لمعرفة ما تنطوي عليه المسألة من معلومات ومجهولات، وأن ينتقل بذهنه بالقسمة من جزء إلى آخر ومواصلة ذلك باتجاه الحل المطلوب، وبصورة عامة فإن في المسألة مفروضات وشروطًا ومطلوبات، وهي عناصر تهدينا إلى الحل، فنفترض أن المطلوب موجود، فنضعه مقدمة ننتقل منه إلى الحل الآخر، وننظر كذلك في الشروط والمفروضات فلا نحذف أيّ شيء منها، ثم نبحث عن

(1) رسائل ابن سنان الحرّاني، الهند، ص77.

(2) المصدر السابق، ص105.

خطوات الاستنتاج لنرى من أي شيء يمكن أن ينتج هذا الشيء، ونعود القهقري بخطوات حتى نصل إلى المبادئ الأولية أو القضايا التي سبق لنا معرفتها، وبعبارة أخرى أن التحليل حل معكوس يبدأ بالمطلوب أولًا لينتهي أخيرًا بعد خطوات استنتاجية إلى المعلوم وهو المبادئ الأولية أو البديهيات والقضايا التي تم البرهان عليها.

ويرى الحرّاني ألا فرق بين طريقة التحليل وطريقة التركيب، لأن التركيب يبدأ من حيث انتهى إليه التحليل، فيكون التحليل آخر التركيب.

وتنص طريقة التركيب كما يذكرها الحرّاني بالقول: وإذ قد عملت التحليل كيف هو، فتركيب ذلك هو أن ننظر الشيء الذي به خرجت المسألة، فإن كان لك من أول وهلة، فعادله، وارجع في الأشياء التي كانت قبله في التحليل، واحدًا واحدًا، إلى أن تنتهي إلى أول التحليل، فيكون أول التحليل آخر خطوة في البرهان، بينما تفيد من المفروضات والمبادئ أو البديهيات.

ويريد الحرّاني بهذا المنهج أن يسير حل المسائل بطريق مخالف لمنهج التحليل، وذلك أن نبدأ أولًا بالمفروضات والأشياء التي نُسلِّم بها ونستنتج منها وبخطوات متتابعة حتى نصل إلى استنباط المطلوب، وهنا لا بد من الإشارة إلى أن تحليل منطوق المسألة إلى مفروضات وشروط ومطلوبات أمر لا مناص منه في المنهج التركيبي، ليتسنى لنا حل المسألة، فيكون المطلوب هو آخر خطوة في البرهان، بينما نفيد من المفروضات والمبادئ أو البديهيات والمصادرات في الاستنتاج وصولًا إلى الحل المطلوب.

1. منهج البحث في العلوم الطبيعية

ويعود الفضل في بناء مناهج البحث العلمي في العلوم الطبيعية إلى عدد من العلماء العرب، فكانوا روادًا في استخدام الملاحظة الهادفة والتجربة المختبرية وابتكار الآلات والأدوات، وطرح الفروض من أجل اختبارها، والتوصل إلى صياغة الأقوال الكلية أو القوانين الطبيعية.

أدرك العلماء العرب الاختلاف بين طبيعة العلوم الرياضية وطبيعة العلوم الطبيعية، وذلك على أساس أن البرهان أو الاستدلال يمثل جوهر العلم الرياضي، بينما تمثل الملاحظة

والتجربة جوهر العلم الطبيعي، كما أن الأقوال في العِلمين يختلف جوهرهما، فالأقوال الرياضية يقينية لا يتطرق الشك إليها ولا يتوفر التناقض بينها، إذ لا يمكن أن تكون القضية الواحدة صادقة وكاذبة معًا، في حين أن الأقوال الطبيعية احتمالية وليست يقينية، وهذا تمييز له قيمته وشأنه في الدراسات الفلسفية والعلمية معًا.

2. منهج البحث في الكيمياء

مارس العلماء العرب التجربة المختبرية في أكثر من علم طبيعي واحد، فمن المعروف أن أبحاث جابر بن حيان (ت198هـ/ 813م) في الكيمياء اعتمدت على التجربة في كثيرٍ من موضوعاتها، وتفوّق الحسن بن الهيثم في إعداد التجارب المختبرية في علم البصريات، واشتهر أبو الريحان البيروني (ت440هـ/ 1048م)، بتجاربه الخاصة بالأوزان النوعية للسوائل والفلزات، واعتمد أبو بكر محمد بن زكريا الرازي على الأجهزة العلمية والعمليات الكيماوية في تحضير الأدوية والعقاقير، ويعود الفضل إلى عبد الرحمن الخازني في صناعة ميزانه المشهور ميزان الحكمة، الذي يتألف من خمسة كفوف لقياس الأوزان النوعية.

لقد شاع في أوساط العاملين في تاريخ العلوم أن فرضية تحويل العناصر الرخيصة إلى عناصر ثمينة بإضافة مادة الإكسير، كانت الأساس الذي في ضوئه تنوعت التجارب والتحضيرات، وتوصل العرب من وراء ذلك إلى نتائج علمية ومركبات جديدة، ولكننا من الضروري أن لا نبالغ في رد كل العمليات الكيمياوية والنتائج إلى هذه الفرضية، لأن المشتغلين في الكيمياء من العرب قد ركزوا اهتمامهم بصورة رئيسية على بعض الصناعات الكيمياوية المهمة، والصناعات الدوائية، واختبار تأثير بعض العناصر والمركبات، وتحضير بعض المواد المهمة بعمليات كيمياوية بحتة، ومحاولة إدراك النسب الداخلة في التفاعلات الكيمياوية وصناعة السبائك، وغير ذلك من الاهتمامات الكيمياوية الصرفة التي لا علاقة لها بفرضية تحويل العناصر[1].

---

(1) لقد شاعت هذه النظرية التي تقول بتحويل العناصر الرخيصة إلى ثمينة أيام جابر بن حيان وما بعده، ووقف منها العلماء والفلاسفة مواقف متباينة، منهم من قبل بها ودافع عنها ومنهم من ردها وسفهها، وقد أوضح الفيلسوف ياسين خليل ذلك بالتفصيل في لكتاب الثاني من هذا المجلد، والخاص بالعلوم الطبيعية. (المحقق)

يُعدّ جابر بن حيان مؤسس علم الكيمياء، وقد خلف مجموعة من أبحاثه ودراساته التي تثبت ما توصل إليه من نتائج، كما تبين بشكل واضح اهتمامه الكبير بالتجارب والتحضيرات المختبرية، وقدرته العلمية على صياغة الفروض والاستنتاجات الكيمياوية.

وعندما نتحدث عن التجارب المختبرية لا بد لنا أن نأخذ بنظر الاعتبار من الزاوية المنهجية الأركان الآتية:

أ. الآلات والأدوات التي استعملها الكيمياوي العربي في تحضير التجربة وإعدادها في ضوء معرفته بخواص المواد الداخلة في التحضير.

ب. المواد الكيمياوية التي تدخل في العملية الكيمياوية، ومعرفة نسب هذه المواد وخواصها العامة أو الخارجية، فضلًا عن معرفة نظرية لا بأس بها من أجل فهم ما يحدث خلال التجربة والتدخل في العملية أثناء إجراء التجربة إن لزم الأمر.

ج. فرضية كيمياوية تطرح للاختبار أو التعليل، فإن كانت للاختبار فلا بد أن يكون إعداد التجربة والمواد الداخلة فيها يخدم الفرضية التي نريد اختبارها، أما إذا كانت للتعليل، فلا بد أن تكون نتيجة التجربة على علاقة وثيقة بالتعليل.

إذا تفحصنا المؤلفات الكيمياوية لجابر بن حيان وأبي بكر الرازي لوجدنا بوضوح أن المنهج الآنف الذكر كان دليل عمل في جميع العمليات الكيمياوية وأساسًا مهمًا تميزت بها أبحاثهما في الحصول على نتائج جديدة. ولا بد لنا أن نذكر أن صناعة الأجهزة المختبرية كان ملازمًا لصناعة الكيمياء.

فضلًا عما تقدم، نقول: لا يختلف منهم الرازي الطبيب في الكيمياء عن منهج جابر بن حيان كثيرًا، اللهم إلا في ابتعاد الرازي عن ذكر الطِلّسمات وما ليس له صلة بالكيمياء، مثل السيمياء، فكان منهجه أكثر علمية ودقة، وبذلك يكون الرازي قد حقق خطوة مهمة في تأسيس الكيمياء على التجربة والنظر العلميين، يشهد على ذلك ما خلفه لنا من تصانيف في هذا العلم، إذ ألف كتابين في الكيمياء هما كتاب الأسرار وكتاب سر الأسرار، جمع فيهما جميع خبراته وفروضه وتصوراته لعلم الكيمياء، سواء في حقل الأجهزة والآلات أو

الأدوات، أو في حقل المواد المستعملة في هذا العلم، مادية كانت أو حيوانية أو نباتية، أو في حقل العمليات والتجارب الكيمياوية، فاستعان بالتجارب المختبرية في سبيل تحضير مواد كيمياوية معينة، كما عمل في مجال تحضير الأدوية وذلك لحاجته إليها كطبيب في العلاجات الطبية.

كما ويعود الفضل إلى الرازي في ميدان الكيمياء، أنه لم يكتفي بذكر الجهاز المستعمل في التحضير، بل سعى إلى شرحه وشرح عناصره، فوصف الأجهزة بدقة، فضلًا عن طريقة العمل بها، وبذلك يكون الرازي قد أدرك قيمة الأجهزة العلمية المختبرية في العلم الجديد، فسهل على العاملين في الكيمياء مهمة إجراء التجارب وإعادتها.

إنّ صناعة الأجهزة المختبرية وإعداد التجربة ليس بالأمر البسيط، بل لا بد من إدراك واضح للجانب النظري الذي يختفي وراء صناعة الجهاز، لذلك كان على علماء الكيمياء العرب مهمة ابتداع بعض الأجهزة الضرورية، واستعارة بعض الآلات من الصناعات الشائعة في زمانهم بعد إخضاعها لمقتضيات التجربة الكيمياوية، وإجراء التعديلات أو التحويرات اللازمة.

إنّ إدراك العلاقة بين الجهاز والمواد الكيمياوية التي توضع فيه لإجراء الخلط أو المزج أو التفاعل فضلًا عن جميع الظروف المحيطة بالتجربة قد نوعت المواد التي تصنع منها الأجهزة، لذلك نجد المواد المصنوعة منها الأجهزة والآلات مختلفة باختلاف العمليات والتفاعلات الكيمياوية، فمن الأجهزة والأدوات ما يستعمل في صناعة المعادن وتحضير السبائك، وفي تحضير الأدوية وصناعة الحوامض والقلويات والعطور وغيرها.

فإذا كانت التجربة بحاجة إلى درجات حرارة عالية صنع الجهاز أو الأدوات من الخزف أو الحديد أو السبيكة المعدنية.

وإذا كانت المواد الداخلة في التجربة تؤثر بالتفاعل على النتيجة تم صنع الجهاز من الزجاج مثلًا، وبالفعل فإن معرفة الإنسان العربي لصناعة الزجاج قد مهد له الطريق لصناعة كثيرٍ من الأدوات مثل الدوارق والأنبيقات والأنابيب والقناني الخاصة بحفظ المواد الكيمياوية والأدوية.

3. منهج البحث في الفيزياء

ولم يكن للتجربة المختبرية حدودها في علم الكيمياء فقط، بل نجدها أكثر أهمية وفائدة في تطور البحث العلمي، إذ استخدمت هذه الطريقة على نطاق واسع في البحوث الفيزياوية مقترنة بالمنهج الاستقرائي، وكل ما يتعلق بتفصيلات وخطوات البحث العلمي وصولًا إلى النتائج العلمية الرصينة.

وبرز الحسن بن الهيثم في تأكيد أهمية الاستقراء في الوصول إلى صياغة الأقوال الكلية أو القوانين العلمية، وفي التثبت من الفروض والآراء العلمية المنقولة من التراث اليوناني، ففي الوقت الذي يجب أن نعترف لابن الهيثم أنه مؤسس منهج البحث العلمي في الفيزياء، لا بد لنا أن نعترف كذلك أن ابن الهيثم مؤسس الفيزياء التجريبية في الوقت نفسه، إذ شملت أبحاثه في الفيزياء علم البصريات وأجزاء من علم الميكانيك وعلم الفلك، فضلًا عما حققه في مجال العلوم الرياضية من ابتكارات وانجازات، إذ كتب العديد من الرسائل والمصنفات العلمية، ويعد كتابه المناظر قمة إنتاجه في حقل البصريات.

استخدم ابن الهيثم منطقًا علميًا مستقيمًا عند مواجهته للآراء المتضاربة والمتناقضة، ليقرر في ضوء التجربة المختبرية فيما إذا كان أحد الآراء أو غيرهما هو الصحيح، فناقش على سبيل المثال كيف يتم الإبصار وعرض الآراء والمذاهب المتعارضة ليصل إلى وضع قاعدة منطقية غاية في الأهمية بالنسبة لعلم المناهج، وفي ذلك يقول: وكل مذهبين مختلفين إما أن يكون أحدهما صادقًا والآخر كاذبًا، وإما أن يكونا جميعًا كاذبين، والحق غيرهما جميعًا، وإما أن يكونا جميعًا يؤديان إلى معنى واحد هو الحقيقة، ويكون كل واحد من الفريقين القائلين بذينك المذهبين قد قصر في البحث فلم يقدر على الوصول إلى الغاية فوقف دون الغاية، ووصل أحدهما إلى الغاية وقصر الآخر عنها، فعرض الخلاف في ظاهر المذهبين، وتكون غايتهما عند استقصاء البحث واحدة، وقد يعرض الخلاف أيضًا في المعنى المبحوث عنه من جهة اختلاف طرق المباحث، وإذا حقق وأنعم النظر ظهر الاتفاق واستقر الخلاف[1].

---

(1) كتاب المناظر، في الإبصار والاستقامة، ص61-62.

يقف ابن الهيثم من مذهبين متناقضين في مسألة الإبصار موقفًا يعتمد على امتحان الآراء بالتجربة، فهل الإبصار يحدث بخروج شعاع من أضواء من البصر ليلامس المبصرات، أو هل يحدث الإبصار بانعكاس الضوء من المبصرات إلى البصر؟، فيقرر بصورة نهائية أن الإبصار يحدث بانعكاس الضوء من المبصرات إلى البصر.

امتحن ابن الهيثم جميع الآراء الكلية أو الأقوال بصدد الضوء من خلال التجربة، فإن وقعت له مسألة من المسائل قام بدراسة أحوالها من كافة الوجوه باستقراء دقيق حتى يصل إلى الفرضية أو القول الفصل بصددها، ففي مسألة الإبصار مثلًا نجده يقلب الاحتمالات والحالات فيدرس جميع الشروط الواجب توفرها ليكون الإبصار بانعكاس الضوء عن المبصر، ليصل بعد ذلك إلى القول الكلي، وفي ذلك يقول ابن الهيثم: فقد تبين من جميع ما ذكرناه مما يوجد بالاستقراء والاعتبار، ويوجد مطردًا لا يختلف ولا ينتقص، أن البصر ليس يدرك شيئًا من المبصرات التي تكون معه في هواء واحد ويكون إدراكه له لا بالانعكاس إلا إذا اجتمعت للمبصر المعاني التي ذكرناها، وهي أن يكون بينه وبين البصر بعدما بحسب ذلك المبصر، ويكون مقابلًا للبصر، أعني أن يكون بين كل نقطة من سطحه الذي يدركه البصر وبين نقطة ما من سطح البصر خط مستقيم متوهم، ويكون فيه ضوء ما إما من ذاته أو من غيره، ويكون حجمه مقتدرًا بالإضافة إلى قوة إحساس البصر، ويكون الهواء الذي بينه وبين سطح البصر أو الجسم الذي بينه وبين سطح البصر مشفًا متصل الشفيف لا يتخلله شيء من الأجسام الكثيفة، ويكون كثيفًا أو فيه بعض الكثافة، أعني أن لا يكون فيه شفيف أو يكون مشفًا وشفيفه أغلظ من شفيف الهواء المبسوط بينه وبين سطح البصر أو الجسم المشف المتوسط بينه وبين سطح البصر، وليس يكون الكثيف إلا ذا لون أو ما يجري مجرى اللون، وكذلك المشف الذي فيه بعض الغلظ، فهذه المعاني هي التي لا يتم الإبصار لا بعد اجتماعها للمبصر، وإذا اجتمعت هذه المعاني للمبصر، وكان البصر سليمًا من الآفات، فإنه يدرك ذلك المبصر، وإذا عدم البصر واحدًا من هذه المعاني فليس يدرك المبصر الذي يعدم فيه ذلك المعنى، وإذا كان ذلك كذلك فهذه المعاني إذن هي خواص البصر التي بها وباجتماعها يتم الإبصار[1].

(1) المصدر السابق، ص69-70.

فضلًا عن ذلك أشار ابن الهيثم إلى الاستقراء باعتباره دراسة لحالات كثيرة واستنباط القول الكلي، وذلك على أساس اتفاق الحالات جميعًا وتكرار النتيجة، دون أن يصيبها الاختلاف لان ذلك يعزز صدق القول الكلي، كما أشار إلى الاعتبار ويقصد به التجربة، لأن التجربة وحدها هي التي تطلعنا على اطراد الظاهرة وإمكانية الوصول إلى صياغة القول الكلي.

ففي الاقتباس السابق يطبق ابن الهيثم الاستقراء بالمعنى العلمي الدقيق ووفق التصور الآتي:

1. أن يدرس جميع الحالات التي لها صلة وثيقة بالإبصار دراسة على أساس فحص أو اختبار جميع المعاني أو العوامل التي تعطل الإبصار، ولا سيما تلك التي لها علاقة مباشرة بالانعكاس عن المبصرات.
2. أن يصوغ ما توصل إليه من نتائج في صيغة عامة يذكر فيها جميع المعاني أو العوامل التي يجب توفرها أو عدم توفرها لكي يحدث الإبصار، فينتقل الضوء من المبصر إلى البصر.
3. أن تكون الصيغة العامة التي توصل إليها مدعمة بالتجارب والامتحانات، بحيث لا يمكن للمرء أن يثير الشكوك حولها، دعمًا لقناعته أن العلم لا يهتم بغير الحقائق، وان غاية العالِم أن يطلبها لذاتها.

لا شك أن خطوات الاستقراء ابتداءً من الحالات وانتهاءً بصياغة الأقوال العامة التي تؤلف جوهر النظرية، قد استقاها ابن الهيثم من خلال الممارسة والخبرة وتنوع التجارب وامتحان الآراء المختلفة، بحيث أصبحت التجربة في العلم الطبيعي معيار صدق الأقوال أو كذبها، فلا يقبل فرض إلا إذا كان ممتحنًا بالخبرة أو التجربة، وقد توصل ابن الهيثم إلى صياغة هذه الخطوات فنص عليها بقوله: ونبتدئ في البحث باستقراء الموجودات، وتصفح أحوال المبصرات، ونميز خواص الجزئيات، ونلتقط بالاستقراء ما يخص البصر في حال الإبصار، وما هو مطرد لا يتغير وظاهر لا يشتبه من كيفية الإحساس، ثم نترقى في البحث والمقاييس على التدريج والترتيب، مع انتقاد المقدمات والتحفظ في النتائج، ونجعل غرضنا في جميع ما نستقرئه ونتصفحه استعمال العدل لا اتباع الهوى، ونتحرى في سائر ما نميزه وننتقده طلب الحق لا الميل مع الآراء، فلعلنا ننتهي بهذا الطريق إلى الحق الذي

يثلج الصدر، ونصل بالتدرج والتلطف إلى الغاية التي عندها يقع اليقين، ونَظفُر مع النقد والتحفظ بالحقيقة التي يزول معها الخلاف وتنحسم بها مواد الشبهات[(1)].

ونظرًا لأهمية أبحاث ابن الهيثم في البصريات ومكانته كمؤسس للطريقة التجريبية في العلم الطبيعي، وهي الطريقة التي يدين العلم بها باعتبارها إنجازًا نقل البحث العلمي من التأمل واستخدام المنطق الفلسفي إلى الممارسة والتجربة والخبرة وصولًا إلى تثبيت الحقيقة أو امتحانها والتأكد منها.

لا بد لنا أن نشير إلى حقيقة منهجية أخرى كان لها الفضل في تقدم العلوم، وهي إلزام الباحث بالموضوعية ممثلة بإتباع الحق لا الميل مع الآراء، وممارسة النقد الموضوعي بحذر شديد ابتغاء إزالة الغموض واللبس تمهيدًا للوصول إلى الحقيقة بتطبيق المنهج الاستقرائي، وبناءً على ذلك تكون أركان المنهج الاستقرائي كما يراها ابن الهيثم من خلال أبحاثه كما يأتي:

1. الالتزام بالموضوعية ممثلةً في الابتعاد الكلي عن الأغراض الذاتية والميول العاطفية والرغبات، والنظر إلى الهدف العلمي وهو كشف الحقيقة كأساس للعمل العلمي.
2. تحديد موضوع البحث الذي يريد الباحث دراسته بشكل يؤدي إلى التقاط حالات معينة محدودة، ويكون الشرط الجوهري في الاختيار هو الانتظام أو الاطراد، بمعنى أن تكون الحالات التي نلتقطها معبرة عن الاطراد الثابت، فالانتظام الظاهر الذي لا يشك فيه.
3. طرح الفرضية التي يسميها ابن الهيثم بالمقدمة فيجعلها عرضة للنقد، ولا يتوقف عندها بل يستمر بفحص الأقوال الكلية بالترتيب، ليصل في نهاية الأمر إلى القول الكلي الذي يضم جميع المقدمات المنتمية لموضوع البحث.
4. يستنبط من المقدمات أو الفروض نتائج معينة، ولكنه مع ذلك لا يثق بكل النتائج، وهذا موقف علمي من دون شك، لأن من النتائج ما يحتاج إلى امتحان واختبار، فلعل نتيجة ما لا يتوفر لها الصواب ولا تدعمها التجربة.

---

(1) المصدر نفسه، ص62.

4. منهج البحث في العلوم الطبية والصيدلانية

وتطورت مناهج العلوم الطبية والصيدلانية على أيدي العلماء العرب من أطباء وفلاسفة، وتوسعت الخبرة الطبية وتنوعت العلاجات، فلم يقتصر عمل الأطباء على طبقة معينة من أثرياء المجتمع، بل أصبح الطب شائعًا برعاية الناس والخلفاء، وازداد عدد الأطباء إلى حدٍ كبير وتنوعت اختصاصاتهم، كما تأسست المستشفيات ودور الشِفاء، وظهرت أنظمة وقواعد تنظم العمل الطبي والمؤسسات العلاجية، وتحولت بعض المستشفيات الكبيرة إلى دور علمية لتعليم الطب، فإذا بالتعليم الطبي المنظم يشق طريقه عن طريق المحاضرة والتطبيق ومزاولة العمل الطبي بإشراف أكابر أطباء المستشفى.

وكان لسعة إطلاع الأطباء العرب على التراث الطبي اليوناني والسرياني، واهتمامهم بدراسة الفلسفة والمنطق ونظريات العلم الطبي، ولا سيما تلك التي لها صلة بالتفسيرات والتحليلات الطبية أن أصبح لعلم الطب مناهجه الخاصة به في معالجة الأمراض وفي البحوث الطبية.

اعتمد المنهج الطبي اليوناني على نظريات من العلم الطبيعي، وكان من ابرز هذه النظريات نظرية الأركان أو العناصر الأربعة التي أصبحت بفضل تحليلات أبقراط نظرية عامة يعتمد عليها في تفسير الأمراض والعلل، وتقوم النظرية على أساس وجود عناصر أو أركان أربعة هي: التراب والماء والهواء والنار، و أن الكائنات أو الموجودات تتألف من هذه الأركان بنسبة متفاوتة، وترتبط بالأركان كيفيات خاصة وأخلاط، وتتفاوت أعضاء الجسم في الكيفيات، فمن الأعضاء ما هو بارد، ومنها ما هو حار، ومنها ما هو يابس، ومنها ما هو لرطب، فطبيعة التراب اليبوسة، وطبيعة الماء البرودة، وطبيعة الهواء الرطوبة، وطبيعة النار الحرارة[1].

تمتزج الأركان بعضها مع بعض بنسب غير متساوية حسب العضو، فإذا ما أصاب الاختلال في النسب لعضو من الأعضاء أو الجسم أصابه المرض، فالصحة، تكون النسب

---

(1) سبق الحديث مفصلًا عن نظرية أبقراط الطبية في الأركان الأربعة، وعن كتبه الأخرى في الكتاب الثالث من هذا المجلد، فلطالب المزيد مراجعته، كذلك، يقارن، د. كمال السامرائي، موجز تاريخ الطب العربي، ج1. (المحقق)

من الأركان الأربعة متوازنة، والمرض أن تخرج النسب عن الاعتدال، فيقال على سبيل المثال إن المزاج حار عندما يغلب العنصر الناري على العناصر الأخرى، ويقال إن المزاج بارد عندما تكون الغلبة للعنصر المائي على سائر العناصر الأخرى، ويكون المزاج يابسًا إذا كانت الغلبة للعنصر الترابي... وهكذا، وقد ترتبط الكيفيات لتحدث أمزجة أخرى فيقال إن مزاج الجسم حار يابس عندما تكون الغلبة للعنصر الناري والترابي، بينما يقال إن مزاج الجسم بارد رطب عندما تكون الغلبة للعنصر المائي والهوائي، ويقال هذا الجسم مزاجه حار رطب عندما يكون العنصر الناري والهوائي هو الغالب.

تمسك الطب اليوناني بهذه النظرية وتوسع فيها حتى أصبحت غير قابلة للطعن والتبديل، فإذا ما تعارضت الخبرة الطبية العملية مع النظرية لجأ الطبيب اليوناني إلى تفضيل أو التمسك بالنظرية على حساب الخبرة، وعلى النقيض من هذا الموقف نجد أن الطب العربي يتمسك بالخبرة أولًا وبالنظرية ثانيًا، فإذا ما تعارضت الخبرة مع النظرية كان للخبرة فضل المكان الأول في التشخيص والعلاج، وكتاب الحاوي لأبي بكر الرازي خير ممثل لهذا الاتجاه، إذ تحتل الخبرة المقام الأول، بينما يهدف إلى تأويل النظرية لصالح الخبرة عند تعارض النظرية مع الخبرة.

ولم تكن المعرفة الطبية عند العرب معتمدة على ما جاء في مصنفات أطباء اليونان والسريان، بل اتسمت فضلًا عن الاهتمام بالخبرة العملية، بالاعتماد على دراسات وتحليلات منظمة سواء ما كان منها متعلقًا بحالات سريرية أو جراحية أو تشريحية.

لا شك أن الطب اليوناني لم يهمل لم يهمل تشريح الأعضاء، ومحاولة معرفة وظيفة كل عضو من أعضاء الجسم الإنساني، إلا أن الطبيب العربي أكد ضرورة معرفة الطبيب علم التشريح قبل كل شيء، فضلًا عن معرفة وظيفة كل عضو، فإذا ما أصيب أحد الأعضاء بالمرض فمعنى ذلك أن اختلالًا في وظيفته الحيوية قد أصابته، فإن كانت معالجته تستدعي الجراحة، فمن الضروري أن يعرف الطبيب الجراح علم التشريح، لكيلا يقع للمريض مكروه.

لقد أنكر بعض المستشرقين ومن تابعهم على الأطباء العرب مزاولتهم للتشريح، تشريح جثث الموتى من البشر، بحجة أن التشريح هو المُثلة التي لا تجوز شرعًا بعد وفاة الإنسان،

ولكنهم لو راجعوا أمهات الكتب الطبية العربية لوجدوا عكس هذا الرأي، إذ جرى التشريح بالصورة الآتية:

1. تشريح الحيوانات من القردة والديوك وغيرها للتعرف على أعضائها وما أصاب الأعضاء من مرض أدى إلى موتها أو تغيير في حيويتها.
2. تشريح الموتى من المقاتلة، وتشريح العضو عند العمليات الجراحية، وتشريح الموتى للغاية العملية.

يذكر يوحنا بن ماسويه قصة مؤداها: دخل غلام من الأتراك ومعه قرد من القرود التي أهداها ملك النوبة، وقال له: يقول لك أمير المؤمنين زوج هذا القرد من حماحم قردتك، وكان ليوحنا بن ماسويه قردة يسميها حماحم، كان لا يصبر عليها ساعة، فوجم لذلك، ثم قال للرسول: قل لأمير المؤمنين اتخاذي لهذه القردة غير ما توهمه أمير المؤمنين، وإنما دبرت تشريحها ووضع كتاب (=بن ماسويه) على ما وضع جالينوس في التشريح[1].

واشترط الأطباء العرب سواء كان منهم الطبيب الطبائعي أو الطبيب الجرائحي أو طبيب العيون، فضلًا عن الأطباء والصيادلة أن تكون لهم معرفة بعلم التشريح، وكان من الأطباء من زاول التشريح بالفعل ابتغاء معرفة العلة، فتناولوا تشريح الحيوانات على اختلاف أنواعها، كما تناولوا تشريح الإنسان، والدليل على ذلك ما توصل الأطباء العرب من نتائج يمكن تلخيصها بالنقاط الآتية:

1. لم يوافق الأطباء العرب نتائج التشريح التي توصل إليها الأطباء اليونان وبالأخص جالينوس، فاشتملت مؤلفاتهم على معارضات ومخالفات عديدة في عدد العظام وفي عدد عضلات جسم الإنسان وغيرها.
2. أجرى الأطباء العرب تعديلات على نتائج التشريح للدورة الدموية، ولا سيما الدورة الدموية الصغرى والدورة الدموية الكبرى، واختلفوا مع جالينوس في تشريح القلب والدورة الدموية.

---

(1) ابن أبي أصيبعة، عيون الأنباء في طبقات الأطباء، ص250.

3. اختلف الأطباء العرب مع أطباء اليونان في كيفية الإبصار وعلاقة ذلك بتشريح العين وكيفية إدراك الصور والمعرفة، وبرز الحسن بن الهيثم وإن لم يكن طبيبًا ممارسًا في الربط بين المعرفة وتكوين الصور معتمدًا في ذلك على التشريح.

ونتيجةً للممارسة الطبية على نطاق واسع في المستشفيات وتطورت أساليب جديدة عند الأطباء العرب، فكان ذلك فرصة للدراسة المباشرة لمختلف الحالات المرضية بصورة مستمرة، وتوفير الأساليب المختلفة للعلاج، وتتبع آثارها الأدوية في الأمراض، والعلاجات المختلفة بالأدوية والأغذية وإجراء العمليات الجراحية، وما توفره المؤسسات العلاجية من الراحة في فترة المرض والنقاهة، ومعرفة بالآثار النفسية التي تحدثها الأزمات والأوهام والقلق وغير ذلك على صحة الأبدان، وأهمية الأساليب الترويحية والترفيهية في علاج بعض الأمراض.

وتطورت الأساليب التعليمية في الطب، ولم يكتف الطبيب العربي بالجانب النظري فقط، بل اشترط مزاولة دارس الطب لصناعته بصورة عملية، والحصول على الإجازة الطبي ولممارسة المهنة بعد أداء الامتحان أمام لجنة مؤلفة من أطباء أكفاء، وظهر التخصص في الفروع الطبية المختلفة، والعمل على إشراك عدد من الأطباء على هيئة لجان استشارية لمعاينة المرضى أو لإجراء العمليات الجراحية، واعتماد الطبيب الجراح على قرار الطبيب المعالج أو المباشر.

ومن الأمثلة على ما ذكره ابن القف في إخراج الجنين الميت، فيقول: وأما الميت فهو أن الجنين إذا مات ويعرف هذه بخروج دم صديدي من الرحم ويبطلان حركة الجنين ونهوضه، فإذا حصل ذلك فينبغي للجرائحي أن يسأل الطبيب المباشر عن قوة المرأة، فإن كانت قوية مستقلة بعمل الحديد في إخراج الجنين فليقدم على العمل، وإن كانت ضعيفة خفية الصوت عندما نودي لها ويعتريها غشي واسترسال، والنبض ضعيف فإياك ومعالجتها بالحديد، فإنها إذا هلكت نسب ذلك إلى المعالجة[1].

(1) ابن القف، العُمدة في الجراحة، ج2، ص216.

ولم تكن المستشفيات مجرد مؤسسات علاجية فقط، بل كانت معاهد علمية كذلك للتدريس وتخريج الطلبة لمزاولة مهنة الطب.

إن من أبرز المظاهر الحضارية والعلمية التي شهدتها الحضارة العربية الإسلامية التطور الكبير الذي أصاب المؤسسات العلاجية على المستويين الشعبي والرسمي، ففضلًا عن اهتمام الدولة بإقامة المستشفيات وتجهيزها بكل ما تحتاجه من الوسائل الصحية والعلاجية وتعيين الأطباء وجراية الأرزاق لهم، شهدت الحضارة العربية الإسلامية اهتمامًا زائدًا بإقامة المستشفيات من قبل الأفراد من أهل الخير، وكما تحول المسجد إلى معهد تعليمي لتدريس علوم العربية المختلفة، فقد تحولت المستشفيات كذلك إلى معاهد تعليمية لتدريس الطب وإجازة الأطباء.

لقد أملت الضرورة في عصر النبوة أن يقيم المسلمون الأماكن الخاصة لمعالجة الجرحى والمصابين في الحروب، وقد ذكر ابن إسحق في السيرة أنه: كان رسول الله -صلى الله عليه وسلم- قد جعل سعد بن معاذ في خيمة لامرأة من أسلم يقال لها رفيدة في مسجده، كانت تداوي الجرحى وتحتسب بنفسها على خدمة من كانت به ضبعة من المسلمين، وقد كان رسول الله قد قال لقوم حين أصابه السهم بالخندق: اجعلوه في خيمة رفيدة حتى أعود من قريب[1].

وكان للتطور الحضاري وازدحام الناس في المدن وتفشي الأمراض أكبر الأثر في التفكير بإقامة دور للمرضى والمصابين ومعالجتهم بإشراف أطباء على الدوام، فكان أول مستشفى بني في الإسلام سنة 88هـ/ 70-6م، وقد أقامه الخليفة الأموي الوليد بن عبد الملك، وعين له الأطباء وأجرى لهم الأرزاق، وزود المستشفى بأنواع العلاجات من الأدوية وغيرها.

واقتضت الضرورة أن ينشأ في الحضارة العربية الإسلامية نوعان من المستشفيات، تلك التي تكون ثابتة في المدن والحواضر، وقد زودت بقاعات فسيحة وغرف للمرضى والأطباء وغير ذلك، مع نظام صارم يتقيد به المرضى والأطباء والمشرفون على أمور المستشفى، وتلك التي تكون متنقلة من مكان إلى آخر، وقد زودت هي الأخرى بما تحتاجه من الأدوية والأدوات، وقد أنشئ النوع الثاني من المستشفيات نتيجة لأسباب كثيرة منها الحروب

(1) ابن هشام، السيرة، ج1، ص688.

وضرورة معالجة المصابين بسرعة لتقليل الخسائر، والوقاية من انتشار الأوبئة في المناطق البعيدة، وعدم وجود مستشفيات وأطباء في مناطق أخرى، بحيث لا يستطيع المصاب أن ينتقل إلى المستشفى في المدينة بسهولة، وبالفعل فقد كان الخلفاء والسلاطين والأمراء يرسلون الأدوية والأغذية إلى المناطق البعيدة أو المنكوبة أو الموبوءة لمعالجة المصابين بإشراف عدد من الأطباء ومن يساعدهم.

وسرعان ما انتشرت المستشفيات في جميع مدن وحواضر العالم العربي والإسلامي وازداد الاهتمام بها حتى بلغت في بعض المدن شهرة واسعة باعتبارها دورًا للمعالجة ومعاهد تعليمية، فالمستشفى العضدي الذي بناه عضد الدولة (ت373هـ/ 983م)، والمستشفى الناصري الذي أقامه السلطان صلاح الدين الأيوبي (ت587هـ/ 1191م) في القاهرة، والمستشفى النوري الذي بناه السلطان نور الدين زنكي بدمشق سنة 549هـ/ 1154م، وغيرها من المستشفيات الكثيرة تمثل أرقى المؤسسات العلاجية بما وفرته من قاعات فسيحة وعناية طبية ومباحث ودراسات.

إن التقدم الكبير الذي أحرزته المؤسسات العلاجية لم يحدث قفزة واحدة، بل إنه كغيره من مناحي الحياة العلمية والفكرية بدأ بداية بسيطة ثم سرعان ما تطور بفضل الحاجة وتطور المجتمع واحتكاك العرب بثقافات أجنبية، وأن التعليم العالي بدوره لم يحقق أهدافه بطفرة واحدة، بل بدأ بسيطًا حتى وصل إلى مرحلة عالية من التقدم، وتعليم الطب ومزاولة صنعته بدأ حثيث الخطى حتى أصبحت له مناهجه وشروطه وواجبات من يزاول الطب كمهنة.

ومن الطبيعي أن نجد أن نجد في البدايات الأولى لتعليم الطب أن معظم الأطباء يأخذون علمهم بقراءة الكتب الطبية على أحد الأطباء البارزين، فإذا وجد في نفسه القدرة على تحمل مسؤولية مزاولة المهنة، أخذ بمزاولتها من دون إجازة أو شروط.

وكانت التجربة والخبرة في المعالجة والمداواة هي الدليل على حسن المزاولة والمعرفة الطبية، ولكن لهذه الطريقة في تخريج الأطباء خطرها على المجتمع، إذ من الممكن أن ينتحل أي فرد صفة الطبيب فيزاول المهنة.

وقد حدث في عهد الخليفة العباسي المقتدر بالله جعفر بن المعتضد (تولى الخلافة عام 295هـ/ 907م)، ممن دعاه إلى أن يكون الامتحان في الطب هو الأساس لمن أراد مزاولة

هذه الصنعة، يؤيد ذلك ما ذهب إليه أبو سعيد سنان بن ثابت بقوله: ولما كان في سنة تسع عشر وثلاثمائة اتصل بالمقتدر أن غلطًا قد جرى على رجل من العامة من بعض المتطببين فمات الرجل، فأمر إبراهيم بن محمد بن بطحا بمنع سائر المتطببين من التصرف إلا من امتحنه والدي سنان بن ثابت، وكتب له رقعة بخطه بما يطلق له من الصناعة. فصاروا إلى والدي وامتحنهم وأطلق لكل واحد منهم ما يصلح أن يتصرف فيه، وبلغ عددهم في جانبي بغداد ثمانمائة رجل ونيفًا وستين رجلًا، سوى من استغنى عن محنته باشتهاره بالتقدم في صناعته، وسوى من كان في خدمة السلطان[1].

وعندما تحولت المستشفيات بمرور الزمن إلى معاهد لتعليم الطب كان التلاميذ يتلقون فيها دروسهم النظرية والعملية وينزلون بمعية أحد الأطباء المتخصصين في المستشفى لدراسة الحالات السريرية المختلفة، ولم يكن التلاميذ على مستوى واحد من الدراسة والتحصيل.

ومما تذكره المراجع العربية أن أبا بكر الرازي الطبيب كان يجلس في مجلسه ودونه التلاميذ ودونهم تلاميذهم ودونهم تلاميذ آخرون، وكان يجيء الرجل فيصف ما يجد لأول من يلقاه منهم، فإن كان عنده علم وإلا تعداه إلى غيره فإن أصابوا وإلا تكلم الرازي في ذلك[2].

وعلى الرغم من عدم وجود تخصص طبي ضيق بالمعنى المألوف لدينا الآن، فإننا نجد بعض الأطباء قد جعل مركز اهتمامه طب العيون (علم الكحالة)، وآخرون في الجراحة، وآخرون في الأمراض وغير ذلك، وقد جرى في بعض المستشفيات المشهورة أن تكونت أجنحة خاصة بالكحالة والجراحة والأمراض الباطنية، فكانت فيها قاعة للأمراض الباطنية وأخرى للجراحة والأمراض الباطنية، وأخرى للكحالة وأخرى للتجبير، وتدرج الأطباء في المنزلة فللمستشفى رئيس يتولى جميع أقسام المستشفى وشؤونها المختلفة وهو رئيس الأطباء، ويأذن للأطباء بالتطبيب، ويوجد رئيس لكل جناح أو قسم في المستشفى مثل رئيس الكحالين ورئيس الجراحين ورئيس قسم الأمراض الباطنية، ويرأس كل واحد منهم عددًا من الأطباء ويأذن لهم بالتطبيب.

(1) ابن أبي أصيبعة، عيون الأنباء، ص302.

(2) ابن القفطي، أخبار العلماء بأخبار الحكماء، ص179.

المبحث الثالث: العلوم الرياضية والفلكية

تمهيد- اشتملت العلوم الرياضية عند اليونان على علم الحساب وعلم الهندسة وعلم الفلك والموسيقى، ولم يكن هذا التقسيم من إبداعهم، بل أخذوه عن العلم الرياضي البابلي وتقسيماته، ولقد ظهرت على هذا التقسيم تغيرات نتيجة للتطور العلمي الذي أحدثه علماء مدرسة الإسكندرية والعلماء العرب، إذ يمكن حصر هذه التغيرات بما يأتي:

1. ظهور مصطلح علمي جديد في تقسيم العلوم، وهو علم التعاليم، وهو علم يضم فروع الرياضيات: الحساب والهندسة والفلك والموسيقى، فضلًا عن فروع جديدة هي: علم المناظر وعلم الأثقال وعلم الحيل (=الميكانيك التطبيقي)، ويبدو أن سبب جمع هذه العلوم الثلاثة إلى مجموعة العلوم الرياضية الأربعة هو أنها تجمع بين العلم الرياضي والعلم الطبيعي، فعلم المناظر محتاج للرياضيات من حساب وهندسة في التعبير عن نتائجه، وكذلك الأمر بالنسبة لعلم الأثقال وعلم الحيل.
2. أبدع العلماء العرب فروعًا رياضية جديدة، فهي وإن كانت معروفة سابقا، إلا أنها تصبح معرفة منظمة لها قواعدها الخاصة إلا بعد الجهود العلمية التي بذلها علماء الرياضيات العرب، ومن هذه العلوم علم الجبر وعلم المثلثات الذي بقي متصلًا بعلم الفلك، ولم يحصل على استقلاله إلا من خلال بحوث ودراسات العلماء العرب الرياضية والفلكية.

ولكننا سوف لا نحصر دراستنا بالصورة التي طرحها العلماء العرب قديمًا، بل سنحاول أن ننظر إلى فروع الرياضيات من زاوية حديثة، فلا نذكر علم المناظر وعلم الأثقال وعلم الحيل في العلم الرياضي، فهي فروع من العلوم الطبيعية ولا سيما علم الفيزياء. كما لا نذكر الموسيقى وتفصيلات علم الفلك في هذا الفصل، بل نقتصر على ذكر الإنجازات الفلكية المهمة ضمن العلوم الطبيعية[(1)].

(1) إن الأسباب التي قدمها الفيلسوف ياسين خليل هنا في عدم ذكر الموسيقى والفلك والميكانيكا والأثقال ضمن هذا المبحث غير كافية، بل ترجع إلى مسكوت عنه في فكره وفلسفته العلمية التحليلية وانتمائه إلى المدرسة الوضعية المنطقية. كما أن هذا التقسيم للعلوم الرياضية عند اليونان وما أضافه العلماء والفلاسفة

وبناء على ذلك سينحصر اهتمامنا بالعلوم الرياضية الآتية: الحساب والهندسة والجبر والمثلثات من خلال ارتباطه بعلم الفلك.

1. علم الحساب

أدرك علماء الرياضيات العرب الفرق بين الحساب النظري والحساب العملي، فيرى أبو نصر الفارابي (ت339هـ/ 950م) أن علم العدد علمان: أحدهما علم العدد العملي والآخر علم العدد النظري: فالعملي يفحص عن الأعداد من حيث هي أعداد معدودات تحتاج إلى أن يضبط عددها من الأجسام وغيرها، مثل رجال أو أفراس أو دنانير أو دراهم أو غير ذلك من الأشياء ذوات الأعداد، وهي التي يتعاطاها الجمهور في المعاملات السوقية والمعاملات المدنية، وأما النظري فإنه إنما يفحص عن الأعداد بإطلاق على أنها مجردة في الذهن عن الأجسام وعن كل معدود منها، وإنما ينظر فيها مخلصة عن كل ما يمكن أن يعد بها من منها، وإنما ينظر فيها مخلصة عن كل ما يمكن أن يعد بها من المحسوسات، ومن جهة ما يعم جميع الأعداد التي هي أعداد المحسوسات وغير المحسوسات، وهذا هو الذي يدخل في جملة العلوم.

فعلم العدد النظري يفحص عن الأعداد على الإطلاق وعن كل ما يلحقها في ذواتها مفردة، من غير أن يضاف بعضها إلى بعض، وهي مثل الزوج والفرد، وعن كل ما يلحقها عندما يضاف بعضها إلى بعض، وهو التساوي والتفاضل، وأن يكون عدد جزءًا لعدد أو أجزاء له أو ضعفه أو مثله أو زيادة جزء أو أجزاء، أو أن تكون متناسبة أو غير متناسبة ومتشابهة أو غير متشابهة ومتشاركة أو متباينة، ثم يفحص عما يلحقها عند زيادة بعضها على بعض وجمعها، وعند نقص بعضها عن بعض وتفريقها، من تضعيف عدد بعدة آحاد عدد آخر ومن تقسيم عدد إلى أجزاء بعدد آحاد عدد آخر، مثل أن يكون العدد مربعًا أو مسطحًا أو مجسمًا أو تامًا أو غير تام، فإنه يفحص عن هذه كلها وعما يلحقها عندما يضاف بعضها إلى بعض،

العرب للعلوم الرياضية، هو الآخر قد ذكر مفصلًا في كتاب إحصاء العلوم للفارابي وكتاب مفاتيح العلوم للخوارزمي الكاتب ورسائل إخوان الصفا ورسالة في العلوم العقلية لابن سينا، وللمزيد عن تقسيم العلوم حتى ابن رشد، يُراجع، كتابنا، العلوم الطبيعية في فلسفة ابن رشد، ط1، بيروت 1995، الفصل الأول. (المحقق)

ويعرف كيف الوجه في استخراج أعداد من أعداد معلومة، وبالجملة في استخراج كل ما سبيله أن يستخرج من الأعداد[1].

عرف العلماء العرب الحساب النظري وألّف بعضهم فيه، ولكن الإضافات عليه لم تكن كثيرة، وبقي محصورًا في دوائر ضيقة لا يعرفه إلا القلة من الناس وهم العلماء والفلاسفة، كما أن المفاهيم والتعريفات الواردة فيه تشير إلى حقيقة مهمة هي أن لليونان فضل تطويره، لذلك نجد بعض العلماء العرب يحتفظ له بالاسم اليوناني وهو الأرثماطيقي.

وبناء على ذلك نستطيع القول: إن علم الحساب اليوناني لم يؤثر كثيرًا في علم الحساب الذي طوره علماء الرياضيات العرب، وأن الابتكار والأصالة العربية تجلت في علم الحساب العملي ونظرية الأعداد الطبيعية وما يرافقها من خصائص حسابية سنأتي على ذكر بعضها على سبيل المثال لا الحصر.

الحساب العملي علم موروث عن البابليين[2]، وهو حساب ستيني انتشر على ما يبدو في مناطق كثيرة في العراق والجزيرة العربية وسورية وفلسطين، والمعاملات التجارية، وكل ما يتعلق بالمعاملات الحسابية بين الناس، وأصبح بعد الإسلام أساسًا لكل المعاملات التي تحتاجها الدواوين، وبرع فيه عدد من الحَسّابين، حتى شاع استعماله نظرًا لتطور المجتمع وغيرها، وكان الحساب الذي يتعامل به الناس في حياتهم المعاشية وتوسع التجارة وحاجة المؤسسات الاقتصادية إليه.

---

(1) إحصاء العلوم، القاهرة، ص73-74.
يُلاحظ أن الدكتور ياسين خليل قد تعامل مع هذا النص من كتاب الفارابي إحصاء العلوم، ضمن السياق الرياضي العلمي، وفصله عن سياقه الميتافيزيقي الذي يشكل ضمن بنية متكاملة المنظور الميتافيزيقي للفارابي. (المحقق)

(2) هناك إشكالية فلسفية علمية تاريخية تثار دائمًا عند المقارنة بين المنتج الفلسفي والعلمي اليوناني وما أنتج من علوم سبقت اليونان في المشرق العربي ولا سيما عند البابليين، إذ طغت كما يقول المؤرخون للفلسفة اليونانية النزعة النظرية على العمل في مؤلفات الفلاسفة اليونان الكبار من أمثال أفلاطون وأرسطو، وغاب المبحث العملي أو اتخذ جانبًا ثانويًا، وكانت لذلك دواعيه عندهم، في حين أن العقل العلمي والفلسفي البابلي مال إلى الجانب العملي ولم يغفل الجانب النظري، ثم جاءت الفلسفة والعلم والعربيان فيما بعد زمن الإسلام وبفضل رؤيته الكونية والعلمية والفلسفية فوحد بينهما دون أن يطغى جانب على جانب. ولهذا نجد الفيلسوف ياسين خليل يميل إلى تأصيل الحساب العملي لصالح البابليين وهو يشكل عنده الأساس النظري الذي سيحضر في الفلسفة والعلم اليونانيين فيما بعد، وهذه التفاتة جد مهمة من قبله. (المحقق)

ولكن نظرًا لاستعمال الحساب الستيني في الدواوين من قبل العارفين به من غير دراية علمية دقيقة، وقعت أخطاء حسابية لا يستطيع إدراكها إلا من عرف العمليات الحسابية بصورة علمية دقيقة.

في ضوء ذلك ألف أبو الوفاء البوزجاني (ت338هـ/ 998م)، كتابًا فيما يحتاج إليه الكُتَّاب والعُمَّال وغيرهم من علم الحساب، إذ يتناول في البداية النسبة وأنواع الكسور والضرب والقسمة، ويعرِّف النسبة أنها قدر عددين، أحدهما أربعة أخماس فإنها قدر الأربعة عند الخمسة، فالتقدير الذي يقع بين عددين بإضافة أحدهما إلى الآخر يسمى النسبة[(1)].

كما ويذكر للكسور أربعة أنواع: الرؤوس والمركب والمضاف والأصم، ويعرف الرأس كل كسر يمكن أن يلفظ به فردًا نمن غير إضافتها إلى كسر آخر، مثل النصف والخمس والعشر، والمركب هو كل كسر مركب من الرؤوس، مثل ثلاثة أرباع، أربعة أخماس، خمسة أسباع، فالمضاف هو كل كسر تكون حكايته من إضافة 'إلى آخر، مثل نصف سدس، ثلث سبع، والأصم هو الكسر الذي لا يمكن تحصيله بهذه الأنواع الثلاثة من الكسور، وهو مثل جزأين من أحد عشر، ومثل ثلاثة أجزاء من ثلاثة عشر، ومثل أربعة أجزاء من سبعة عشر[(2)].

ولتوضيح التعريفات نضرب بعض الأمثلة:

يفضل الحسابون الرؤوس على ما سواها مثال ذلك:

36/ 60= 3/ 5 وهذا مركب.

ولكن الأفضل أن تكون النسبة 1/ 1+1/ 10

وإذا لم يكن بالإمكان جعل الكسر رأسًا، فينبغي أن تكون نسبته بكسر مركب أو مضاف لأنه أفضل من الأصم، والكُتَّاب وأصحاب الدواوين يستقبحون كسور الأصم جدًا حتى أنهم إذا أرادوا أن ينسبوا شيئًا من الكسور الصُّمّ حطوها رؤوسًا أو مركبًا أو مضافًا، ونسبوها

(1) يراجع ص71 من الكتاب.

(2) المصدر السابق، ص72.

بالتقريب، وكان التقريب أحب إليهم من الصحيح وهو أصم[1].

مثال ذلك: 3/ 11= 1/ 4+ 1/ 3 + 1/ 9

أو

11/ 3 = 1/ 5 + 2/ 3 + 1/ 9

يظهر لنا بوضوح أن الرؤوس من الكسور ما كان البسط فيها واحدًا ومقامها عدد صحيح وأن العامل في الحساب يفصل الرؤوس، ما عدا الكسر 2/ 3 وهو من الكسور المركبة فنفضله كذلك.

ومن العمليات الحسابية في هذا الباب نسبة الستين بكسورها وكسور كسورها، فإذا أردت أن تنسب عددًا من عدد فمن الضروري أن تضرب العدد المنسوب في الستين، ثم تقسم ما اجتمع من الضرب على المنسوب منه.

مثال ذلك: أن تنسب سبعة من خمسة عشر

7/ 15 × 60 = 420/ 15 = 28

ثم تنسب العدد 28 من الستين

28/ 60 = 1/ 5 + 1/ 6لا + 1/ 10

وهذا معناه

7/ 15 = 1/ 5 + 1/ 6 + 1/ 10

وفي نسبة الأعداد الصماء يكون العمل بالتقريب مثال ذلك

ثلاثة أجزاء من سبعة عشر جزءًا

3/ 17 × 60 = 180/ 17 = 10 و10/ 17

ولما كانت 10/ 17 أكثر من النصف جعلها الحاسب واحدًا، وبذلك يكون الحاصل 11

(1) المرجع نفسه، ص72.

10 /1 × 60 /1 + 6 /1 = 60 /11

وهذا معناه

17/3 = 1/ 6 /1 + 6 /1 × 10 /1 10 بالتقريب

أما العمليات الحسابية الأخرى، فإن الضرب تضعيف أحد العددين بقدر ما في الآخر من الآحاد، والقسمة تفريق أحد العددين بقدر ما في الآخر من الآحاد، فهي عكس الضرب.

والضرب على ثلاثة أنواع بسيطة وأخرى مثلها مركبة، والنوع البسيط هو ضرب عدد صحيح في عدد صحيح آخر مثل سبعة في ستة، ومثل أربعة وثلاثين في سبعة وعشرين، والنوع الثاني البسيط هو ضرب الكسور في الكسور مثل نصف وربع وخمس وسدس، والنوع الثالث البسيط هو ضرب عدد صحيح في الكسور مثل سبعة عشر في نصف وثلث، والأنواع الثلاثة المركبة هي:

ضرب الصحيح والكسور في الصحيح

17 × (7 /1 × 2 /10) + 14)

ضرب العدد الصحيح والكسور في الكسور

(6 /1 + 5 /1) × (3 /1 + 15)

ضرب العدد الصحيح والكسور في الصحيح والكسور

(4 /1 + 3 /1 + 15) × (3 /1 + 2 /1 + 18)

وتنقسم القسمة إلى أربعة أنواع بسيطة عنها خمسة أنواع أخرى قسمة الأعداد الصحاح بعضها على بعض 17÷ 24

قسمة الكسور 4/ 7 ÷ 5/ 9

قسمة العدد الصحيح على الكسور 25 ÷ (1/ 3 + 1/ 4)

قسمة الكسور على الصحاح 4/ 5 ÷ 28

والأنواع المركبة هي:

قسمة العدد الصحيح والكسور على العدد الصحيح

$16 \div (3/1 + 2/1 + 17)$

قسمة الصحاح على الصحاح والكسور

$(7/5 + 7) \div 24$

قسمة الصحاح والكسور على الكسور

$(6/1 + 5/1) \div (6/1 \times 4/1 + 13)$

قسمة الكسور على الصحاح والكسور

$(7/3 + 6) \div (3/1 + 2/1)$

قسمة الصحاح والكسور على الصحاح والكسور

$(7/4 + 2) \div (4/3 + 17)$

وتجمع الكسور وتطرح بعمليات حسابية، مثال ذلك

$(7/1 \times 5/1 + 10/1 + 5/1 + 2/1) = 35/29 = 7/3 + 5/2$

وفي عملية الطرح نأخذ المثال الآتي

$(84\times4/1+84\times3/1) - (84\times7/1+84\times2/1) = (4/1+3/1) - (7/1+2/1)$

$$\frac{5}{84} = \frac{49-54}{84} = \frac{(21+28)-(12+42)}{84} =$$

$(7/1 \times 6/1) + (7/1 \times 4/1) = 84/5$

وتضرب الكسور بعضها ببعض: البسط في البسط والمقام في المقام، مثال ذلك:

$35/12 = 7/3 \times 5/4$

ثم يحول الكسر المركب إلى رؤوس

7 /1 + 7 /1 = 35 /12

وتقسم الكسور بعضها على بعض، فإذا أردنا أن نقسم خمسة أسباع على ثلاثة أسباع، نقسم الخمسة على ثلاثة فيخرج من القسمة واحد وثلثان، مثال ذلك:

3 /2 +1 = 7 /3 ÷ 7 /5

وتطبق هذه القاعدة على الكسور المتجانسة، بينما يتطلب الأمر بالنسبة للكسور المختلفة أن تتحول إلى كسور متجانسة، وتجري عليها العملية الحسابية السابقة، مثال ذلك:

4 /1 + 2 /1 +1 =12 ÷ 21 = 28× 7 /3 ÷ 28 = 7 /3 ÷ 3 /3

وإذا كانت القسمة لعدد صحيح على كسر، فإن علينا أن نضرب العدد الصحيح في مخرج الكسور، فما اجتمع قسمناه على عدد أجزاء الكسور، مثال ذلك:

77 = 7 ×11 = 7 /5 ÷ 11

5 /2 + 15 = 5 ÷77

وتطورت نظرية الأعداد الطبيعية بفضل علماء الرياضيات العرب، وشقت طريقها الصحيح لتكون الأساس الضروري لعلم الحساب، ولا سيما عندما عرف العرب الأرقام ونظمها الطبيعي، وأدركوا أهميتها في تبسيط العمليات الحسابية والتعبير بها بصورة أسهل.

استخدم العلماء العرب قبل استعمال الأرقام طريقتين في التعبير عن الأعداد هما طريقة الألفاظ وطريقة حساب الجمل، والطريقة الأولى بسيطة، إذ يتم التعبير عن الأعداد الصحيحة مثلًا بالألفاظ مثل: واحد، اثنان، ثلاثة، أربعة، خمسة، ستة،...، وهكذا. وبذلك يمكن التعبير عن جميع الأعداد حتى الكبيرة منها مثال الألوف وآلاف الألوف وغير ذلك.

أما حساب الجمل فإن للأبجدية العربية دورها الرئيس، إذ تقرن الأعداد بالحروف على التوالي، وبالصورة الآتية

آحاد:	أ	ب	ج	د	هـ	و	ز	ح	ط
	1	2	3	4	5	6	7	8	9

عشرات:	ي	ك	ل	م	ن	س	ع	ف	ص
	10	20	30	40	50	60	70	80	90

مئات:	ق	ر	ش	ت	ث	خ	ذ	ض	ظ
	100	200	300	400	500	600	700	800	900

ألف:	غ
	1000

وتقوم طريقة تركيب أكثر من حرف واحد على مبدأ أن يكون الحرف ذو العدد الأكثر هو المقدم ثم يليه الحرف ذو العدد الأصغر فالأصغر، مثال ذلك:

لب	رب	تم	خس	ريح	شلب	قلز	تمه
32	202	440	660	218	332	237	445

واستخدمت طريقة حساب الجمل في العلوم الطبيعية والرياضية، فنجدها مستعملة في الجداول الفلكية وجداول المثلثات وحساب الأوزان النوعية للفلزات والموائع.

واستعمل العلماء العرب سلسلتين من الأرقام مختلفتين في الأشكال أو الصور، وللتبسيط نطلق على السلسلة المستعملة في المشرق العربي اسم الأرقام المشرقية، وهي (0، 2، 3، 4، 5، 6، 7، 8، 9،..).

ونطلق على السلسلة المستعملة في المغرب العربي اسم الأرقام المغربية، وهي (1, 2, 3, 4, 5, 6, 7, 8, 9,...). ولا نريد الخوض في أصلها. ولكن من الضروري أن ندرك حقيقتين مهمتين هما: الأولى- أن العرب أجروا تحويرات كبيرة على أشكال الأرقام عبر العصور حتى أصبحت بالشكل الذي هي عليه اليوم، وأن الأرقام المغربية منها انتقلت عن طريق الأندلس إلى أوربا، وأطلق المؤرخون عليها اسم الأرقام الهندية العربية، لاعتقادهم أنها هندية الأصل، والثانية- هي أن علماء العرب أدركوا أهمية استعمالها وما تنطوي عليه من خصائص صورية، وهي الخصائص التي تؤلف جوهر علم الحساب، فالأعداد تبدأ بالصفر ولا تنتهي بعدد أخير، وأن للصفر خصائص صورية مهمة منها أنه إذا ما ضرب بأي عدد فإن النتيجة صفر، وإذا أضيف إلى أي عدد فإن العدد يبقى كما هو،

مثال ذلك: 4×0= 0 ن×0= 0، 4+0= 4 ن+0= ن.

كما أدرك علماء الرياضيات العرب أن الأعداد الطبيعية تتوالى بعضها بعد بعض بإضافة واحد، فيكون العدد التالي بإضافة واحد على العدد الذي يسبقه، وأنه كلما تقدمنا بالمتوالية للأعداد الطبيعية، فإن العدد الذي يلي أكبر من العدد الذي يسبقه بواحد، وقد أدت دراساتهم للخصائص الصورية للأعداد الطبيعية إلى استخلاص مجموعة كبيرة من القواعد الخاصة بالمتواليات، وبناءً على ذلك سنذكر بعض هذه المتواليات وأمثلة عليها:

قاعدة- إذا أردنا أن نجمع الأعداد المتوالية من الواحد إلى أيّ عدد شئنا بالنظم الطبيعي، نزيد الواحد على العدد الأخير، ونضرب المجموع في نصف العدد الأخير، أو نضرب العدد الأخير في نصف ذلك المجموع. وباستعمال التدوين الرمزي الجبري تتحول القاعدة إلى الصيغة الآتية-

$$1+2+3+4+.....+ن = \frac{ن\,(ن+1)}{2}$$

وذلك على أساس أن الفقرة الأولى تنص على جمع الأعداد المتوالية إلى أي عدد في النظم الطبيعي وهو ما نعبر عنه 1+2+3+4+0000 +ن

أما الفقرة الثانية وهي: نزيد الواحد على العدد الأخير ونضرب المجموع في نصف العدد الأخير أو نضرب العدد الأخير في نصف ذلك المجموع فهو ما نعبر عنه:

$$\frac{ن\,(ن+1)}{2}$$

فتكون الصيغة كما هو مثبت أعلاه، ومثاله: مجموع الأعداد بالنظم الطبيعي من العدد واحد إلى العدد عشرة: 1+2+3+4+ 0000+10= $\frac{10(10+1)}{2}$ = 55

قاعدة- إذا أردنا جمع الأفراد المتوالية دون الأزواج، نزيد على الفرد الأخير واحدًا ونضرب نصف المجموع وهو عدد تلك الأفراد في نفسه يحصل المطلوب، أو بوجه آخر-

نضرب نصف عدد الأفراد في مجموع المفرد الأخير مع واحد يحصل المطلوب، وتكون الصيغة بالتدوين الرمزي الجبري بالصورة الآتية:

$$1+3+5+00000+(2\text{ن}-1)=\frac{(2\text{ن}-1+1)^2}{2}$$

وذلك على أساس أن الفقرة الأولى تنص على جمع الأعداد الفردية فقط، ونعبر عن ذلك بالصيغة $1+3+5+00000+(2\text{ن}-1)$

أما الفقرة الثانية وهي: نزيد على الفرد الأخير واحدًا ونضرب نصف المجموع وهو عدد تلك الأفراد في نفسه يحصل المطلوب، إلخ،

فهو ما نعبر عنه بالصيغة الآتية $\frac{(2\text{ن}-1+1)^2}{2}$

فتكون الصيغة الكاملة كما هو مثبت أعلاه، ومثاله: أن نجمع أفراد المتوالية من الواحد إلى التسعة. $1+3+5+7+9=\frac{(1+9)^2}{2}=25$

قاعدة- إذا أردنا جمع الأزواج المتوالية دون الأفراد، نضرب الزوج الأخير وهو عدد تلك الأزواج فيما يليه أي فيما يزيد عليه بواحد يحصل المطلوب.

وتكون الصيغة بالتدوين الرمزي الجبري بالصورة الآتية:

$$2+4+6+0000+2\text{ن}=\frac{2\text{ن}(\text{ن}+1)}{2}$$

وذلك على أساس أن الفقرة الأولى تنص على جمع الأعداد الزوجية فقط، ونعبر عن ذلك بالصيغة $2+4+6+00000+2\text{ن}$

أما الفقرة الثانية التي تبدأ من قوله: نضرب الزوج الأخير وهو عدد تلك الأزواج فيما يليه، أي فيما يزيد عليه بواحد، وهو ما نعبر بالصيغة الآتية: $\frac{2\text{ن}(\text{ن}+1)}{2}$

فتكون الصيغة الكاملة كما هو مثبت أعلاه، ومثاله: أن نجمع الأزواج المتوالية من الاثنين إلى العشرة، ضربنا الخمسة في ستة حصل ثلاثون وهو المطلوب:

$$2+4+6+8+10 = \frac{10(5+1)}{2} = 5\times6 = 30$$

2. علم الجبر

ويعود الفضل في تأسيس علم الجبر إلى محمد بن موسى الخوارزمي، فهو أول من وضع كتابًا منظمًا فيه، مختصًا بمعادلات الدرجة الثانية وأساليب حلها، ولكننا في الوقت نفسه لا يمكن إلا أن نفترض أن جهودًا سبقت الخوارزمي بذلت في سبيل حل المعادلات الجبرية، لا سيما وأن الحساب العملي يشكل أرضية جيدة لبناء علم الحبر، كما أن حساب المواريث الإسلامي يدفع بالمرء إلى احتساب الحصص بشكل دقيق مما يثير في الذهن إمكانية استخدام أو استحداث قواعد جبرية لهذا الغرض، لا سيما إذا علمنا أن الجبر البابلي هو الإرث الرياضي الذي ورثه السريان والعرب، وأن بعض العمليات الحسابية التي يوردها الخوارزمي في كتابه الجبر والمقابلة هي جزء من الحساب الستيني الذي كان متداولًا في الدواوين والمعاملات التجارية والأعمال اليومية[1].

يتألف جبر الخوارزمي من مفاهيم جبرية وأخرى حسابية، فالمال (س2)، والجذر (س)، والعدد المفرد، ويعدل (المساواة) والجذر التربيعي، وبعض المتغيرات، والعمليات الحسابية من جمع وطرح وضرب وقسمة، وغير ذلك، مفاهيم تتكون منها المعادلات ودساتير الحل والتحويلات الجبرية.

إن أبسط سبيل لعرض جبر الخوارزمي هو في طرح الأشكال الستة للمعادلات الرئيسية وهي على التوالي:

---

(1) لمعرفة معلومات تفصيلية أكثر عن الرياضيات عند البابليين، يُراجع، جورج سارتون، تاريخ العلم، الجزء الأول، ترجمة محمد خلف الله وجماعته، ط3، القاهرة 1976، ص143 وما بعدها، وقام بترجمة الفصل الخاص ببلاد ما بين النهرين، العلامة الآثاري الكبير المرحوم طه باقر. كذلك يقارن، مرغريت روثن، علوم البابليين، تعريب وإيضاحات يوسف حبي، بغداد 1980الفصل التاسع، الرياضيات البابلية والنظام الستيني. (المحقق)

يعين الخوارزمي ثلاث صيغ بقوله: فمن الضروب الثلاثة ما يعدل بعضها بعضًا وهو كقولك: أموال تعدل جذورًا، وأموال تعدل عددًا، وجذور تعدل عددًا[1].

وباستخدام التدوين الرمزي الجبري نحصل على أشكال المعادلات بالصيغ الآتية:

أ س2= ب س

أ س2= ج

ب س= ج

ويعين الخوارزمي الصيغ الثلاث الأخرى بقوله: ووجدت هذه الضروب الثلاثة، التي هي الجذور والأموال والعدد، تقترن فيكون منها ثلاثة أجناس مقترنة وهي: أموال وجذور تعدل عددًا، وأموال وعدد تعدل جذورًا، وجذور وعدد تعدل أموالًا[2].

وباستخدام التدوين الرمزي الجبري نحصل على أشكال المعادلات بالصيغ الآتية:

أ س2+ب س = ج

أ س2+ج= ب س

ب س+ ج= أ س2

ويحتوي حساب الجبر والمقابلة على مجموعة من البديهيات وقوانين جبرية وحسابية وقواعد للتحويل والاستنتاج، ففي طريقة جبر المعادلة نجد لبديهية الإضافة دورًا مهمًا، كما نجد في طريقة المقابلة تطبيقًا لبديهية الطرح، مثال ذلك

10 س _ س2= 21

10 س- س2+ (س2) = 21+ (س2)

الجبر هنا بإضافة س2 إلى طرفي المعادلة تطبيقًا للبديهية: إذا أضيفت كميات متساوية إلى أخرى متساوية تكون النتائج متساوية، وبذلك نحصل على النتيجة الآتية:

10س = 21 + س2

---

(1) الخوارزمي، الجبر والمقابلة، ص17.

(2) المصدر السابق، ص18.

أما بديهية الطرح فإنها تجد تطبيقًا في حل المعادلة الآتية:

س2 + 5 س= 7 س

س2 + 5س - (5س) = 7 س - (5س)

وذلك بطرح 5 س من طرفي المعادلة تطبيقًا للبديهية: إذا طرحت كميات متساوية من أخرى متساوية تكون النتائج متساوية. وبذلك نحصل على النتيجة الآتية:

س2 = 2س

وفضلًا عما تقدم نجد مجموعة من القوانين الرياضية مطبقة في حساب الجبر منها:

(1). القانون التبديلي للجمع س+ ص = ص +س

(2). قاعدة الضرب- تنطوي هذه القاعدة على مجموعة العمليات الجبرية في الضرب وهي على التوالي-

س ×س= س2

(10-س) × (10-س) = (10-س)2

ضرب الأعداد هو أن يضاف أحد العددين بقدر ما في الآخر من الآحاد، مثال ذلك

12=3×4

إذا كانت عقود ومعها آحاد أو مستثنى منها آحاد فلا بد من ضربها أربع مرات، العقود في العقود، والعقود في الآحاد، والآحاد في العقود، والآحاد في الآحاد[1].

الأمثلة:

أن نضرب 12×11

حسب قاعدة التوزيع في الضرب ينحل كل عدد إلى عقد وآحاد

(1+10) (2+10)

---

(1) المصدر نفسه، ص27.

ثم نضرب 8×9 بالصورة الآتية

(1-10) (2-10)

ثم نضرب 12×9 بالصورة الآتية

(1-10) (2-10)

قاعدة ضرب العلامات: يجب مراعاة العلامات عند الضرب بالصورة الآتية

+س × +ص= + س ص

-س× - ص= + س ص

+س × -ص = - س ص

-س× +ص= - س ص

ويقوم تفكير الخوارزمي في الجبر على افتراض القانون التوزيعي، وقد استخدمه بصوره المختلفة كما يأتي:

س (ص +ع) = س ص+ س ع

مثال ذلك: س (10+5س) = 10 - 1/ 2 س2

(س +ص) (ع +م) = س ع+ س م +ص ع +ص م

مثال ذلك: (10+س) (100+2س) = 1000+10+100س+2س2

(س +ص) (ع-م) = س ع- س م+ ص ع- ص م

مثال ذلك: (10+1/ 2س) (1/ 2- 5س) = 5-50س+1/ 4س – 2 و1/ 2س2

قاعدة الجبر والمقابلة:

س= ص- ع	مثال ذلك: 3 س2= 100-2س2
س +ع= ص	3س2+2س2=100
س=ص +ع	5س2= 24س + 4 س2
س-ع=ص	5س2-4س2=24س

قاعدة ضرب الجذور التربيعية

وإن أردت أن تضرب جذر تسعة في جذر أربعة، فاضرب تسعة في أربعة فيكون ستة وثلاثين، فخذ جذرها وهو ستة فهو جذر تسعة مضروب في جذر أربعة[1].

6 √=36√ =4×9√ =6√×9√

وكقاعدة عامة √س × √ص = √س ص

ونختار من بين الأمثلة التي يختارها الخوارزمي لحل معادلة من الدرجة الثانية المثال الآتي: مال ضربت ثلثه في ربعه فعاد المال، وزيادة أربعة وعشرين درهمًا فقياسه أن تجعل مالك شيئًا ثم تضرب ثلث شيء في ربع شيء فيكون نصف سدس مال تعدل شيئًا وأربعة وعشرين درهمًا ثم تضرب نصف سدس المال في اثني عشر حتى تكمل مالك، واضرب الشيء في اثني عشر يكن اثني عشر شيئًا، واضرب الأربعة والعشرين في اثني عشر فيصير معك مائتان وثمانية وثمانون درهمًا وزدها على مائتين وثمانية وثمانين فيكون ثلاثمائة وأربعة وعشرين، فخذ جذرها وهو ثمانية عشر فزده على نصف الأجذار وهي ستة فيكون ذلك أربعة وعشرين، وهو المال، فقد أخرجتك هذه المسألة إلى أحد الأبواب الستة وهي جذور وعدد تعدل أموالًا.

وباستخدام طريقة التدوين الرمزي نحصل على ما يأتي:

1/ 3 س × 1/ 4 س = س+24 المعادلة

1/ 12س2= س + 24

12× 1/ 12 س2 = 12 × (س+ 24)

س2 = 12س + 288 جذور وعدد تعدل أموالًا

وبتطبيق قاعدة الدستور نحصل على ما يأتي

س= 12/2 + √ 2(12)/2 +288

(1) المصدر نفسه، ص32.

س= 6+ √ 36+288

س= 6+ √324

س= 6+ 18

س= 24، س= −12

ولم يتوقف الجهد العربي في الجبر عند المعادلة من الدرجة الثانية، بل تجاوز ذلك إلى معادلات أكثر تعقيدًا، ويرجع الفضل إلى نجاحهم في هذا المسعى إلى إدراكهم للعلاقة بين الجبر والهندسة، وإمكانية حل المعادلات الجبرية المعقدة باستخدام الأشكال الهندسية.

وكان الخوارزمي أول من فتح هذا الباب عندما حل معادلات الدرجة الثانية بواسطة إكمال المربع، وقد مهدت هذه الطريقة إلى اهتمام علماء الرياضيات العرب لحل المعادلات من الدرجة الثالثة باستخدام الهندسة مثال ذلك حل معادلات الدرجة الثالثة بواسطة تقاطع القطوع المخروطية مثل القطع المكافئ Parabola، والقطع الزائد Hyperabola.

وابتكر عالِم الرياضيات العربي طريقة لاستخراج المجهول بالخطأين، وتقوم على أساس ارتكاب خطأ أول وارتكاب خطأ ثانٍ عند تعيين القيمة العددية للمجهول، ويحصل ذلك أن نفترض عددًا معلومًا كقيمة للمجهول، وتجري العملية بالأسلوب الذي اقتضته المسألة. فندرك بعد النتيجة أن المفروض خطأ، ثم نعمد إلى افتراض عدد معلوم كقيمة للمجهول، ونجري العملية الحسابية كما فعلنا أول مرة، فنحصل على الخطأ الثاني. وفي أثناء وضع المفروض الأول (القيمة العددية للمجهول)، أو المفروض الثاني قد يصادف الحاسب واحدًا من عدة احتمالات:

1. أن يكون المفروض الأول موافقًا للقيمة الصحيحة للمجهول، فيحصل على الحل الصحيح.
2. أن يكون المفروض الثاني وليس الأول موافقًا للقيمة الصحيحة للمجهول، فيحصل على الحل الصحيح.
3. أن يكون المفروض الأول والمفروض الثاني معًا أقل من القيمة الصحيحة للمجهول.

4. أن يكون المفروض الأول والمفروض الثاني معًا أكبر من القيمة الصحيحة للمجهول.

5. أن تكون القيمة الصحيحة للمجهول محصورة بين المفروضين.

فبالنسبة للاحتمال الأول والثاني يكون الحل صحيحًا من دون أن تتبعه إجراءات حسابية أخرى، ويكتفي الحاسب بتعيين القيمة العددية للمجهول.

أما بالنسبة للحالات الثلاث الباقية، فإن الأمر بحاجة إلى قواعد حسابية لتعيين القيمة الصحيحة للمجهول، ولتوضيح ما نذهب إليه نأخذ مثالًا على الاحتمال الثالث (ج) الذي يكون فيه المفروض الأول والثاني معًا أقل من القيمة الصحيحة للمجهول:

المثال- ما العدد الذي إذا ضرب في ثلاثة وزيد على الحاصل عشرة، ثم ضوعف المجموع وزيد عليه عشرة صار تسعين؟

المعادلة: [(س×3) ×2+10] ×2+10 =90

الحل: نجعل المفروض الأول للمجهول العدد خمسة ونجري العملية الحسابية.

5×3= 15

15+10=25

25×2=50

50+10=60 وهو عدد ينقص عن العدد المعلوم بثلاثين وهذا هو الخطأ الأول.

نجعل المفروض الثاني للمجهول العدد سبعة ونجري العدد الحسابية

7×3=21

21+10=31

31×2=62

62+10=72 وهو عدد ينقص عن العدد المعلوم في المسألة بثمانية عشر، وهذا هو الخطأ الثاني.

والقاعدة العامة للحل في مثل هذه الحالات تجري على وفق الأسس الآتية:

أن نضرب المفروض الأول في الخطأ الثاني 5×18=90

أن نضرب المفروض الثاني في الخطأ الأول 7×30=210

أن نحصل على التفاصيل من الحاصلين 210-90=120

أن نقسم حاصل التفاضل على التفاضل بين الخطأين $\frac{120}{12}$

عندئذ تكون قيمة س هي 10

وبناء على ما تقدم تكون القاعدة العامة لاكتشاف المجهول في الحالة التي يتكون فيها الخطأ الأول والخطأ الثاني معًا أقل من القيمة الصحيحة للمجهول كما يأتي:

س= $\frac{\text{المفروض الأول× الخطأ الثاني- المفروض الثاني× الخطأ الأول}}{\text{الخطأ الثاني- الخطأ الأول}}$

وإذا كان المفروض الأول والمفروض الثاني معًا أكبر من القيمة الصحيحة للمجهول، فإن العملية الحسابية تجري كما يأتي:

المثال- أوجد العدد الذي إذا أُضيف إليه نصفه وأنقص من الحاصل ثلاثة كان الناتج ستة.

المعادلة: (س+ 1/ 2س) -3= 6

نجعل العدد الأول العدد أربعة

4+1/ 2×4

4+2=6

6-3=3 وهو عدد ينقص عن العدد المعلوم بمقدار ثلاثة وهذه هو الخطأ الأول.

نجعل المفروض الثاني للعدد ثمانية:

8+1/ 2×8

8+4=12

12-3=9 وهو عدد يزيد على العدد المعلوم بمقدار ثلاثة وهذا هو الخطأ الثاني.

والقاعدة العامة للحل في مثل هذه الحالات هي:

أن نضرب المفروض الأول في الخطأ الثاني 4×3=12

أن نضرب المفروض الثاني في الخطأ الأول $8\times3=24$

أن نجمع حاصل الضرب الأول مع حاصل الضرب الثاني $12+24=36$

ونقسم حاصل الجمع على حاصل الخطأين $\frac{36}{6} = 6$

فما نتج هو العدد المطلوب

س=6

وبذلك تكون القاعدة الجبرية كما يأتي:

$$\text{س} = \frac{\text{المفروض الأول} \times \text{الخطأ الثاني} + \text{المفروض الثاني} \times \text{الخطأ الأول}}{\text{مجموع الخطأين}}$$

وبلغ اهتمام علماء الرياضيات العرب بهندسة إقليدس وهندسة أبولونيوس مبلغًا عظيمًا، وذلك لعدة أسباب، منها: ذاتية وأخرى من خلال صلتها بالعلوم الأخرى، إذ أدرك العالِم العربي متانة الهندسة والبناء المنطقي الرصين الذي تقوم عليه، فمن مجموعة قضايا صادقة بالافتراض هي البديهيات والمسلمات تستطيع البرهان على صحة عدد كبير من القضايا الهندسية الأخرى، وذلك على أساس أن صدق المقدمات في برهان سليم يؤدي إلى صدق النتائج.

وتحدث الفلاسفة عن علم الهندسة باعتباره علمًا يقينيًا، وأن الشك والتناقض من عيوبه، إذ لا يجوز حدوث أي تناقض في النظرية الهندسية، أما من ناحية علاقة الهندسة بالعلوم الأخرى، فمن المعروف أن علاقتها بعلم الجبر والبصريات والأوزان والقضايا في الهندسة العملية وطيدة ولا يمكن الاستغناء عنها.

لم يستلم العرب الهندسة الإغريقية دون تطوير وتعديل وإعادة صياغة وبناء جديد، بل ذهبت جهودهم نحو التبسيط والشرح أولًا وإزالة اللبس ثانيًا، ثم سرعان ما انتقل الجهد العربي إلى الابتكار، إذ تم البرهان على قضايا هندسية جديدة، وتوسعوا في طريقة البرهان أن وجدوا للمسألة الهندسية الواحدة أكثر من حل واحد، وبسطوا لمسائل الهندسية للمتعلمين.

فعلى صعيد العلاقة بين الهندسة والجبر، نختار مثالًا للخوارزمي يستخدم فيه موضوعًا في باب المساحة: فإن قيل أرض مثلثة من جانبها عشرة أذرع والقاعدة اثنا عشر ذراعًا، في جوفها أرض مربعة، كم كل جانب من المربعة؟

فقياس ذلك أن تعرف عمود المثلثة هو أن تضرب نصف القاعدة وهو ستة في مثله فيكون ستة وثلاثين، فأنقصها من أحد الجانبين الأقصرين مضروبًا في مثله وهو مائة يبقى أربعة وستون، فخذ جذرها ثمانية وهو العمود وتكسيرها ثمانية وأربعون ذراعًا وهو ضربك العمود في نصف القاعدة وهو ستة، فجعلنا أحد الجوانب مربعة شيئًا وضربناه في مثله فصار مالًا فحفظناه، ثم علمنا أنه قد بقي لنا مثلثتان عن جنبي المربعة ومثلثة فوقها، فأما المثلثتان اللتان على جنبتي المربعة فهما متساويتان وعموداهما واحد، وهما على زاوية قائمة فتكسيرها أن تضرب شيئًا في ستة إلا نصف شيء فيكون ستة أشياء إلا نصف مال وهو تكسير المثلثتين جميعًا اللتين هما على جنبتي المربعة، فأما تكسير المثلثة العليا فهو أن تضرب ثمانية غير شيء وهو العمود في نصف شيء فيكون أربعة أشياء إلا نصف مال، فهذا هو تكسير المربعة وتكسير الثلاث مثلثات وهو عشرة أشياء تعدل ثمانية وأربعين هو تكسير المثلثة العظمى، فالشيء الواحد من ذلك أربعة أشياء إلا نصف مال فهذا هو تكسير المربعة، وتكسير الثلاث مثلثات وهو عشرة أشياء تعدل ثمانية وأربعين هو تكسير المثلثة العظمى، فالشيء الواحد من ذلك أربعة أذرع وأربعة أخماس ذراع وهو كل جانب من المربعة[1].

استخدم الخوارزمي في النص عدة حقائق هندسية تخص المساحات، منها مساحة المثلث ومساحة المربع، كما استخدم نظرية فيثاغورس، وغايتنا الحل: المجهول الأول الذي ينوي كشفه هو العمود بدلالة الضلع الجانبي والقاعدة.

المشكلة: إيجاد كل جانب من المربعة بأن نتتبع الطريقة المقترحة للحل

العمود= √ مربع الضلع الجانبي الأصغر- مربع نصف القاعدة

12

(1) الخوارزمي، المصدر نفسه، ص65-66.

$$= \sqrt{\frac{(10)^2 - (12)^2}{2}}$$

$= \sqrt{100-36}$

$= \sqrt{64}$

$= \sqrt{8}$

والخطوة الثانية، هي أنه افترض ضلع المربع الداخلي س ومساحته س2.

والخطوة الثالثة تتلخص بمعرفة مساحة المثلثات الثلاثة.

المثلثان اللتان على جنبتي المربعة عمودها واحد وهو س والقاعدة لهما معًا هي 12- س

مساحتهما معًا= نصف القاعدة × الارتفاع

= $\frac{(12-\text{س})}{2}$ × س

= س (6- 1/ 2س)

= 6س -1/ 2 س2

أما مساحة المثلثة العليا= (8-س) 1/ 2 س

= 4 س- 1/ 2 س2

ومساحة المثلثة العظمى= 6×8= 48

والخطوة الرابعة هي استخراج قيمة س وهو ضلع المربعة

مساحة المثلثات الثلاث + مساحة المربعة= 48

(6س- 1/ 2س2) + (4س- 1/ 2 س2) = 48

10 س- س2= س2= 48

10س= 48

س= $4\frac{4}{5}$ وهو المطلوب

وعلى صعيد علاقة الهندسة بعلم البصريات، فإن أبحاث ابن الهيثم تدل بوضوح على مقدار أهمية القضايا الهندسية فيما يختص منها بالمستويات والحجوم والمساحات والمخروطات وغير ذلك في تحليل القضايا البصرية أو البرهان عليها هندسيًا.

واستخدمت الهندسة كذلك في مجال الأثقال والموازين، وذلك لتعيين مراكز الأثقال للأشكال الهندسية المختلفة والأجسام الأخرى، كما استخدمت في الصناعة عمليًا على أساس ما يحتاجه الصانع من علم الهندسة في صناعته سواء في النجارة أو الحدادة أو الصناعة على نطاق واسع.

ولكن الشيء المهم هو صلة علم الهندسة بعلم الفلك، واستقلال علم المثلثات بعد فترة من التقدم ليكون علمًا له قواعده وقوانينه الخاصة وأهميته في الأبحاث الفلكية.

ويمكننا القول بثقة تامة إن علم المثلثات عند اليونان لم يتجاوز مرحلة الطفولة، بينما اكتمل نموه بشكل تام على يد عدد كبير من علماء الفلك العرب،

وفيما يلي نوجز أبرز الخطوات التي أدت إلى اكتمال هذا العلم:

1. استخدم علماء الفلك والرياضيات مفاهيم المثلثات الأساسية، وهي الجيب والجيب تمام والقاطع والقاطع تمام والظل والظل تمام بالنسبة للمثلث القائم الزاوية.
2. استخدم العلماء العرب (الجيب) بدلًا من وتر ضعف القوس، واستعملوا المماسات والقواطع ونظائرهما في قياس الزوايا والمثلثات.
3. توصل العرب كذلك إلى معرفة القاعدة الأساسية لمساحة المثلثات الكروية، ذلك أن اليونان في مناهجهم الرياضية وجدوا مشقة كبيرة في حساب المسافات بين الأمكنة على الكرة الأرضية، ولكن التطور الفلكي الرياضي عند العرب أدى إلى اكتشاف حساب أضلاع المثلث الكروي.
4. اكتشف العلماء العرب القانون الخامس من القوانين الستة التي تستعمل في حل المثلث الكروي القائم الزاوية.

المبحث الرابع: العلوم الطبيعية

تمهيد- تناول العلماء العرب العلوم الطبيعية بالدراسة والبحث العلمي، وذلك على المستويين النظري والعملي، إذ تمثل الجانب النظري في نقد وشرح الآراء والنظريات التي ورثوها عن اليونان، للتثبت من صدقها، وفي المثابرة العلمية الجادة من أجل اكتشاف الحقائق وأسرار الطبيعة، وتمثل الجانب العملي في ربط العلوم الطبيعية بالحياة اليومية والإفادة على صعيد العقيدة الإسلامية مثل استثمار المعرفة الفلكية من أجل تعيين سمت القبلة وتعيين الأعياد ومواعيد الصلاة وغير ذلك، فضلًا عن استثمارها في أوجه أخرى من الحياة اليومية للسفر برًا وبحرًا وتعيين المواسم وغير ذلك.

ويصدق الشيء نفسه على العلوم الطبيعية الأخرى مثل: علم البصريات وعلم الموازين والأثقال وعلم الحركة (الديناميكا) وعلم الكيمياء وعلم المعادن والأحجار وعلم النبات وعلم الحيوان.

وكانت الإضافات إلى هذه العلوم كثيرة جدًا تمتد من إجراء التعديلات والتبديلات على آراء ونظريات اليونان، إلى ابتكارات جديدة واكتشافات علمية لم تكن معروفة من قبل، كما تبلورت أسس هذه العلوم بصورة واضحة نتيجة استخدام المنهج التجريبي والرياضي في البحث. وعدم اللجوء إلى التأمل وطرح الفروض والنظريات التي لا تسندها الملاحظة الدقيقة والتجربة المختبرية.

ولا بد لنا أن نذكر هنا أن العلوم على مذهب العرب والعقيدة الإسلامية وما تفرغ عنها من علوم كانت الأساس القويم لتلقي علوم اليونان وتوسيعها وتقويمها وتوجيهها لخدمة الإنسان، إذ نجد بوضوح أثر الأصالة العربية في كل علم من العلوم الطبيعية، كما نجد مقدار ما أفاده العلماء العرب في مصنفاتهم العلمية من العلوم على مذهب العرب.

1. علم الفلك[1]

لقد أصاب علم الفلك أو علم الهيئة كما يسميه العلماء العرب تطورًا كبيرًا، تمثل

---

(1) يُعدّ علم الفلك من العلوم التعاليمية الرياضية ضمن أقسام العلوم الفلسفية التي ورثناها من الفلاسفة العرب من أمثال الفارابي وابن سينا وإخوان الصفا وابن رشد، إلا أن الفيلسوف ياسين خليل وجد من الأولى أن يدرس هذا العلم ضمن العلوم الطبيعية، ومبرراته تُعدّ مقبولة بالنسبة للفلسفة العلمية التي ينتمي إليها، ولكنه هنا لم يصرح بالقول لماذا تناول هذا العلم ضمن العلوم الطبيعية. (المحقق)

بمجموعة كبيرة من الإنجازات بصورة موجزة، أرى أن نذكر بالتدرج الأوجه المختلفة لهذا العلم وهي:

أ. ابتكار الآلات الفلكية للرصد وإقامة المراصد من أجل التوصل إلى معلومات صحيحة ودقيقة عن أحوال السماء والقبة السماوية للكواكب والنجوم مكانًا وزمانًا، ومراقبة ما يحدث من تغييرات فلكية لسنة أو سنوات عديدة، وتثبيت ذلك بدقة تامة.

ب. تدوين المعلومات الرصدية عن القبة السماوية وأحوال السماء في جداول فلكية هي الأزياج، إذ يمكن الاعتماد على هذه الجداول في معرفة مواقع النجوم والكواكب في القبة السماوية زمانًا ومكانًا، وفي معرفة حالة كل كوكب من حيث سرعته ومكانه واتجاهه.

ج. تصحيح الآراء والنظريات الفلكية التي ورثوها عن اليونان، وذلك من خلال الأرصاد الجديدة، وما توصلوا إليه من نتائج عن أحوال النجوم والكواكب، وما أمدتهم به الجداول الفلكية الكثيرة والمتنوعة.

د. وضع أسس جديدة لعلم فلك جديد يقوم من حيث الأساس على دقة الأرصاد والجداول الفلكية لرسم صورة جديدة عن الكون مختلفة عن الصورة التي خلفها بطليموس.

إنّ الانتقال من الرصد الفلكي بالعين المجردة إلى الرصد الفلكي باستخدام الآلات هو انتقال من الوصف الكيفي إلى الوصف الكمي، وهذه خطوة ضرورة نحو إقامة العلم على أسس متينة، ونظرًا لإدراك العلماء العرب لأهمية الرصد الفلكي، فقد عملوا باتجاهين يكمل أحدهما الآخر، تمثل الأول في بناء بيوت الرصد أو المراصد الفلكية إذ المعروف أن الخليفة العباسي المأمون قد أمر ببناء مرصد في الشماسية ببغداد، ومرصد آخر على جبل قاسيون بجانب دمشق، وتمثل الثاني بابتكار آلات رصدية جديدة أكثر دقة من الآلات التي كانت معروفة عند من سبقهم في هذا المضمار، فالأنواع المختلفة من الأسطرلابات: الهلالي والكري والزورقي والصدفي والمسرطن والمبطح وغيرها، ومن الآلات: ذوات الحلق وهي حلق متداخلة ترصد بها الكواكب، والكرة وبها تعرف هيئة الفلك وصورة الكواكب، وغير ذلك من الآلات.

وقد ساعدت الآلات الفلكية الجديدة وبيوت الرصد على رسم صورة أدق للكواكب وهيئة السماء ومواقع النجوم، كما أدى العمل الفلكي المنظم والمثابر إلى وضع جداول فلكية جديدة أفضل من الجداول المعروفة عند اليونان.

فعلى سبيل المثال لا الحصر تمكن علماء الفلك العرب من تصحيح الجدول الفلكي لبطليموس، وأن يضعوا جدولًا فلكيًا جديدًا ودقيقًا يقوم على الرصد الدقيق واختبار النتائج، ولم تتوقف عملية وضع الجداول الفلكية عند هذا الجهد، فمن المعروف أن جداول فلكية أخرى وضعها علماء الفلك العرب نتيجة لأرصادهم وتطور حساباتهم الفلكية، وكانت الإرصادان العربية دقيقة نتيجة للمهارة العربية وتطور الرياضيات بشكل مثير ومتميز واستخدم الآلات.

فمن المعروف أن العلماء العرب قد وضعوا الأسس الثابتة لعلم وحساب المثلثات، واستخدموه في الحسابات الفلكية حتى بلغ عندهم حدّ الكمال تقريبًا، فضلًا عن استخدامهم لحساب المثلثات المستوية، ابتكروا حسابًا آخر ساعدهم على الوصول إلى معرفة أدق هو حساب المثلثات الكروية، وبذلك يكون علم المثلثات من أبرز الانجازات العربية في علم الرياضيات والفلك.

فضلًا عن ذلك، كان لبيت الحكمة العباسي الذي كان أكاديمية علمية تضم عددًا كبيرًا من المترجمين والعلماء، وقد نشأ فيها نشأة علمية عدد غير قليل من العلماء العرب، واشتهر أولاد موسى بن شاكر، وكانوا برعاية يحيى بن أبي المنصور، وأولاد موسى بن شاكر ثلاثة: محمد وأحمد والحسن، وكانوا مع والدهم من المتقدمين في الرياضيات وعلم الهيئة.

ويروي ابن خلكان في كتابه وفيات الأعيان وأنباء أبناء الزمان: طلب المأمون منهم قياس محيط الأرض، ولكن نظرًا لأن رواية ابن خلكان غير دقيقة فيما يتصل بقياس درجة محيط الأرض نذكر الرواية الثانية التي ذكرها ابن يونس المصري (ت1009هـ) في كتاب الزيج الكبير الحاكمي وهي: وذكر سند بن علي في كلام وجدته له أن المأمون أمره هو وخالد بن عبد الملك المروروذي أن يقيسا مقدار درجة أعظم دائرة سطح كرة الأرض، قال: فسِرنا لذلك جميعًا وأمر علي بن عيسى الأسطرلابي وعلي بن البحتري بمثل ذلك، فسارا إلى

ناحية أخرى، قال: سند بن علي فسرت أنا وخالد بن عبد الملك إلى ما بين واسط وتدمر، وقسنا هنالك مقدار درجة من أعظم دائرة تمر بسطح كرة الأرض فكان سبعة وخمسين ميلًا، (الميل العربي= 1973.2م). وقاس علي بن عيسى وعلي بن البحتري فوجدا مثل ذلك، وورد الكتابان من الناحيتين في وقت واحد بقياسين متفقين.

وذكر أحمد بن عبد الملك المعروف بحبش في الكتاب الذي ذكر فيه أرصاد أصحاب الممتحن (أي أصحاب الزيج الممتحن وهو زيج شهير ألفه جماعة من فلكيي الخليفة المأمون برئاسة يحيى بن أبي المنصور المنجم بناء على الأرصاد العربية الجديدة الممتحنة)، بدمشق لأن المأمون أمر أن تُقاس درجة من أعظم دائرة من دوائر بسيط كرة الأرض، قال: فساروا لذلك إلى برية سنجار حتى اختلف ارتفاع النهار بين القياسين في يوم واحد بدرجة، ثم قاسوا ما بين المكانين فكان ميلًا وربع ميل (أي 56 وربع ميل)[1].

وهكذا نكون أمام قياسين لمحيط الأرض، ناتج الأول= 57، وناتج الثاني 56 وربع، فإذا أخذنا متوسطهما نحصل على 56 و2/ 3 تقريبًا.

تنطوي هذه الرواية في قياس محيط الأرض على عدة حقائق علمية مهمة:

1. إن علماء الفلك العرب على يقين تام بكروية الأرض، وأن قياس محيطهما معناه قياس الدائرة العظمى التي يكون مركزها مركز الأرض، وأن محيط الأرض= 40253كلم.
2. اعتماد علماء الفلك العرب لقياس محيط الأرض على عمل بعثتين علميتين في مكانين مختلفين، ومقارنة النتائج التي يتوصل إليها كل فريق قصد الوصول إلى القياس الصحيح.

ولم يتوقف الجهد الفلكي العربي عند حدود الرصد وتصحيح الأرصاد وتدوين الجداول الفلكية الدقيقة وقياس محيط الأرض، بل تعدى ذلك إلى مجال البحث النظري، ولا سيما اختبار ما قاله بطليموس أن الأرض هي مركز العالم وأن جميع الكواكب السيارة وهي: زحل والمشتري والمريخ والشمس والزهرة وعطارد والقمر، تدور في أفلاك دائرية

---

(1) كرلو نلينو: علم الفلك، تاريخه عند العرب في العصور الوسطى، ص 281-284.

حول الأرض، ومن بين الكواكب السبعة السيارة خمسة تعرف بالمتحيرة، وهي: زحل والمشتري والمريخ والزهرة وعطارد، وسميت متحيرة لأنها تظهر للمراقب أنها ترجع من وقت لآخر عن سيرها المستقيم، وقد وصف الفلكيون للكوكب المتحير ثلاث حالات: الرجوع والاستقامة والوقوف، وكان لا بد من تفسير هذه الظاهرة في ضوء نظرية مركزية الأرض. وقد حاول بطليموس تفسير ذلك، إلا أن تفسيره لم يلاق قبولًا لدى بعض علماء الفلك العرب، لأنه تفسير لا يقوم على المشاهدة والرصد، وافتراض متناقض اضطر بطليموس إلى طرحه.

تناول ابن الهيثم التناقضات التي وردت في نظرية بطليموس وأثار حولها الشكوك والشبهات مما فتح المجال واسعًا لعلماء الفلك الذين جاؤوا من بعده أن يعدلوا النظرية الخاصة بهيئات الكواكب، فيفتحوا الباب أمام نظرية جديدة أخذت تنمو ببطء نتيجة للتصحيحات الفلكية القائمة على الرصد، ومحاولة التخلص من التناقضات في نظرية ببطليموس.

وعلى الرغم من شيوع ثبوت الأرض وعدم حركتها بين علماء الفلك والناس، فإننا في الوقت نفسه نجد الشك يراود بعض العلماء، إذ يمكن القول إن الآراء الفلكية بصدد حركة الأرض أو سكونها انقسمت إلى ثلاثة اتجاهات: الأول: مع سكون الأرض وثبوتها في مركز العالم، والثاني: مع حركة الأرض حول نفسها، والثالث: مع الشك في سكون الأرض وعدم ثبوت حركتها، والذي يهمنا هو حركة الأرض حول محورها، إذ نجد أبا سعيد أحمد بن محمد بن عبد الجليل السجزي الرياضي المشهور الكائن في النصف الثاني من القرن الرابع الهجري، ففي القسم غير المطبوع من كتاب جامع المبادئ والغايات لأبي علي الحسن المراكشي من علماء القرن السابع ورد عند وصف الأسطرلاب المعروف بالزورقي هذا النص: قال أبو الريحان البيروني إن مستنبِط هذا الأسطرلاب هو أبو سعيد السجزي، وهو مبني على أن الأرض متحركة والفلك بما فيه إلا السبعة السيارة ثابت[1].

وكان علم البصريات من العلوم المستقلة التي أصابت تقدمًا كبيرًا حتى أصبح عند

(1) نيلنو، المصدر السابق، ص251.

الحسن بن الهيثم[1] علمًا مستقلًا له أسسه وأصوله وفروعه، ويعود الفضل في ذلك إلى تطبيق ابن الهيثم منهجه النقدي ومنهجه التجريبي سواء في مناقشة آراء الأقدمين وامتحان أقوالهم أو في استقراء الحالات واختبارها من أجل صياغة الأقوال الكلية أو القوانين.

وأصاب ابن الهيثم في تعيين موضوع هذا العلم وصلته بالعلوم الأخرى، فالضوء والظواهر الضوئية الطبيعية والمكتسبة جميعها هي موضوع علم المناظر، وليس الضوء مجرد ظاهرة ذاتية أو حالة عرضية، بل إن له وجودًا موضوعًا مستقلًا، فهو ينفذ في الأجسام المُشفَّة وفي أوساط مختلفة، وينتقل في المكان، وله سرعة وإن كانت عالية جدًا، فمن أولى المسائل التي يولي اهتمامه ببحثها هي كيفية الإبصار.

فهل يحدث الإبصار نتيجة خروج شعاع من العين فيلامس الأشياء أو المبصرات؟ أو يحدث الإبصار بانعكاس الضوء عن المبصرات؟

يعارض ابن الهيثم الآراء اليونانية في كيفية الإبصار فهو يرى أن الإبصار يحدث بانعكاس الضوء عن المبصرات إلى البصر، لذلك نراه يلجأ إلى الامتحان والاختبار لتثبيت هذا القول، فيتناول بحث الأشياء وطبيعة الضوء، ولا يكتفي بذلك بل نراه يسعى إلى تشريح العين إلى طبقاتها ورطوباتها للتثبت من عملية الإبصار وتكوُّن الصور، ويتناول ما يدركه البصر من الضوء واللون والبعد والوضع والتجسم والشكل والعظم والتفرق والاتصال والعدد والحركة والسكون والخشونة والملامسة والشفيف والكثافة والظل والظلمة والحسن والقبح والتشابه والاختلاف، ويطلق عليها جميعًا المعاني التي يدركها البصر.

وأسلوب ابن الهيثم في البحث في غاية الدقة والبساطة، فهو يبدأ بالمقدمات التي لا تثير شكوكًا، فيمتحنها بمجموعة من الحالات، ثم ينتقل خطوة بعد أخرى نحو مقدمات علمية أكثر تعقيدًا يحتاج المرء إلى إثباتها بواسطة تجارب مختبرية، ومن أولى المقدمات في علم المناظر هي: أن الضوء يسلك على سموت خطوط مستقيمة في الأوساط المُشفَّة إذا

(1) في هذا الكتاب والكتاب الثاني من هذا المجلد، نجد أن الدكتور ياسين خليل يهتم كثيرًا بما عرضه ابن الهيثم من آراء في الضوء والانعكاس والمكان، في محاولة لبيان أن ابن الهيثم قد عارض النظرية اليونانية بصدد الضوء، وأنه من جهة أخرى قد سبق الأوربيين في هذا الاكتشاف. وهو محق بذلك. (المحقق).

لم يعترضه عارض، ويصدق هذا القول على الأضواء الطبيعية والمكتسبة، وفي ذلك يقول ابن الهيثم: والشعاع بالقول الكلي هو ضوء ممتد على سموت خطوط مستقيمة سواء كان الضوء ضوء الشمس أو ضوء القمر أو ضوء الكواكب أو ضوء النار أو ضوء البصر، وهذا هو حدّ الشعاع وليس لأصحاب العلم الطبيعي قول محرر في الشعاع[1].

وإذا أشرق الضوء ونفذ من خلال ثقب مناسب في حاجز تكونت صورة مقلوبة على الحاجز الذي استقبل الضوء النافذ من الثقب، وقد أدرك أهمية سعة الثقب وبُعد الجسم في تكوين صورة مقلوبة واضحة، فاشترط أن يكون الثقب ضيقًا ليحصل المرء على صورة شبيهة بالجسم، ولكن ضيق الثقب من ناحية أخرى قد يؤدي إلى اختفاء الصورة، لذلك فإن من شروط نجاح تكوين الصورة للجسم الذي يقابل الثقب في البيت المظلم أن يكون الثقب مناسبًا، إذ لا يكون ضيقًا فتختفي الصورة، ولا يكون واسعًا فلا تظهر واضحة على الحاجز الأبيض.

كما بحث ابن الهيثم الأوساط التي يسير فيها الضوء والتي ينعكس عنها لكثافتها، والتي يعاني فيها انعطافًا عند انتقاله من وسط إلى وسط آخر يختلف عنه من حيث الكثافة.

وفيما يلي بعض القوانين والحقائق العلمية التي توصل إليها من خلال التجربة والتعبير الرياضي الدقيق. ونبدأ بالانعكاس، إذ نجد في دراسته أن الضوء لا ينفذ في الأجسام الصلبة أو الكثيفة، وأن الضوء ينعكس عن الأجسام الصقيلة، وأن الفرق بين الضوء النافذ والضوء المنعكس هو أن الأول ضوء ذاتي والثاني ضوء عرضي، ولكن الضوء المنعكس كظاهرة ضوئية يخضع إلى ما يخضع له الضوء الذاتي.

اهتم ابن الهيثم بدراسة ظاهرة الانعكاس عن الأجسام الصقيلة ولا سيما انعكاس الضوء عن أنواع المرايا ليصل إلى قوانين عامة سواء كانت المرايا مستوية أو محدبة أو أسطوانية أو غير ذلك، وتوصّل بعد تجارب أعدها لغرض فهم ظاهرة الانعكاس إلى القانون الأول والقانون الثاني.

القانون الأول- يقع الشعاع الساقط على جسم صقيل في نقطة والعمود الخارج منها والشعاع المنعكس في سطح واحد مستوٍ. أن كل ضوء ينعكس عن جسم صقيل، فإن كل نقطة

---

(1) ابن الهيثم، رسالة في الضوء، ص9.

من السطح الصقيل الذي منه انعكس الضوء، يعكس الضوء منها على خط مستقيم يكون هو والخط المستقيم الذي عليه امتد الضوء إلى تلك النقطة والعمود الخارج من تلك النقطة القائم على السطح المستوي المماسّ للسطح الصقيل على تلك النقطة في سطح واحد مستو[1].

القانون الثاني- تكون الزاوية التي يحدثها الشعاع الساقط على جسم صقيل في نقطة مع العمود الخارج منها مساوية للزاوية التي يحدثها الشعاع المنعكس من النقطة ذاتها مع العمود المقام، ويكون وضع الخط الذي عليه ينعكس الضوء بالقياس إلى العمود المذكور كوضع الذي عليه امتد الضوء إلى نقطة الانعكاس بالقياس إلى ذلك العمود، أعني أن كل خط مستقيم ينعكس عليه ضوء من سطح صقيل، فإنه يحيط مع العمود الذي يخرج من تلك النقطة قائمًا على السطح المستوي المماسّ للسطح الصقيل على تلك النقطة، بزاوية مساوية للزاوية التي يحيط بها الخط الأول الذي عليه امتد الضوء إلى تلك النقطة مع ذلك العمود[2].

والظاهرة الضوئية الأخرى التي أولاها ابن الهيثم اهتمامه وصمم لأجلها جهازًا تجريبيًا هي الانكسار أو الانعطاف في الأوساط التي ينفذ فيها الضوء، ويقول ابن الهيثم في هذه الظاهرة ما نصه: فنقول إن كل ضوء يشرق على جسم مُشِفّ فإنه ينفذ في ذلك الجسم المُشِفّ على سموت خطوط مستقيمة والوجود يشهد بذلك، ثم إذا امتد الضوء في الجسم المُشِفّ وانتهى إلى جسم آخر مُشِفّ مخالف الشفيف للجسم الأول الذي امتد فيه وكان مائلًا على سطح الجسم الثاني انعطف الضوء ولم ينفذ على استقامته[3].

من ذلك نستنتج أن الانعطاف هو حيود الشعاع عن استقامته بزاوية معينة تتعين باختلاف كثافة الأجسام المُشِفّة، وهذا معناه أن اختلاف زاوية الانعطاف تعتمد على كثافة الأجسام المُشِفّة، وأنه بالإمكان التمييز بين الكثافات للأجسام المُشِفّة والسوائل باختلاف زاوية الانعطاف.

ويعبر ابن الهيثم عن هذه الحقيقة الفيزياوية بقوله: وشفيف الأجسام المُشِفّة هو صورة مؤدية للضوء، والشفيف يختلف ويعتبر اختلاف الشفيف بزوايا الانعطاف إذا كان جسمان

(1) ابن الهيثم، علم المناظر، المقالة الرابعة.

(2) المصدر السابق، المقالة الرابعة.

(3) ابن الهيثم، رسالة في الضوء، ص13.

مُشِفّان مختلفا الشفيف وامتد فيهما شعاعان وأحاط الشعاعان مع العمودين الخارجين من موضعي الانعطاف بزاويتين متساويتين مما يلي الجسمين، ثم انعطفا في جسم واحد أغلظ منهما وكان انعطافهما في الجسم الأغلظ على خطين مختلفي الوضع، وأحاطا مع العمودين بزاويتين مختلفتين مما يلي الجسم الأغلظ، فالذي أحدث الزاوية الصغرى هو أشد شفيفًا"[1].

أما القانون الخاص بظاهرة الانعطاف فيمكن صياغته بالصورة الآتية:

قانون الانعطاف- إذا صادف الضوء النافذ في جسم مُشِفّ جسمًا آخر مخالفًا له، وكان الشعاع الساقط والعمود القائم من نقطة السقوط والشعاع المنعطف جميعًا في مستوى واحد.

واستخدم ابن الهيثم آلة لقياس درجة الانعطاف عند نفوذ الضوء من الهواء إلى الأجسام المُشِفّة أو السوائل، وهي الآلة التي تعرف بآلة الانعطاف.

وتنبه ابن الهيثم من خلال دراسته لظاهرة الانعطاف إلى حقيقة مهمة هي ممانعة الأجسام عند نفوذ الضوء فيها، فكلما كان الجسم المُشِفّ أكثر كثافة كانت درجة ممانعته أكبر، وبذلك ينعطف الضوء ولا يستمر على استقامته، كما يربط بين سرعة الضوء والممانعة والانعطاف، فيرى أن للضوء سرعة في زمن وإن لم يستطع تعيين مقدار هذه السرعة، وأن سرعة الضوء ليست واحدة في الأجسام المختلفة من حيث الكثافة، وأن سرعة الضوء في الجسم المُشِفّ أكبر من سرعته في الجسم الغليظ.

2. علم الميكانيك

واشتغل العلماء والفلاسفة العرب في المجالات الثلاثة لعلم الميكانيك وهي: ميكانيك الأجسام المستقرة (الإستاتيكا Statics)، وميكانيك الأجسام المتحركة (الديناميكا Dynamics)، وميكانيك السوائل (هيدروستاتيكا Hydrostatics).

وسنحاول أن نبين إنجازات العلماء العرب فيما يتصل بمراكز الأثقال والعتلات وكل ما له صلة بالموازين وما تقوم عليه هذه الصناعة من مبادئ طبيعية ورياضية. وقد أطلق العلماء العرب على هذا الحقل اسم علم الموازين وعلم الأثقال.

---

(1) المصدر السابق، ص19.

كما سنبين إنجازات العلماء في ميكانيك الأجسام المتحركة وما يتصل بها من زمان ومكان وقوى طبيعية، وأخيرًا لا بد من إلقاء بعض الضوء على ميكانيك المائعات والأوزان النوعية.

وأول الأشياء التي نهتم بدراستها هي ما يتعلق بالأجسام ومراكز الأثقال، وما يتعلق بالعتلات ومراكز الأثقال فيها، وفيما يتعلق بالأوزان النوعية للمائعات أو المعادن والأحجار، ولا شك أن الوزن أو الثقل من المفاهيم الفيزياوية الضرورية، ويعرفه العلماء العرب أنه القوة التي بها يتحرك الجسم الثقيل إلى مركز العالم، ولكل جسم مركز ثقل واحد، وأن ميل جميع أجزاء إلى مركز الثقل متساو، شريطة أن يكون مركز ثقله في وسطه، وهكذا نصل إلى الحقائق التالية:

أولًا. إن للأجسام الثقيلة مراكز أثقال سواء كانت هذه الأجسام منتظمة أو غير منتظمة، وأن طريقة تعيين هذه المراكز تكون على أساس توازن الجسم، إذ ينطبق مركز ثقله على مركز العالم، أما مراكز أثقال الأجسام المنتظمة، فإن الطريقة الهندسية في تعيينها هي السبيل لذلك.

ثانيًا. مركز ثقل الجسم هو نقطة مفروضة واحدة، شريطة أن تحفظ سكونه أو توازنه، فهي مركز قوى الجسم إذا اعتبرنا الجسم مؤلفًا من أجزاء، أما الأجسام المنتظمة فإن النقاط الهندسية فيها هي مراكز أثقالها، فللمربع المتشابه الأجزاء مركز ثقل واحد هو نقطة التقاء أقطاره، وكذلك المستطيل ومتوازي الأضلاع، والدائرة فإن كمركزها هو مركز ثقلها، وما ينطبق على السطوح في البحث عن مراكز أثقالها بالطريقة الهندسية، ينطبق كذلك على الأجسام المنتظمة مثل توازي السطوح والكرة.

وتركز اهتمام عدد غير قليل من العلماء العرب على صناعة الموازين المختلفة نظرًا لأهميتها في البحث العلمي من جهة، وتنوع استعمالها في مجالات عديدة من جهة أخرى، وكان من نتائج ذلك أن أصبح موضوع العتلات ومراكز أثقالها من المسائل الفيزياوية المهمة، ولتوضيح ما نذهب إليه نورد بعض القواعد المهمة في هذا المجال.

أولًا. كل جسمين ثقيلين بينهما واصل يحفظ وضع حدهما عند الآخر، فلمجموعهما

مركز ثقل وهو نقطة واحدة فقط، كل جسمين ثقيلين يصل بينهما جسم ثقيل يكون مركز ثقله على الخط المستقيم الذي يصل بين مركزي ثقلهما، فإن مركز ثقل الجميع على ذلك الخط[1].

ثانيًا. كل جسمين متعادلي الثقل عند نقطة مفروضة، فإن نسبة ثقل أحدهما إلى ثقل الآخر كنسبة قسمي الخط الذي يمر بتلك النقطة ويمر بمركز ثقلهما أحدهما إلى الآخر[2].

ثالثًا. كل جسمين ثقيلين يعادلان جسمًا واحدًا ثقيلًا بالقياس إلى نقطة واحدة، فإن أقربهما من تلك النقطة أثقل من أبعدهما[3].

ولتوضيح هذه القواعد نفترض أولًا أن النقطة المفروضة هي م، وأن مركز ثقل الجسم الأول هو أ، وأن مركز ثقل الجسم الثاني هو ب، علمًا أن النقاط الثلاث جميعها تقع على مستقيم واحد، فإن المعادلة الرياضية في النسبة تصبح بالشكل الآتي:

$$\frac{\text{ثقل الجسم الأول}}{\text{ثقل الجسم الثاني}} = \frac{\text{ب م}}{\text{أ م}}$$

وبعبارة أخرى: ثقل الجسم الأول× أ م= ثقل الجسم الثاني× ب م

أما إذا كانت الحالة ثلاثة أجسام فإن المعادلة تصبح كما يأتي:

ثقل الجسم الأول× أ م + ثقل الجسم الثاني× ب م = ثقل الجسم الثالث× ج م.

ونستطيع أن نستنتج بسهولة أنه إذا عُلِّق عمود منتظم من وسطه، وعُلِّق على أبعاد متساوية من الوسط ثقلان متساويان، فإن العمود يوازي الأفق (متوازن)، وإذا اختلف الثقلان المعلقان في عمود منتظم، وكانا على بعدين متساويين من الوسط، فإن الثقل الأعظم يرجح وبقرب من سطح الأفق، ويحدث عن حركتيهما قطاعان وقوسان متساويتان.

---

(1) عبد الرحمن الخازني، ميزان الحكمة، ص19.

(2) المصدر السابق، ص20.

(3) المصدر نفسه، ص20.

وبناءً على معرفة العلماء العرب لمبادئ رياضية وأخرى طبيعية وأخرى طبيعية تخص صناعة الموازين، ومهارتهم في استخدام هذه المبادئ لأغراض علمية بحتة وعملية، تنوعت هذه الصناعة، فنجد ميزانًا يحتوي على كفتين، وميزانًا آخر يحتوي على ثلاثة كفوف، وميزانًا ثالثًا يحتوي على خمسة كفوف وهو ما يعرف بميزان الحكمة، والموازين متعددة الأغراض، فهي فضلًا عن أهميتها في وزن الأجسام، فإنها ذات أهمية بالنسبة للأوزان النوعية سواء كانت هذه الأوزان بالنسبة للمائعات أو الفلزات أو الأجسام الصلبة عمومًا.

ونتيجة لاستخدام الموازين الدقيقة أمكن قياس المقادير بدقة متناهية، كما أمكن الوصول إلى تعيين الأوزان النوعية للمائعات، وقد أدرك العلماء العرب من خلال التجارب أن للهواء وزنًا، وأن اختلاف الأهوية من شأنه أن يؤثر في الزنة الهوائية، إذ ليست الأهوية واحدة، فهي تختلف من حيث الكثافة، ويصدق الشيء نفسه بالنسبة للمياه، إذ ليست المياه واحدة، وهي تختلف من حيث الكثافة، لذلك نجد في قياس الأوزان النوعية للفلزات يعتمد العلماء العرب على ماء المثل باعتباره الماء المستخدم في التجربة والذي يُعّد الماء المَرْجِعْ بالنسبة للمائعات وكذلك من السوائل.

3. مبادئ العلم الطبيعي

كما واشتغل العلماء والفلاسفة العرب في دراسة الظواهر الطبيعية، فمنهم من تابع اليونان في مذهبهم (=طريقتهم) ولا سيما أرسطو، ومنهم من أجرى تعديلات طفيفة، ومنهم من أضاف إضافات مهمة لها مكانتها في تاريخ العلم، وحسبنا أن نرصد أبرز مقولات ومبادئ العلم الطبيعي، ونتعرف على الإنجاز المبتكر فيها، فمفاهيم هذا العلم هي المقاومة والاحتكاك، واختلاف سرعة الأجسام، والعلاقة بين الكتلة والقوة والسرعة، والأجسام الساقطة والتسارع، والجاذبية والاستمرارية، والممانعة وصلابة الأجسام وغير ذلك[1].

---

(1) لمتابعة تفصيلات هذا المواقف من العلم الطبيعي ومبادئه ومفاهيمه وموضوعاته، واختلاف الفلاسفة والعلماء العرب من ذلك، وتباين مواقفهم بين متابع لأرسطو ومخالف له ومؤسس لمدرسة طبيعية علمية عربية خاصة به، يُراجع، كتابينا، نظرية المكان في الفلسفة الإسلامية، ابن سينا نموذجًا، ط1، دمشق 2008، والعلوم الطبيعية في فلسفة ابن لرشد، ط1، بيروت 1995. (المحقق)

لا شك أن الحركة مقترنة بالجسم الطبيعي غير منفصلة عنه، فإذا ما تحرك جسم ما حركة انتقالية يقال إنه خرج عن سكونه فانتقل من مكانه إلى مكان آخر، في حين يقال للجسم الساكن إنه غير متحرك من مكانه، وإذا أردنا معرفة جسم متحرك فلا بد من قياسه بجسم ساكن.

أما المكان فقد اختلفت الآراء بصدد تحديده، وأقرب العلماء العرب إلى التحديد العلمي هو ابن الهيثم في رسالته في المكان[1]، إذ اعتمد أسلوبه التحليلي والتجريبي ليصل إلى النتيجة، وفي ذلك يقول: فقد تبين من جميع ما بيناه أن الأبعاد المتخيلة التي بين النقط المتقابلة من السطح المحيط بالجسم التي هي الخلاء المتخيل الذي ملأه الجسم أولى أن يكون مكان الجسم من السطح المحيط بالجسم... فالأبعاد المتخيلة التي بين النقط المتقابلة من السطح المحيط بالجسم هي المكان الذي قد تمكن فيه الجسم الذي ليس يزيد على مقدار الجسم، ومن أجل تلك الأبعاد من بعد تمكن الجسم فيها ومن بعد انطباق أبعاده على الجسم عليها يتحدد بأبعاد الجسم، ويصير أبعادًا للجسم، فيكون الخلاء المتخيل المساوي للجسم الذي قد ملأه الجسم هو أبعاد الجسم نفسه، وإذ ذاك فمكان الجسم هو أبعاد الجسم[2]

فالمكان هو الخلاء المتخيل، وأن الخلاء المتخيل يتعين بأبعاد هندسية هي أبعاد الجسم الذي يحل فيه، والجسم الصلب الذي يحل في المكان هو في رأي ابن الهيثم المادة الحائزة على خاصيتي المدافعة والممانعة ذات الأبعاد الهندسية الثابتة، إذ إن حركة الجسم من مكان لآخر لا تؤثر في أبعاده.

في حين أن الجسم سواء أكان متحركًا أم ساكنًا فهو في زمان، والزمان كمية وأجزاء فهو مقدار منفصل مثل الدقائق والساعات والأيام والشهور والأعوام، والزمان من ناحية أخرى

---

(1) كان من الأولى بالدكتور ياسين خليل وهو يعرض لرأي ابن الهيثم من المكان، أن يعرض للآراء الفلسفية والعلمية من المكان قبله بدءًا من أرسطو ومرورًا بالكندي والفارابي والرازي الطبيب وابن سينا وإخوان الصفا ومسكويه، ثم يعرض لرأي من جاء من بعده من أمثال: الغزالي وأبي البركات البغدادي وابن رشد وابن طفيل وغيرهم، حتى يتبين للقارئ الكريم ناهيك عن الباحث قيمة ما قدمه ابن الهيثم وعلمية رأيه. وهذه ثغرة علمية تسجل للدكتور ياسين خليل من قبلنا. (المحقق)

(2) ابن الهيثم، رسالة في المكان، ص9.

كما فهمه العلماء العرب سيل متصل لا تفصله فواصل ولا يتألف من أجزاء، فدخول الزمان في الوجود دخول ما هو في سيلان، وإذا أردت أن تمثله بمثل رأس إبرة دقيق يخطّ به خط فكل ما يلقاه من الخطوط فيه إنما هو في نقطة فهو يلاقي بنقطة بعد نقطة لكنه لا يقرّ على نقطة، بل يتحرك فأيّ موضع وقفته ولا تجدها واحدة بعد أخرى[1].

والحركة المنتظمة هي حركة يقطع فيها الجسم مسافات متساوية في أزمنة متساوية، أما السرعة فهي حركة الجسم لقطع مسافة معينة في زمن معين، وتساوي المسافة المقطوعة على الزمن المستغرق، والتعجيل هو مقدار الزيادة في السرعة في الزمن، ويعبر عنه بالسرعة المتزايدة أو اطراد الزيادة في السرعة.

وذهب أبو البركات البغدادي إلى الاعتقاد أن الحركة الطبيعية الوحيدة هي الحركة المستقيمة، وأن حركة الاستدارة ليست حركة طبيعية، فيقول: فكل حركة طبيعية فعلى استقامة والمستديرة ليس بطبيعية[2].

كما لاحظ أبو البركات البغدادي أن سرعة الجسم تزداد كلما اقترب من الأرض، فإذا افترضنا أن سرعته الأولية صفر، كانت سرعته النهائية عند اقترابه من الأرض أكبر من أية سرعة أخرى له في مسافة سقوطه، وفي ذلك يقول بالنص: كلما كان أبعد كان آخر حركته أسرع وقوة ميله أشد، وبذلك يشبح ويسحق فلا يكون له ذلك إذا ألقي عن مسافة أقصر، بل تبين التفاوت في ذلك بقدر طول المسافة التي سلكها[3].

وأدرك أبو البركات البغدادي حقيقة فيزياوية مهمة هي: لو تحركت الأجسام في الخلاء[4]

(1) أبو البركات البغدادي، المعتبر في الحكمة، ج2، ص78.

(2) المصدر السابق، ج2، ص160.

(3) المصدر نفسه، ص101.

(4) لمعرفة المزيد عن آراء الفلاسفة اليونان والعرب المسلمين ومنهم أبو البركات البغدادي عن الخلاء واختلاف الآراء حوله بين مؤيد للخلاء ونافٍ له ومؤكد عدم وجوده في الطبيعة، يُراجع، كتابنا، نظرية المكان، الفصل الرابع الخاص بالخلاء. ولكن الفيلسوف ياسين خليل لم يبين لنا موقف البغدادي من الخلاء، فهو من القائلين به والمدافعين عن وجود الخلاء بالطبيعة، بخلاف نفاه الخلاء وعلى رأسهم أرسطو وابن سينا وابن رشد. (المحقق)

لتساوت حركة الثقيل والخفيف والكبير والصغير والمخروط المتحرك على رأسه الحاد والمخروط المتحرك على قاعدته الواسعة في السرعة والبطء لأنهما إنما تختلف في الملاء بهذه الأشياء لسهولة خرقها لما تخرقه من المقاوم المخروق كالماء والهواء وغيره، فإن المخروط المتحرك على رأسه يخرق أسهل من المتحرك على قاعدته ولا مخروق في الخلاء ولا مقاوم، فتساوى الحركات فيه في زمان[1].

إن أبرز الإنجازات العلمية في حقل العلم الطبيعي نجدها في مجموعة المبادئ التي نجدها واضحة في مصنفات ابن الهيثم وأبي البركات البغدادي، وفيما يلي ندون نصوصها:

أولًا. يميل الجسم الطبيعي إلى السكون، لأن غاية كل حركة طبيعية هي السكون.

ثانيًا. الحركة المستقيمة للجسم الطبيعي حركة باتجاه ثابت ما لم يؤثر عليها تأثير من الخارج فيقسرها عن حركته واتجاهها.

ثالثًا. الميل الطبيعي للجسم الساقط أن يهبط على استقامة إلى مركز الأرض، فإذا قسرته منه قوة باتجاه معاكس، فإن هذه القوة ترفعه إلى مسافة ثم تذهب منه قوته تدريجيًا فيبطئ في حركته، حتى إذا غلبته القوة الطبيعية (الجذب) رجع هابطًا على خط مستقيم في حيزه في سكون.

رابعًا. تتناسب القوة مع التعجيل والمسافة، فإذا كان الجسم أبعد مسافة كانت آخر حركته أسرع وقوة ميله أشد، وإذا كان الجسم أقصر مسافة كان آخر حركته أبطأ وقوة ميله أقل من سابقه.

خامسًا. إذا تحركت الأجسام في الخلاء كانت حركاتها متساوية في الزمان بغض النظر عن اختلاف أوزانها أو أحجامها أو أشكالها.

سادسًا. إذا كانت الحركة في الخلاء بسبب قوة فارقته، فإن المتحرك لا يقف أبدًا لأنه لا يكون أولى بالوقوف في موضع منه دون موضع[2]، وإذا كانت الحركة في الخلاء لم تصل القوة المكتسبة في المرمى التي خلقت قوة الرامي لأنها

---

(1) المصدر نفسه، ص52.

(2) تُسمى هذه الحركة حركة القذيفة أو الجسم المقذوف، وقد عالجها أرسطو وابن سينا قبل البغدادي، واستدلوا منها بنفي الخلاء في العالم الأرضي. (المحقق)

تَبطل في الخلاء بما يتلقاها من مقاومة المخروق فيضعفها أولًا فأولًا حتى يبطلها، وإذ لا مقاومة في الخلاء فالمرمى منه لا تلقى قوته ما يبطلها وهي لا تبطل بنفسها لأن الشيء لا يبطل ذاته، وإذا لا مقاومة في الخلاء فالمرمي فيه يتحرك أبدًا[1].

سابعًا. إذا تحرك جسمان فلا يمكن معرفة حركتهما إلا بالقياس إلى غيرهما، وإذا أردت أن تعرف أحدهما بالقياس إلى الآخر، لما أمكن معرفة أيهما أسرع، وهل أن أحدهما يتحرك مع سكون الآخر، لذلك فإن الضرورة تحتم أن تقاس حركتهما بالنسبة للساكن.

4. علم الكيمياء

وكان علم الكيمياء وهو من العلوم الطبيعية من العلوم التي أسسها العلماء العرب على قواعد راسخة، إذ يمكن القول إن دراستهم لموضوعات هذا العلم قد أبانت لهم حدوده وأساليبه والطرق الموصلة إلى نتائجه، فعلى الرغم من أن مؤلفات جابر بن حيان الكيمياوية احتوت كذلك على أسرار وطِلِّسمات بسبب اختلاط بعض الموضوعات بما يبحثه علم الكيمياء (هو علم أسرار الحروف)، إلا أن الطابع الغالب على مؤلفاته هو الطابع التجريبي الذي يعتمد على الدقة في أوزان الأشياء الداخلة في التفاعل، واعتماد التجربة المختبرية من أجل الوصول إلى النتائج.

وعلم الكيمياء عند جابر هو علم الصنعة، وهو ينقسم إلى قسمين: مراد لنفسه، ومراد لغيره، فالمراد لنفسه هو الإكسير التام الصابغ، والمراد لغيره على ضربين: عقاقير تدابير.

وبناء على ما تقدّم يتحدد موضوع علم الكيمياء بالبحث عن الإكسير الذي يُحَول المواد الرخيصة إلى ثمينة وذلك من خلال تفاعلات كيمياوية، وهذا معناه أنه يتناول المعدنيات بالدراسة والتدقيق في خصائصها وخواصها، كما يتناول تحضير الأدوية والعقاقير فضلًا عن التدابير التي هي عمليات وتجارب كيمياوية ضرورية في علم الكيمياء، وبناءً على ذلك يصبح موضوع علم الكيمياء أو علم الصنعة بالصورة الآتية:

(1) المصدر نفسه، ص51-52.

1. دراسة المعادن الرخيصة والثمينة من كافة الوجوه من حيث الأعراض والخصائص والأوزان، وعلاقة بعضها ببعض من حيث إمكانية تحويل معدن إلى معدن آخر.
2. البحث عن الإكسير التام الصابغ في المعادن والأحجار والعقاقير وغير ذلك ليتم به تحويل المعادن الرخيصة إلى أخرى ثمينة، وهذا أمر يجر الباحث من دون شك إلى جراء تفاعلات كيمياوية والحصول من جراء ذلك على نتائج وتحضيرات كيمياوية جديدة باتجاه الحصول على الإكسير.
3. استعمال التجارب المختلفة والتدابير والاستعانة بالآلات والأجهزة المختبرية من أجل القيام بعمليات كيمياوية يقتضيها البحث مثل التنقية والتذويب والتقطير والتشميع وغير ذلك من العمليات التي تخدم غرض الكيمياء سواء لتحضير مركبات من العقاقير والأدوية ومن أجل الحصول على مستحضرات كيمياوية معينة.

وتناول الكاتب الخوارزمي في كتابه مفاتيح العلوم موضوع علم الكيمياء، واتبع منهجًا علميًا في تصنيف أقسامه: الأول: في آلات هذه الصناعة. الثاني: في عقاقيرهم وأدويتهم من الجواهر والأحجار. الثالث: في تدابير هذه الأشياء ومعالجاتها. فشرح الأجهزة والآلات وكيفية استعمالها مثل القرعة والإنباق، والأثال وهو مصنوع من الزجاج، والزق لتصعيد الزئبق والكبريت، والقابلة والموقد وغير ذلك.

وتناول في الثاني موضوع المعادن وهي الأجساد والأرواح، فمن الأجساد الذهب والفضة والحديد والنحاس والأسرب والرصاص والخارصين، ومن الأرواح الكبريت والزرنيخ والزئبق، أما المركبات فمنها الملح بأنواعه، والنشادر والبورق والزاجات والأحجار وغير ذلك. وتناول في القسم الأخير مجموعة العمليات الكيمياوية مثل التقطير والتصعيد والتحليل والتشوية والتشميع والتصدئة والتكليس والتصويل والألغام والأتامة والاستنزال[1].

وننظر إلى علم الكيمياء من ناحيتين: الأولى في كونه علمًا نظريًا يحتوي على مجموعة من النظريات العامة والفروض الموجهة للبحث وبعض الفروض العلمية، والثانية: في

(1) لقد سبق تفصيل القول في معاني هذه المعادن وكذلك المركبات والعمليات الكيمياوية في الكتاب الثاني من هذا المجلد، فليُراجع في موضوعه. (المحقق)

كونه علمًا تطبيقيًا له صلة وثيقة بالصناعة الكيمياوية مثل صناعة الدهون والدباغة والروائح وصناعة الزجاج وبعض المستحضرات الكيمياوية الداخلة في صناعة الأصباغ وغير ذلك.

ولقد وجدت نظرية العناصر الأربعة تطبيقات وتفسيرات مثمرة في علم الكيمياء، فلكل معدن بل ولكل موجود خصائص يطلق عليها اسم الطبائع، وليست الطبائع واحدة، بل منها ما هو ظاهر، ومنها ما هو باطن.

ولما كانت الطبائع منها فاعل وآخر منفعل، فإنه يكون للجسم طبعان ظاهران فاعل ومنفعل، وطبعان باطنان فاعل ومنفعل كذلك، فالأسرب بارد يابس في ظاهره رخو جدًا وهو حار رطب في باطنه، وأما القلعي فظاهره بارد رطب رخو، وباطنه حار يابس صلب، ولما اعتدلت هذه الطبائع في هذا الجسم على هذا المقدار سمي رصاصًا، فداخله حديد وخارجه رصاص.

وأما الحديد فظاهره حار يابس صلب وباطنه بارد رطب رخو، أما الذهب فظاهره حار رطب، وباطنه بارد يابس وهو طبع معتدل، وأما الزئبق فظاهره بارد رطب رخو وباطنه حار يابس صلب، فظاهره زئبق وباطنه حديد، وأما الفضة فظاهرها بارد يابس، وباطنها حار رطب، فظاهرها فضة وباطنها ذهب[1].

ولقد أفاد جابر بن حيان من نظرية العناصر الأربعة في تعيين خواص المعادن من جهة وفي طرح فرضيته في تحويل العناصر الرخيصة إلى الثمينة من جهة أخرى.

ومن الفرضيات الأخرى المهمة فرضية أصل المعادن وكيف تكونت في باطن الأرض، إذ يرى جابر أن الزئبق والكبريت هما أصل المعادن باتحادهما في باطن الأرض تكونت الفلزات، ولما كانت المعادن مختلفة وجب أن يكون الاختلاف في نسب اتحاد الزئبق بالكبريت، فإذا اختلفت نسبة الكبريت والزئبق اختلفت بذلك المعادن وتمايزت.

وبناءً على ما تقدم يمكننا أن نطرح الفروض الآتية لعلم الكيمياء كما يراها جابر بن حيان في مؤلفاته الكيمياوية وهي:

الفرض الأول- يمكن تحويل معدن أدنى إلى معدن أعلى منه بإضافة مادة الإكسير إليه، وعليه يمكن تحويل المعادن الرخيصة إلى معادن ثمينة مثل الفضة والذهب.

---

(1) مختار رسائل جابر بن حيان، ص465-470.

الفرض الثاني- تترتب المعادن في نظام يعتمد على ميزان الطبائع لكل منها أو الميزان الوزني، فلا يمكن تحويل معدن؟ إلى معدن آخر، سواء بإظهار ما يبطن أو تبطين ما يظهر أو ميزانه الوزني فيصير إلى الميزان الوزني لمعدن آخر، إلا بترتيب فلا يجوز أن يتحول عنصر ما من مرتبته إلى مرتبة أعلى دون المرور بالمرتبة الوسطية إن كانت موجودة، فلا بد مثلًا من أن يتحول النحاس إلى فضة قبل أن يصير ذهبًا إبريزًا.

الفرض الثالث- لكل الأشياء في الطبيعة موازينها ولكل عنصر من العناصر الموجودة في الطبيعة ميزانه الخاص به الذي يتميز به عن غيره، لذلك يمكن تصنيف المعادن حسب أوزانها.

انقسم علماء الكيمياء العرب إلى طائفتين بشأن فرضية تحويل العناصر الرخيصة إلى ثمينة، فنجد جابر بن حيان وأبا بكر الرازي من بين العلماء الذين آمنوا بالفرضية وعملوا التجارب أو التدابير من أجل تحقيقها، بينما نجد أبا يوسف يعقوب الكندي وابن سينا وأبا الريحان البيروني قد اتخذوا منهجًا علميًا يقوم على رفض الفرضية من جهة والاهتمام بالجانب العلمي والصناعي من جهة أخرى، فكتب الكندي عددًا من الرسائل العلمية في الكيمياء، فله رسالة في أنواع الجواهر الثمينة وغيرها، ورسالة في أنواع السيوف والحديد[1] وغيرها، فضلًا عن رسالته في كيمياء العطر، ورسالته في التنبيه على خدع الكيميائيين.

لقد قادت التجارب علماء الكيمياء العرب إلى حقائق هامة، ففضلًا عن إدراكهم لأهمية الميزان في حساب نسب الأشياء الداخلة في التجربة، تمكنوا من إدراك النسبة الكيمياوية في التفاعل، فمن ذلك ما ذهب إليه جابر على سبيل المثال بقوله: فإن درهمًا من الزئبق يغطي عشرين من النحاس حتى يصير كله أبيض بلونه، ودرهم من الكبريت يحرق درهمين من النحاس ويلون عشرين منه أزرق مستحيلًا عن لونه الطبيعي[2].

وميز جابر بين الأشياء المختلطة والأشياء الممتزجة، فالأولى تفترق بالتدبير، لأنها غير

(1) حُقِّقت رسالة الكندي ونُشِرت من قبل الباحث العراقي المرحوم الدكتور صالح مهدي هاشم (ت2007م)، ونشرت في القاهرة 2007. (المحقق)

(2) مختار رسائل جابر، ص64.

متحدة كيمياويًا، في حين أن الثانية متحدة ووقع فيها التئام. وكان لقانون النسب الوزنية في مؤلفاته الكيمياوية يعتمد بالدرجة الأولى على قانون النسب الثابتة.

ويرى الرازي الطبيب أن صناعة الكيمياء تحتاج إلى معرفة بالعقاقير ومعرفة بالآلات ومعرفة بالتدابير، والعقاقير على ثلاثة أنواع: نباتية وحيوانية ومعدنية، والمعدنية ستة أقسام هي الأرواح والأجساد والأحجار والزاجات والبوارق والأملاح، والمقصود بالأرواح تلك المواد التي لا تثبت على النار ومنها الزئبق والنوشادر والكبريت، والمقصود بالأجساد أنواع المعادن التي تثبت على النار وتتميز بأنها منطرقة، وهي الذهب والفضة والنحاس والحديد والقصدير والرصاص والخارصين.

5. علم المعادن

والمقصود بالأحجار بعض المواد أو المركبات المعدنية مثل: التوتيا (سبكة الخارصين)، واللازورد، والكحل (كبريتيد الأنتيمون). ويقصد بالزاجات البلورات ومنها الزاج الأسود والزاج الأخضر والشب، ويقصد بالبوارق الأملاح التي يدخل فيها البورق، ويقصد بالأملاح مجموعة من المركبات مثل: الملح الحلو أو ملح الطعام والملح المر والقلي وجوهر البول.

وكان للأوزان النوعية للفلزات والمائعات نصيب كبير من الدراسة والبحث عند العلماء العرب سواء من اشتغل بالكيمياء أو الفيزياء أو المعادن والأحجار، وكانت النتائج التي توصلوا إليها قريبة جدًا من النتائج التي بين أيدينا في العصر الحديث، وفي سبيل تحقيق ذلك صممت الأجهزة العلمية والموازين الدقيقة فضلًا عن معرفة بالأصول الكمية ووحدات القياس الوزنية الدقيقة جدًا.

استخدمت وحدات القياس الآتية: الدانق والمثقال والطسوج، وذلك على أساس أن المثقال الواحد يعادل ستة دوانيق، والدانق الواحد يعادل أربعة طساسيج. وفيما يلي جدول بأوزان المعادن بالنسبة لمائة مثقال ذهب:

الذهب	100 مثقال
الزئبق	71 دانق واحد وطسوج واحد
الأسرب (الرصاص)	59 ودانقان وطسوجان

الفضة	54 وطسوجان
النحاس	45 ودانقان
الحديد	40 وثلاثة دوانيق وثلاثة طسوج
الرصاص (القصدير)	38 ودانقان وطسوجان.

أما الأوزان النوعية للمعادن قياسًا بالماء، فمن الممتع حقًا أن تعلم أن الماء الذي اتخذ أساسًا هو الماء النقي الصافي الخالي من الشوائب ويسمى ماء المثل، كما تجدر الإشارة إلى الاهتمام بتكرار التجربة وتسجيل النتائج كل مرة ولعدة مرات، والانتهاء أخيرًا إلى نتيجة تمثل معدل ما وصل إليه من نتائج، فلا يؤخذ بالكثير ولا بالقليل، وكانت النتائج نتائج أوزان المعادن بالنسبة للماء كما يأتي:

الذهب	19,047
الزئبق	13,559
الأسرب (الرصاص)	11,320
الفضة	10,300
النحاس	8,695
الحديد	7,741
القصدير	7,317

واستخرج العلماء العرب كذلك الأوزان النوعية للأحجار مثل: الياقوت والياقوت الأحمر والزمرد واللازورد واللؤلؤ والعقيق والبسذ والجزع والبلور والزجاج الفرعوني. ودرسوا خواص هذه الأحجار من حيث ذوبانها في النار من عدمه، وكيفية تكونها في باطن الأرض، وشكلها الخارجي من حيث اللون والصلابة، وبعض خواصها الكيمياوية، وقد وضعت المصنفات العلمية عن الجواهر وخواصها من قبل عدد كبير من العلماء والفلاسفة العرب.

ولم يتوقف الجهد العلمي عند المعادن والأحجار وأوزانها النوعية وكيفية تكونها في باطن الأرض، ودراسة خواصها، بل تجاوزت ذلك إلى دراسة الأرض وتكويناتها الصخرية

والرملية والطينية وجداولها وأنهارها الداخلية والخارجية، والمغارات والكهوف وجميع التضاريس الأرضية وتكسر الأحجار والصخور وما يطرأ على الأرض من تغيرات بفعل العوامل الخارجية والداخلية.

وللحرارة الداخلية في باطن الأرض في تكوين المعادن وامتزاجها أهمية كبيرة، إذ ساد الاعتقاد أن لكل بقعة من بقاع الأرض ما يخصها من المعادن، فإذا وجدت بعض المعادن في بقعة فلأن هذه البقعة هي منبت هذه المعادن، فلكل نوع من المعادن بقعة مخصوصة وتربة معروفة، وأن المعادن تتكون في باطن الأرض نتيجة للبخارات المحتبسة والرطوبات وحرارة المعدن واختلاطها بالتربة، فإذا ما نضجت بفعل الحرارة وطول الزمن وجد منها الزئبق والكبريت أولًا، الزئبق والكبريت قوام جميع المعادن، وأن اختلاف المعادن وتكوينها ما هو إلا لأسباب أو عوامل، فاختلاف نسبة الزئبق والكبريت في المقدار، واختلافهما من حيث النقاوة والرداءة والحرارة والبرودة، عوامل مسؤولة عن تنوع المعادن.

6. علما النبات والحيوان

ومن بين العلوم الطبيعية التي أولاها العلماء العرب أهمية كبيرة علم النبات وعلم الحيوان، وكان لهم في ذلك مذهبان، مذهب العرب ومذهب اليونان، ونجد المصنفات العلمية في كل علم منهما، كما نجد اختلاطًا واضحًا بين المذهبين عند عدد غير قليل من الفلاسفة والعلماء والأطباء والصيادلة.

أولًا- علم النبات

وإذا أردنا أن نتعرف الصورة الحقيقة لعلم النبات عند العرب بعامة، فمن الضروري أن نلم بكافة الينابيع والمصادر، إذ وردت المعلومات النباتية عند علماء اللغة وأصحاب المعاجم اللغوية، ووردت في كتب الفلاسفة، ووردت في كتب الطب وكتب العقاقير والأدوية، ووردت في كتب الزراعة والفلاحة.

ومن أشهر الكتب في النبات ما ألفه أبو حنيفة أحمد بن داود الدينوري (ت282هـ/ 895م) في النبات، وقد جاء في ستة مجلدات جمع فيها أسماء النبات في اللغة العربية، وكان بحثه في الأسماء بحثًا لغويًا من جهة، وعلميًا في شرح النبات ومعاينة أماكنه من جهة أخرى، وقد

صار هذا الكتاب عمدة اللغويين الذين أتوا بعد أبي حنيفة، فما منهم إلا ونقل عنه، وعمدة الأطباء والعشابين، فلا يتخرج طبيب أو يبرز عشاب إلا بعد أن يستوعب كتاب النبات لأبي حنيفة، ويؤدي الامتحان في مواده[1].

وبصورة عامة اشتملت معرفة العرب بالنبات على جملة واسعة من أنواع النباتات سواء ما كان منها مزروعًا في أرض العرب أو ما كان معروفًا لديهم مزروعًا في أراضي غير عربية، كما اشتملت معرفتهم للنبات على العروق والسوق والأغصان والأوراق والأثمار، والفروق بين النبات والشجر والعشب والكلأ، وأنواع الفواكه والكروم والنخل، واشتملت معرفتهم على أنواع الأراضي ما يصلح منها للزراعة وما لا يصلح، وكذلك أنواع المياه وحاجة النبات إليها، واشتملت معرفتهم على معرفة بالحراثة والبذور والسقي، فضلًا عن معرفتهم بالأنواء وأوقات سقوط الأمطار وهبوب الرياح، وكيفية البذور ونقل النبات من مكان لآخر، وتلقيح الأشجار في المواسم الملائمة، وتكثير النباتات وغرسها، وأوقات القطع والفصل، وجمع الثمار، كما اشتملت معرفتهم على الأوقات التي تصيب الزرع والثمر من قبل الحيوانات والديدان.

إنّ المعرفة النباتية التي وردت عن طريق اليونان والمعرفة النباتية على مذهب العرب قد خلقت بلا شك صورة جديدة تمثلت بأفكار جديدة ونظريات إلى جانب الخبرة العملية الضرورية.

فمثلًا إخوان الصفا نظروا إلى الموجودات في الطبيعة على أساس أنها تشكل أربعة أجناس، المعادن والنبات والحيوان والإنسان، وذلك أن كل جنس منها تحته أنواع كثيرة، فمنها في أدون المراتب ومنها ما هو في أشرفها وأعلاها، ومنها ما هو بين الطرفين...، وهكذا أيضًا حكم النبات، فإنه أنواع كثيرة متباينة متفاوتة، ولكن منه ما هو في أدون الرتبة مما يلي رتبة المعادن، وهي خضراء الدمن، ومنها ما هو في أشرف الرتبة مما يلي رتبة الحيوان، وهي شجرة النخل، وبيان ذلك أن أول رتبة النباتية وأدونها مما يلي التراب هي خضراء الدمن، وليس بشيء سوى غبار يتلبد على الأرض والصخور والأحجار ثم تصيبه الأمطار وأنداء

(1) أحمد عيسى، تاريخ النبات عند العرب، ص22-23.

الليل، فيصبح بالغد كأنه زرع وحشائش، فإذا أصابه حر شمس نصف النهار جف، ثم يصبح من غدٍ مثل ذلك من أول الليل وطيب النسيم، ولا تنبت الكمأة ولا خضراء الدمن إلا في أيام الربيع في البقاع المتجاورة لتقارب ما بينها، لأن هذا معدن نباتي وذلك نبات معدني، وأما النخل فهو آخر المرتبة النباتية مما يلي الحيوانية، وذلك أن النخل نبات حيواني، لأن بعض أحواله مباين لأحوال النبات، وإن كان جسمه نباتًا[1].

كما يقول إخوان الصفا بهذا الصدد ما نصه: واعلم يا أخي أن أول مرتبة الحيوان متصل بآخر مرتبة النبات، وآخر مرتبة الحيوان متصل بأول مرتبة الإنسان، كما أن أول المرتبة النباتية متصل بآخر المرتبة المعدنية وأول المرتبة المعدنية متصل بالتراب والماء[2].

إن رتبة الحيوانية مما يلي رتبة الإنسانية ليست من وجه واحد، ولكن من عدة وجوه، وذلك أن رتبة الإنسانية لما كانت معدنًا للفضل وينبوعًا للمناقب لم يستوعبها نوع واحد من الحيوان ولكن عدة أنواع، فمنها ما قارب رتبة الإنسانية بصورة جسده مثل القرد، ومنها ما قاربها بالأخلاق النفسانية كالفرس في كثير من أخلاقه...، أما القرد فلقرب شكل جسمه من شكل جسد الإنسان صارت نفسه تحاكي النفس الإنسانية، وذلك مشاهد منه متعارف بين الناس[3].

تشير هذه الفقرات المقتبسة إلى عدة مبادئ مهمة في النظر إلى الموجودات بحيث نستطيع القول من زاوية منهجية أنها تؤلف الأساس الفكري لإدراك السُلم التطوري بين الموجودات، ابتداءً بالماء والتراب وانتهاءً بالإنسان.

وبناءً على ذلك يجدر بنا استخلاص هذه المبادئ وطرحها على هيئة أفكار تطورية: من الموجودات في الطبيعة أربعة أجناس هي المعادن والنبات والحيوان والإنسان، وأن أولى

---

(1) رسائل إخوان الصفا، مج2، ص167.

لقد عرضنا بالرد لهذه النظرية لدى إخوان الصفا في الكتاب الثاني من هذا المجلد، وبيَّنا أنه لا سند علميًا لها ولكنها كانت ضمن إطارها التاريخي الذي ظهرت فيه، إذ كانت تمثل حلًا علميًا في حينه، لذا فليُراجع في موضعه. (المحقق)

(2) المصدر نفسه، ص168.

(3) المصدر نفسه، ص170.

مراتب السلم في رتبة المعادن تبدأ بالماء والتراب، وبين المرتبة المعدنية والنباتية صلة غير مقطوعة، لأن من الموُجودات ما يجمع بين المعدنية والنباتية، وبين المرتبة النباتية والحيوانية صلة غير مقطوعة فآخر المرتبة النباتية هو النخيل، وأن أول المرتبة الحيوانية وأدونها هو الحلزون وسائر الديدان التي تتكون في الطين وأعماق الأنهار، ويمثل القرد أعلى مراتب الحيوانية لأنه يقارب مرتبة الإنسانية في جسده وأفعاله القريبة من النفس الإنسانية.

ثانيًا- علم الحيوان

وكان لعلم الحيوان نصيبه من الدراسة والبحث، إذ تناول علماء اللغة مفردات أسماء الحيوانات التي يعرفونها أو التي تعرّفوها من خلال اتصالهم بفصحاء اللغة من أهل البادية. وتجاوزت معرفتهم اللغوية إلى المعرفة العلمية من حيث دراسة الحيوان منة كافة الوجوه: شكله الخارجي وأحواله ومعاشه وأوصافه واختلافه وأجناسه.

وازدادت معرفة العربي بالحيوان من خلال ما ترجم من اليونانية إلى العربية حتى غدت لديه معرفة منظمة تجريبية معاشة من جهة وفلسفية ومنطقية من جهة أخرى. فكان لكتاب أرسطو في الحيوان قيمة كبيرة من حيث الدراسة التفصيلية لأنواع الحيوانات، ومن الناحيتين الخارجية والداخلية (التشريحية) مع الاهتمام بأنواع حياة الحيوان وطرق معيشته وتكاثره وغير ذلك، ولم تكن المصنفات العربية في اعتمادها على ما جاء في كتاب أرسطو في الحيوان تذكر ما قاله أرسطو فقط، بل كثيرًا ما حاولت تفنيد ما ذهب إليه أو إثبات ما وقع فيه من أخطاء.

وقد ذهب أبو عثمان عمرو بن بحر الجاحظ (ت256هـ/ 869م) في كتابه الحيوان مذهب الناقد لآراء أرسطو التي لم تمتحن بالشهادة والبرهان، بل بالنظر المجرد، وقد رد الجاحظ على أرسطو أو صاحب المنطق كما يسميه في كثير من المواضع التي وجد فيها أرسطو لم يحسن امتحان ما ذكره أو لربما كان الغلط قد وقع نتيجة الترجمة وجهل المترجمين.

اشتملت معرفة العرب بالحيوان على جملة واسعة من أنواع الحيوانات منها ما هو أليف معروف في الحواضر والبوادي، ومنها ما هو متوحش، كما اشتملت معرفتهم على ما للحيوان من أوصاف من حيث الشكل والحجم واللون وفيما إذا كانت مكسوة بشعر أو

خلافه، وفيما إذا كانت آكلة للحم أو النبات، وطريقة تكاثرها وسفادها مع شرح لخلقها وسلوكها وردود الفعل التي يبديها الحيوان عند الاقتراب منه أو الابتعاد عنه.

وهكذا نستطيع القول: إن الخبرة العملية قد زودت الإنسان العربي بمعرفة جيدة ودقيقة، فتحدث العرب في أقوالهم وأشعارهم عن الإبل من حيث اللون والنسب، والصوت والدعاء والشراب والمعاش، والحمل والنِّتاج والألبان والحليب، كما تكلموا في الخيل كلامًا مفصلًا من كل الجوانب.

وذكر العرب في أشعارهم الوحوش في الفلوات مثل: الأسد والنمر والذئب والضب والثعلب وغيرها، وامتدت عنايتهم كذلك إلى ذكر الطيور على اختلاف أنواعها والأفاعي والأسماك وغير ذلك، حتى ذهب الجاحظ إلى القول: وكل معنى سمعناه في باب معرفة الحيوان من الفلاسفة وقرأناه في كتب الأطباء والمتكلمين إلا ونحن وجدناه أو قريبًا منه في أشعار العرب والأعراب[1].

المبحث الخامس: الطب والصيدلة

تمهيد- لقد نشطت الجهود الطبية بشكل واسع وعميق بعدما ترجمت أمهات الكتب اليونانية إلى اللغة العربية، إذ أعقب حركة الترجمة تطور جمع بين المعرفة المنقولة والممارسة العملية، فكان أن تعلم الطبيب العربي الأساليب اليونانية في الطب موازنًا في الوقت نفسه بين نتائج الممارسة من جهة والمعرفة النظرية المنقولة من جهة أخرى، وفي حقيقة الأمر نجد ثلاث خصائص جوهرية في العلوم الطبية والصيدلانية عند العرب، نوجزها بالنقاط الآتية:

أولًا. الاتجاه الذي ساد الأوساط بضرورة تأليف كتب جامعة لعلوم الطب تكون الأساس أو الدستور الذي يرجع إليه الطبيب سواء في التشخيص أو المعالجة، فاحتوت هذه المصنفات إلى جانب المعرفة الطبية اليونانية معارف أخرى هي سريانية أو محلية، ومعارف يكون الطبيب العربي قد اختبرها عمليًا من خلال الممارسة.

---

(1) الجاحظ، الحيوان، ج3، ص2678.

ثانيًا. اكتشاف الطبيب العربي بعد أجيال من الممارسة الطبية أن بعض الآراء والتعليلات الطبية اليونانية ليست صحيحة، كما أن بعض النتائج التي وصل إليها الطب اليوناني بشأن التشريح والمعالجة المرضية والجراحة ليست دقيقة، وأن الضرورة العلمية تقتضي تصحيح النظريات والفروض والآراء في ضوء النتائج العملية، كما أن سعة الممارسة الطبية بسبب وجود العدد المتزايد من الأطباء قد اوجد حالة جديدة هي تعرف الطبيب العربي على أمراض وأوبئة جديدة والاجتهاد بأساليب جديدة في معالجتها.

ثالثًا. الإدراك المتزايد بضرورة التوسع في بناء المستشفيات لمراقبة سير المرض أو الاهتمام المباشر بالمريض الذي خضع لعملية جراحية، والتأكد من انتظام العلاج، كما أدى العمل بالمستشفيات إلى الاهتمام بالنظام الإداري فيها، والتخصص الدقيق لدى الأطباء، إذ الطبيب المختص بالأمراض والأوبئة والطبيب المختص بالأمراض العصبية والنفسية، والطبيب المختص بالجراحة، والطبيب المختص بالكحالة أو طب العيون، والطبيب الطبائعي يكونون الاختصاصات المهمة في المستشفى بإدارة رئيس.

وبناءً على ما تقدم فإن إعطاء صورة واضحة عن مكانة الأطباء العرب وإنجازاتهم يتطلب بالضرورة بحث ما أُنجِز في الحقول الطبية المختلفة، وبالأخص: علم التشريح وعلم الأمراض وعلم الجراحة وعلم الكحالة وعلم الصيدلة.

1. علم التشريح: أكد الأطباء العرب على أهمية علم التشريح لصلته الوثيقة بفروع الطب الأخرى، فتشخيص الأمراض ومعالجتها يعتمد على معرفة الطبيب للأجهزة والأعضاء الداخلية، كما أن مزاولة الجراحة من شأنها أن تحتم على الطبيب معرفة جيدة بالأجهزة والأعضاء الداخلية لدى الإنسان، وتصدر علم التشريح الكتب والمصنفات العربية الجامعة باعتباره معرفة لا بد منها لمزاولة الطب، والمعلومات التشريحية التي نجدها في المصنفات الطبية تشير بوضوح إلى إدراك العلاقة الوثيقة بين المرض والعضو المصاب.

وإذا أردنا البرهان على أهمية التشريح عند الأطباء العرب نختار بعض الأمثلة من المصنفات الطبية الجامعة، ففي كتاب الحاوي لأبي الرازي نجد معلومات تشريحية

كثيرة نذكر منها قوله: رجل ابتل رأسه بالمطر وبرد بردًا شديدًا فذهب حسن جلدة رأسه، وكان الأطباء يسخنون جلدة رأسه، فلعلمي أن جلدة الرأس تقبل الحس من أربعة أعصاب تخرج من الفقارات الأولى من فقارات الصلب، فداويت تلك المواضع فبرأ[1].

وإننا نجد في كتاب الحاوي ما يدل على معرفة دقيقة بوظائف الأعضاء فضلًا عن دقة المعرفة بالتشريح عند تشخيص الأمراض التي تصيب الجهاز التنفسي والجهاز الهضمي، والجهاز التناسلي، والقلب والشرايين والأوردة وغير ذلك، وفيما يلي حالة نختارها توضح صواب معرفة الطبيب الرازي بالتشريح، تشريح الكلى في حالة البول الدموي الناتج من نزف في الكلى فيقول: من بال دمًا بغتة فإن عرقًا في كلاه انصدع، وليس يمكن أن يكون ذلك من أجل المثانة، وذلك لأنه ليس يمكن في عروق المثانة أن تنصدع من أجل كثرة دم ينصب إليها كما يعرض ذلك في الكلى، وذلك أنه ليس يتصفى الدم في العروق التي في المثانة كما يتصفى في العروق التي في الكلى، وإنما يجيء من الدم إلى المثانة ما يكفيها فقط وتتغذى به، فأما الكلى فلأن الدم يتصفى فيها وقد يجيء إليها عروق كبار ودم كثير، (فضلًا عن غذائها)، كثيرًا جدًا[2].

وما يصدق على تشخيص الأمراض ومعرفة الطبيب بالتشريح وعلم وظائف الأعضاء يصدق على الفروع الطبية الأخرى جميعها مثل علم الكحالة وعلم الجراحة.

ففي طب العيون ينبغي للطبيب أن يكون على معرفة دقيقة جدًا بتركيب العين وأجزائها التشريحية، ليستطيع أن يقرر نوع المرض الذي يصيبها ومعالجته، والعمل على إجراء العملية الجراحية إن اقتضى الأمر، فالعين عضو مركب من طبقات وأغشية ورباطات وأوردة وشرايين وأعصاب وعضلات، ولكل جزء من أجزائها ما يصيبه من أمراض وعلل، لذلك نجد الكتب الطبية في الكحالة تولي الاهتمام بتشريح العين، وكتاب علي بن عيسى الكحال تذكرة الكحالين مختص بطب العيون، قد ذكر فيه ثلاث مقالات، كانت الأولى مختصة بكل

---

(1) كتاب الحاوي، ج1، ص9.

(2) المصدر السابق، ج10، ص10.

ما يتعلق بتشريح العين وما تؤديه من وظائف وتراكيبها الداخلية، كما لجأ عند بيان أسباب المرض أو الإصابة إلى معلومات تشريحية.

ويعتمد الطبيب الكحَّال على التشريح للتفريق بين الأمراض التي تصيب العين، فيذكر علي ابن عيسى الكحّال مثلًا ضرورة التمييز بين النتوء الحادث في القرنية والبثرة فيقول: وقد يحصل في بعض الأوقات نتوء في القرنية وأكثر بينهما أن النتوء الحادث في القرنية يكون صلبًا جاسئًا، وإذا غمزت عليه بالميل لم ينخفض لصلابته، فأما البثرة فتتبعها دمعة وضربان، ويكون لونها أحمر إلى البياض[1].

وتصبح الحاجة إلى علم التشريح أكبر في علم الجراحة، لأن معرفة الطبيب الجرائحي بالتشريح معناه الابتعاد عن الأخطاء التي قد تصيب العضو نظرًا لاستعمال الأدوات الجراحية، فلا يقطع الطبيب عصبًا أو شريانًا عن طريق الخطأ فيؤدي إلى موته، وكتاب العمدة في الجراحة لابن القف يشير إلى أهمية التشريح في المقالة الثانية والثالثة.

وللتدليل على أهمية التشريح في الجراحة نختار المثال الآتي في شق الحنجرة: إذا حصل ورم في الحلق أو في المريء وتعذر إدخال الهواء البارد إلى جهة القلب وخُفْتْ على العليل الهلاك ومع ذلك لم تكن الرقبة آفة فشق حينئذ قصبة الهواء، وكيفية عمل ذلك هو أن تمد الحلق بصنارة ثم تشق حتى تظهر العروق والشرايين التي هناك، ثم بعد هذا شق الغشاءين والغضاريف ثم اترك ذلك إلى حين تصلح العلة ثم تجمع شفتي الجلد وتخيط بخيط وتداوي بما يلحم ذلك ولا تتعرض لخياطة الغضروف أصلًا، والله أعلم[2].

ولما كان للتشريح هذه الأهمية للطب وفروعه عامة، فمن الضروري أن نطرح السؤال الآتي: ما مصادر علم التشريح عند الأطباء العرب؟

إنّ الجواب الوافي يتطلب أن نستعرض بالدليل هذه المصادر ردًا على القول إن العرب لم يقوموا بالتشريح، وأنهم اعتمدوا في معلوماتهم على ما ورد في الكتب اليونانية الخاصة بالتشريح.

---

(1) تذكرة الكحالين، ص242.

(2) ابن القف، العمدة في الجراحة، ج2، ص200.

لا ينكر الأطباء العرب فضل من سبقهم في علم التشريح، وهم في منهجهم هذا يتبعون الأسلوب نفسه في ذكر من ساهم من الأشخاص والأمم في العلم الذي يتناولونه بالبحث والدراسة، فلا يدعون شيئًا لأنفسهم وهو لغيرهم لأن الحق والحقيقة رائدهم، وأن المصنفات العلمية في أنواع المعرفة الإنسانية جميعها تشهد بذلك، وهم في ذلك ملتزمون بالأمانة العلمية على عكس علماء وفلاسفة اليونان الذين أخذوا الكثير بالأمانة العلمية على عكس علماء وفلاسفة اليونان الذين أخذوا الكثير من العلم البابلي والعلم المصري، ولم يذكروا فضل من سبقهم إلا لمامًا، فنسبوا الكثير إلى أنفسهم وطمسوا حقوق الآخرين.

إنّ العودة إلى الكتب الطبية التي خلفها الأطباء العرب تشير بوضوح تام إلى مزاولتهم تشريح الحيوان والإنسان زيادة في المعرفة وللتثبت من أقوال الأطباء اليونان، فكان أن توصلوا إلى نتائج جديدة مخالفة لأقوال من سبقهم، واكتشاف حقائق طبية جديدة كانت أساسًا لتصحيح الآراء التي وقع فيها الأطباء اليونان.

لا بد أن نُسلِّم أن الأطباء العرب الأوائل بعد قيام النهضة العربية الإسلامية والمثابرة الجادة في اقتناء الكتب اليونانية وترجمتها في بغداد عاصمة الدولة العباسية، قد تعرفوا بصورة جيدة على معظم المصنفات الطبية اليونانية ولا سيما تلك التي لها صلة بالتشريح من مؤلفات جالينوس وغيره من الأطباء القدماء، ولكنهم لم يُسلِّموا بها على أساس أنها الكلمة الفصل، بل ذهبوا بأنفسهم صوب التشريح، تشريح الإنسان والحيوان، وفيما يأتي نصوص تشير بوضوح ولا يقبل الشك إلى قيامهم بتشريح أنواع الحيوانات وتشريح جثث الأموات والمقاتلة لمعرفة أسباب الموت وزيادة في الخبرة.

ونختار فيما يأتي نصوصًا من الحاوي الكبير في الطب لأبي بكر الرازي تثبت بدلالة قاطعة على قيامه بتشريح الحيوانات وجثث البشر. بقوله: وليس بعجيب أن يجتمع في بعض الأوقات في غلاف القلب رطوبة تمنع انبساطه، فإنه قد ترى رطوبة في غلاف القلب في الحيوانات التي نشرح مرارًا كثيرة[1].

---

(1) الحاوي، ج7، ص32.

ويذكر أبو بكر الرازي في تشريح الحيوانات والإنسان ما نصه: وقد يعرض على القلب دق، فإنه كان عندي قرد لا يزال يهزل فلما شرحته وجدت أعضاءه سليمة، إلا أني وجدت على غلاف قلبه غلظًا خارجًا عن الطبع فيه رطوبة محتقنة شبيهة بالرطوبة التي تكون في النفاخات، وأما ديك شرحته فإني وجدت على غلاف قلبه غلظًا صلبًا متحجرًا ليس فيه رطوبة، وأما الورم الحار فرأيناه قد حدث بقوم من المقاتلة ممن قد جرحوا فتبعهم الموت ساعتهم بالغشي الشديد القوي[1].

ويذكر الرازي في تشريح الأموات ما نصه: من تشريح الأموات: الضيق. مجاري الكبد متى حدث فيها ورم انسدت بسهولة من الغذاء الغير موافق...[2]

ويذكر في مكان آخر في الاستقساء وضيق أفواه العروق في الكبد ما نصه: أن المجرى الذي يجيء من الكلى لدفع البول إنما يجيء إلى الجانب المحدب، والعروق في ذلك كثيرة والسدد فيها تقع والغلظ والورم يعني الحدبة تكون في الأكثر لضيق هذه العروق، وقد تبين ذلك في التشريح للعروق[3].

واختبر الأطباء العرب أقوال جالينوس وغيره من اليونان في التشريح، فهذا ابن القف يرد على أقوال جالينوس وغيره في تشريح الأوردة والشرايين فيقول: وهذا قول فاسد من وجهين أحدهما أن التشريح قد دل على أن مخالفة الأوردة للشرايين ليس هو بغلظ الجوهر أو رقته، بل إن الأوردة مركبة من طبقة واحدة والشرايين مركبة من طبقتين، فنقول طبقات الشرايين أصلب من طبقات الأوردة على ما ثبت في التشريح[4].

وكان بين الأطباء العرب من أثبت الأخطاء التي وردت عند جالينوس في التشريح سواء في إحصاء عدد العضلات أو عدد العظام، وهذا أمر يدل على أن النتائج التي توصلوا إليها لم تكن من باب المعارضة أو الاجتهاد الفكري، بل كانت مستندة على حقائق تشريحية بالفعل، كما أن قول جالينوس بأن عظم الفك الأسفل يتألف من عظمين يلتحمان عند الذقن

---

(1) المصدر السابق، ص32.

(2) المصدر نفسه، ص84.

(3) المصدر نفسه، ص260.

(4) ابن القف، العمدة في الجراحة، ج1، ص48-49.

غير صحيح من الناحية التشريحية، وأن الحقيقة التشريحية تثبت انه عظم واحد كما ذهب إلى ذلك موفق الدين عبد اللطيف البغدادي (ت629هـ/ 1231م).

ويعود الفضل لابن النفيس (ت607هـ/ 1288م) في تصحيح الآراء القائلة إن القلب يتألف من ثلاثة بطون: بطن في الأيمن وبطن في الوسط وبطن في الأيسر، وقول آخرين إن القلب يتألف من بطنيين بينهما منفذ، فقال بعدم وجود منفذ بين البطنيين، وبذلك انفتح المجال واسعًا لإعادة النظر في الدورة الدموية الصغرى لتصحيح آراء جالينوس ومن تابعه، فيتم أهم اكتشاف طبي في تاريخ الطب.

لقد زخرت الكتب الطبية الجامعة بمعلومات ومعارف دقيقة جدًا عن تشريح أعضاء الجسم الإنساني وأجهزته، فتناول التشريح أعضاء البسيطة والأعضاء المركبة على أساس أن الأولى لا يتكون العضو منها من أجزاء مختلفة كالعظام، أما المركبة فهي التي تتكون من أجزاء مختلفة وغير متشابهة مثل الرأس والدماغ والنخاع.

تولى الأطباء العرب في قسم التشريح دراسة الهيكل العظمي بالتفصيل ابتداءً من الأعلى إلى الأسفل، فبدؤوا بالرأس وعظامه، ثم فقار الصلب، وفقار العجز والعصعص، والأضلاع وعظام القص، والكتفين والترقوتين، والعضدين والزندين وعظام رسغي الكفين، وعظام مشط الكفين وعظام الأصابع، وعظام الوركين وعظام الفخذين، وعظام الركبتين وقصب الساق، والكعبين والعقبات، والعظام الزورقية، وعظام رسغي القدمين، وعظام مشطي القدمين، وعظام أصابع الرجلين.

وبالطريقة ذاتها يتناول الطبيب العربي بالتشريح الجهاز العصبي، فالأعصاب التي تنشأ من الدماغ هي: عصب زوج يصير إلى العينين للإبصار، وزوج آخر لحركة العينين، وزوج ثالث بعضه يأتي اللسان ويوصل إليه حس المذاب، وبعضه يأتي إلى الصدغين والماضغين وطرف الأنف والشفتين، وبعضه يأتي اللثة والأسنان بحاسة اللمس، والرابع ينقسم في أعلى الحنك ويأتيه بحاسة المذاق، والزوج الخامس بعضه يصير إلى الأذنين ويأتيهما بحس السمع وبعضه يأتي العضلة العريضة من الصدغ ويؤدي إليها قوة الحركة، والزوج السادس بعضه يصير إلى الأحشاء ويعطيها الحس وبعضه يصير إلى الحنجرة ويعطيها الحركة، والزوج

السابع يأتي اللسان وعضل الحنجرة ويعطيها قوة الحركة، وكل واحد من هذه الأعصاب قبل أن يخرج من القحف فيغشي بغشاءين منشؤهما من غشاء الدماغ أحدهما رقيق فيه عروق تغذيه، والآخر غليظ يقيه ويحفظه في ممره بعظام القحف، أما الأعصاب التي تنبت من النخاع فهي: ثمانية أزواج في عظم العجز، وثلاثة أزواج في العصعص، وفي أسفل العصعص عصب فرد لا أخ له.

وهكذا يذكر الأطباء العرب بكل دقة منبت كل عصب، وإلى أن يصير ما يؤديه من وظيفة سواء بالنسبة للأعضاء الظاهرة للحس أو الأعضاء الباطنية.

وبالنسبة لجهاز الدورة الدموية، فإن التشريح يتناول الشرايين أو العروق الضوارب والأوردة، فالشريان يتألف من طبقتين ومتشابهتي الأجزاء تكون الطبقة الداخلية ليفية مستعرضة وهي أصلب وأغلظ من الطبقة الخارجية التي تكون ليفية طولًا، وفيها ليف يسير ذاهب على الوراب، وبهذا الشكل تؤدي الشرايين وظيفة الانبساط بواسطة الليف الطولي وحركة الانقباض بواسطة الطبقة الداخلية ذات الليف العرضي، وتوجد فضلًا عن ذلك طبقة أخرى رقيقة تشبه نسيج العنكبوت تكون ظاهرة في الشرايين الكبيرة.

وبالنسبة للقلب فإن تغذيته تحصل بواسطة الدم الذي يجري في العروق الموزعة في أنحاء القلب كله، ويجري الدم إلى الرئتين ليتشبع هناك بالهواء، وليس في شرايين الرئتين أي هواء أو رواسب بل دم، كما أن جدران أوردة الرئتين أسمك بكثير من جدران شرايينها، وهي مؤلفة من طبقتين.

ويتألف جهاز التنفس (الرئة) من خمسة أقسام هي تفرعات القصبة الهوائية، وجرم الرئة، والوريد الشرياني (الرئوي) والشريان الوريدي (الرئوي) والغشاء المحيط بها، وتنقسم القصبة الهوائية من الأسفل نحو اليمين ونحو الشمال، ويتفرع المتوجه إلى اليمين إلى ثلاثة فروع بينما يتفرع المتوجه نحو الشمال إلى فرعين فقط.

أما بالنسبة للجهاز الهضمي، فإن الأطباء العرب فصَّلوا فيه كثيرًا من الناحية التشريحية، فالحجاب الحاجز يفصل التجويف العلوي الذي يحتوي على القلب والرئة، والتجويف السفلي الذي يحتوي على المعدة والأمعاء والكبد والمرارة والطحال والكلى والمثانة

والرحم، والحجاب الحاجز عضلة مستديرة من جميع جوانبها لحمية ومن وسطها وترية ويغشيها من الجانبين غشاءان، غشاء من فوق وآخر من أسفل، وفي الحجاب ثقبان أحدهما للمريء والثاني يجري فيه العرق الأجوف ويلتحم فيه التحامًا محكمًا، والمريء جسم مستطيل مستدير الشكل يتألف من لحم وطبقات غشائية مستطيلة ومستعرضة كما يوجد ليف يسير ذاهبًا ورابًا ليقوم بوظيفة الانبساط والانقباض.

أما تركيب المعدة فإنها تتألف من طبقة داخلية من جنس الأغشية العصبية ولها ليف ذاهب بالعرض وآخر بالطول وطبقة خارجية ترتبط من الخلف بالفقرات ومن الجانب بالكبد والطحال بواسطة الأغشية، وتتصل المعدة من الأسفل بالمنفذ المعروف بالبواب إذ تبدأ الأمعاء التي تنتهي عند الدبر، وتتألف الأمعاء من طبقتين، ليف كل طبقة منها في الغالب مستديرة بالعرض، وهي تقسم إلى ستة أقسام، ثلاثة منها تسمى الدقاق، وتضم الاثني عشري والصائم، والدقيق الذي يتميز بكثرة التلافيف، والثلاثة الأخرى تعرف بالغلاظ، وهي: الأعور الذي يشبه الكيس وله فم واحد، أما موقعه فهو إلى الجانب الأيمن من البدن، ثم القولون وهو إلى الجانب الأيمن نحو الخاصرة ثم يميل إلى الجانب الأيسر ثم ينعطف إلى الجانب الأيمن، والمستقيم وهو أوسع الأمعاء كلها، وفيما بين الأمعاء عروق وشرايين كثيرة معظمها من الأوردة، كما تصل إليها شعب من الأعصاب، وأكثر شعب العروق والشرايين منتشرة فيما بين الدقاق.

والكبد جسم أشبه ما يكون بالدم الجامد، تكثر فيه العروق الدقيقة وتقع المرارة على الطرف الأكبر من الكبد، والمرارة مؤلفة من طبقة واحدة فيها أصناف الألياف الثلاثة الطولاني والمستعرض والمؤرب، ولها مجريان أحدهما يتصل بالجانب المقعر من الكبد، وينقسم الآخر إلى قسمين متفاوتين حيث يصب الأكبر منهما المرار في الأمعاء، بينما يتصل القسم الأصغر بالمعدة ويصب المرار في قعرها.

ويذكر الأطباء العرب فضلًا عما تقدم كل من الثرب والطحال من الناحيتين التشريحية والوظيفية، أما الكليتان فتقعان على جانبي العمود الفقري وهما ليستا في مستوى واحد. بل إن الكلية اليمنى أرفع موضعًا من الكلية اليسرى، ويكون موضعهما في البدن وضعًا متقابلًا، ويتصل بكل واحدة منهما شعبتان من الكبد، إحداهما يأتي فيها ما يغذيها، والأخرى تنفذ فيها

المائية، ولكل كلية مجرى يتصل بالمثانة هو الحالب مع شعبة شريانية وعصبة من أعصاب النخاع، وتقوم الكلى بوظيفة تنقية الدم.

وتناول التشريح الأجهزة التناسلية للذكر والأنثى، وهي الرحم والثديان والأنثيان وأوعية المني والذكر، فالرحم عضو قريب في جوهره من العصب ليكون ذا قابلية على التمدد، وله زائدتان عن جنبيه، وفي باطنه فوهتان وهي أطراف الأوردة والشرايين المؤدية إليه يقال لها النقر. وللرحم تجويفان كبيران أحدهما في الجانب الأيمن والآخر في الجانب الأيسر، ينتهيان إلى رقبة الرحم التي تنتهي إلى الفرج، وفي الفرج زوائد من الجلد تسمى البظر وهي نظير القلفة في الذكر، تقوم بستر الرحم ووقايته.

والأنثيان من الإنسان موضوعتان عن جنبتي الرحم إحداهما في الجانب الأيمن والأخرى في الجانب الأيسر وبيضتا الأنثى أصغر من بيضتي الذكر وشكلهما مستدير مفرطح وجوهرهما غددي شبيه بجوهر الغدد تسندان العروق وتدعهما وهما صلب من بيضتي الذكر. ويتصل بكل واحدة منهما عرق غير ضارب يصير من ناحية الكليتين ويدخل في الزائدتين المعروفتين بالقرنين وينشأ من كل واحدة منهما جسم يصب فيه المني إلى تجويف الرحم[1].

أما الخصيتان فجوهرهما مركب من لحم غددي أبيض اللون وأوردة كثيرة مؤلفة بعضها ببعض يأتيها من جهة الكلى شرايين كثيرة وأعصاب من جهة الصلب ويحيط بكل واحدة منهما غشاء منشأ الصفاق وهو عند مبدأه ضيق ثم لا يزال يتسع حتى يغشى الخصية، والخصية اليمنى في جمهور الناس أعظم من اليسرى إلا فيمن كان أعسر.

ويبتدئ من كل خصية مجرى شبيه بالبربخ صلب الجوهر لاصق بها إلا أنه في الذكورة أطول مما هما في الإناث لأنهما يتباعدان من موضع منشئهما ويصيران إلى عظم العانة ثم ينحدران إلى القضيب ويتصلان بأصله أسفل من مجرى البول، وهما أوسع وأصلب من مجرى الإناث، فإنهما في الإناث قصيران ضيقان كثيفا الجوهر، وأما شكل الخصيتين فإنهما في الذكور مستديران وفي الإناث فيهما أدنى تفرطح وأصغر مما في الذكورة وموضعهما خارج الرحم ويحيط بيضتي الذكور من الخارج جلد يسمى الصفن[2].

---

(1) علي بن العباس، كامل الصناعة الطبية، ج1، ص117.

(2) ابن القف، العمدة في الجراحة، ج1، ص123.

(2). علم الأمراض: إن اهتمام الطب العربي بالتشريح أولًا يدل بشكل قاطع على إدراك الاختصاصيين من الأطباء العرب في علم الأمراض وعلم الكحالة وعلم الجراحة وعلم الصيدلة، بالصلة الوثيقة التي تربط هذه العلوم بعلم التشريح وعلم وظائف الأعضاء، ففي مجال علم الأمراض اهتم الطب العربي بالحالات الواقعية ولم يبق محصورًا في إطار الفروض والنظريات اليونانية، فتركز الاهتمام على ملاحظة الأعراض بكل دقة بقصد التشخيص والتفريق ووصف العلاج اللازم.

إن مفهوم المرض في الطب العربي يشمل بالضرورة مجالًا واسعًا من الحالات، فكل خروج عن المجرى الطبيعي للعضو يعد مرضًا، وبذلك تضم إلى دائرة الأمراض: أمراض الخلقة، وأمراض المقدار، وأمراض الغدد، وأمراض الوضع، فضلًا عن الأمراض المختلفة التي تصيب أعضاء الجسم من جراء تغير المزاج، والأمراض بصورة عامة ظاهرة وباطنة، ويستدل على المرض من خلال الأعراض الظاهرة، ويستخدم الطبيب الحدس والاستنتاج والتفريق بين الأمراض المتشابهة ليصل إلى معرفة العضو المصاب.

إن أولى الخطوات التي اكتسبها الطبيب العربي هي ضرورة التشخيص والتفريق، فاتبع بذلك جميع الأساليب التي يمكن الاعتماد عليها ما يستدل بها عن الأمراض الخارجية أو الداخلية (الباطنية). وفي سبيل التشخيص يسأل الطبيب مريضه عن بدايات المرض وما يحس به والأوجاع التي تظهر عليه وحدة المرض وغير ذلك من الأسئلة التي يقصد من ورائها جمع المعلومات، ولا يتوقف الأمر عند هذا الحد، بل إن الخبرة الطبية علمته أن الأجهزة المختلفة في الحالات الطبيعية والمرضية أنواعًا من الإبرازات والإفرازات، وأن التغير الحاصل في أجهزة البدن نتيجة للمرض تغير من طبيعة الإبرازات والإفرازات، فيستدل على الجهاز التنفسي من البصاق، ويستدل على الجهاز الهضمي من فحص البراز، ويستدل على الجهاز البولي من فحص البول، كما يستدل من العَرق على بعض الأمراض التي تصيب الجسم، فضلًا عن هذه الفحوص، فإن الطبيب العربي اهتم بفحص النبض للدلالة على المرض والصحة، ولأجله تدرَّب على تمييز أنواع النبض وعلاقة ذلك بالأمراض.

وبصورة عامة فإن الطرق التشخيصية التي ثبتها الطب العربي حتى بانت دستورًا للاستدلال على الأمراض هي: الطريق المأخوذة من ضرر الفعل، والطريق المأخوذة مما

يبرز من البدن، والطريق المأخوذة من موضع العضو العليل، والطريق المأخوذة من الوجع الخاص بالأعضاء، والطريق المأخوذة من الورم، والطريق المأخوذة من الأعراض الخاصة للمرض، والطريق المأخوذة من البحث والمسألة، والطريق المأخوذة من المشاركة في العلة.

وعلى الرغم من وضوح الخطوات في التشخيص، فقد تنبّه الطبيب العربي إلى ضرورة التفريق بين مرضين أو أكثر في حالات تشابه الأعراض لكي لا يقع الخطأ في العلاج، واشتهر الطبيب أبو بكر الرازي في التمييز السريري بين مرض الحصبة والجدري، فمن علامات الحصبة أن يغلظ الصوت، وتحمر العينان والوجنتان، ويجد الوجع في الحنجرة والصدر، ويجف اللسان وتتفتح الأصداغ ويحمر الجسد وتدمع العينان ويهيج التهوع، فإن رأيت هذه فإنه ستظهر الحصبة، والحصبة تخرج بمرة والجدري شيئًا بعد شيء، والحصبة الخضراء والبنفسجية رديئة وخاصة إن غابت بغتة فإنه يغشى عليه من الموت ويقتل سريعًا، والجدري الذي يسود لونه ويجف ولا يمتلئ بل يكون صلبًا ثالوليًا فإنه يورث الغشي وهو قاتل[1].

ومن تجربة الرازي وتشخيصه السريري ما يعرضه بقوله: ابنة الفتح كان جدريها صارًا ثؤلوليًا، وكان معه ضيق نفس ولم يكن أسود وكان معه لهيب في البطن شديد فماتت وأكثر هؤلاء يموتون إذا غشي عليهم مرات واشتد ضيق النفس وبردت الأطراف وذلك يكون إذا انقلب بخار الجدري إلى داخل، ونرى الجدري يشبه الحصبة حتى أنه قال الطبيب: إنه حصبة، فيجدر بعد ذلك، ووجدت الفرق بينهما أن الحصبة إنما تكون حمرة نقط في سطح الجلد وليس لها عمق أعني نتوءًا وعلوًا، والجدري يكون كما يبدو مستديرًا، وله نتوء، فأجدِ التفرس في ذلك، ومتى اشتبه عليك فلا تحكم إلا بعد هذه الحالة بيوم أو بيومين فإنه إن لم يظهر نتوء فليس يجب أن تحكم بأنه جدري[2].

ويميز الرازي بين الجدري والحصبة بعلامات أخرى فيقول: وإن وجعتهم ظهورهم ولم يكن بهم شيء آخر من علامات الجدري البتة، بل كان بعضهم به إسهال وماؤه أبيض بجدر أيضًا، وبالجملة فلا شيء أخص بالجدري من وجع الظهر مع الحمى، فإن رأيت ذلك في

---

(1) الرازي، الحاوي الكبير في الطب، ج17، ص2-3.

(2) المصدر نفسه، ص14-15.

الخريف فثق أنه سيخرج جدري دون الحصبة، والحصبة لا يكون معها وجع الظهر وأحسب أن ذلك لشدة تمدد العرق الأجوف الممدود على فقار الصلب، وفي الحصبة لا يتمدد[1].

وقد ميز الطبيب الرازي بين الوجع الناتج عن الكلى ومرض القولنج بعلامات واضحة. وذلك أنه قد يتبع وجع الكلى أعراض هي شبيهة بالأعراض التابعة لعلة القولنج وهو الوجع الشديد والغثيان والقذف واحتباس البراز الشديد والرياح الخارجة من فوق ومن أسفل، والفرق بين هاتين العلتين أن هذه الأعراض تكون في علل القولنج أشد وأصعب وأدوم وأن الوجع لا يكون في موضع واحد بعينه، وفي وجع الكلى تكون هذه الأعراض أخف وتكون في موضع الكلى لا تنتقل عنه[2].

وتعرف الأطباء العرب على مجموعة واسعة من الأمراض التي تصيب الأجهزة المختلفة في الإنسان، فمنها ما يصيب الجهاز العصبي، ومنها ما يصيب الجهاز الهضمي، ومنها ما يصيب الجهاز التنفسي، ومنها ما يصيب الجهاز البولي وغير ذلك من الأمراض الوبائية وتلك التي تحتاج إلى عمليات جراحية.

فمن الأمراض التي تصيب الجهاز العصبي الفالج الذي قد يصيب عضوًا واحدًا مثل العارض في عضل اليدين أو المثانة، وقد يعرض مع الفالج استرخاء في جانب الوجه، وقد يعرض الفالج بسبب انفتال أو التواء الفقرات، وذلك أن تميل خرزة واحدة فتحدث في النخاع زاوية، وإذا مالت الخرزة إلى جانب فإنه في بعضها يعرض للعصب أن ينضغط فيوجب الاسترخاء، وفي بعضها لا، وذلك أن خرز العنق في كل خرزة منها حفرة يلتئم من انضمامها إلى الأخرى الثقب الذي منه يخرج العصب، والخرز التي في العليا منها مساوٍ للتي في السفلى، فأما خرز الصدر فالعليا أبدًا أكبر جزءًا، وأما خرز القطن فالخرز الأخير منها كلها في العليا فلذلك متى انفتل خرز العنق تمدد العصب في الجانب الذي عنه انفتل (انضغط في الجانب الذي إليه انفتل)، وانطوى فيحدث في هذا الجانب فالج، ولأن عصب اليد تجيء من العنق لا يجاوز هذا الفالج اليد[3].

---

(1) المصدر نفسه، ص23.

(2) علي بن العباس، كامل الصناعة الطبية، ج1، ص370.

(3) الرازي، المصدر السابق، ج1، ص17.

ومن أمراض الجهاز الهضمي نختار النص الآتي: ضيق البلع إما أن يكون لسبب في نفس المريء أو لسبب مجاور، فالسبب الذي يكون في نفس المريء إما ورم وإما يبس مفرط وإما جفوف رطوبات فيه بسبب الحمى أو غير ذلك. وإما لصنف من أصناف سوء المزاج المفرط وسقوط القوة وضعفها وخصوصًا في آخر الأمراض الحارة الرديئة الهائلة وغيرها، وربما كان مع ضيق النفس أيضًا أو أعضاء العنق وإما ميل من الفقار إلى داخل، وإما ريح مطيفة به ضاغطة وإما تشنج وكزاز يريد أن يكون أو قد ابتدأ فإن هذا كثيرًا ما يتقدم الكزاز والجمود، وقد وجد بعض معارفنا عسر الازدراد لاحتباس شيء مجهول في المبلع يؤديه ذلك إلى شيء شبيه بالخناق فعرف أن لاحتباس شيء مجهول في المبلع يؤديه ذلك إلى شيء شبيه بالخناق فعرف أن السبب كان احتباسه هناك[1].

ويشخص الرازي مرض الربو وضيق النفس بقوله: من عرض له أن يتنفس تنفسًا متواترًا من غير حركة ولا حمى فإن به ربوًا، ويسمى نفس الانتصاب لأنهم يضطرون أن ينتصبوا كي يسهل نفسهم وفي وقت يزيد أبدًا ويكون صدره أعلى كثيرًا لأن نفسه إذ ذاك سهل، وصدورهم تنبسط كلها إلا أن في قصب رئاتهم أو حول الرئة إما مدة أو رطوبة غليظة فلا يلفيهم ما يجتذبون من الهواء، وقد يحدث ضيق النفس من ورم في الرئة من جنس الدبيلة ومن ورم في قصب الرئة يضيق به المسلك، يحتاج أن يفصل بين هذين والذي من أجل ما في القصبة لأن العلاج يختلف، والفصل هو أن الضيق الذي لقصبة الرئة لا يدخل الهواء في زمن سريع، فيكون عند تنشق الهواء زفرات والذي بخراج معه حمى، وإن كان باردًا فثقل شديد، والذي في قصبة الرئة يكون معه نفث وانتفاخ به ويتوق إلى السعال، والذي لخراج في الصدر يوجع الصدر بالغمز، والذي لا خلاط حول الرئة يبدو النفث بعد مدة ويحس بثقل وانتصاب إذا انقلب من جنب إلى جنب[2].

(3). علم الجراحة: أدرك الطبيب العربي أن العلاج يكون إما بالأدوية والعقاقير وأنواع الأغذية أو بالعمليات الجراحية، فكانت الجراحة علمًا من العلوم الطبية، وذلك بفضل ما أصابها من تقدم سواء باستحداث أنواع الآلات الجراحية لمختلف الجراحات أو بالتشخيص

---

(1) ابن سينا، القانون في الطب، ج2، ص287.

(2) الحاوي الكبير في الطب، ج4.

الدقيق للأمراض التي تصيب بعض أعضاء الجسم فلا يفيد بها غير الجراحة أو بتطور أدوية التخدير، فعلى مستوى الآلات الجراحية وجدت أنواع المشارط والملاقط والمقابض وآلات قص العظام وغير ذلك من الأدوات.

أما على مستوى التشخيص فإن بعض الأمراض تحتاج إلى الجراحة مثل خياطة الجروح الكبيرة، واستخراج الجنين الميت من رحم أمه، واستئصال الأورام السرطانية الظاهرة، وغير ذلك، أما على مستوى التخدير فقد تطورت الأدوية المخدرة والأساليب، فمنها ما يشم عن طريق الأنف، ومنها ما يتناول عن طريق الفم مثل الحبوب أو الأقراص.

لقد اشتملت الجراحة على أنواع متعددة من الأعمال تبدأ من قمة الرأس حتى القدم، وإذا نظرنا إليها من زاوية عصرية، فإننا سرعان ما نجد أنها تشتمل على جراحة الأنف والأذن والحنجرة، وجراحة الفم والأسنان، وجراحة الأورام والجروح والقروح، وجراحة العظام، والجراحة العامة.

وأدرك الطبيب العربي علاقة كل من نظرية الأخلاط وعلم التشريح بالجراحة، وألزم الجرائحي ضرورة معرفته بعلم التشريح لكيلا يقع في أخطاء تؤدي إلى هلاك المريض، وبذلك يكون لعلم الجراحة عند العرب مبادئ وكليات يجب على الجرائحي أن يتعلمها فضلًا عن مهارة وخبرة يدوية في الجراحة.

وإذا كان لعلم الجراحة مبادئ ومطالب، فإن الإقدام على القيام بالجراحة من فصد وبطّ وعلاج كسور ووصل وأنواع التفرق يقتضي الحذر الشديد والحيطة والدقة في العمل، وأن يراعي مجموعة من الشروط، وأن على الجرائحي فضلًا عن ضرورة معرفته لعلم التشريح، أن يتجنب بعض الأمور الخاصة بالجراحة لكيلا يقع في المحذور.

وقد ذكر الأطباء بعض المحاذير في مؤلفاتهم الطبية وعند الكلام على الجراحة، وفيما يلي بعض المحاذير والشروط:

أولًا. أن يتجنب الجرائحي عند الفصد أو البطّ أو وصل التفريق، إصابة عصب أو شريان بضرر، لأن ذلك قد يؤدي إلى عطب يصيب المريض أو يؤدي في حالة النزف الشديد إلى الموت، فإذا حدث ورم كبير في بدن المريض وكانت

فيه شرايين كثيرة فينبغي ألا يعالج بالآلة، لكيلا يحدث نزف قاتل، ولا بد للجرائحي من الالتزام ببعض القواعد والشروط عند الفصد (وهي شروط عامة تنطبق على كل الجراحات)، وهي: أن يكون على معرفة تامة بالتشريح ليعرف مواضع الأوردة والشرايين ومسالكها، وألا يفصد صبيًا صغيرًا أو شيخًا فانيًا، وألا يقدم على فصد الحبلى إلا بأذن ولي أمرها، وإذا ما أضطر الجرائحي فصد صبي قوي البنية لإصابته بعلة دموية بمنزلة الخوانيق وذات الجنب وما يجري مجراهما، فلا يقدم على ذلك إلا بإذن والده، وأن يكون المبضع الذي يستعمله الجرائحي نقيًا من الصدأ والنمش، وألا يقدم على الفصد في مكان مظلم ليدرك العرق ويعرف أن يضع المبضع، وأن يكون بصره جيدًا.

ثانيًا. أن ينظر الجرائحي في الجروح والأورام غير الخبيثة فلا يقدم على خياطة جرح أصابه قيح وتهيج والتهاب إلا بعد إزالة هذه الأعراض بواسطة الأدوية لتنقية الجروح، ولا يقدم على بطّ الأورام إلا بعد أن تنضج، لأن بطّ الورم غير الناضج يؤدي إلى مضاعفات، فلا يلتئم الجرح وتطول مدة اندماله. والطريق إلى نضج المادة في الأورام بأمرين: أحدهما تخفيف الغذاء وإصلاح كيفيته لينصلح الواصل وتتفرغ الطبيعة لنضج الحاصل، وثانيهما ترك الإسهال بالدواء المسهل فإنه يجحف بالقوة ويضعفها، فإن احتيج إلى تليين الطبيعة فيستعمل الحقن والملينات كالشيرخشت والترنجبين، ثم بعد هذا استعمال المنضجات الخاصة بالورم، فإذا ظهرت دلائل النضج وهو أن يلين الموضع ويسكن الوجع والحمى ويزداد الثقل، فإذا ظهرت لك وجب البطّ حينئذ وتنظر إلى أيّ المواضع أرقّ فيه يجب البطّ[1].

ثالثًا. أن يتجنب الجرائحي القيام بأعمال الجراحة لعلل لا يمكن شفاؤها لكي لا يخاطر بسمعته من جهة، ولا يسرِّع موت المريض عند إجراء العملية من جهة أخرى، فالجراحات الداخلية في المعدة والقلب والكبد والمعي الصائم لا

---

(1) ابن القف، مصدر سابق، ج1، ص194-195.

يرجى شفاؤها، كما أن بعض الأورام السرطانية إذا ما أجرى لها الجرائحي جراحة أو كواها انتشرت بسرعة وأسرعت في موت المريض، وفي ذلك يقول الطبيب الرازي: وقد علم أن السرطان الباطن لا يبرأ فيما أعلم ولا أعلم أحدًا عالجه إلا كان إلى تهيجه أسرع منه إلى إبرائه وقتل صاحبه سريعًا، فإني قد رأيت قومًا قطعوا وكووا سرطانًا حدث في أعلى الفم وفي المعدة وفي الشرج فلم يقدر أحد على إدمال تلك القرحة، ...، فما كان من السرطان هذه حالة فلا تعرض لعلاجه إلا أن تغسل عنه صديده على ما وصفت إن كان متقرحًا[1].

رابعًا. أن يتجنب الجرائحي وقوع أوساخ أو مواد غريبة في شفي الجرح، لأن ذلك يمنع شفاءه بسرعة، واشترط ابن القف في علاج تفرق الاتصال بصورة عامة عدة شروط كان من بينها الشرط الثالث الذي نصه: وثالثها أن يحترز الجرائحي من وقوع شيء بين شفتي الجراحة فإنه يمنع التقاءهما وذلك الشيء إما شَعَر أو دهن وإما غبار[2].

وإذا حدثت في الجرح عفونة تمنع من خياطته ومعالجته، فعلى الجرائحي عندئذ أن يقطع الجزء المتعفن ثم يعالج الجرح بعد ذلك، وفي كل الأحوال يجب المحافظة على الجرح من التلوث، لأن الجرح الذي يسيل منه القيح لا يندمل حتى تخرج منه الرطوبات المتعفنة.

ولقد تناول علم الجراحة عند العرب جميع أعضاء الجسم ما عدا الدماغ والقلب والرئتين والمعدة والكبد وبعض الأجهزة الداخلية الأخرى، وذلك لأسباب كثيرة منها أن الجراحة في الدماغ قاتلة، وأن القلب لا تلتحم جراحته نظرًا لحركته على الدوام، وكذلك المعدة فإن تمددها وحركتها يمنعان التحام الجروح فيها، والكبد والكلى من الأعضاء التي لا تبرأ، فالأول يصيبه النزف والثاني لا يلتحم لمرور المائية المارة فيه، وعلى الرغم من ذلك فقد أصاب الأطباء العرب نصيبًا وافرًا في جراحة أعضاء أخرى، فخصص الرازي الطبيب الجزء الثالث من كتاب الحاوي لجراحة الأسنان وأمراض فضاء الفم والأورام الحادثة فيه.

---

(1) الحاوي في الطب، ج12، ص5-6.

(2) ابن القف، مصدر سابق، ج1، ص155.

عالج الأطباء العرب أمراض اللثة بالأدوية والجراحة، فإذا كانت مسترخية فلا بد من علاجها بالأدوية القابضة التي تشدها خوفًا من تعرض الأسنان للسقوط، وإذا كان في اللثة وجع بسبب ورم أو التهاب، فمن الضروري التأكد منه للتمييز بينه وبين وجع الأسنان، وقد يحدث في اللثة خُرّاج صغير أو ينبت فيها لحم زائد، ففي حالة الخُرّاج يجب شقّه بمبضع حتى يخرج القيح منه، كما يمكن أن يستأصل الخُرّاج جميعه بالتقوير، إما إذا كان في اللثة لحم زائد في جوانب الأسنان فإن على الجرائحي أن يعلقه بصنارة ويقطعه من أصله بالمبضع، فإن عاد ثانية فعليه أن يقطعه ويكويه لكي لا يعود من جديد.

وتنبه الأطباء العرب إلى ما يصيب السن من التخلخل بسبب استرخاء اللثة أو من جراء فعل خارجي، فأشاروا إلى ضرورة تثبيته بشريط من الذهب أو الفضة، فإذا ما سقط الضرس أو أريد استبدال سن مقلوعة بسن مصنوعة وجب رد الضرس بعد سقوطه إلى موضعه ويتم تشبيكه مع الأسنان الأخرى بشريط من الذهب أو الفضة، ومن الممكن صناعة ضرس ينحت من عظام البقر ويثبت في الموضع الذي سقط منه الضرس ويشبك.

وأجرى الجرائحيون العرب عمليات جراحية على قدر كبير من الأهمية، منها قطع اللوزتين واستئصال بعض الأورام التي تصيب فضاء الفم، وقد تعرض في الفم والحنجرة أورام تؤدي إلى ضيق النفس والاختناق، وفي مثل هذه الحالات لا بد من إجراء عملية جراحية أو باستئصال الأورام إن كانت غير خبيثة، وإما بشق الأغشية الواصلة بين حلق القصبة الهوائية ليتمكن العليل من التنفس، فإذا ذهب الورم بالمعالجة كان على الجرائحي أن يخيط الموضع ويعيد العضو إلى ما كان عليه قبل التفريق.

وبالاهتمام نفسه عالج الطبيب العربي بعض الأمراض التي تصيب الأنف والأذن مثل الأورام والزوائد والالتهابات وغير ذلك، فاللحم النابت في الأنف والالتهابات الحادة التي تصيبه تعالج جراحيًا بتخليص الأنف من الزوائد والالتهابات بالجرد، شريطة أن يكون في الأنف أورام سرطانية.

وللتمييز بين سرطان الأنف والبواسير علامات يذكرها الرازي بقوله: الفرق بين البواسير والسرطان في الأنف صلابة المغمز وسخونة المجس وحدة في الحنك ثم استبرأ في ذلك بأن تسيل، فإن حدث بعقب زكام وعلل في الرأس وسيلانات في الأنف فإنه بواسير، وإن

كان إنما حدث والمنخران صافيان وكان في أوله مثل حمصة ثم أقبل يتزايد فإنه سرطان، وجس الحنك وتفقد صلابته، فإذا فرغت من ذلك كله فاعلم أن السرطان لا يكون له في الأنف رأس كرأس التفاحة، فإن رأيت في الأنف ذلك فجُسّه بمجس وأنظر إلى رخاوته وانظر في لونه ورطوبته ما يسيل منه ومن الأنف في الحلق فإن ذلك دليل على الباسور، والسرطان يابس صلب، وبالجملة فالسرطان لا يكاد يخرج في تجويف الأنف ويطول فيه، بل هو أبدًا نحو الحنك لكن استبرئه على حال تغمزه بالميل لتعرف صلابته وسرعة اندماله، وجس الحنك فإن رأيته رخوًا كالحال الطبيعية فليس بسرطان[1].

وتناولت الجراحة عند العرب ما يصيب العظام فحقق الجراحون خطوات واسعة على هذا الطريق سواء في اختراع الآلات القاطعة والمناشير وغيرها أو في تشخيص الأمراض التي تصيب العظام أو في معالجة الأنواع المختلفة من الكسور، وقد بذلوا في شرح طرق معالجة كل عضو أصابه كسر أو خلع أو وهن أو وثي جهودًا كبيرة.

ولم يتركوا شيئًا لم يذكروه ويشرحوه بدقة من ذلك طرق تقويم العضو المصاب وإعادته إلى الوضع الطبيعي، ثم استعمال أنواع الرفائد والرباطات وطرق لفها وكيفية حمل العضو المصاب أو طريقة تعليقه توخيًا لراحة العليل من جهة ولإعادة العضو المصاب إلى حالته الطبيعية من جهة أخرى.

وأجرى الجراحون العرب عمليات جراحية معقدة منها سرطان الثدي أو الفخذ وبعض الأورام غير السرطانية التي تصيب رحم المرأة، وأنواع الفتوق والبواسير والنواصير والحصى في المثانة وعلاج الرتق عند المرأة وإخراج المشيمة وكيفية استخراج الجنين الميت وغير ذلك وتفنن الجراحون العرب في طرق خياطة الجروح والعمليات الجراحية، لأن منها نوع يصلح لخياطة الجروح بصورة عامة أربعة شروط أولها يتصل بنوعية الخيط، وثانيها بالمسافات بين الغرزات، وثالثها بالبعد والقرب من حافة الجرح ورابعها بنوع الإبرة المستخدمة.

واستخدمت في خياطة الجروح خيوط الإبريسم والأوتار التي يصنع منها العود أو ما يسل من مصران الحيوان، كما استخدمت رؤوس النمل الطيار والنمل الكبير في جمع شفتي الجرح، وذلك عند حدوث جرح في الأمعاء أو في الثرب.

---

(1) المصدر السابق، ج3، ص125-126.

(4). علم الكحالة (طب العيون): واشتدت عناية المجتمع كلما اتسعت رقعته وتنوعت صناعاته بصحة المواطن وأخذ التخصص في العلوم العملية والنظرية يأخذ طريقه، وتنفصل بعض العلوم من دائرتها لتستقل بذاتها فيوجد لها المتخصصون، وعلم الكحالة أو طب العيون من العلوم التي تحددت موضوعاتها وأدواتها وطرق معالجتها للأمراض التي تصيب العين في مصنفاتهم.

وازداد الإقبال على مزاولة العلوم الطبية، فكان ضروريًا التمييز بين أولئك الذين يعرفون علمهم بعلم ودراية وأولئك الذين يطلبونه للعيش دون علم ودراية، وكان لنظام الحسبة، وهو بمثابة هيئة تفتيش ورقابة على أصحاب الصناعة والمهن، أثره البالغ في مراقبة أعمال الأطباء والجراحين والكحالين، ومعاقبة الخارجين عن أصول الكسب الحلال والصناعة، ومنعهم من مزاولة العمل في حالات إلحاق الضرر بصحة المواطنين.

لا شك أن لكتاب العشر مقالات في العين لحنين بن إسحق الأثر البالغ في تطور طب العيون، فلقد اعتمده نظام الحسبة لامتحان الكحالين باعتباره المرجع الرئيس للمعرفة الطبية في العيون، كما أن حسن تبويبه واتباع الطريقة العلمية في عرض المادة وشرحها يجعلنا نقول إنه أول كتاب علمي منهجي في طب العيون.

أما كتاب الذخيرة في علم الطب لثابت بن قرة فإنه يحتوي على فصل قصير هو الباب الثامن خصص لأمراض العين، بينما خصص الرازي الجزء الثاني من كتاب الحاوي لأمراض العين، وفيه معلومات واسعة تشريحية وعلاجية وجراحية، واحتوت جميع الكتب الطبية الجامعة على أبواب في طب العيون كذلك.

وأختص كتاب تذكرة الكحالين لعلي بن عيسى الكحال بكل ما يتعلق بطب العيون وهو أمر يدل بوضوح على مدى اهتمامه بعلم الكحالة كفرع مستقل من فروع الطب.

تابع الأطباء العرب في مؤلفاتهم الطبية مذهب جالينوس، فقالوا إنها تتألف من سبع طبقات وثلاث رطوبات، والطبقات السبع هي: الصلبة والمشيمية والشبكية والعنكبوتية والعنبية والقرنية والملتحمة، أما الرطوبات فهي: الزجاجية والجليدية والبيضية، وأما أعصابها فعصبتان إحداهما للحس والأخرى للحركة، ومجموع عضلاتها تسع.

والرطوبة الجليدية (العدسة) بيضاء صافية نيرة مستديرة وليست بمستحكمة، وموضعها وسط العين، والرطوبة الزجاجية تغذيها والطبقة القرنية تدفع عنها الآفات الواردة عليها من خارج.

والرطوبة الزجاجية هي رطوبة تشبه الزجاج الذائب وتقع خلف الرطوبة الجليدية لتمدها بالغذاء، في حين أن غذاء الرطوبة الزجاجية يأتيها من الطبقة الشبكية، والرطوبة البيضية رطوبة بيضاء رقيقة تشبه بياض البيض، وتقع أمام الرطوبة الجليدية لتحفظ لها رطوبتها ولتفصل بينها وبين الطبقة العنبية.

أما الطبقات السبع في عضو العين فهي الطبقة الشبكية، وسميت كذلك لأنها تشبه الشبكة في اشتباك العروق فيها، وهي مؤلفة كمن القصبة المجوفة والعروق والأوردة، فهي تؤدي القوة الباصرة إلى الرطوبة الزجاجية عن طريق الأوردة والشرايين فيها، ثم الطبقة المشيمية، وسميت كذلك لأنها تشبه المشيمة تحفظ ما بداخلها، ومنشأ هذه الطبقة من الغشاء الرقيق الذي يلي العصب الباصر، وتشريح ذلك: أن الدماغ مغطى بغشاءين أحدهما رقيق لين فيه عروق وأوردة تغذي الدماغ، ويقال للأم الرقيقة من أمي الدماغ المشيمية، والثاني صلب لوقاية الدماغ من العظم، لأنه يلي القحف، ويقال للأم الصلبة أو الغليظة من أمي الدماغ الأم الجافية، ولما كان عصبة تخرج من الدماغ تكون مغطاة بغشاءين منشأهما الأم المشيمية والأم الجافية.

والطبقة الصلبة سميت كذلك لأنها ناشئة من الغشاء الصلب الذي يلي العصب الباصر وهي تحوي الطبقة المشيمية. أما منفعة هذه الطبقة فهي وقاية العين من العظم الذي يحتويها كما تربط العين بالعظم.

والطبقة العنكبوتية سميت كذلك لأنها تشبه العنكبوت، وتقوم بالفصل بين الرطوبة الجليدية والرطوبة البيضية لئلا تختلطا، كما تقوم بوقاية الرطوبة الجليدية والرطوبة البيضية لئلا تختلطا، كما تقوم بوقاية الرطوبة الجليدية من الأمراض التي تصيب الرطوبة البيضية، وتتغذى الطبقة العنكبوتية من فضل غذاء الرطوبة الجليدية.

والطبقة القزحية (العنبية) سميت كذلك لأنها شبيهة بنصف عنبة، ومنشأ هذه الطبقة من الطبقة المشيمية وتتغذى منها، وهي بدورها تغذي الطبقة القرنية فيها من شرايين وأوردة كما تغذي الرطوبة البيضية وتقوم بالفصل بين الرطوبة الجليدية والطبقة القرنية.

والطبقة القرنية سميت كذلك لأنها صلبة كثيفة بيضاء وهي مركبة من أربعة أجزاء كالصفائح إذا قشرت، ومنشأ هذه الطبقة من الطبقة الصلبة الناشئة من الغشاء الصلب أو الأم الجافية.

والطبقة المنضمة الملتحمة سميت كذلك لأنها تربط العين وتشدها من خارج بالعظم وتلتحم بالقرنية، وهي لا تغطي القرنية بل تلتحم حواليها، وهي بياض العين، ومنشأ هذه الطبقة فمن الغشاء الصلب الذي فوق قحف الرأس ويسمى السمحاق، ويقوم بربط العين كلها بالعظام كما يغطي العضلات التي تحرك العين.

واختلف الأطباء العرب في عدد عضلات العين المحركة لمقلة العين، فمنهم من قال إن العضلات المحركة ست، بينما توجد وراء المقلة عضلة أخرى أو عضلتان أو ثلاث عضلات، ويصرح علي بن عيسى الكَحّال أن عدد عضلات العين تسع، فأما مواضعها فواحدة في جانب المأق الأكبر تحرك العين إلى ما يلي الأنف، والأخرى في اللحاظ تحرك العين إلى جانب الصدغ، والأخرى من فوق تحرك العين إلى فوق، والأخرى من أسفل تحرك العين إلى أسفل. وعضلتان فيها اعوجاج إلى خارج تديران العين إلى فوق إلى أسفل ويمنة ويسرة، وثلاث في فم العصبة المجوفة لتشد فمها وتمنع من أن تتسع فتتبعد القوة الباصرة، وفيها منفعة أخرى وذلك أنها تشد وتربط جملة العين[1].

وللشعر النابت على الأجفان فائدة دفع الأضرار التي قد تصيب العين من جراء الغبار، وتخفف حدة الضوء الساقط على العين.

اهتم الأطباء والكَحّالون العرب بمعالجة الأمراض التي تصيب طبقات العين والرطوبات والأجفان والأشفار، وعمدوا إلى التشخيص الدقيق للأمراض المتشابهة، كما جعلوا الأمراض في صنفين، ما هو ظاهر للحس، وما هو خفي عن الحس، واتبعوا طريقة الاستدلال والقياس للتعرف على الأمراض الباطنة ووصفوا العلاجات لكل أنواع الأمراض التي تصيب العين، وعمدوا إلى إجراء العمليات الجراحية كذلك.

ومن الأمراض البادية للحس ما يصيب منها الأجفان وبعض الطبقات، وهي بصورة عامة أمراض الأجفان والأشفار وأمراض المأق، ومراض الطبقة الملتحمة، وأمراض الطبقة القرنية،

---

(1) تذكرة الكحالين، ص31-32.

وأمراض الطبقة العنبية، أما الأمراض الخفية عن الحس فهي أمراض الرطوبات الجليدية والزجاجية والبيضية، وأمراض الطبقة الشبكية وأمراض العصب البصري وأمراض الطبقة المشيمية وأمراض الطبقة الصلبة، وأمراض العضل المحرك للعين وأمراض ضعف البصر.

وقد تصيب الجفن أمراض كثيرة منها الجرب والبرد والتحجر والالتصاق والشترة والشعيرة والشعر الزائد وانقلاب الشعر والسلاق والشرناق، كما توجد أمراض أخرى يشارك الجفن فيها الرأس والحاجب مثل انتشار الهدب وبياضه، وأخرى يشارك الجفن فيها الطبقة الملتحمة مثل: الحكة والكمنة والانتفاخ والاسترخاء وغير ذلك.

وتتعرض الطبقة الملتحمة إلى عدة أمراض نذكر منها الرمد والظفرة والطرفة والحكة والسيل والانتفاخ والجسا والدبيلة والودقة.

والرمد ورم حار يصيب الطبقة الملتحمة، والطرفة دم ينصب إلى الحجاب والملتحم مع انخراق الأوردة التي فيه، والظفرة زيادة عصبية في الصفاق الملتحم، وربما ينبت في المأق الأصغر أو ينبت في المأقين معًا، والانتفاخ يصيب الملتحمة يحدث بسبب عضة ذباب أو بقّ، ومنه ورم سرطاني

والأمراض التي تصيب الطبقة القرنية كثيرة منها: القروح والبثر والسرطان والحفر وكمنة والمدة خلق القرنية، وانخراق القرنية. والقروح منها ما هو ظاهر على سطح القرنية، وما هو بعمق القرنية، والبثر يحدث من جراء رطوبة تجتمع بين القشور الأربعة التي تتركب منها القرنية، أما السرطان فيصيب القرنية ولا يمكن معالجته وعلة لا براء منها.

وتصاب الطبقة العنبية بعدة أمراض تختص بالحدقة وهي: اتساع الحدقة وضيقها والنتوء الذي يعرض لها من جراء خرق يحدث في الطبقة القرنية، أما الاتساع فمنه ما هو طبيعي ومنه ما هو بالعرض أو حادث، ويحدث في الغالب بسبب يبس الطبقة العنبية أو ورم يحدث فيها أو عن ضربة شديدة، أما ضيق الحدقة فمنه ما هو طبيعي، ومنه ما هو بالعرض أو حادث، ويحدث في الغالب من ارتخاء العنبية أو عن ورم يضغط على الحدقة.

وقد يعرض ما بين الطبقة العنبية والحجاب القرني ماء أو رطوبة تجمد في وجه الحدقة، فإذا استحكم الماء ذهب البصر، ولا ينفع في علاج المرض إلا القدح ويكون عادة بعملية جراحية لاستخراج الماء.

وذكر الأطباء والكَحّالون العرب مجموعة أخرى من الأمراض في باب الأمراض الخفية عن الحس، وهي الأمراض التي تصيب الرطوبات الثلاث في العين، والأمراض التي تصيب الشبكية والمشيمية والصلبة وما يصيب العضل الثلاث على فم العصب البصري والأمراض التي تصيب العضل المحرك للعين، واستخدم الطبيب العربي الاستدلال والحدس والتخمين لمعرفة هذه الأمراض، ولكنه في الغالب يستعين بالأعراض الظاهرة للحس ليستدل على المرض الخفي.

وجراحة العين تقوم على عدة مبادئ عامة منها ما هو خاص بالجراحة وطرائقها، ومنها ما هو خاص بالمداواة والمعالجة، فنجد الجرائحي يلجأ إلى القطع والشقّ والجرد والكي والثقب والتشمير الذي يكون على أربعة أوجه، إما بالكي بالنار وإما بالدواء الحاد وإما أن يكون بالقطع والخياطة.

وأجرى الكَحّالون العرب عدة عمليات جراحية معقدة وصفوها في مصنفاتهم الطبية، منها معالجة البرد في أجفان العين، والبرد اجتماع رطوبة غليظة في الجفن الأعلى والجفن الأسفل، ومنها علاج الظفرة ومعالجة الماء النازل في العين بالقدح.

(5). علم الصيدلة- لقد أخذت المعالجة بالأدوية والعقاقير والأغذية حيزًا كبيرًا في المصنفات الطبية العربية، فلا نجد من الكتب الشاملة إلا وقد خصص مؤلفوها فصلًا أو أكثر للأدوية والعقاقير، وهكذا ارتبطت الصيدلة بالطب ارتباطًا وثيقًا، إذ لا بد للطبيب أن يكون حاذقًا في صناعة وتحضير الأدوية التي يصفها للعلاج.

وارتبطت الصيدلة من جهة أخرى بعلم الكيمياء، نظرًا لافتقار صناعة الأدوية إلى التحضيرات والأجهزة العلمية، وهكذا نجد الكتب الكيمياوية زاخرة بالتحضيرات النباتية والحيوانية والمعدنية التي لا تستغني عنها صناعة الأدوية.

وعلى الرغم من ارتباط الصيدلة الوثيق بالطب والكيمياء، إلا أنها أخذت تنفصل شيئًا فشيئًا لتؤلف علمًا مستقلًا له أصوله ومصنفاته الخاصة، وبذلك يكون العرب أول من حقق هذا التطور الكبير في علم الصيدلة، فضلًا عن كل ما أنجزوه من تقدم في صناعة الأدوية والعقاقير.

كما نلمس بوضوح تام ظهور الصيدلة باعتبارها دكانًا للأدوية في المستشفيات، يديرها من له معرفة جيدة بالأدوية والعقاقير، بحيث يمكن القول إن العرب هم أول من وضع الأسس المتينة لعلم الصيدلة، وأول من أسس الصيدلية مكانًا خاصًا بالأدوية، ووضعوا لها الشروط الصحية والشروط الواجب توفرها فيمن يديرها.

ونظرًا لأهمية الصيدلة بالنسبة للأطباء والمرضى على حدٍ سواء، وما يمكن أن يؤديه الدواء الخطأ أو الفاسد من أخطار على صحة المرضى، فقد وضعت شروط وامتحانات لمن يزاول مهنة الصيدلة، فكان نظام الحسبة هو الجهاز الذي يراقب الأدوية ويمتحنها، ويراقب أعمال الصيدلي وأفعاله، ويكشف الغش في الدواء.

واشترط الصيدلي العربي شروطًا ملزمة فيما يخص صناعة الأدوية، فمن الضروري أن يثبت اسم الدواء بالألسن المختلفة ليعم نفعه، وذكر ماهيته من لون ورائحة وطعم وخشونة وملاسة وغير ذلك، وذكر جيده ورديئه ليؤخذ أو يجتنب، وذكر درجته في الكيفيات الأربع ليتبين الدخول به في التراكيب، وذكر منافعه في سائر أعضاء البدن، وكيفية التصرف به مفردًا أو مع غيره، وذكر مضاره، وذكر ما يصلحه، وذكر المقدار المأخوذ منه مفردًا أو مركبًا مطبوخًا أو منشفًا بجرمه أو عصارته أوراقًا أو أصولًا إلى غير ذلك من أجزاء النبات، وذكر ما يقوم مقامه إذا فقد.

أما أجزاء النباتية التي أكد على أهميتها الصيدلي العربي في صناعة الدواء فهي: الثمر، الورق، الليف، الصمغ، البذر، القشر، الأصول، العصارات، الحَبْ.

وقد ذكر الأطباء والصيادلة العرب أوقات الحصول على الأجزاء ومواسمها وادخارها وخواصها، والشروط الواجب إتباعها للحصول على الأدوية الجيدة منها، فالثمر يستخدم في صناعة الدواء، ويشترط أن يكون ممتلئًا يصلح للبقاء مدة، فلا يعتريه الفساد بسرعة، وهذا معناه أن يؤخذ الثمر وهو ينضج وقبل أن يبتدئ بالتساقط.

أما القشور والأطول والأغصان فينبغي أن تجمع ابتداء طرحها للأوراق، وما كان قويًا فليجفف في مواضع غير ندية، وينبغي أن تكون البذور جيدة، ويستدل على جودتها بحجمها وامتلاء قشرها، وينبغي أن تكون القضبان والأغصان طرية، وأن تكون العصارات المستخلصة قوية الرائحة، وأن تؤخذ والسوق غضة وكذلك عصارة الأوراق.

ويجب العناية بالأدوية لكيلا تفسد أو لا تضعف قواها، فتقل بذلك منافعها، فمن الأدوية ما له رائحة قوية كانت تلك الرائحة طيبة أو نتنة، ومن الأدوية النباتية ما لها ألوان مثل البنفسج والورد، ومن الأدوية النباتية عصارات وأصماغ وأصول وغير ذلك، فمن الواجب حفظ الأدوية كل حسب نوعه وخواصه، وأن يجهز لكل نوع منها ما يناسبه للحفظ.

وطرح الأطباء والصيادلة العرب جملة من طرق امتحان الأدوية المفردة لمعرفة قوتها وتأثيرها وهي: امتحان الدواء من التجربة على الأبدان، وامتحان الدواء من سرعة استحالته وعسرها، وامتحان الدواء من رائحته، وامتحان الدواء من لونه.

فبالنسبة لامتحان الدواء من التجربة على الأبدان يشترط معرفة تأثير الدواء على الأبدان المريضة، ولا يمنع من معرفة تأثيره على الأبدان المعتدلة، ودراسة تأثيره في الحيوان وتجربته عليه، وقد ظهر للطبيب العربي من خلال التجارب اختلاف الدواء من حيث القوة والتأثير على الحيوان والإنسان، فإن ما يجرب على الحيوان ويثبت فعله قد لا يكون كذلك على الإنسان. وما يجرب على الإنسان ويثبت فعله قد لا يكون كذلك على الحيوان.

وعلى الرغم من هذا التحذير فإن الظاهر من أقوال الأطباء العرب أنهم جربوا تأثير الدواء وقوته على الحيوانات، واقنعوا أن تجربة الدواء يجب أن تكون على بدن الإنسان، وذلك للاختلاف الواضح في حالة تجربته على الحيوان.

ويمتحن الدواء عن طريقة معرفة استحالته أو عدمها، فما كانت استحالته إلى طبيعة النار ويلتهب بها بسرعة فهو حار بالقوة، مثال ذلك الزيت، وهو عند طلي البدن به لا يسخنه نظرًا لغلظه وتعلقه بالبدن.

ومن المواد ما يمكن سحقه ودقّه إلى أجزاء صغيرة كالغبار، فتساعد تسخين البدن لقدرتها على النفاذ إلى أجزاء البدن من جهة طبيعتها ومن جهة أخرى،

ويمتحن الدواء من سرعة جموده وعسر جموده، وذلك على أساس أن أسرع المواد جمودًا أبردها مزاجًا، وبهذا يستدل على برودة مزاج الدواء، على أن يراعى في ذلك غلظ الجوهر أو لطافته.

ويمتحن الدواء من طعمه على أساس أن ذلك يخبر بمزاج الدواء وجوهره، والطعوم ثمانية: الحلو والدسم والحامض والمر والحريف والمالح والعفص والقابض، وما لا طعم له فلا يعد في الطعوم.

ويمتحن الدواء من رائحته، علمًا أن التدرج من حيث الأهمية في امتحان الأدوية يقضي بالطعم أولًا وبالرائحة ثانيًا وباللون ثالثًا. فكثير من الأدوية ما تدل عليه رائحته، وأن حاسة الشم تستلم ما يرد إليها من روائح الأشياء كالثوم والبصل والخل، كما يستعيض الإنسان عن تذوق الأشياء بواسطة شمها مثال ذلك النتنة، والرائحة الصادرة عن الأشياء قد تكون طيبة مثال ذلك روائح الورود، وقد تكون كريهة، ولا يستدل من طيب رائحة الورود على مذاقها، لأن بين الاثنين اختلاف.

ويمتحن الدواء من لونه، وهذا هو أضعف أنواع الاستدلال على قوة الدواء ومزاجه، ولكن يمكن أن يستدل على كثير من العصارات والبزور والأصول من ألوانها.

ولا تقتصر الأدوية على الجزاء التسعة من النبات، بل أدرك الأطباء والصيادلة العرب ما للمصادر الحيوانية والمعدنية من أهمية في صناعة الدواء، والأدوية الحيوانية بعضها من فضولها وبعضها من أعضائها، مثال ذلك الدم والبيض والعرق والمرارات والأبوال من الفضول، والشحوم واللحوم والقرون والأكباد والعظام والصوف وغير ذلك من أعضائها.

واستعملت الأدوية المعدنية للمداواة، وقد صنفت إلى الطين والحجارة والملح والأجساد، فمن الطين أنواع أبرزها الطين الأرمني ويستخدم في طلي الأورام والقروح، والطين القبرصي ومنافعه للنزف والطمث وقروح الأمعاء، وإسفيداج الرصاص (كربونات الرصاص القاعدية)، والنورة والصابون والطباشير وغير ذلك. وكلها أدوية تستخدم لشتى أنواع الأمراض والقروح.

ومن أنواع الحجارة: حجر الحية، وحجر اللازورد، وحجر المغناطيس، والاثمد، وإقليميا الذهب والتوتيا وخبث الحديد وخبث الفضة.

ومن أنواع الأملاح: الملح الهندي، والنوشادر والبورق وزبد البحر.

أما الأجساد فتطلق عادة على الفلزات أو المعادن منها: الذهب والفضة والنحاس والحديد والخارصين والرصاص والقصدير والزئبق.

واستعملت أنواع الزاجات (البلورات) في مداواة الأمراض مثل الشب اليماني والنحاس المحرق وسحالب الذهب والزنجار (خلات النحاس القاعدية)، والأسرب (الرصاص أو الأنتيمون) والزجاج وغير ذلك.

وإلى جانب الأدوية المفردة التي ذكرناها توجد الأدوية المركبة التي تعرف بالأقرباذين، يقوم الصيدلي أو الطبيب المعالج بتحضيرها على وفق قواعد وشروط معلومة.

والأدوية المستعملة في هذا الباب كثيرة نذكر منها: المعاجين، والأقراص والسفوفات والأكحال والترياقات واللعوقات والمربيات والأشربة واللطوخات، ودهونات وبخورات وحقن وجمولات وذرورات وسعوطات وسنونات وشيافات، وغرغرات وغسولات وفتايل وقطورات ومراهم ومفقوعات وغير ذلك.

ويتطلب تحضير الأدوية عمليات نذكر منها:

1. التسخين والتحميص- وهي من العمليات البسيطة ولها بعض الشروط، فمن المواد الدوائية ما يحتمل التسخين البسيط، ويتلف عندما تصيبه نار قوية، ومن المواد الدوائية ما يحتاج إلى عرضه في الشمس مدة طويلة، ومنها ما يحتاج إلى التحميص مثل البذور أن تقلب في الخزف والأحجار.
2. السحق- وهي عملية بسيطة، أن يؤخذ الدواء ويضرب بالهاون حتى يصبح مسحوقًا لطيفًا.
3. التنظيف والتصفية- وهي أن يتخلص الصيدلي من الأتربة والأوساخ وجميع ما يعلق بالمادة الدوائية من شوائب.
4. التجفيف- وهي طريقة لإزالة الرطوبات العالقة بالمادة الدوائية، وقد يكون التجفيف بالنار الهادئة أو بعرضها في الشمس حتى تجف.
5. التذويب- وهي طريقة يتم بموجبها ذوبان مادة بمادة أخرى، وقد يتم ذلك بالتسخين أو بدونه، وربما يصاحب عملية الذوبان عملية التقطير، إذ يتم إذابة المادة بالتسخين ثم تقطر من أجل الحصول على المادة المذابة نقية.

6. التقطير والتحليل- وهي طريقة استعملها الصيدلي العربي في حالتي تحضير الدواء والاستدلال عليه، ويستخدم في العادة لتحضير الأدوية والتخلص من الشوائب العالقة فيها.

7. التحضير الكيمياوي- وهي طريقة استخدمها الصيدلي العربي من أجل الحصول على بعض المركبات الكيمياوية المستعملة كأدوية مثال ذلك: خلات الرصاص، وخلات النحاس، وغير ذلك.

8. الحرق- وهي طريقة للحصول على المادة الطبية مثل حرق الأسرب (الأنتيمون) في النار للحصول على أوكسيد الأنتيمون، وحرق أملاح مختلطة للحصول على القلي أو رماد الصودا.

9. الطبخ- وهو من الطرق المألوفة لتحضير الأدوية الكثيفة القوام، ويتحكم الصيدلي في درجات الحرارة حسب طبيعة المواد المطبوخة، فلا يصيبها الطبخ الزائد أو الحرارة الزائدة تلفًا وفسادًا.

10. التحلية- وهي أن يقوم الصيدلي بإضافة مواد تصلح من طعم الدواء إن كان كريه الرائحة، فلا يستطيع العليل احتماله، وغالبًا ما يضاف إلى هذه الأدوية العسل والسكر وما يجري مجراهما.

وختامًا، لا بد أن نذكر أن الأطباء والصيادلة العرب قد توصلوا إلى طرق متعددة لتحضير الحبوب والأقراص، كما توصلوا إلى عملية تذهيب الحبوب وتغليفها بورق الفضة، واستخدموا مواد وعقاقير كثيرة لتحضير أنواع مختلفة من الأدوية المخدرة، مثال ذلك: مسحوق ناعم يذر فوق الطعام فيؤدي بمتناولهِ إلى النوم، ومثل الأقراص التي إذا أكل منها المرء قرصًا واحدًا نام لوقته، ومثل الشراب والاستنشاق عن طريق شمّ المخدر، واستخدمت الاسفنجة المخدرة التي إذا امتصت ماء التخدير وتركت لتجف مدة من الزمن في الشمس، واحتجت إليها في العمليات الجراحية وغطستها من جديد بالماء وقربتها إلى من تريد ينام لساعته.

الفصل السابع*
التجربة المختبرية في التراث العلمي العربي

المبحث الأول: ما المقصود بالتجربة المختبرية؟

لا بد لنا قبل أن ندخل في تحليل وشرح تفاصيل البحث أن نشرح ما المقصود بالتجربة[2] المختبرية، لكي يصبح الأمر ميسورًا على الفهم من جهة وإدراك ما نقصد إليه من جهة أخرى، وان نعرف حدود البحث وخطته لكيلا نقع في أخطاء تاريخية وعلمية، فيصير الجهد مبعثرًا والنتائج غير سليمة.

نقصد بالتجربة المختبرية Experiment إجراءً علميًا منظمًا ومقصودًا أساسه استخدام جهاز أو أجهزة، ومواد مختارة، في ظروف محددة ومقيدة، من أجل الحصول على نتيجة جديدة، أو إثبات صحة نتيجة سابقة، أو تفنيد نتيجة كانت مقبولة في الأوساط العلمية، أو تعديل نتيجة مقبولة ولكنها غير دقيقة في القياس.

وتستلزم التجربة المختبرية على العموم العناصر الآتية:

1. جهاز أو أجهزة دقيقة لإجراء العمل المختبري من غير أن يكون الجهاز أو الأجهزة تدخل في سير التجربة، إذ تصبح النتيجة متغيرة بتغير نوعية الجهاز، إذ ما على الجهاز أو الأجهزة إلا أن تكون مجرد أدوات للعزل والقياس، عزل التجربة عن

---

(1) نُشر هذا البحث في مجلة المجمع العلمي العراقي، الجزء 2، المجلد 37، السنة 1986. (المحقق)

(2) التجربة لغة الاختبار، وقد تكون كلية وذلك عندما يتكرر الوقوع بحيث لا يحتمل معه اللاوقوع، وقد تكون أكثرية وذلك عندما يكون بترجيح طرف الوقوع مع تجوز اللاوقوع، والتجربة عند كانت ليست مادة للمعرفة بل أنها تنطوي على المعرفة إذ هي تعرض لنا مجموعة من الارتباطات المنظمة، والتجربة عند كلود برنال هي ملاحظة مستثارة يقصد بها التحقق من صدق فكرة ما. يُراجع، يوسف كرم، المعجم الفلسفي، مادة تجربة. (المحقق)

المحيط الخارجي مختبريًا لكيلا تؤثر عوامل أخرى في سير التجربة، وقياس النتيجة بالوحدات القياسية كميًا.

2. ظروف مناسبة تشترطها التجربة، منها ما يتعلق بالعوامل الداخلة في التجربة مثل ترتيب الجهاز بشكل معين، ومادة صنعه: من الزجاج أو المعدن أو الفخار وغير ذلك، وكيفية استخدام المواد الداخلة في التجربة، أما العوامل الخارجية فإنها تتعلق بالأجواء المحيطة بالتجربة مثل درجة الحرارة والضغط ودرجة الرطوبة والضوء والصوت والمجال المغناطيسي والكهربائي وغير ذلك.

3. مواد التجربة باعتبارها العناصر التي يجري عليها العمل في ظروف معينة، تختلف مواد التجربة باختلاف الموضوع أو العلم المبحوث من جهة، وباختلاف المقصود منها والغرض التي عملت لأجله من جهة أخرى، وقد تكون المواد المستخدمة معدنية أو نباتية أو حيوانية، كما يمكن أن تكون في حالة صلبة أو سائلة أو غازية وغير ذلك من الأمور الكثيرة التي تتعلق بطبيعة التجربة.

4. الفهم النظري للعالِم الذي يقوم بالتجربة، إذ ليس من المعقول أن المجرب خالي الذهن عن التجربة التي يسعى إلى إقامتها، بل بالعكس، يجب أن يكون على درجة عالية من المعرفة في حقل اختصاصه، ما يعمل وما يتوقع، وأن يكون على بينة واضحة من أهمية التجربة ونتائجها بالنسبة للمرحلة التي وصلت إليها المعرفة العلمية، وأن يدرك كذلك مكانة النتيجة بالنسبة للنتائج قريبة أو بالنسبة لحقل المعرفة العلمية التي تنتمي إليه التجربة.

5. من الضروري كذلك أن نشير إلى أمرين مهمين هما: الأول- يتعلق بالتجربة المختبرية ذاتها فيما إذا كانت النتيجة الحاصلة تضيف شيئًا جديدًا إلى المعرفة العلمية، أو أنها تثبت صدق تجربة سابقة وتؤيد نتيجتها، أو أنها تفند رأيًا شائعًا أو متعارفًا عليه في الوسط العلمي كافتراض أو تقليد متوارث، والثاني- يتعلق بالمحاكمة العقلية التي تشترط معرفة نظرية واسعة في موضوع البحث، فضلًا عن معرفة دقيقة بأصول منطق البحث العلمي، إذ من الممكن تفنيد نتيجة أو رأي سابق لعالِم معروف من خلال بيان التناقض في أقواله العلمية، أو من

خلال بيان اللامعقولية في النتائج أو من خلال بيان فساد الحجة التي اعتمد عليها سابقًا.

6. لاشك أن المحاكمة العقلية كانت أساسًا لكثير من المناقشات في العلوم القديمة، ولكنها تكون ذات جدوى في حالة واحدة إذا اعتمدت على المنطق من جهة والتجارب والملاحظات العلمية السابقة من جهة أخرى، ولكننا على الرغم من أهمية هذا الاتجاه في منطق البحث العلمي، فإننا سنركز اهتمامنا على التجارب المختبرية بصورة رئيسية، لأنها موضوع البحث من جهة، ولإثبات ريادة العلماء العرب فيها في عدة علوم من جهة أخرى، ومثل هذا التوجه يخدم غرضين أساسين هما: إثبات ريادة العلماء العرب وسبق اهتمامهم بالتجارب المختبرية قبل علماء العصر الحديث من الأوربيين، والبرهان على فساد الرأي الذي روجته كتب تاريخ العلوم من أن التجارب المختبرية حصيلة لجهد أوربي شارك فيه علماء كثيرون في الكيمياء والفيزياء خاصة.

المبحث الثاني: أسبقية العلماء العرب على من سبقهم في التجربة المختبرية

لقد سبق العلماء العرب غيرهم في إغناء بعض العلوم الطبيعية بالتجارب المختبرية، حتى تحولت بمرور الزمن عند البارزين منهم أساسًا مهما للبحث العلمي ومن أجل كشف الحقيقة والتثبت منها، وكانت العلوم الطبيعية التي كانت للتجربة فيها دور حاسم في البحث والاستقصاء، علم الصنعة أو الكيمياء، وعلم الطبيعة أو الفيزياء، وبعض فروع العلوم الطبيعية الأخرى مثل علوم الأرض وعلمي النبات والحيوان.

ولكننا في هذا البحث سنركز الاهتمام على التجارب المختبرية في علم الكيمياء وعلم الفيزياء لغزارة المادة فيهما، ولاهتمام العلماء العرب بالتجربة المختبرية من حيث تصنيعها وترتيبها واعتماد النتائج المستحصلة منها في إثراء معرفة الإنسان بالطبيعة وظواهرها.

لاشك أن علم الصنعة (=الكيمياء) لم يصل إلى مستوى المعرفة العلمية عند اليونان وغيرهم من الأمم التي ساهمت في إثراء المعرفة الإنسانية، وفي الوقت نفسه لا ننكر ما

أنجزته حضارة وادي الرافدين من صناعات كيمياوية عديدة، فكانوا بذلك روادًا بحق، وقد ذكرهم العلماء والمؤرخون العرب في مصنفاتهم، إذ برز البابليون في صناعة العقاقير والأدوية وصناعة الخزف والزجاج وصناعة الأصباغ والعطور وصناعة الزيوت والدهون وغير ذلك، واستخدموا أنواع الأدوات والأجهزة، منها ما يتعلق بالمواقد وبناء الأفران، وما يتعلق بالتقطير والتصعيد والاستخلاص وأجهزة الصبغ وغير ذلك[1].

وللعرب فضل السبق في نقل المعارف الكيمياوية المتفرقة من مستوى الصناعة إلى مستوى العلم وتصنيف الكتب في الكيمياء بطريقة منظمة، والاهتمام بالنظر والتطبيق معًا واستخلاص بعض النظريات من الملاحظات والتجارب المختبرية.

يذكر محمد بن أحمد بن يوسف الخوارزمي الكاتب في كتابه مفاتيح العلوم، أن الكيمياء تقع في ثلاثة فصول هي: الفصل الأول في آلات هذه الصناعة، والفصل الثاني في العقاقير والأدوية من الجواهر والأحجار، والفصل الثالث في تدبيرات هذه الأشياء ومعالجاتها[2].

وإذا أردنا تقريب هذه الفصول إلى لغة العصر الحديث، فإننا نقول إن الفصل الأول اختص بمعالجة وذكر الأدوات المختبرية والصناعية في علم الكيمياء مثل القرع والإنبيق والأثال والقابلة والزق الذي ينفخ وغير ذلك، واختص الفصل الثاني بذكر أنواع المعادن مثل الذهب والفضة والحديد والنحاس والأسرب والرصاص والخارصيني، وأضاف إلى ذلك ما كان يطلق على بعض المواد بالأرواح مثل الكبريت والزرنيخ والزئبق والنوشادر وهي تختلف عن المعادن أو الأجسام في كون الأرواح تطير إذا مستها النار، بينما الأجسام تثبت وتقوم على النار، ويذكر الكاتب الخوارزمي إلى جانب ذلك مجموعة من الأملاح والزاجات وغير ذلك، وقصد بالتدبير الصناعة الكيمياوية والتجارب المختبرية، فالتصعيد والتقطير والترجيم والتحليل والتشويه والتشميع والتصدئة والتكليس وغير ذلك أمثلة على ذلك.

---

(1) يُراجع، مارتن ليفي، الكيمياء والتكنولوجيا الكيمياوية في وادي الرافدين، ترجمة محمود فياض وزميله، بغداد 1980. (المؤلف)

(2) يُراجع، مفاتيح العلوم، طبعة القاهرة 1342هـ. (المؤلف)

المبحث الثالث: دور جابر بن حيان في التجربة المختبرية كيمياويًا

تذكر المصنفات التاريخية والتراثية وكتب السير أن جابر بن حيان الكوفي (ت800م)، هو أول من عمل في الكيمياء، فكان رائد هذا العلم من حيث إدراك أهميته وكشف بعض القوانين فيه فضلًا عن رفعه إلى مستوى المعرفة العلمية بعد تصنيف الكتب فيه، وذكر تجاربه ومواده وحقوله المختلفة.

ومن أجل بيان أهمية التجارب في كيمياء جابر بن حيان نختار منها التجارب المختبرية الآتية:

تجربة رقم 1

للميزان الوزني عند جابر شروطه الخاصة، منها: أن يكون مقدار الجوهرين في الميزان مقدارًا واحدًا، وإن كان مدورًا كان الآخر مدورًا، وإن كان سطحًا كان الآخر سطحًا، وعلى مثال في كل واحد منها. وإن كان الماء أقل من ملء الكفة فالصواب إملاء الكفة حتى يفيض عليها، وكذلك في الكفة الأخرى. ولا يجوز أن تكون إحدى الكفتين تنخلع وترجع والأخرى قائمة[1].

ويستمر جابر في القول وفي مكان آخر: ثم خذ إناءً فيه ما يكون عمقه إلى أسفل نحو الشبر أو دونه أو أكثر كيف شئت ثم املأه ماءً قد صفي أيامًا من دغله وقذره وما فيه كما تصفى البنكانات، ثم اعمد على سبيكة ذهب أحمر خالص نقي جيد ويكون وزنها درهمًا، وسبيكة فضة بيضا خالصة صرفًا، ويكون وزنها درهمًا ويكون مقدار السبيكتين واحدًا، ثم ضع الذهب في إحدى الكفتين والفضة في الأخرى، ثم دل الكفتين في ذلك الماء الذي وصفنا إلى أن تغوصا في الماء وتمتلئا من الماء، ثم اطرح الميزان، فإنك تجد الكفة التي فيها الذهب ترجح على الكفة التي فيها الفضة، وذلك لصغر جرم الذهب وانتفاش الفضة... وكذلك يقاس كل جوهرين وثلاثة وأربعة وخمسة وما شئت من الكثرة والقلة، مثل أن تعرف النسبة التي بين الذهب والنحاس، والفضة والنحاس، والفضة والذهب والرصاص[2].

---

(1) تحقيق باول كراوس، القاهرة 1354هـ، ص92. (المؤلف)

(2) المصدر السابق، ص142-143. (المؤلف)

إن قراءة هذين النصين بدقة تجعلنا نتعرف الشروط التي يجب مراعاتها في التجربة، وعلى الجهاز العلمي المستخدم فيها، وعلى المواد الداخلة في التجربة، وعلى النتيجة المستخلصة فيها.

أما الشروط فهي: بغض النظر عن نوع المعادن المختارة فالمفروض أن تكون نقية وخالية من الشوائب وغير مختلطة بمعادن أخرى، وأن تكون المعادن المختارة متساوية في الوزن متشابهة في الشكل وإن اختلفت في الحجم، أما بالنسبة للماء المستخدم في التجربة فيجب أن يكون صافيًا نقيًا خاليًا من الشوائب لكيلا تؤثر على النتيجة إن كان غير ذلك، وبالنسبة للميزان فيجب ألا تكون إحدى الكفتين تنخلع والأخرى قائمة، لأن ذلك من شأنه أن يؤثر على النتيجة في حالة ابتعاد الكفة أو اقترابها من وسط الميزان مهما كان ذلك قليلًا.

أما ما يتعلق بالجهاز العلمي فهو في هذه التجربة ميزان دقيق له كفتان، ولكل كفة عمق قد يكون شبرًا أو أكثر أو اقل، والمواد المختارة في التجربة هما الذهب والفضة، علمًا أن القياس يكون بالنسبة للماء الذي وصفناه.

وما يتصل بإجراء التجربة بعد استيفاء جميع الشروط وإعداد الجهاز العلمي، هو أن يوضع الذهب في إحدى الكفتين والفضة في الكفة الأخرى من الميزان، ثم نجعل الكفتين تغوصان بما فيهما في الماء وتمتلئان به، إذ نجد أن الكفة التي فيها الذهب ترجح على الكفة التي فيها الفضة بعد طرح الميزان، ويعلل جابر هذه النتيجة بقوله: وذلك لصغر جرم الذهب وانتفاش الفضة.

استنتاجات تجريبية- لقد أجرى جابر بن حيان مجموعة كبيرة من التجارب على مواد متنوعة بقصد حساب النسب الوزنية الواجب معرفتها من المواد عند إقامة التجارب ليصل إلى نتائج سليمة وصحيحة، ومعنى ذلك أن جابرًا قد أدرك أهمية الوزن ووحدات القياس الوزنية في كل تجربة مختبرية، فقادته تلك التجارب إلى معرفة المواد التي تتفاعل كيمياويًا فينتج منها مركبات جديدة تختلف في خواصها عن المواد الأصلية التي استعملت في التجربة وهي مفردة، وقد أطلق على المواد التي يمكن فصلها بعد خلطها بالمختلطة، في حين أطلق على المواد المتحدة بالتدبير أو التجربة بالممتزجة، فالأولى تفترق بالتدبير،

لأنها غير متحدة كيمياويًا، بينما الثانية متحدة من الناحية الكيمياوية، وفي ذلك يقول جابر: فالمزاج يحتاج برهانه إلى شيئين استحدّا بحدّ الكيفية، ويمكن أن تتساوى في الكيفية، وما لم يستحد الشيئان بحد وتجزأ بجزء واحد لم يقع الالتئام، ومتى لم تكن الكيفية أعني الصورة واحدة لم يقع الالتئام[1].

والتفاعل يستوجب نسبًا وزنية ثابتة، يقول جابر: فإن درهمًا من الزيبق يغطي عشرين من النحاس حتى يصير كله أبيض بلونه، ودرهم من الكبريت يحرق درهمين من النحاس ويلون عشرين منه أزرق مستحيلًا عن لونه الطبيعي... فمن هذه الأقوال وغيرها مثال قوله: فالأشياء التي بينها نسبة هي الأشياء التي يجب أن تكون واحدة، التي لا نسبة بينها هي التي يقع فيها الخلف في الكمية بينها، وهذا ما في المزاج[2].

يتضح من خلال أقوال جابر أنه تجاوز حدود التجارب ليضع قانونًا كيمياويًا عامًا في التفاعلات الكيمياوية هو: قانون النسب الوزنية الثابتة، وذلك من خلال إدراكه لأهمية النسب الوزنية في التجربة المختبرية.

كما درس جابر خواص ما عرفه من مواد كيمياوية في عصره من خلال الملاحظة والتجارب التي قد تكون بسيطة أو معقدة، فكان للنار شأن كبير في التجارب، إذ أدرك جابر أن النار تفعل فعلها في مجموعة المواد التي يطلق عليها اسم الأرواح، وهي: الزيبق والزرنيخ والكبريت والنشادر والكافور والدهن، فهذه المواد جميعها تطير عن النار، وتختلف هذه المواد عن الأجساد أو المعادن أن الأولى أرواح، بينما الثانية الأجساد وهي التي مقدار روحها وأجسامها واحد، فلا أجسامها مفارقة لأرواحها، ولا أرواحها مفارقة لأجسامها، لأن الكون والمزاج وصلا بين ذلك أتم وصلة، فكان الشيء المسمى بالأجساد، وهذه الأجساد سبعة وهي المتطرفة، لأن كل ما امتزجت روحه بجسمه على اعتدال أن يكون جسدًا فهو جسد... وهذه السبعة هي: الرصاص الأسرب وهو بطبع زحل، والرصاص القلعي وهو بطبع المريخ، والذهب وهو بطبع الشمس، والنحاس وهو بطبع الزهرة، والفضة وهي بطبع

(1) المصدر السابق، ص69. (المؤلف)

(2) المصدر السابق، ص69-70. (المؤلف)

القمر، والخارصيني وهو بطبع عطارد[1]. وأما الأجسام فهي التي اختلطت في معادنها من الأرواح والأجساد على غير مزاج، فهي تطير وتثبت لأن الطيار منها أرواحها والحال منها أجسادها، وإنما افترقت في التدبير لأنها غير ممتزجة، وهي المرقشيثا والمغنيسا والدهنج واللازورد والدوص وأمثال ذلك[2].

الأجهزة المختبرية ودورها في تحضير الأدوية : وكان للتجربة المختبرية شأنها الرئيسي في تحضير الأدوية والعقاقير، فاستخدمت أجهزة علمية مختبرية كثيرة متنوعة الصناعة، فمنها ما هو مصنوع من الزجاج ومنها ما هو مصنوع من المعادن والسبائك، ومنها ما هو مصنوع من الطين المفخور بالنار مثل أنواع الخزف والفخاريات، وذلك لسبب بسيط هو إدراك العلماء العرب أن المواد المحفوظة أو المواد الداخلة في التجربة قد تتفاعل مع الحاوية والجهاز فتفسد المواد وتتحول عندئذ إلى مواد كيمياوية أخرى، كما أن النتائج التجريبية بعد ذلك لا تكون دقيقة بسبب تدخل الجهاز في التفاعل الكيمياوي، وبناءً على ذلك اختلفت الحاويات من حيث المادة المصنوعة منها، واختلفت مفردات الأجهزة العلمية بناءً على اختلاف المواد الكيمياوية وآثارها، فما يمكن حفظه أو استخدامه في أدوات مصنوعة من الزجاج لا يمكن حفظه واستخدامه في أدوات مصنوعة من المعادن والخزفيات.

وكانت الأدوية التي استحضرها الكيمياويون العرب على أربعة أنواع هي: النباتية والحيوانية والمعدنية والمشتقة، التي جمعت فيها النباتية والحيوانية أو النباتية والمعدنية، أو الحيوانية والمعدنية، أو النباتية والحيوانية والمعدنية. واستخدمت عمليات كيمياوية لتحضير الأدوية فضلًا عن تحضير المركبات وفصلها أو تنقيتها وغير ذلك. ومن أبرز هذه العمليات التنقية Purification والتشوية Assation والتقطير Distilltion والاستنزال Descensory والتكليس Calcintion والتشميع Ceration والعقد Congealing والتبلور Crystllisation والتصعيد Sublimation[3].

إن هذه العمليات وغيرها قد أدت خدمات جليلة في صناعة الدواء وفي البحث عن

(1) المصدر السابق، ص62. (المؤلف)

(2) المصدر السابق، ص64. (المؤلف)

(3) يُراجع، ياسين خليل، العلوم الطبيعية عند العرب، الكتاب الثاني من هذه الموسوعة، فصل الكيمياء.

مركبات كيمياوية جديدة، وفي اكتشاف خصائص بعض المواد من العناصر والمركبات، ولا ننسى في الوقت نفسه ما كان من فرضية تحويل العناصر الخسيسة إلى ثمينة من دور مهم في تنويع التجارب واكتشافات جديدة، فكانت المحاولات باستخدام التجربة منصبة على إجراء التفاعلات الكيمياوية بين أنواع مختلفة من المواد سواء كانت فلزية أو مركبة أو حوامض أو قواعد وغير ذلك.

المبحث الرابع: دور أبي بكر الرازي في التجربة المختبرية كيمياويًا

وتقدم العمل بالتجربة بشكل دقيق كذلك بجهود أبي بكر الرازي (ت932م) الذي استطاع أن يحقق هدفين أساسيين هما:

1. أن يصنف في علم الكيمياء كتبًا منظمة تنظيمًا أكاديميًا، فابتدأ بوصف المواد التي يشتغل بها، ثم يصف الأدوات والآلات التي يستعملها، وبعد ذلك يصف الطريقة التي يتبعها في تحضير المركبات[1]. فصنف كتابين في الكيمياء هما: الأسرار، وسر الأسرار، فضلًا عما كتبه في حقل الأدوية في كتابه الحاوي في الطب.
2. الارتفاع بمستوى التجربة المختبرية من خلال توخي الدقة في وصف الأجهزة المتنوعة، والدقة في تحقيق نسب وزنية ثابتة من خلال التكرار المستمر للتجربة بغية الحصول على النتائج نفسها، ومعرفة الشروط التي يجب توفرها في الجهاز العلمي، والشروط الواجب توفرها في المحيط الذي تقوم فيه التجربة، وتعلقه بفرضية تحويل العناصر مما جعله أكثر دقة في تحسين الأجهزة العلمية وفي توفير الدقة الضرورية للتجربة من أجل اكتشاف أشياء جديدة وتنويع المركبات والمواد الكيمياوية.

المبحث الخامس: دور البيروني في ابتكار الأجهزة العلمية كيمياويًا

ولعل من الخصائص البارزة في أعمال التجربة المختبرية عند العرب هو الابتكارات الكثيرة في مجال صناعة الأجهزة العلمية متوخين في ذلك توفير المبادئ العلمية في صناعة

(1) يُراجع، قدري حافظ طوقان، العلوم عند العرب، القاهرة، ص128. (المؤلف)

الجهاز، إذ يبرز الجانب النظري بصورة واضحة وتحقيقه عمليًا، إذ ابتكر أبو الريحان البيروني (ت1048م) جهازًا علميًا لتحقيق الدقة العلمية في مجال الأوزان النوعية للجواهر المختلفة، ومنها المعادن، فيبدو أن هذا الجهاز قد اشتهر وكذلك النتائج التجريبية التي توصل إليها البيروني، فذكره عبد الرحمن الخازن (ت1155م) في كتابه ميزان الحكمة، كما ذكره جمشيد غياث الدين الكاشي في كتابه مفتاح الحساب.

جعل البيروني آلته أو جهازه العلمي على هيئة مخروطية تتسع القاعدة من الأسفل ويضيق العنق من الأعلى، ووضع أسفل ميزاب الجهاز جفنة تتلقى كمية الماء التي تخرج منه، والجهاز في شكله هذا المخروطي والميزاب والجفنة كان قد صمم على وفق ما كان معروفًا من أصول ومبادئ تخص الأوزان النوعية للفلزات.

وفيما يأتي صورة الجهاز:

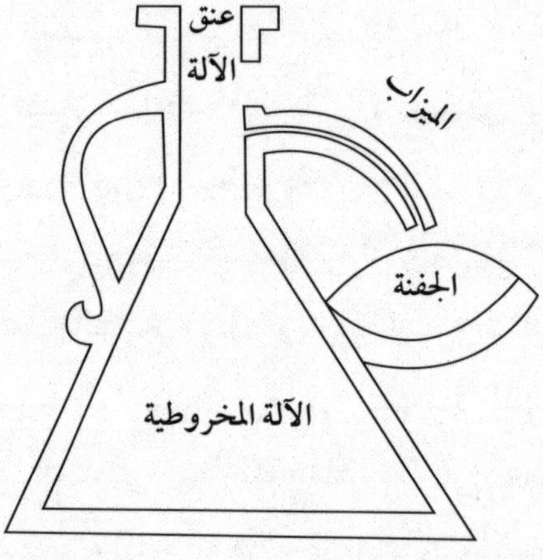

تجربة رقم 2: تتلخص طريقة العمل بالجهاز بالصورة الآتية:

1. نصب الماء في الآلة حتى تمتلئ إلى مستوى فتحة الميزاب، بحيث إذا أدخل من عنق الزجاجة أي شيء مادي أو صلب، فإن الماء ينساب من الميزاب إلى الجفنة.
2. تؤخذ قطعة من معدن خالص بعد تخليصه من الشوائب العالقة فيه سواء كان المعدن ذهبًا أو فضة أو نحاسًا أو رصاصًا أو غير ذلك. ويشترط أن يكون وزن

القطعة من كل معدن عند تساوي أوزانها بمقدار واحد، وهو عند البيروني مائة مثقال.

3. توضع القطعة في فم الآلة لتزيح عند نزولها في الماء مقدارًا معينًا من الماء، ثم تكرر التجربة لعدة مرات، وفي كل مرة يحسب وزن الماء المزاح، وبعد ذلك يؤخذ معدل مجموع الحدّ الأعلى والحدّ الأدنى للماء الموزون. تحسبًا لما يمكن حدوثه من أخطاء بسبب من قطرات الماء أو نداوة على الميزاب.

أدرك البيروني من خلال مزاولته للتجارب على المعادن بواسطة آلته المخروطية عدة حقائق علمية جاءت في أبحاثه على هيئة شروط يجب توفرها، وهي الشروط في جملتها:

الشرط الأول- اختلاف المياه بالنسبة للأمكنة والأزمنة، إذ ليس جميع أنواع المياه من كثافة واحدة، وهذا يعني أن اختلاف المياه في كل تجربة قد يؤدي إلى نتائج ليست دقيقة، إذ المفروض في الماء الذي يوضع في الآلة المخروطية أن يكون واحدًا خاليًا من الأتربة والشوائب وما يعلق بالماء عادة من مواد غريبة تزيد من كثافته، والماء المختار هو من المياه الصافية جدًا ويطلق عليه ماء المثل.

الشرط الثاني- لا يكتفي بالتجربة لمرة واحدة، إذ من الضروري تكرار التجربة لعدة مرات، فالآلة المخروطية بميزابها لا تمنع تعلق بعض قطرات الماء عندما تُطرح فيها المادة المراد وزن مائها المزح، وقد تكون النتائج مختلفة إذ قد يكون الوزن أكثر، ومرة أخرى يكون الوزن أقل بسبب قطرات الماء بالنداوة، أو خلو الميزاب من القطرات في بعض التجارب، فإذا ما تكررت التجربة وحسبت أوزان المياه المزاحة كل مرة، فإن حساب النتيجة ليس صعبًا وهو أن نحسب المعدل لمجموع الحدين الأعلى والأدنى معًا.

الشرط الثالث- ليست المعادن نقية خالية من الشوائب دائمًا، لذلك وجب تصفية المعدن بصورة تامة، لكي يحصل المجرب على نتيجة دقيقة لذلك المعدن، وقد تكون التصفية بالأحماض أو بالصهر أو بغير ذلك كما سنأتي على ذكره.

فمن التجارب التي نصنفها جميعًا تحت التجربة الثانية ما ورد في كتاب ميزان الحكمة، وهي مأخوذة من كتاب البيروني كما يذكر الخازني أيضًا النسب بين الفلزات والجواهر في الحجم.

الذهب- صفيته بأدويته الحادة مرات حتى عسر ذوبه وأسرع جموده وقل بالمحك تشبثه، ثم امتحنته عشر مرات بأوزان مختلفة مستشهدًا ببعضها على بعض عند صرفها إلى مقدار واحد وهو المائة مثقال، فاختلف الحكم بين المياه مع المبالغة في تدقيق العمل. وذلك أن مقتضى جميعها وقع بين خمسة مثاقيل ودانق وطسوج وبين خمسة مثاقيل ودانقين، واوجب الاحتياط أن بين الحدين خمسة مثاقيل ودانقًا وطسوجين احتياطًا لما غشى على ميزاب من نداوة لم تقطر.

الزئبق- هذا وان لم يكن من الفلزات فإنه أمها عند من يتكلم على المعادن، بل الكبريت أبوها، وليس بتماسك الأجزاء ولا صابر على التفريق بل فرار منها، ولذلك لم يكن استعمال الشيء منها في وزن حجمه، وقد صفيته بالأثواب الصفيقة المضاعفة بالطي مرات لإزالة ما غشي به من أسرف حتى صفي ثم اعتبرته في الآلة بمرات وصرفت المقادير إلى الآلة فكان أول حدود مائها سبعة مثاقيل ودانقًا وطسوجًا وآخرها سبعة مثاقيل ودانقين وطسوجين، وتعاون أكثرها على سبعة مثاقيل ودانقين وطسوج فأخذنا به.

الأسرف- وهو الآنك، وقد خلصته عن خبثه فكان أول حدود مياه المثل ثمانية مثاقيل وأربعة دوانيق وطسوج، وآخر حدودها تسعة مثاقيل فأخت ما بينهما ثمانية مثاقيل وخمسة دوانيق.

الفضة- سلكت في تصفيتها ما سلكت في الذهب واعتبرتها مرات فألفيت في حدود مائها للمائة تسعة مثاقيل وثلاثة دوانيق وطسوجين، وآخر حدودها سبعة مثاقيل وأربعة دوانيق وطسوجين وأوجب الاحتياط أخذه تسعة مثاقيل وأربعة دوانيق وطسوجًا.

الصفر- وهو الأسفيدوري وامتزاجه بين النحاس والرصاص، فقد كان الواجب بالقياس أن يكون ماؤه أقل من ماء الرصاص وأكثر من ماء النحاس، ونحن اعتبرناه مرارًا قبل ماء المائة فيها من أحد عشر مثقالًا ودانقين إلى أحد عشر مثقالًا وثلاثة دوانيق وأخذنا بالاحتياط فيه بالواسطة.

النحاس- صفيته من أوساخ اللحام واعتبرته مرارًا أقبلت مقادير مياه المائة فيها من أحد عشر مثقالًا ودانق إلى أحد عشر مثقالًا وأربعة دوانيق وطسوج ووقع الاختيار على أحد عشر مثقالًا وثلاثة دوانيق وطسوج.

الشبه- أخذت الدمشقي في أصنافه واعتبرناه مرارًا ابتداءً مقدار ماء المائة فيها من أحد عشر مثقالًا ودانقين وانتهت عند أحد عشر مثقالًا وأربعة دوانيق وثلاثة طسوج وترادفت على الأحد عشر مثقالًا وأربعة دوانيق فأخذنا به.

الحديد- أخذت خالصًا من توباله وخبثه وأملكت عجنه بالطرق المتين وتشديد الإيقاد واعتبرت أنواعه فتردد ماء المائة فيها بين اثني عشر مثقالًا وخمس دوانيق وطسوجين فجعلناه قانونًا.

الرصاص- اخترته تام الصرير مجلوبًا من كله في ختمه غير مغشوش بشيء وامتحنته مرارًا فابتدأ ماء المائة فيها من ثلاثة عشر مثقالًا ودانقين وطسوجًا إلى ثلاثة عشر مثقالًا وخمس دوانيق وطسوجًا وحامت صوادقها المدققة حول ثلاثة عشر مثقالًا وأربعة دوانيق فاعتمدناه[1].

وبحساب الأوزان النوعية لأبرز الفلزات خرجنا بالنتائج الآتية-

المادة	الوزن النوعي
الذهب	**19,047**
الزئبق	**13,5**
الرصاص (الأسرب)	**11,320**
الفضة	**10,300**
النحاس	**8,695**
الحديد	**7,741**
القصدير	**7,317**[2]

وباستخدام آلة البيروني المخروطية وطريقته التجريبية أمكن قيام الأوزان النوعية للأحجار والجواهر منها: الياقوت والياقوت الأحمر والزمرد واللازورد واللؤلؤ والعقيق والبسذ والجزع والبلور والزجاج الفرعوني.

---

(1) يُراجع، الخازني، ميزان الحكمة، نشرة الهند 1359هـ، ص60-62. (المؤلف)

(2) يُراجع، ياسين خليل، العلوم الطبيعية عند العرب، ك 2، من هذا المجلد، فصل الكيمياء.

وبحثت الأحجار والجواهر من قبل عدد غير قليل من العلماء العرب بأسلوب البحث العلمي، منهم يحي بن ماسويه (ت857م) في كتابه الجواهر وصفاتها[1]، والبيروني في كتابه الجماهر في معرفة الجواهر[2]، وأحمد بن يوسف التيفاشي (ت1253م) في كتابه أزهار الأفكار في جواهر الأحجار[3]، وغياث الدين جمشيد الكاشي في كتابه مفتاح الحساب[4]، وعبد الرحمن الخازني في كتابه ميزان الحكمة، وغيرهم.

أما بالنسبة للمائعات فإن التجربة كانت هي الأساس كذلك في تعيين أوزانها النوعية واستخدمت في ذلك أنواع المكاثيف.

تجربة رقم 3: وفيما يلي نتائج التجارب التي تناولت الأحجار، إذ لا نريد إعادة كيفية إجراء التجربة، لأن ما تعلمناه من إجراء التجارب على المعادن يكفي، ونولي أولًا اهتمامنا إلى الأوزان النوعية للأحجار كما توصلنا إليها من خلال حساباتنا.

اتخذ البيروني والخازني الياقوت الإسمانوجي أساسًا لقياس الأوزان النوعية للأحجار الأخرى، فجعل ميزانه مائة مثقال، وكان الميزان النوعي للياقوت الأحمر قياسًا بالإسمانوجي سبعة وتسعين مثقالًا وثلاثة طساسيج، وجوهر اللعل البدخشي تسعين مثقالًا ودانقًا وثلاثة طساسيج، والزمرد تسعة وستين مثقالًا وثلاثة دوانيق، واللازورد سبعة وستين مثقالًا وخمسة دوانيق وطسوجين، واللؤلؤ خمسة وستين مثقالًا وثلاثة دوانيق وطسوجين، والعقيق لأربعة وستين مثقالًا وأربعة دوانيق وطسوجين، والبسذ أربعة وستين مثقالًا وثلاثة دوانيق وطسوجًا، والجزع ثلاثة وستين مثقالًا وثلاثة طساسيج، والزجاج الفرعوني اثنتين وستين مثقالًا وخمسة دوانيق وطسوجًا.

---

(1) يُراجع، يحيى بن ماسويه، الجواهر وصفاتها، تحقيق عماد عبد السلام رؤوف، القاهرة 1977. (المؤلف)

(2) الطبعة الأولى، نشرة الهند 1355هـ. (المؤلف)

(3) حققه وعلق عليه وشرحه محمد يوسف حسن وزميله، القاهرة 1977. (المؤلف)

(4) حققه وشرحه أحمد سعيد الدمرداش وزميله، القاهرة. (المؤلف)

وبناءً على حساباتنا في ضوء نتائج التجارب المتعلقة بالأحجار كما ذكرها البيروني نورد ما توصلنا إليه كما يأتي:

المادة	الوزن النوعي
الياقوت	3,960
الياقوت الأحمر	3,846
اللعل	3,582
الزمرد	2,752
اللازورد	2,960
اللؤلؤ	2,597
العقيق	2,564
البسذ	2,555
الجزع والبلور	2,500
الزجاج الفرعوني	2,489[1]

وأولى العلماء العرب كذلك عناية كبيرة بحساب الأوزان النوعية للمائعات، واعتمدوا التجارب من أجل الحصول على نتائج دقيقة، فاستخدمت أنواع المكاثيف التي كانت في الغالب من صنع أيديهم على وفق مبادئ ميكانيك السوائل وشروط أخرى.

وفي كتاب ميزان الحكمة للخازني نجد تفصيلات عملية وعلمية في كيفية صناعة مقياس المائعات[2]، وفي معرفة العمل بها[3]، ونجد في كتاب الكاشي مفتاح الحساب جدولًا للأوزان النوعية للأجسام من الفلزات والأحجار والمائعات، فذكر العسل وحليب البقر وخل الخمر والماء والزيت والشمع[4].

---

(1) يُراجع، ياسين خليل، العلوم الطبيعية عند العرب.

(2) يُراجع ميزان الحكمة، ص28. (المؤلف)

(3) المصدر السابق، ص31. (المؤلف)

(4) يُراجع، مفتاح الحساب، ص174. (المؤلف)

المبحث السادس: دور الحسن البصري في التجربة المختبرية بصريًا

وفي حقل البصريات كان رائد التجربة الحسن بن الهيثم (ت1038م)، وكان كتابه المناظر ومقالاته العديدة تشير بوضوح لا يقبل الشك إلى اعتماده التجربة المختبرية أساسًا في أعماله العلمية سواء في التثبت من أقوال الأوائل أو تفنيدها أو إجراء تجارب جديدة التثبت من فرضيات علمية في مجال الضوء، وسوف نختار بعض التجارب المهمة دليلًا على اعتقاده أن التجربة أو الاعتبار كما يسميه ابن الهيثم بهذا المصطلح، أساس علمي قويم في البحث وإثراء المعرفة، ولنبدأ بالتجارب البسيطة:

تجربة رقم 4 : هذه التجربة للبرهان على أن الضوء يسير على هيئة خطوط مستقيمة، يقول: إن امتداد الضوء على سموت خطوط مستقيمة يظهر ظهورًا بينًا من الأضواء التي تدخل من الثقوب في البيوت المظلمة، فإن ضوء الشمس وضوء القمر وضوء النار إذا دخل من ثقب مقتدر إلى بيت مظلم وكان في البيت غبار أو أثير في البيت غبار، فإن الضوء الداخل من الثقب يظهر الغبار الممازج للهواء ظهورًا بينًا ويظهر على وجه الأرض أو على حائط البيت المقابل للثقب ويوجد الضوء ممتدًا من الثقب إلى الأرض و إلى الحائط المقابل للثقب على سموت مستقيمة. وان اعتبر هذا الضوء الظاهر بعُود مستقيم وجد الضوء ممتدًا على استقامة العُود. وان لم يكن في البيت غبار وظهر الضوء على الأرض أو على الحائط المقابل للثقب، ثم جعل بين الضوء الظاهر وبين الضوء عوُد مستقيم أو مد بينهما خيط مدًا شديدًا، ثم جعل فيما بين الضوء والثقب جسم كثيف ظهر الضوء على ذلك الجسم الكثيف وبطل من الموضع الذي كان ظهر فيه[1].

إن هذه التجربة في ظاهرها لا تبدو مختبرية، إلا أن التحليل الدقيق والنتائج التي توصل إليها ابن الهيثم تثبت أنها مستوفية للشروط، وأنها قد استخدمت بعض الأدوات البسيطة، كما بينت برهانًا في حالتي السلب والإيجاب، وفيما يلي تحليل مفصّل للتجربة.

1. استوجب العمل بيتًا مظلمًا فيه ثقب أو أكثر وقد أشرق عليه الضوء سواء كان الضوء ضوء الشمس أو ضوء القمر أو ضوء النار.

---

(1) يُراجع، الحسن بن الهيثم، رسالة في الضوء، ضمن مجموع ط1، نشرة الهند 1357هـ، ص7. (المؤلف)

2. اشترط بادئ الأمر أن يكون في البيت غبار، وحائط مقابل للثقب، لأن الغبار يظهر مسار الضوء في البيت المظلم.

3. وجود عُود مستقيم يمتد بين الثقب وما يشرق عليه، لإثبات أن الشعاع يمتد على سموت مستقيمة، وقد يستعين المرء بخيط مشدود في حالة عدم وجود غبار.

تجربة رقم 5: لعل من أبرز ما عرف عن ابن الهيثم هو إثبات فساد رأي الأوائل في أن الإبصار يتم من خلال ضوء يخرج كشعاع على خطوط مستقيمة من البصر فيلامس المبصر أو الجسم ويكون على هيئة مخروط قاعدته سطح الجسم ورأسه البصر، فأثبت بالتجربة ما يأتي (=الحسن بن الهيثم): أن كل مبصر يدركه البصر، ويكون معه في هواء واحد، إذا كان إدراكه له ليس بالانعكاس، لأن بين كل نقطة من سطح المبصر وبين نقطة ما من سطح البصر، أو أكثر من نقطة، خطًا مستقيمًا أو خطوطًا مستقيمة لا يقطعها شيء من الأجسام الكثيفة. فأما من يعتبر هذا المعنى اعتبارًا محررًا، لأن اعتبار ممكن متسهل بالمساطر والأنابيب، فإذا شاء المعتبر أن يعتبر ذلك ويحرره فليتخذ مسطرة في غاية الصحة والاستقامة، وليخط في وسط سطحها خطًا مستقيمًا موازيًا لخطي نهايتها، ويتخذ أنبوبًا أسطوانيًا أجوف طوله في غاية الاستقامة واستدارته في غاية ما يمكن من الصحة ودائرتا طرفيه متوازيتان. ولتكن متانته متشابهة، وليكن مقتدر السعة وليس بأوسع من محجر العين، وليخطّ في سطحه الظاهر خطًا مستقيمًا يمتد من نقطة من محيط إحدى قاعدتيه إلى النقطة المقابلة لها من الناحية الأخرى، وليكن هذا الأنبوب أقصر من طول المسطرة بمقدار يسير. وليقسم الخط الذي في وسط المسطرة بثلاثة أقسام، وليكن الأوسط من الأقسام مساويًا لطول الخط الذي في سطح الأنبوب، ويكون القسمان الباقيان اللذان عن جنبتيه بأيّ قدر كان، ثم يلصق الأنبوب بسطح المسطرة ويطبق الخط الذي في سطحه على القسم الأوسط من الخط الذي في وسط سطح المسطرة، ويتحرّى أن تنطبق نهايتا طرفيه على النقطتين اللتين فصلتا الخط الأوسط، ويلصق الأنبوب بسطح المسطرة على هذه الصفة إلصاقًا ملتحمًا وثيقًا لا ينحل ولا يتغير.

فإذا أُحكمت هذه الآلة وأراد المعتبر بها إدراك البصر للمبصرات فليعين على مبصر من المبصرات، وليلصق طرف هذه المسطرة بالجفن الأسفل من إحدى عينيه ويلصق بالطرف الآخر بسطح المبصر ويستر العين الأخرى، وينظر في هذه الحال من ثقب الأنبوب، فإنه

يرى من المبصر الجزء المقابل لثقب الأنبوب عند طرف المسطرة، وإذا ستر ثقب الأنبوب بجسم كثيف استتر ذلك الجزء المبصر الذي كان يراه من ثقب الأنبوب، ثم إذا رفع الساتر أدرك الجزء من المبصر الذي كان يراه من ثقب الأنبوب، ثم إذا رفع الساتر أدرك ذلك الجزء كما كان يدركه في الأول. وإن ستر الجسم الكثيف بعض ثقب الأنبوب استتر من الجزء المبصر الجزء منه فقط المقابل للجزء المستتر من ثقب الأنبوب الذي هو والبصر الساتر على سمت مستقيم، وهذه الاستقامة تتحرر بالمسطرة وباستقامة الأنبوب، فإن الجزء الذي يستتر من الجزء المبصر إذا ستر بعض ثقب الأنبوب يكون أبدًا هو والبصر والجزء المستتر من ثقب الأنبوب على خط موازٍ للخط المستقيم الذي يمتد في سطح المسطرة وموازٍ لطول الأنبوب، ثم إذا رفع الساتر عاد إدراك البصر لذلك الجزء من المبصر، كذلك دائمًا لا يختلف ولا ينتقض[1].

تثبت هذه التجربة عدة حقائق عملية وعلمية يمكن إيجازها كما يأتي-

1. استعان ابن الهيثم لإثبات فرضيته بآلة صنعها بنفسه لهذا الغرض، وهذه الآلة ليست إلا جهازًا مختبريًا بسيطًا توفرت فيه جميع الشروط الكافية للعمل من أجل إثبات الفرضية.
2. يتحدث ابن الهيثم عن الإبصار على أساس أنه إدراك البصر للمبصرات لرأي الأوائل، ويبرهن على إمكانية ابن الهيثم في إثبات مقدماته بالاستقراء القائم على الاطراد في عدم تغير النتائج عند تكرارها في جميع الأوقات.
3. يقوم برهان ابن الهيثم على إثبات فرضيته في حالتي السلب والإيجاب، وبعبارة أخرى: إنه يغير من أوضاع التجربة وذلك بإدخال الساتر مرة وإزاحته مرة أخرى جزئيًا أو كليًا.

تجربة رقم 6: بحث ابن الهيثم في انعكاس الضوء فقاده إلى صياغة قانون الانعكاس بدقة تامة، وربط بين الانعكاس ومثال تجريبي عن ارتداد الكرة عن سطح الجسم إذا صدمته، ولننظر أولًا في ارتداد الكرة المعدنية وصياغة قانوني الانعكاس ثانيًا.

---

(1) يُراجع، الحسن بن الهيثم، كتاب المناظر، تحقيق عبد الحميد صبرة، الكويت، ج1، المقالات 3،2،1، ص64-65. (المؤلف)

يقول ابن الهيثم: والاعتبار الأول يتلخص في أن يُسقط المعتبر كرة صغيرة ملساء من الحديد والنحاس أو ما يجري مجراهما من موضع مرتفع على مرآة مستوية أفقية من الحديد، ثم تأمل الكرة عند لقائها المرآة وبعده، وابن الهيثم في وصف هذا الاعتبار يرى ألا يكون وزن الكرة أكثر من مثقال، وألا يقل الارتفاع عن عشرين ذراعًا، ويبين أن الكرة بعد لقاء المرآة ترجع إلى جهة العلو ثم تهبط إلى جهة السفل، وأنها من مسافة أقرب كان رجوعها أقل[1].

والاعتبار الثاني يتلخص في أن تجعل المرآة المذكورة في الاعتبار الأول في جدار قائم على سطح الأرض بحيث يكون سطحها رأسيًا، ثم تقذف الكرة نحو المرآة بقوة، ويقترح ابن الهيثم أن تجعل الكرة في رأس سهم قوس من التي تقذف الحصى، وتقذف بقوة بحيث تكون حركتها أولًا على استقامة العمود القائم على سطح المرآة، وثانيًا على استقامة خط مائل على سطح المرآة ومواز للأفق، ويتأمل المعتبر الكرة في الحالتين[2].

إن ابن الهيثم في اختياره لهذه التجربة يريد بيان قانوني الانعكاس بالصورة الآتية:

القانون الأول- يقع الشعاع الساقط على جسم صقيل في نقطة والعمود الخارج منها والشعاع المنعكس في سطح واحد مستوٍ، إن كل ضوء ينعكس عن سطح صقيل فإن كل نقطة من السطح الصقيل الذي منه انعكس الضوء، ينعكس الضوء منها على خط مستقيم يكون هو والخط المستقيم الذي امتد الضوء إلى تلك النقطة، والعمود الخارج من تلك النقطة القائم على السطح المستوي المماسّ للسطح الصقيل على تلك النقطة في سطح واحد مستوٍ[3].

القانون الثاني- تكون الزاوية التي يحدثها الشعاع الساقط على جسم صقيل في نقطة مع العمود الخارج منها مساوية للزاوية التي يحدثها الشعاع المنعكس من النقطة ذاتها مع العمود المقام. ويكون وضع الخط الذي عليه ينعكس الضوء بالقياس إلى العمود المذكور كوضع الخط الذي عليه امتد الضوء إلى نقطة الانعكاس، بالقياس إلى ذلك العمود، أعني أن كل خط ينعكس عليه الضوء من سطح صقيل فإنه يحيط مع العمود الذي يخرج من تلك

---

(1) يُراجع، مصطفى نظيف، الحسن بن الهيثم، بحوثه وكشوفه البصرية، القاهرة 1942، ص122. (المؤلف)

(2) المصدر السابق، ص122. (المؤلف)

(3) المصدر السابق، ص343. (المؤلف)

النقطة قائمًا على السطح المستوي المماسّ للسطح الصقيل على تلك النقطة، بزاوية مساوية للزاوية التي يحيط بها الخط الأول الذي عليه امتد الضوء إلى تلك النقطة مع ذلك العمود.

والتجربة المختبرية التي استعان بها ابن الهيثم لتحقيق قانوني الانعكاس شملت جميع أنواع المرايا المعروفة، فصنع آلة معقدة التركيب وهي تتكون من صفيحة نحاسية مستوية قسمت حافتها المقوسة إلى أقسام متساوية، ثم حلقة أسطوانية قائمة من الخشب ويوجد في جسم الخشبة ثقوب، وأنبوب أسطواني من النحاس، وسبع مرايا مصنوعة من الفولاذ أحدها مستوية واثنتين أسطوانيتين، اثنتين مخروطيتين، واثنتين كرويتين، وواحدة من كل من الاثنتين مقعرة والأخرى محدبة.

وكانت غاية ابن الهيثم من هذا الجهاز هو أن يبرهن على صدق قوانين الانعكاس سواء كانت المرآة مستوية أو أسطوانية أو مخروطية أو كروية، مقعرة أو محدبة[1].

تجربة رقم 7 : والظاهرة الضوئية الأخرى التي أولاها ابن الهيثم اهتمامه هي الانعطاف (الانكسار) وعلاقتها بالأوساط التي ينفذ فيها الضوء، وقد توصل إلى نتائج علمية مهمة وقوانين وأقوال كلية أفاد منها في فهم الظواهر الطبيعية، واختلاف سرعة الضوء في الأوساط المختلفة، فالضوء الذي يشرق من جسم ينفذ في الجسم الشفيف على استقامة، ولكنه سرعان ما ينعطف إذا ما كان في طريقه جسم يختلف عنه من حيث الكثافة، فلا ينفذ على استقامته التي كان عليها في الجسم الأول، ويوضح ابن الهيثم الانعطاف بقوله: إن كل ضوء يشرق على جسم مشف فإنه ينفذ في ذلك الجسم المشف على سموت خطوط مستقيمة، والوجود يشهد بذلك ثم إذا امتد الضوء في الجسم المُشِفّ وانتهى إلى قسم آخر مُشِفّ مخالف الشفيف للجسم الأول الذي امتد فيه وكان مائلًا على سطح الجسم الثاني انعطف ولم ينفذ على استقامته[2].

والانعطاف حيود الشعاع عن استقامته بزاوية معينة تتعين باختلاف كثافة الأجسام

---

(1) ذكر ابن الهيثم هذا الجهاز في كتاب المناظر، المقالة الرابعة، كما ذكر في هذه المقالة فضلًا عن طريقة صنع الجهاز وطريقة العمل به لإثبات قانوني الانعكاس، واقتُبِس هذا النص من كتاب مصطفى نظيف، عن الحسن بن الهيثم، ص 346-360. (المؤلف)

(2) يُراجع، رسالة في الضوء، مصدر سبق ذكره، ص13. (المؤلف)

المُشِفّة، ويمكن معرفة الجسم الألطف عن طريق زاوية الانعطاف كما يشير ابن الهيثم إلى ذلك بقوله: وشفيف الأجسام المشفة هو صورة مؤدية للضوء، والشفيف يختلف ويعتبر اختلاف الشفيف بزوايا الانعطاف إذا كان جسمان مشفان مختلفَي الشفيف وامتد فيهما شعاعان وأحاط الشعاعان مع العمودين الخارجين من موضعي الانعطاف بزاويتين متساويتين مما يلي الجسمين، ثم انعطفا في جسم واحد أغلظ منهما وكان انعطافهما في الجسم الأغلظ على خطين مختلفي الوضع وأحاطا مع العمودين بزاويتين مختلفتين مما يلي الجسم الأغلظ، فالذي أحدث الزاوية الصغرى هو أشد شفيفًا[1].

وقام ابن الهيثم كذلك بصناعة آلة الانعطاف على أساس أنها الجهاز العلمي الذي يتحقق به من انكسار الأضواء عند امتدادها من جسم إلى آخر يخالفه في الكثافة، وهي تتركب من قرص من النحاس، ويحيط بثلاثة أرباع محيط القرص إطار قائم على مستوى القرص ومصنوع من النحاس، ومرسوم على السطح الأسطواني لهذا الإطار ثلاثة خطوط موازية بالتمام لسطح القرص يبعد الخط الأوسط بمقدار سنتمتر بالتقريب عن سطح القرص والآخران عن جنبيه، يبعد كل منهما عن الأوسط بقدر نصف بعد الأوسط عن سطح القرص. وواضح أن هذه الخطوط هي مقاطع ثلاثة مستويات موازية لسطح القرص وعلى أبعاد متساوية، بالسطح الأسطواني الداخلي للإطار، ولما كان مقطوعًا منه ربعه فكل خط هو ثلاثة أرباع محيط الدائرة[2].

استنتاجات تجريبية: وفي ختام هذا البحث نورد بعض الاستنتاجات التجريبية التي توصل إليها ابن الهيثم من خلال تجاربه المشفوعة بأجهزة مختبرية فضلًا عما ذكرناه سابقًا:

1. للضوء وجود مستقل، فهو ليس صورة عرضية من الجسم المضيء، بل صورة جوهرية، وهو معنى من جملة المعاني التي تتقوم بها ماهية الجسم. ومن هذا المنطلق يمكن دراسة الضوء تجريبيًا وحصر ظواهره من خلال الأجهزة العلمية التي صنعها ابن الهيثم لغرض بحث الضوء ومعانيه المختلفة، واستقراء النتائج

---

(1) المصدر السابق، ص19. (المؤلف)

(2) هناك تفصيلات كثيرة أخرى بصدد هذه الآلة وكيفية العمل بها في كتاب المناظر، وقد وردت في كتاب مصطفى نظيف، عن الحسن بن الهيثم، ج2، ص 685-690. (المؤلف)

ليصل إلى أحكام كلية هي بمثابة قوانين ومقدمات لا يستغني عنها من أراد دراسة مبحث البصريات.

2. توصل ابن الهيثم إلى حقيقة طبيعية مهمة هي: أن للضوء سرعة في زمان، ولكن نظرًا لسرعته الكبيرة لا يمكن الإحساس بسرعته، وفي ذلك يقول ابن الهيثم: ووصول الضوء من الثقب إلى الجسم المقابل للثقب ليس يكون إلا في زمان وإن كان خفيًا عن الحس، لأن وصول الضوء يحصل في الجزء من الهواء الذي يلي الثقب قبل أن يحصل في الجزء الذي يليه ثم في الجزء الذي يليه ثم في الجزء الذي يلي ذلك الجزء من الهواء إلى أن يصل إلى الجسم المقابل للثقب، وإما أن يكون الضوء يحصل في جميع الهواء المتوسط بين الثقب وبين الجسم المقابل للثقب وعلى الجسم نفسه المقابل للثقب دفعة واحدة، ويكون جميع الهواء يقبل الضوء دفعة لا جزءًا منه بعد جزء، فإن كان الهواء يقبل الضوء جزءًا بعد جزء فالضوء إنما يصل إلى الجسم المقابل للثقب بحركة، والحركة ليس تكون إلا في زمان، وإن كان الهواء يقبل الضوء دفعة واحدة، فإن حصول الضوء في الهواء بعد أن لم يكن فيه ضوء ليس يكون أيضًا إلا في زمان وإن خفي عن الحس[1].

3. إذا صادف الضوء النافذ في جسم مُشِفّ جسمًا آخر مخالفًا له، وكان على خطوط قائمة على سطح الجسم الثاني، امتد الضوء على استقامته في الجسم الثاني، أما إذا كان على خطوط مائلة على سطح الجسم الثاني انعطف في الجسم الثاني ولم ينفذ على استقامته، واحتفظ بخطوط مستقيمة غير الخطوط التي امتد عليها الجسم الأول. وإذا صادف الضوء النافذ في جسم مُشِفّ جسمًا آخر، وكان غليظًا فإن الانعطاف يكون إلى جهة العمود الخارج من موضع الانعطاف، أما إذا كان الجسم الثاني ألطف من الجسم الأول فغن الانعطاف يكون إلى ضد الجهة التي فيها العمود الخارج من موضع الانعطاف، وإذا صادف الضوء النافذ في جسم مُشِفّ جسمًا آخر مخالفًا له، كان الشعاع الساقط والعمود القائم من نقطة السقوط والشعاع المنعطف جميعًا في مستوى واحد.

---

(1) يُراجع، كتاب المناظر، ص240. (المؤلف)

4. إن بين زاوية الانعطاف والكثافة علاقة مهمة يمكن في ضوئها معرفة كثافة السوائل والأوساط بدلالة الضوء المنعطف بزاوية معينة، ويؤكد ابن الهيثم ذلك بقوله: إن الانعطاف يكون على زوايا مخصوصة، وإذا كان الانعطاف من الجسم الألطف إلى الجسم الأغلظ كان الانعطاف إلى جهة العمود الخارج من النقطة التي عندها يقع الانعطاف القائم على سطح الجسم الأغلظ على زوايا قائمة، وإذا كان الانعطاف من الجسم الأغلظ إلى الجسم الألطف كان الانعطاف إلى جهة العمود وأن الضوء إذا امتد في الجسم الألطف وانعطف في الجسم الأغلظ وأحدث زاوية ما عند نقطة الانعطاف فإنه إذا امتد أولًا في الجسم الأغلظ ثم انعطف في الجسم الألطف فإن الضوء الذي يمتد في الجسم الأغلظ على الخط المنعطف ينعطف في الجسم الألطف على تلك الزاوية بعينها التي حدثت بين الشعاع الأول وبين الشعاع المنعطف. وأن الضوء إذا انعطف من جسم مُشِفّ لطيف إلى جسمين أغلظ من الجسم الأول وكان الجسمان الغليظان مختلفي الغلظ فإن انعطاف الضوء في الجسم الأول الذي هو أكثر غلظًا يكون أكثر، أعني أن الضوء الذي انعطف في الجسم الذي هو أكثر غلظًا يكون أقرب إلى العمود الخارج من نقطة الانعطاف، وأن الضوء إذا انعطف من جسم مُشِفّ غليظ إلى جسمين لطيفين وكان الجسمان اللطيفان مختلفي اللطافة فإن انعطاف الضوء في الجسم الذي هو أشد لطفًا يكون أكثر أعني أن الضوء إذا انعطف في الجسم الذي هو أشد لطفًا يكون أبعد عن العمود الخارج من نقطة الانعطاف[1].

الخاتمة: تعرض البحث للتجربة المختبرية في التراث العلمي العربي لإثبات حقيقة تاريخية هي أن العلماء العرب اعتمدوا التجارب في حقل العلوم الطبيعية، فكانت تجارب صححت آراء من تقدمهم، وتجارب فنَّدت ما توصل إليه الأوائل، وتجارب أضافت إلى المعرفة العلمية أشياء جديدة، ولم تكن التجارب بسيطة أو ساذجة، بل كانت بعض الأحيان معقدة جدًا، ولا نريد أن نبالغ أن معظم الأجهزة العلمية التي استخدمت في التجارب كانت من صنع أيديهم، وهذا أمر يدل على سعة أفق العالِم العربي وعمق معرفته بالعلم الذي يعمل فيه.

(1) يُراجع، رسالة في الضوء، ص13-14. (المؤلف)

إن الطريقة التجريبية التي اشترك في دعمها والاعتماد عليها جملة كبيرة من العلماء العرب أمثال: جابر بن حيان، وأبي بكر الرازي، وأبي الريحان البيروني وعبد الرحمن الخازني والحسن بن الهيثم، تناولت عدة حقول منها ما يتصل بالكيمياء البحتة وبالأوزان النوعية للعناصر والمائعات، والأدوية وتحضيرها سواء كانت نباتية أو حيوانية أو معدنية أو مختلطة، والأوزان النوعية والصفات الكيمياوية للأحجار بأنواعها المختلفة ولا سيما المعدنية منها.

كما تناولت الطريقة التجريبية موضوعات أخرى مهمة منها تكنولوجية تخص صناعة الأجهزة العلمية وضرورة توفير الدقة العلمية فيها، فابتدعوا وحدات قياسية مهمة واستخدموا صفات قياسية معروفة في الأطوال والأوزان، فكانت النتائج كمية دقيقة استطاع العالِم العربي من خلالها أن يتوصل إلى القاعدة العامة أو الحكم الكلي أو القانون، فكانت ثقته بالتجربة ونتائجها كبيرة إلى الحد الذي جعلها محور الامتحان لأحكامه وأحكام الآخرين، ولم تكن التجارب المختبرية لتقف عند حدود النتائج الكمية، بل إن العالِم العربي استخدمها في الحساب والرياضيات، وبذلك يكون قد ربط بين نتائج التجربة والعلم الرياضي لإدراكه أن النتائج بالعلم الرياضي تتوثق ويصل المرء من خلالها إلى أحكام جديدة مهمة، إذ كان البيروني وابن الهيثم والخازني من علماء الرياضيات فضلًا عن كونهم علماء طبيعة.

اشتهر ابن الهيثم بالطريقة التجريبية، إذ كانت أبحاثه منصبة على علم البصريات ولا سيما بحث الضوء وأحواله وكيفياته، فاعتمد التجارب الكثيرة، ولم نجد في رسائله أو كتابه المناظر حكمًا عامًا أو قولًا أو نتيجة إلا وكانت التجربة من وراء ذلك، بحيث أصبحت هي الدليل الوحيد في أبحاثه، ويحوي كتابه المناظر عددًا كبيرًا من الأجهزة العلمية الخاصة بدراسة الضوء، ويحوي على عدد كبير من التجارب في كل ما يتصل بالضوء، فضلًا عن أنه عرف الطريقة الاستقرائية Inductive method، وكيفية الانتقال بالجزئيات خطوة بعد أخرى وصولًا إلى صياغة الأحكام الكلية[1].

---

(1) يُراجع، كتاب المناظر، ص62. (المؤلف)

الفصل الثامن*
هل كان للعرب فلسفة علمية؟

المبحث الأول: في عرض دعاوى المستشرقين حول أصالة التراث العربي والرد عليها

1. عرض دعاوي المستشرقين(1)

من خلال دراستي للتراث العلمي العربي بغية الكشف عن الجوانب المبتكرة والأصيلة فيه، وجدت نفسي أمام سؤال في غاية الأهمية هو: هل كان للفلاسفة العرب فلسفة علمية؟

أجبت عن السؤال من دون مقدمات: أنه يجب أن تكون لديهم فلسفة علمية لسبب بسيط هو: أن معظم الفلاسفة العرب كانوا علماء وأن معظم العلماء العرب كانوا فلاسفة. فلا بد أن تكون جوانب من فلسفاتهم متأثرة بالعلم أو مستهدية به، وأن تكون جوانب من أبحاثهم العلمية متأثرة بالفلسفة وما تستوجبه من تنظير وتجريد وتعميم.

---

* نُشر هذا البحث في مجلة آفاق عربية البغدادية، العدد 12، السنة 14، 1989، مع العلم أن هذا البحث لم يُنشر في حياة المرحوم الدكتور ياسين خليل، بل ظهر بعد وفاته بحدود ثلاث سنوات، وهو آخر ما كتبه هذا الفيلسوف في مجال التراث العلمي العربي، وقد أعده للنشر في هذه المجلة الدكتور مشهد سعدي العلاف. ولكن الدكتور مشهد لم يفعل إزاء هذا البحث المهم من حيث تحقيقه والتعريف ببعض المصطلحات والأعلام التي وردت في متن بحث ياسين خليل. فضلًا عن ذلك أقترح أن يكون عنوان البحث هو: هل كان للفلاسفة العرب فلسفة علمية؟ وذلك لأن مضمون البحث يدرس موقف الفلاسفة العرب من الفلسفة العلمية. (المحقق)

(1) لقد تعرض الدكتور ياسين خليل لدعاوى المستشرقين ومواقفهم من التراث العربي عمومًا والعلمي منه على وجه الخصوص في كل كتبه التي درست هذا التراث، وهنا لا بد من الرجوع إلى الكتاب الأول والثاني والثالث من هذا المجلد لمعرفة المزيد عن موقفه من المستشرقين. (المحقق)

فمن الحقائق المعروفة أن التقدم العلمي في العلوم الصرفة لا يتوقف تأثيره عند إشباع الرغبة في معرفة الحقائق، بل يتجاوز ذلك إلى حقول أخرى نظرية وتطبيقية، فلسفية وتكنولوجية صناعية، والعلوم الصرفة عند العرب أصابها تقدم كبير ولا سيما في علوم الرياضيات والفلك، فضلًا عن العلوم الطبيعية الأخرى، وبعض فروع العلوم الطبية والصيدلانية، ومثل هذا التقدم له تأثيره النظري في المنطق والمعرفة وتقسيم العلوم ومناهج البحث، وحتى الميتافيزيقا. فمن الضروري إذًا كشف الإبداعات الفلسفية التي رافقت تقدم العلم وتطوره وعدم الالتزام بالمنهج القديم لدراسة الفلسفة العربية الإسلامية في ضوء مقولات ومبادئ وطروحات الفلسفة اليونانية.

إنّ المشكلة الكبرى التي يواجهها الباحث في التراث الفلسفي والعلمي العربي تتلخص في النقاط الآتية:

أ. كان المستشرقون من أوائل من درس تراثنا الفكري، ولم تكن هذه الدراسة خالصة لوجه الله، بل كانت متميزة ومتعالية تحاول بكل الوسائل إثبات أن العرب لم يساهموا في تطوير المعرفة عمومًا، وأنهم مجرد نقلة من التراث اليوناني والسرياني والهندي والفارسي، فلم يكن الإبداع أو الابتكار بالشيء الذي يعنيهم، بل كان جل اهتمامهم منصبًا على نقطة واحدة هي إثبات تخلف العقلية العربية في ميدان المعرفة والعلم.

ب. وردت في عدد كبير من المؤلفات الأوربية عبارة المعجزة اليونانية (العبقرية اليونانية) على أساس أن لليونان الفضل الأول والأخير في توجيه المعرفة والفلسفية، في نشأة العلوم قاطبة، إذ لم يسبقهم شعب في هذا الشرف العلمي، متناسين من دون شك وبتعمد فضل الحضارات القديمة التي سبقت الحضارة اليونانية في التقدم العلمي، فالحضارة البابلية والحضارة المصرية وهي جغرافيًا أقرب إلى المنطقة اليونانية وكانت لها اتصالات برية وبحرية بالحضارة اليونانية، قد أنجزتا الكثير في دائرة المعرفة العلمية والفكرية، وقد شهد على ذلك عدد غير قليل من فلاسفة اليونان في مصنفاتهم، وكان من نتيجة الاستعلاء الأوربي أن قُطعت جذور الحضارة اليونانية التي ارتوت بغذاء المعرفة من بابل ومصر.

ج. ولم يتوقف الاستعلاء الأوربي عند هذا الحد، بل راح بالطريقة نفسها يقطع ثمار العلم والمعرفة في الحضارة العربية الإسلامية، ليبرهن على أن شجرة العلم بعد اليونان لم تثمر، فقفز المؤلِف الأوربي فوق القرون ليبرهن على أن التواصل من جديد بين الحضارة اليونانية والأوربية في عصر النهضة لينطلق العلم إلى أفاقه الجديدة الرحبة من خلال ما خلفته العبقرية اليونانية. أما من بحث في التراث العربي فكانت غايته واضحة للعيان هي: دراسة ما خلفه الفلاسفة والعلماء العرب من زاوية يونانية، وأقصد بذلك: أن الباحث الأوربي الذي درس اللغة اليونانية والفلسفة والتراث اليوناني بعامة تشبع فكره بمقولة خطيرة هي: أن الحضارة العربية الإسلامية في مجال العلم والفلسفة والفكر لم تكن مبتكرة أو مبدعة، بل كانت الفلسفة فيها يونانية بلغة عربية، وكان العلم فيها امتدادًا وترديدًا للعلم اليوناني، وكان الفكر بعامة صورة لما بلغته الحضارة اليونانية والرومانية من تقدم.

د. وهكذا دخل الباحث الأوربي ميدان دراسة التراث العربي وفي فكره فروضات وهمية يحاول تحقيقها على حساب العلم والمنهج العلمي، ولم يشذّ منهم عن هذه القاعدة إلا نفر قليل من الباحثين المتأخرين، فاعتمدت دراساتهم للفلسفة العربية الإسلامية على مبدأ البحث عن كل ما هو يوناني أو سرياني أو هندي أو فارسي، ولم يفكر الواحد منهم أن للعرب قبل الاتصال بالحضارات المختلفة بعد الإسلام علومًا في الرياضيات والأنواء والحيوان والنبات، وهي بلا شك معارف قديمة لحضارات الجزيرة العربية وما حولها فضلًا عما تمليه الحياة من خبرات عملية ونظرية.

هـ. ولم يكن رجال الاستشراق الأوربي فلاسفة بالمعنى الدقيق، لذلك نجدهم يهملون كثيرًا من القضايا الفلسفية المهمة التي لا وجود لها في التراث اليوناني، وهي قضايا مبتكرة وأصيلة، وأن أدرك أحدهم أهمية هذه القضايا نسبها جزافًا إلى مصدر هندي أو فارسي من غير دليل، أو مصدر مفقود قد يكون سريانيًا أو يونانيًا كذلك. وهكذا ظهر التراث العربي على أيديهم فقيرًا ليس فيه حياة

ولا يشير إلى ما أنجزته الأمة العربية من ابتكارات وإبداعات. وتشبّع الفكر العربي المعاصر بترجماتهم وشاع رأيهم بين المؤلفين والكتاب العرب. فجاءت المصنفات العربية ترديدًا لأقوالهم وأبحاثهم، ولم يشذ عن هذه القاعدة إلا نفر قليل من الأوربيين والعرب.

2. الرد على دعاوى المستشرقين

إذا أردنا التخلص بعلمية متنورة من هذه الادعاءات، علينا إذن أن نبدأ بداية صحيحة بعد تثبيت بعض الحقائق المهمة، وهي مقدمات لا يصح أن نستغني عنها، لأنها الأساس والقاعدة العامة للاختلاف والتطور، اختلاف العقلية العربية عن العقلية اليونانية، وتطور التراث العربي الإسلامي في امتدادات لم يشهدها التراث اليوناني، وأوجز هذه الحقائق بالصورة الآتية:

الحقيقة الأولى: لم يكن عرب الجزيرة العربية والمناطق القريبة حولها مجرد أقوام رحل لا يعرفون من العلوم والمعارف شيئًا، فهم أولًا ورثة معارف الحضارات التي قامت في اليمن والجزيرة العربية والعراق والشام ومصر، ولا يمكن النظر إلى العرب على أساس أنهم أقوام من البدو الرحل، إذ شهدت الجزيرة قبل البعثة النبوية استقرارًا في المدن وتجارة مزدهرة وصناعات مهمة وترسيخًا لقيم حضارية وعلوم نظرية وعملية ذات صلة بالحساب والمواريث والبناء والزراعة وتربية الحيوان ومعرفة الأنواء وأحوال السماء فضلًا عن دقة في معرفة النباتات الغذائية والطبية ومواسم زراعتها ومعرفة بالبحر وأحواله وحيواناته والملاحة فيه باسترشاد النجوم.

الحقيقة الثانية: كان القرآن الكريم بعد البعثة النبوية المصدر الأول لكل المعارف والعلوم العربية، إذ احتوى على حقائق كثيرة تتعلق بالكون والطبيعة والإنسان، فضلًا عن معارف تتعلق ببناء شخصية الفرد والمجتمع الجديد، وترسيخ قيم ومبادئ المجتمع يقوم على أساس قانوني وأخلاقي، فلم تكن الأسطورة كما كانت عند اليونان وحضارات الشرق القديم مصدر قيم المجتمع العربي الإسلامي، بل كانت القيم والمبادئ الاجتماعية عقلانية وإنسانية تنشد بناء المجتمع على وفق تعليمات تستقر بالقبول في قلوب البشر وعقولهم،

لتدفع بهم نحو طلب العلم والحقيقة بالعمل والنظر في ملكوت الله، وهنا نضع يدنا على فرق جوهري بين المجتمعات القديمة ومنها اليونانية القائمة على الوثنية والخرافة والأسطورة، والمجتمع العربي الإسلامي الذي يقوم على الوحدانية والعقلانية وطلب الحقيقة، لذلك كان القرآن الكريم المصدر الأول لكل المعارف والعلوم العربية من فقه وحديث وشريعة وأدب وتاريخ ولغة، فضلًا عن المبادئ والقيم الموجهة للإنسان نحو دراسة الطبيعة والفلك والحيوان والنبات والأرض وغير ذلك.

الحقيقة الثالثة: لقد شهدت الفترة الزمنية التي تلت البعثة النبوية حتى بداية عصر الترجمة والاتصال بالثقافات الأجنبية، تغيرات جوهرية في حياة الإنسان والمجتمع، فضلًا عن الاهتمام بدراسة القرآن الكريم والحديث والسيرة النبوية، كما كان الاهتمام كبيرًا بالعلوم على مذهب العرب مقابل العلوم على مذهب اليونان، وفي الوقت الذي بدأت فيه دراسة وبحث المعارف المتصلة بالقرآن الكريم والسنة النبوية والأدب والشعر والأمثال والتاريخ والأنساب وغير ذلك. أخذ المنهج العلمي في استقصاء الحقائق والتثبت منها طريقه في النمو والازدهار، وأخذت المبادئ الأساسية للعلوم بالتبلور لتشكل المقدمات الضرورية في علوم القرآن والشريعة واللغة، وازداد الاهتمام بالعلوم العملية مثل علوم الطب والعمارة نتيجة للتوسع الذي أصاب المجتمع العربي بفضل حركة التحرر العربي الإسلامي. كما خلفت الفتوحات أوضاعًا جديدة فتأسست مؤسسات ودواوين للجند والخراج والحسبة والأرزاق والمعاشات فضلًا عن الاهتمام بعمران الأرض وزراعتها وما يتبع ذلك من قياس للمساحات وحساب للمنتوجات وتدبير لشق الترع وبناء الجسور، وحساب المواريث والتجارة وغير ذلك. فكان أن تركز عمل بعض العلماء على تدوين جداول حسابية، وعمليات تخدم الأغراض الجديدة، وتطوير أساليب حسابية جديدة باعتماد ما كان موجودًا من موروث حسابي في حواضر الجزيرة العربية ومراكز التجارة فيها.

المبحث الثاني: معنى الفلسفة العلمية[1]

لاشك أن مصطلح الفلسفة العلمية Scientific Philosophy، له مدلوله المعاصر، وغالبًا ما يقع التمييز بينه وبين مصطلح فلسفة العلم Philosophy of Science، على أساس أن الفلسفة العلمية تيار فلسفي معاصر يهتم بدراسة الجوانب الفلسفية، التي يمكن أن تسهم في تطوير العلم واستجلاء بعض مشكلاته وتحليل مفاهيمه ومبادئه، فهي بذلك لا ترسم تأثير العلم في الفلسفة والتفلسف في قضايا العلم، بل تبحث في مناهج البحث العلمي والمنطق وما ينطوي عليه العلم من أصول وقواعد في نظرية المعرفة، فضلًا عن البحث عن المعايير التي بموجبها تتواصل العلوم بعضها مع بعض، كما تهتم بدراسة وتحليل المفاهيم والمبادئ العلمية وكيفية بناء النظريات، والتثبت من الفرضيات والقوانين والنظريات، فضلًا عن نقد الميتافيزيقا وإمكانية استبعادها.

أما فلسفة العلم فقد اختصت بدراسة العلوم المختلفة واعتماد نتائجها وما يمكن أن تشير إليه لبناء فلسفة عامة تأخذ بنظر الاعتبار التقدم العلمي وتضع لنتائج العلوم أماكن

---

(1) على الرغم من تحديد الدكتور ياسين خليل لمصطلحي الفلسفة العلمية وفلسفة العلم، وما امتاز به من دقة واضحة، فإننا نورد هنا تعريفات أخرى لهذه الفلسفة، نقول الفلسفة العلمية مذهب يقرر الاكتفاء بالعلم من حيث قدرته على الذهاب إلى المسائل القصوى الدائرة على المعرفة البشرية، في حين تعني فلسفة العلم مبحث نقدي في مبادئ العلوم وفي الأصول المنطقية لهذه المبادئ، وينبغي هنا التمييز بين فلسفة العلم ونظرية المعرفة، يُراجع، يوسف كرم، المعجم الفلسفي، مادة فلسفة علمية. ويشير الدكتور صلاح قنصوه من جهته لمعنى الفلسفة العلمية بقوله: ليس فرعًا أو مبحثًا من فروع الفلسفة ومباحثها، كما أنها ليست عنوانًا لمذهب فلسفي معين، بل هي وصف عام تولّعت بإطلاقه بعض الفلسفات على مذاهبها في عصرنا الحديث الذي أصبح فيه العلم فارس الحلبة. والهدف المشترك بين كل من يستخدم مصطلح الفلسفة العلمية عنوانًا لمذهبه على الرغم من الخلافات الحادة بين تلك المذاهب، فإن الهدف هو رفع قيمة المذهب الفلسفي في سوق الفكر عن طريق استعارة ما رسخ للعلم من سمعة طيبة نأت عن ميادين الخصام والشقاق التي لا تسفر عن حسم أو اتفاق، ومن أبرز المدافعين عن الفلسفة العلمية من الفلاسفة المعاصرين برتراند رسل (ت1970)، والوضعية المنطقية، يُراجع، فلسفة العلم، بيروت 1983، ص20 وما بعدها. ويُلاحظ أن ياسين خليل عندما تبنى هذا المصطلح في بحثه هنا إنما أراد أن يدرس الجوانب العلمية من التراث العربي ويغفل الجوانب الميتافيزيقية التأملية، لأن الفلسفة العلمية تعتقد أن الميتافيزيقا أمر لا طائل تحته ولغو فارغ ولا يمكن التحقق من مقولاتها بالتجربة. ومع ذلك عند هذه الجوانب من الفلسفة العلمية اضطر للرجوع إلى كبار الفلاسفة العرب المسلمين من أصحاب الأنساق الفلسفية الميتافيزيقية الكبرى، الذين تخدم فلسفتهم العلمية تلك الميتافيزيقا. (المحقق)

في البناء الفلسفي، وقد يترتب على بناء النظام الفلسفي إقامة نوع من الميتافيزيقا أو نظرية المعرفة والمنطق، فتظهر مشكلات فلسفية ونتائج من نوع جديد، وقد يبلغ الأمر إلى تبلور تيار أو مذهب فلسفي جديد يستند إلى حقائق علمية. ولكنه يفلسفها في إطار مقولات ومبادئ فلسفية، فإذا بطروحات وفرضيات وقناعات فكرية تضع العلم في سور عقائدي، فتفهم وتفسر حقائقه من زاوية معينة.

المبحث الثالث: الفلسفة العلمية عند العرب، طبيعتها ومناهجها

إنّ بحثنا عن الفلسفة العلمية عند العرب نتوخى فيه دراسة تلك الجوانب الفلسفة أو الفكرية التي يحتويها مجال الفلسفة العلمية، ولأجل توضيح موقفنا من هذه المسألة سنركز اهتمامنا في بحث الحقول أو المجالات التي أبدع فيها العلماء والفلاسفة العرب والتي تخضع لموضوع بحث الفلسفة العلمية وهي باختصار:

1. تصنيف العلوم وما يتطلب ذلك من تعيين لمواضيع بحث كل علم ومنهجيته، وما يميزه عن العلوم القريبة في العائلة الواحدة وما يربطه بعلوم أخرى، ولا بد من الإشارة هنا إلى أن التصنيف يتبع قاعدتين: الأولى- تنص على تصنيف المعرفة الإنسانية إلى عوائل علمية، وتصنيف العوائل حسب ما تضمه من علوم رئيسية، والثانية- تنص على تصنيف العلم الواحد إلى فروعه العلمية وكيفية ارتباط هذه العلوم ببعضها ومجال بحثها ومنهاج دراستها.
2. نقد الميتافيزيقا وبيان اختلاف المسائل أو القضايا الميتافيزيقية عن المسائل أو القضايا الرياضية والطبيعية، وهذا معناه التفريق بين الميتافيزيقا والعلوم، وأن اعتماد الميتافيزيقا على العلم لإثبات صدق قضاياها مسألة باطلة لا أساس لها من الصحة لاختلاف طبيعة الميتافيزيقا عن العلم الطبيعي والعلم الرياضي.
واعتمد نقد الميتافيزيقا على ثلاثة أركان هي:
أ. محدودية العقل الإنساني في إدراك المسائل الميتافيزيقية.
ب. الشك في الأمور التي لا تقوم على يقين ثابت، وأن الكلام فيها سخف، فالثقة بالميتافيزيقا أمر لا تثبته الحجج التي يعتمد عليها الفلاسفة، وأن

الثقة بالفلسفة من هذا القبيل يقابله تسفيه لكل حجة فلسفية، وأن ما يظهر يقينًا سرعان ما يهدمه العقل بحجة مقابلة أو البرهان على فساد مسائل الميتافيزيقا وما تقوم عليه من مناهج.

ج. الميتافيزيقا والعلم الرياضي والعلم الطبيعي ثلاثة حقول مختلفة في المادة والمنهج والغاية، ولا يجوز الخلط بينها، فالميتافيزيقا غيبية لا تصل مطلقًا إلى مرتبة يقين القضايا الرياضية، وقضايا العلم الطبيعي تجريبية وهي احتمالية لا تصل كذلك إلى مرتبة اليقين.

3. أدرك الفلاسفة والعلماء العرب أن المنطق الأرسطي وهو منطق استدلالي لا يضيف إلى الخبرة الإنسانية شيئًا جديدًا، فهو من ناحية منطق صوري، ومن ناحية أخرى لا يضيف شيئًا إلى المقدمات المفروضة في القياس، لأن النتيجة المشتقة موجودة في المقدمات، وهذا معناه أنه منطق عقيم في العلم الطبيعي، وأن المنهج الذي يجب تطبيقه في العلم الطبيعي هو التجربة والاستقراء لاكتشاف الجديد أو الحقائق، أو لتفنيد رأي سابق يعوزه الدليل التجريبي. ولهذا تفرعت الدراسات المنطقية فلم تقتصر على نظرية القياس، واستحدثت مباحث جديدة لا عهد للفكر اليوناني بها، بحيث يمكن حصرها في الحقول أو المجالات الآتية:

أ. فضلًا عن بحوث المنطق التي خلفها أرسطو، نجد دراسات في فلسفة المنطق، وذلك من خلال دراسة طبيعة القضايا والصدق واليقين والاحتمال والاستدلال والاستنتاج والبرهان وصلة المنطق بالمحسوسات، والمحسوسات والضروريات والبديهيات والمبرهنات وأنواع القضايا وغير ذلك من المسائل الفلسفية المنطقية.

ب. الاهتمام بالمنطق التجريبي وإرساء دعائمه من حيث الاعتماد على الأجهزة العلمية لحصر الظاهرة الطبيعية ودراستها واستخلاص النتائج منها، واستقراء الحالات التي تنتظم في علاقات واحدة من أجل الوصول إلى صياغة الفرضية العلمية، ثم اختبارها في ضوء حالات أخرى جديدة، فإن ثبتت أمام الاختبار تحولت إلى قانون علمي، ولم يقتصر البحث التجريبي

في استكشاف حقول جديدة، بل اعتبرت التجربة بمثابة الدليل العلمي، للتثبت من الفروض والآراء والنظريات التي طرحها الأوائل من اليونان، وهكذا لم يقبل العلماء العرب ما خلفه اليوناني في مجال العلوم الطبيعية دون دراية ودراسة، بل كان الشك الموضوعي أول خطوة لاستجلاء الحقائق. فرفضوا التناقض، واحتكموا إلى العقل والتجربة لمعرفة اليقين.

ج. الاهتمام بمنطق حل المشكلات الرياضية Heuristic على أساس أنه الوسيلة لتعليم المتعلمين كيفية البرهان وحل المشكلات الرياضية، واشتمل المنطق على جميع الطرق التي يقوم عليها الحل مهما اختلفت طبيعة المسألة، فالشروط والفروض والاستنتاج وخطوات الحل والبرهان ومعرفة فيما إذا كانت المسألة قابلة للحل أو أنها مستحيلة، وفيما إذا كانت زائدة أو ناقصة في منطوقها، وفيما إذا كان لها حل واحد أو عدة حلول، ولم يهمل هذا المنطق واجب الاهتمام بالبديهيات والمصادرات الهندسية، وأن الحل قد يسير بطريقين طريق يبدأ بالمجهول وبخطوات منطقية متكاملة ومن دون إهمال أيّ شيء في منطوق المسألة، وينتهي بالضروريات الصادقة مثل البديهيات والمصادرات، وطريق يبدأ بالضروريات والشروط مع تتبع ما ينتج عنها على أساس أن ما يصدر عنها وهي صادقة لا بد أن يكون صادقًا حتى يصل بنا الاستنتاج إلى النتيجة المتوخاة.

د. تطور منطق الخوارزميات في عدة حقول علمية، ونقصد بالخوارزميات أساليب وطرق الحل بأسلوب منطقي واضح يتقرر في ضوئه ما إذا كانت القضية صحيحة في ضوء الطريقة، وأبرز هذه الخوارزميات تلك التي وجدت لها تطبيقًا إبداعيًا في نظرية الخليل بن أحمد الفراهيدي اللغوية، إذ اعتمد الطريقة الارتباطية والقلب والإبدال فضلًا عن تثبيت بعض القوانين الصوتية التي لا تسمح بتوالي بعض الأصوات في اللغة العربية، والتمييز بين المهمل من الألفاظ والمستعمل، أما محمد بن موسى الخوارزمي (ت830م) فإليه يعود الفضل في إرساء علم الجبر على قواعد علمية من

خلال استحداث خوارزمية تجمع بين الحساب والهندسة ومفاهيم الجبر والقوانين الخاصة لحل مشكلات غايتها إدراك المجهول.

4. الاهتمام بالمعرفة العلمية والأشكال التي يحصل من خلالها المرء على المعرفة بأنواعها المختلفة، والجديد في هذا المجال هو مناقشة مسائل نظرية المعرفة بالاستعانة بالعلوم، فارتبطت النظرية بالعلوم فكانت أساسًا قويمًا لمناقشة قضايا لم يتعرض إليها الفلاسفة، وجاءت الحلول كذلك جديدة في الفكر الفلسفي، لأنها اعتمدت على التجربة والعقل وما توصل إليه العلم من نتائج صادقة.

المبحث الرابع: نظرية المعرفة[1] وصلتها بالفلسفة العلمية عند العرب

لقد أدرك عدد غير قليل من الفلاسفة والعلماء العرب أن مصادر المعرفة الرئيسية هي الحس والعقل، ولكنهم عرفوا ما للحس من أغلاط توقع صاحبها في استنتاجات غير صحيحة، وأدركوا ما للعقل من أهمية في معرفة الكليات والمعقولات، لكنهم في الوقت نفسه لم يثقوا بالمعرفة العقلية المجردة أساسًا لاكتشاف جميع الحقائق، فكانت التجربة والاعتقاد بوحدة الحقيقة وعدم جواز التناقض في البحث العلمي والموضوعية البعيدة عن الميل والهوى، هي الركائز العلمية لتتويج نتائج البحث ونقد الآراء غير الصائبة، وتقويم أخطاء الحس واستنتاجات العقل المجرد.

تتميز نظرية المعرفة العلمية عند الفلاسفة والعلماء العرب أنها اهتمت بما يلي:

1. دراسة مصادر المعرفة وأغلاط الحواس وأخطاء الاستنتاجات العقلية في ضوء النتائج العلمية وما تقرره التجربة من شروط.

2. دراسة طبيعة المعرفة من خلال تحليل القضايا المنطقية والرياضية والطبيعية مع رفض لنظرية وجود مقولات ومبادئ عقلية فطرية.

---

(1) لتفصيلات أكثر عن نظرية المعرفة من حيث مصدرها وطبيعتها وإمكانها، يُراجع، بحثنا نظرية المعرفة في الفكر الفلسفي الحديث والمعاصر، ضمن كتابنا من الآخر إلى الذات، مرجع سبق ذكره. (المحقق)

3. دراسة الموجودات بالتفصيل لاكتشاف الانتظامات أو العلاقات الأساسية التي تربطها، ولتأكيد أهمية وحدة الحقيقة، وذلك برفض إمكانية عرض الحقيقة بصورتين أو أكثر.
4. بحث الفروض والقوانين والنظريات التي بها الأوائل من الفلاسفة العلماء اليونان، من خلال الشك فيها ومعارضتها لاكتشاف الخلل، وتصحيح الآراء وطرح الأبدال.
5. دراسة العلاقة بين الحواس والمعرفة الحسية، وذلك من خلال تشريح الحاسة لمعرفة كيفية الإدراك الحسي، فقد عرف عن الحسن بن الهيثم (ت1038م) أنه شرّح طبقات العين والأعصاب الممتدة إلى المخ لمعرفة كيفية حدوث الصورة من جهة وتطابق الصورة مع الموجود على الرغم من ورود الصورة من عينه من جهة أخرى.

المبحث الخامس: العلوم الطبيعية وصلتها بالفلسفة العلمية عند العرب

الاهتمام بدراسة الظواهر الطبيعية لإدراك المبادئ والفروض الرئيسية عن طريق المناقشة العقلية أو التجربة النظرية لعدم إمكانية إقامة التجربة المختبرية، فكان الاستنتاج وما يترتب عليه من تعليل للظواهر الطبيعية هو الدليل لصياغة المبادئ والفروض، فمن المعروف مثلًا أن الحسن بن الهيثم قد أدرك بوضوح أن الضوء ينتقل في زمان يمكن قياسه، وذلك على أساس جملة من المقدمات:

1. أن للضوء وجودًا موضوعيًا مستقلًا.
2. لأن حركة ينتقل بها من نقطة إلى أخرى بسرعة عالية تخفى عن الحس.
3. أن الحركة والانتقال لا يكونان إلا في زمان يقيس الحركة والانتقال.

ولم تقتصر مثل هذه الاستنتاجات الصحيحة على البصريات، بل تعدت ذلك إلى الأفلاك وحركاتها، وإلى حركة الأجسام على خط مستقيم، وتساوي الثقيل والخفيف في السقوط الحر، بانعدام المقاومة وجاذبية الأرض للموجودات وجاذبية الكواكب وتحليل المفاهيم العلمية مثل: الزمان والمكان والكتلة والسرعة والتعجيل والشغل وغير ذلك من

مفاهيم علم الميكانيك، لإدراك العلماء العرب ضرورة تعريفها بصورة صحيحة وإبطال التعريفات غير العلمية.

المبحث السادس: تصنيف العلوم عند العرب وصلته بالفلسفة العلمية[1]

ولكي يكون التخطيط علميًا لمشروع دراسة الفلسفة العلمية عند العرب في ضوء ما ثبتناه من حقول وموضوعات، نبدأ بتحليل ما ذكرناه بشيء من التفصيل مع اعتماد المراجع والمصادر التراثية لتكون عونًا لإثبات ما نذهب إليه، وأول الموضوعات التي نتناولها هو تصنيف العلوم عند العرب، وهو الموضوع الذي نجده في عدد من المصنفات، إلا أننا سنعتمد على الكتب التي تتناول تصنيف العلوم مباشرة، والكتب التي اهتمت بتصنيف العلوم ولكن من زاوية تحديد معاني الألفاظ في كل علم من العلوم، والكتب التي تخصصت بعلم واحد، فصنفت فروعه الجزئية، مثل كتب الطب والكيمياء والفيزياء وغيرها، كما يمكن الاستعانة كذلك بكتب المعاجم وما ورد فيها من تصنيف وتحديد للعلوم وألفاظ الواردة فيها.

إن مسألة تصنيف العلوم تحتاج إلى استيعاب كامل لجميع علوم عصر الفيلسوف أو العالِم الذي يتناول هذه المسألة بالبحث، ومعلوم أن العلوم لم تنبثق في عصر واحد ومدة زمنية معينة، بل تطورت بفضل التطور والتقدم الإنساني وحاجات الإنسان المتزايدة على مر العصور، لكننا في الوقت نفسه لا ننكر ما للحضارات القديمة من إسهامات جادة سواء في استحداث العلوم أو تطويرها، فالإنسان البابلي عرف الرياضيات والطب ومعارف تكنولوجية اختلطت فيها الصناعة والكيمياء وعلم النبات والمعادن وغير ذلك. إلا أن الشيء المهم في تصنيف العلوم أنه جعل العلم الرياضي فروعًا. فالحساب والهندسة والفلك والموسيقى من العلوم الرياضية، علمًا أن علم الحساب لم يقتصر على علم العدد وعمليات الحساب المختلفة، بل كان لعلم الجبر الذي استُحثت أولى خطواته مكانه البارز في علم الحساب، والناظر في هذا التصنيف يدرك بسرعة أن أساس اجتماع هذه العلوم الأربعة في العلم الرياضي

(1) لقد صنف العلومَ الكثير من الفلاسفة والعلماء ومن أبرزهم الفارابي في كتابه إحصاء العلوم وابن سينا في رسالة الحدود والغزالي كذلك في معيار العلم، أما ابن رشد فقد ترك تصنيفه للعلوم مبثوثًا في كتبه، يُراجع، للتفصيلات كتابنا، العلوم الطبيعية في فلسفة ابن رشد، بيروت 1995، الفصل الأول. (المحقق)

هو أنها اعتمدت على قاعدة واحدة، فليس هناك مجال للتساؤل عن سبب ضم علم الحساب وعلم الهندسة إلى العلم الرياضي، ولكن من الممكن أن يثير المرء سؤالًا عن سبب ضم علم الفلك وعلم الموسيقى إلى العلم الرياضي، والجواب: أن علم الفلك يعتمد على قضايا علم الهندسة، كما أنه يعتمد على قضايا علم الحساب في القياس والأرصاد ومراقبة حركة الأفلاك في القبة السماوية لتحديد مواقعها أو سرعتها أو اتجاهها، أما علم الموسيقى فمن المعروف كذلك أن الأنغام والألحان تعتمد على العدد، كما أن صناعة الآلات الموسيقية تعتمد على الحساب.

إنّ علوم بابل ومصر قد انتقلت بلا شك إلى الحضارة اليونانية عبر ممرات مباشرة وغير مباشرة، إذ انتقلت عن طريق الاتصال المباشر أو عن طريق حضارات أخرى مثل الفينيقية إلى اليونان، وكان لهذا الاتصال واطلاع اليونانيين على إنجازات حضارات أخرى أكبر الأثر في ظهور النزعة العقلية والابتعاد عن الأساطير السائدة لإدراكهم أنه لا وجود لعبادة واحدة وعادات وتقاليد واحدة مما دفعهم إلى التفكير في هذا التفاوت بروح نقدية وتحليلية انعكست بشكل واضح على فهمهم للكون والحياة والإنسان والمجتمع.

لقد أدت هذه النزعة التحررية إلى ازدهار العلوم والفلسفة بعامة، وأخذ التفكير العقلي يشق طريقه نحو بحث الأشياء والظواهر والحوادث بروح تأملية تعتمد بعض الأحيان على ما ورثته من علوم الحضارات القديمة.

ولا ننكر ما لليونان من مساهمات كبيرة في العلوم، إذ تمايزت بصورة واضحة علوم الرياضيات عن العلوم الطبيعية والعملية والفلسفة الميتافيزيقية، فكتب أرسطو (ت322ق.م) على سبيل المثال في العلم الطبيعي بفروعه المختلفة، واستخدم فروع الرياضيات في تحليله المنطقي للعلم البرهاني، ثم ما لبثت أن توسعت دائرة العلوم في المدرسة الإسكندرية وتنوعت الفروع واستقل بعضها، إلا أن ما يهمنا في بحثنا هو كيف عالج العِلم والفيلسوف العربي ما ورثه من علوم تُرجمت إلى اللغة العربية مع ما ورثه من علوم متنوعة من حضارات أخرى سابقة، وما أبدعه من علوم جديدة بفضل الدين الإسلامي لم يعرف اليونان ماهيتها ولا عهد لهم بها، فضلًا عن الإنجازات والتوسعات الجديدة بفضل التقدم العلمي والإضافات الجديدة.

صنَّف ابن النديم كتابه المعروف بالفهرست عام 377هـ، في من اشتغل بالعلم والمعارف المختلفة، إلا أنه في الوقت نفسه نلمس تصنيفًا للعلوم والمعارف المعروفة في زمانه، إذ أدرج اسم كل عالِم في علم أو صنف معين، ومن هنا يمكننا الاعتماد عليه في تصنيف العلوم، فالفهرست يحتوي على عشر مقالات، وفي كل مقالة مجموعة من الفنون، فالمقالة الأولى تضم ثلاثة فنون، الأول في وصف لغات الأمم من العرب والعجم ونعوت أقلامها وأنواع خطوطها وأشكال كتاباتها، والثاني في أسماء كتب الشرائع المنزلة على مذاهب المسلمين ومذاهب أهلها، والفن الثالث في نعت الكتاب الذي لا يأتيه الباطل من بين يديه ولا من خلفه تنزيل من حكيم حميد، وأسماء الكتب المصنفة في علومه وأخبار القراء وأسماء رواتهم والشواذ من قراءاتهم، وبالطريقة نفسها يتناول المقالة الثانية الخاصة بالنحويين واللغويين، والمقالة الثالثة في الأخبار والآداب والسير والأنساب، والمقالة الرابعة في طبقات الشعراء الجاهليين والإسلاميين ممن لحق الجاهلية وصناع دواوينهم وأسماء رواتهم، والمقالة الخامسة في الكلام والمُحَدِثين، والمقالة السابعة في الفلسفة والعلوم القديمة[1]، وتقع هذه المقالة في ثلاثة فنون، الفن الأول: في أخبار الفلاسفة الطبيعيين والمنطقيين وأسماء كتبهم ونقولها وشروحها والموجود منها وما ذُكر ولم يوجد وما وُجد ثم عُدم، الفن الثاني: في أخبار أصحاب التعاليم والمهندسين والأرثماطيقيين والموسيقيين والحُسّاب والمنجمين وصناع الآلات وأصحاب الحيل والحركات، الفن الثالث في ابتداء الطب وأخبار المتطببين من القدماء والمحدثين وأسماء كتبهم ونقولها وتفاسيرها، والمقالة الثامنة: في الأسماء والخرافات والعزائم والسحر والشعوذة، والمقالة التاسعة: في دراسة المذاهب والاعتقادات غير الإسلامية، أما المقالة العاشرة: فتختص بتعقب أخبار الكيميائيين من الفلاسفة القدماء والمحدثين وأسماء كتبهم.

ولو دققنا النظر في المقالات وما تحتويه من فنون وما تختص به لأدركنا على الفور عدة حقائق نفيد منها في تصنيف العلوم، ويمكننا حصر هذه الحقائق بالنقاط الآتية:

1. يحتوي الفهرست على صنفين واسعين هما: الأول- يبدأ من المقالة الأولى حتى نهاية المقالة السادسة، وقد اختصّ هذا الصنف بالعلوم اللغوية والشرائع والمذاهب

---

(1) أورد المؤلف المقالات التي لها صلة بالموضوع واغفل ذكر المقالات الأخرى لعدم صلتها به.

الإسلامية، والتاريخ والأدب والشعر بخاصة، وعلم الكلام والعلم الحديث وعلم الفقه وعلوم القرآن، والثاني- يبدأ من المقالة السابعة حتى نهاية المقالة العاشرة، وقد اختصّ هذا الصنف بالعلوم الأجنبية مثل: الفلسفة الطبيعية (العلم الطبيعي) وعلم المنطق وعلم التعاليم (=الحساب والهندسة والفلك والموسيقى وعلم المناظر وعلم الحيل وعلم الأثقال)، وعلم التنجيم والطب والكيمياء (=علم الصنعة)، إلا أن هذا الصنف يحتوي كذلك موضوعات لا صلة لها بالعلوم وهي أقرب ما تكون إلى الأديان والمذاهب والاعتقادات والخرافات غير الإسلامية.

2. إن العلوم عند صاحب الفهرست هي إما علوم عربية وإما علوم أعجمية، فجعل في الصنف الأول ما يعرفه من العلوم العربية في زمانه، في حين جعل العلوم الأجنبية أو غير العربية التي نُقلت إلى اللسان العربي في الصنف الثاني، وهي علوم مترجمة عن اليونانية والهندية والسريانية.

أما كتاب مفاتيح العلوم للشيخ أبي عبدالله محمد بن أحمد بن يوسف الكاتب الخوارزمي، من الكتب التي اهتمت بتحديد معاني ألفاظ كل علم من العلوم، فاقترن عمله هذا بتصنيف العلوم وفروعها، فجاء الكتاب مفصلًا يدل بوضوح على مقدار معرفة كاتبه بعلوم عصره والألفاظ الشائعة والرئيسية في كل علم، واعتمد في تصنيفه على حصر العلوم العربية في صنف كبير، والعلوم الأعجمية في صنف آخر، وهكذا نجد في الكتاب مقالتين: الأولى وتقع في ستة أبواب تناول فيها: الفقه والكلام والنحو والكتاب والشعر والعروض والأخبار، وجعل لكل باب عددًا من الفصول، يتناول فيها الموضوعات أو التفرعات العلمية التي تندرج تحت كل علم، فعلى سبيل المثال لا الحصر، فإن باب الفقه أحد عشر فصلًا هي: أصول الفقه والطهارة والصلاة والأذان والزكاة والحج والبيع والشركة والنكاح والطلاق والدِّيَّات والفريضة والنوادر، وفي باب الكلام سبعة فصول هي: موصفات متكلمي الإسلام فيما بينهم، وذكر أرباب الآراء والمذاهب من أهل الإسلام، وذكر أصناف النصارى ومواصفاتهم، وذكر أصناف اليهود ومواصفاتهم، وذكر أرباب الملل والنحل، وذكر عبدة الأوثان من العرب وأصنامهم، ووصف الأبواب التي يتكلم فيها المتكلمون من أصول الدين. وهكذا في كل باب عدة فصول تتناول تفرعات كل علم.

واحتوت المقالة الثانية وهي في علوم العجم تسعة أبواب، إذ اختص الباب الأول في الفلسفة، فتناول أقسام الفلسفة من زاوية ما هو نظري وعملي، فضلًا عن المنطق باعتباره آلة الفلسفة، أما الجزء النظري فينقسم إلى ثلاثة أقسام وهي: علم الطبيعة وعلم الأمور الإلهية والعلم التعليمي والرياضي، أما الفلسفة العملية فتنقسم إلى علم الأخلاق وتدبير المنزل وسياسة المدينة.

وبناءً على ذلك يمكننا تصنيف العلوم حسبما جاء في مفاتيح العلوم إلى ما يأتي: العلم الإلهي (الميتافيزيقا) والمنطق والطب والأرثماطيقي (الحساب الفلسفي، والحساب العملي، وعلم الجبر)، والهندسة وعلم النجوم (الفلك) والموسيقى وعلم الحيل وعلم الكيمياء.

وعند الحديث عن أقسام الفلسفة ذكر الخوارزمي الكاتب ما نصه: فأما العلم الإلهي فليست له أجزاء ولا أقسام، وقد ذكر نكتًا منها في الفصل الثاني من هذا الباب، وأما العلم الطبيعي فمن أقسامه علم الطب وعلم الآثار العلوية أعني الأمطار والرياح والرعود والبروق ونحوها وعلم المعادن والنبات والحيوان وطبيعة شيء مما تحت فلك القمر. وصناعة الكيمياء تدخل تحت أقسامه لأنها باحثة عن المعدنيات، وأما العلم التعليمي الرياضي فهو أربعة أقسام أحدها علم الأرثماطيقي وهو علم العدد والحساب والثاني الجومطريا وهو علم الهندسة، والثالث علم الأسطربوميا وهو علم النجوم. والرابع علم الموسيقى، وهو علم اللحون، فأما علم الحيل فعلم لا يشارك هذه الأربعة وغيرها أيضًا وقد أُفردت لهذه الأقسام أبواب يشتمل كل باب منها على عدة فصول وبنيت فيها جوامعها ومواصفات أهلها وبالله التوفيق[1].

وهكذا يمكننا رسم تصنيف العلوم عند الكاتب الخوارزمي من جملة ما ذكره في كتابه على هيئة نقاط رئيسية:

1. تنقسم الفلسفة إلى ما هو نظري وما هو عملي، بحيث تشتمل العلوم النظرية على ثلاثة أقسام رئيسية هي: العلم الإلهي الذي ليس له أقسام، والعلم الطبيعي الذي يشتمل على علوم الطب والآثار العلوية والمعادن والنبات والحيوان والطبيعة

(1) يُراجع، الخوارزمي الكاتب، مفاتيح العلوم، طبعة مصر 1342هـ. (المؤلف)

(=الفيزياء) والكيمياء. والعلم الرياضي ويشتمل على علوم الأرثماطيقي والهندسة والفلك والموسيقى والحيل، وعلم المنطق وهو آلة الفلسفة.

2. القسم العملي وهو الآخر يحتوي على علوم الأخلاق وتدبير المنزل والسياسة المدنية.

واختص كتاب أبي نصر الفارابي (ت950م) المعروف بإحصاء العلوم، بتصنيف العلوم بصورة شاملة، وقد جمع فيه العلوم العربية والحضارية فضلًا عن العلوم الأجنبية وما أصابها من تطور وإضافات بفضل مدرسة الإسكندرية والفلاسفة والعلماء العرب.

قسّم الفارابي كتاب إحصاء العلوم على خمسة فصول، وبحسب العلوم التي يهدف إلى تناولها بالتفصيل، فاختص الفصل الأول بعلم اللسان والفصل الثاني بعلم المنطق والفصل الثالث بعلم التعاليم والفصل الرابع بالعلم الطبيعي والعلم الإلهي، والفصل الخامس بالعلم المدني وعلم الفقه وعلم الكلام.

وظاهر التصنيف يشير إلى أن الفارابي جمع في إحصائه علوم اليونان والعلوم التي تطورت بفضل الإسلام، فهو متأثر بلا شك بما وصلت إليه العلوم عند أرسطو وشُرَّاحه، فضلًا عما توصل إليه علماء وفلاسفة الإسكندرية من معارف جديدة وإضافات لاحقة.

يرى الفارابي أن علم اللسان عند كل أمة ينقسم على سبعة أجزاء عظمى هي: علم الألفاظ المفردة، وعلم الألفاظ المركبة، وعلم قوانين الألفاظ عندما تكون مفردة وقوانين الألفاظ عندما تركب، وقوانين تصحيح الكتابة، وقوانين تصحيح القراءة، وقوانين الشعر[1].

أما علم المنطق فينقسم على ثمانية أجزاء، الأول فيه قوانين المفردات من المعقولات والألفاظ الدالة عليها، وهو في الكتاب الملقب بالعربية بالمقولات، وباليونانية قاطيغورياس، والثاني فيه قوانين الأقوال البسيطة التي هي المعقولات المركبة من معقولين مفردين والألفاظ الدالة عليها المركبة لفظين لفظين، وهو الكتاب الملقب بالعبارة في العربية، وباليونانية باري أرمينياس، والثالث فيه الأقاويل التي تسير بها القياسات المشتركة للصنائع الخمس وهي في الكتاب الملقب بالقياس في العربية، وباليونانية أنالوطيقا الأولى، والرابع فيه القوانين

(1) يُراجع، للتفصيلات، كتاب إحصاء العلوم، تحقيق عثمان أمين، القاهرة 1968. (المؤلف)

التي تمتحن بها الأقاويل البرهانية، وقوانين الأمور التي تلتئم بها الفلسفة، وكل ما تصير به أفعالها أتم وأفضل وأكمل، وهو بالعربية كتاب البرهان، وباليونانية أنالوطيقا الثانية، والخامس فيه الأقاويل التي تمتحن بها الأقاويل الجدلية وكيفية السؤال الجدلي والجواب الجدلي، وبالجملة قوانين الأمور التي تلتئم بها صناعة الجدل وتصير بها أفعالها وأكمل وأفضل وأنفذ، وهو بالعربية كتاب المواضع الجدلية، وباليونانية طوبيقا، والسادس فيه أولًا قوانين الأشياء التي شأنها أن تغلط عن الحق وتُلبِس وتُحيِّر، وإحصاء جميع الأمور التي يستعملها عن قصد التمويه والمخرقة في العلوم والأقاويل المغلطة التي يستعملها المشنِّع والمُموِّه وكيف تُفسَح وبأيِّ الأشياء تدفع، وكيف يتحرَّز الإنسان من أن يغلط في مطلوباته أو يغالط. وهذا الكتاب يسمى باليونانية سوفسطيقا، ومعناه الحكمة المموهة، والسابع فيه القوانين التي تُمتحن وتُسبر بها الأقاويل الخطبية وأصناف الخطب وأقاويل البلغاء والخطباء، فيعلم هل هي على مذهب الخطابة أولًا، ويحصي فيها جميع الأمور التي تلتئم بها صناعة الخطابة، ويعرف كيفية صنعة الأقاويل الخطبية والخطب في فن من الأمور وبأيِّ الأشياء تصير أجود وأكمل، وتكون أفعالها أنفذ وأبلغ، وهذا الكتاب يسمى باليونانية ريطوريقا وهي البلاغة لا الخطابة، والثامن فيه القوانين التي تسبر بها الأشعار وأصناف الأقاويل الشعرية المعمولة التي تعمل في فن من الأمور، ويحصي أيضًا جميع الأمور التي تلتئم بها صناعة الشعر وكم أصنافها، وكم أصناف الأشعار والأقاويل الشعرية، وكيف صنعة كل صنف منها، ومن أيِّ الأشياء يعمل وبأيِّ الأشياء يلتئم ويصير أجود وأفخم وأبهى وألذ وبأي أحوال ينبغي أن يكون حتى يصير أبلغ وأنفذ، وهذا الكتاب يسمى باليونانية بويطيقا وهو كتاب الشعر.

وجريًا على ما اعتاد علماء وفلاسفة العرب في توسيع مجال العلوم الرياضية بإضافة علوم أخرى تستخدم العلم الرياضي على نطاق واسع، قسم الفارابي علم التعاليم على سبعة أقسام هي: علم العدد (العملي والنظري)، وعلم الهندسة (هندسة عملية وهندسة نظرية)، وعلم المناظر وهو ينقسم قسمين: أولهما: الفحص عما ينظر إليه بالشعاعات المستقيمة، والثاني يفحص عما ينظر إليه بالشعاعات غير المستقيمة، وهو المخصوص بعلم المرايا. وعلم النجوم ينقسم على علمين: أحدهما علم أحكام النجوم، وهو علم دلالات الكواكب على ما سيحدث في المستقبل، وعلى كثيرٍ مما هو الآن موجود، وعلى كثيرٍ مما تقدم، والثاني علم النجوم التعليمي

وهو الذي يُعَدّ صرفي العلوم في التعاليم يفحص في الأجسام السماوية وفي الأرض، أما علم الموسيقى فهو نظري وعملي، وعلم الموسيقى النظري ينقسم على خمسة أقسام أولها القول في المبادئ والأوائل التي شأنها أن تستعمل تلك المبادئ، وبأيّ طريق تستنبط هذه الصناعة، ومن أيّ الأشياء، ومن كم شيء تلتئم، وكيف ينبغي أن يكون الفاحص عما فيها، والثاني القول في أصول هذه الصناعة، وهو القول في استخراج النغم وكم عددها وكيف هي، وكم أصنافها وتعيين نسب بعضها إلى بعض البراهين على جميع ذلك، والقول في أصناف أوضاعها وترتيبها التي بها تصير موطأة لأن يأخذ الآخذ منها ما شاء فيركب منها الألحان، والثالث: القول في مطابقة ما تبيّن في الأصول بالأقاويل والبراهين على أصناف آلات الصناعة التي تُعَدّ بها وإيجادها كلها فيها ووصفها على التقدير والترتيب اللذين تبينا في الأصول، والرابع: القول في أصناف الإيقاعات الطبيعية التي هي أوزان النظم، والخامس: في تأليف الألحان في الجملة، ثم تأليف الألحان الكاملة، وهي الموضوعة في الأقاويل الشعرية المؤلفة على ترتيب وانتظام، وكيفية صنعتها بحسب غرض من أغراض الألحان، وتعرف الأحوال التي تصير بها أبلغ وأنفذ في بلوغ الغرض الذي له عملت. أما الموسيقى العملية فهي التي شأنها أن توجد أصناف الألحان محسوسة في الآلات التي لها أعدت إما بالطبع وإما بالصناعة.

وأما علم الأثقال فإنه يشتمل على شيئين: إما على النظر في الأثقال من حيث تَقدِّر أو يُقَدَّر بها، وهو الفحص عن أصول القول في الموازين، وإما على النظر في الأثقال التي تحرك أو يُحرّك بها، وهو الفحص عن أصول الآلات التي ترفع بها الأشياء الثقيلة وتنقل من مكان إلى مكان.

وأما علوم الحيل فهي التي تعطي وجوه معرفة التدابير والطرق في التلطف لإيجاد هذه بالصنعة وإظهارها بالفعل في الأجسام الطبيعية والمحسوسة، فمنها الحيل العددية وهي على وجوه كثيرة، منها العلم المعروف عند أهل زماننا بالجبر والمقابلة وما شاكل ذلك، ومنها الحيل الهندسية وهي كثيرة، منها صناعة رياسة البناء، ومنها الحيل في مساحة أصناف الأجسام، ومنها حيل في صنعة آلات نجومية وآلات موسيقية وإعداد آلات لصنائع كثيرة عملية مثل القسي وأصناف الأسلحة، ومنها الحيل المناظرية في صنعة آلات تسدد الأبصار نحو إدراك حقيقة الأشياء المنظور إليها البعيدة منها، وفي صنعة المرايا، وفي الوقوف من

المرايا على الأمكنة التي ترد الإشعاعات أن تعطفها أو تعكسها أو تكسرها، ومن ها هنا أيضًا يوقف على الأمكنة التي ترد شعاعات الشمس إلى أجرام أُخر، فتحدث من ذلك صنعة المرايا المحرقة والحيل فيها، ومنها حيل في صنعة أوانٍ عجيبة وآلات لصنائع كثيرة.

كما جمع الفارابي بين العلم الطبيعي والعلم الإلهي في فصل واحد، وقسم العلم الطبيعي على ثمانية أقسام بحسب مصنفات أرسطو في هذا العلم، فكان الأول هو السماع الطبيعي والثاني السماء والعالَم والثالث الكون والفساد والرابع الآثار العلوية والخامس المقالة الرابعة من كتاب الآثار العلوية والسادس المعادن والسابع النبات والثامن الحيوان والنفس.

أما العلم الإلهي فهو كله في كتاب أرسطو فيما بعد الطبيعة، ويقسمه على ثلاثة أجزاء: أحدها يفحص فيه عن الموجودات والأشياء التي تعرض لها بما هي موجودات والثاني يفحص فيه عن مبادئ البراهين في العلوم النظرية الجزئية، وهي التي ينفرد كل علم منها بالنظر في موجود خاص، مثل المنطق والهندسة والعدد وباقي العلوم الجزئية الأخرى التي تشاكل هذه العلوم، والجزء الثالث يفحص فيه عن الموجودات التي ليست بأجسام ولا في أجسام، فيفحص عنها أولًا هل هي موجودة أو لا، ويبرهن أنها موجودة، ثم يفحص عنها هل هي كثيرة أو لا، فيبين أنها كثيرة.

ويتناول الفصل الخامس العلم المدني وعلم الفقه وعلم الكلام، والعلم المدني جزءان: جزء يشتمل على تعريف السعادة وتمييز ما بين الحقيقة منها والمظنون به، وعلى إحصاء الأفعال والسير والأخلاق والشيم الإرادية الكلية التي من شأنها أن توزع في المدن والأمم، ويميز الفاضل منها من غير الفاضل، وجزء يشتمل على وجه ترتيب الشيم والسير الفاضلة في المدن والأمم، وعلى تعريف الأفعال الملكية التي بها تُمَكَّن السير والأفعال الفاضلة وترتب في أهل المدن والأفعال التي بها يحفظ عليهم ما رُتِّب ومُكِّن فيهم، ثم يُحصي أصناف المهن الملكية غير الفاضلة كم هي وما كل واحدة منها، ويحصي الأفعال التي يفعلها كل واحد منها، وأيّ سنن وملكات يلتمس كل واحد منها أن يُمكِّن في المدن والأمم التي تكون تحت رياستها، وهذه في كتاب بولطيقي، وهو كتاب السياسة لأرسطو طاليس وهو أيضًا في كتاب السياسة لأفلاطون، وفي كتب أفلاطون وغيره، ويبين أن تلك الأفعال والسير والملكات هي كلها كالأمراض للمدن الفاضلة.

وصناعة الفقه هي التي يقتدر بها الإنسان على أن يستنبط تقدير شيء مما لم يصرح به واضع الشريعة بتحديده على الأشياء التي صرح الأشياء بها بالتحديد والتقدير. وأن يتحرى تصحيح ذلك على حسب غرض واضع الشريعة بالمِلّة التي شرعها في الأمة التي لها شرع، ولذلك علم الفقه جزءان: جزء في الآراء وجزء في الأفعال.

وصناعة الكلام ملكة يقتدر بها الإنسان على نصرة الآراء والأفعال المحدودة التي صرح بها واضع الملة، وتزييف كل ما خالفها بالأقاويل، وهذه الصناعة تنقسم جزأين أيضًا، جزء في الآراء وجزء في الأفعال.

إنّ تصنيف الفارابي للعلوم محاولة جادة لجمع علوم اليونان والعلوم العربية وتطوراتها، لكنه في الوقت نفسه تباينت آراؤه عن غيره من علماء وفلاسفة العرب، وهذا يدل دلالة واضحة على أن التصنيف عنده شمل ثلاث مجموعات كبيرة: علوم اللغة والمنطق والعلوم الرياضية والطبيعية والعلوم الحضارية، أما الميتافيزيقا فإنه ربطها بالعلم الطبيعي، ونظرًا لمتابعته آراء أرسطو لم يذكر الطب والكيمياء بين العلوم الطبيعية، واكتفى بتفريع العلم الطبيعي حسب مصنفات أرسطو، كما لم يجعل للجغرافية مكانًا في تصنيفه جريًا على الرأي اليوناني أنها جزء من علم الفلك، إلا أننا نجد الجغرافية علمًا قائمًا بذاته عند إخوان الصفا.

المبحث السابع: علم الطب ومكانته في الفلسفة العلمية عند العرب

ونظرًا للتقدم العلمي والحضاري الذي رافق الحياة الحضارية العربية تقدمت علوم الطب وتفرعت، فصنف علي بن العباس في كتابه كامل الصناعة الطبية، علم الطب إلى علم طب نظري وآخر عملي، وجعل من فروع الطب النظري العلم بالأمور الطبيعية من أرواح وأفعال وقوى وأعضاء وأخلاط وأمزجة واستقصات[1]، والعلم بالأمور التي ليست طبيعية

(1) الأسطقس أو الأستقص لفظ يوناني Stoicheion، وجمعه أسطقسات، وقد ورد استعماله في كتاب الطبيعة لأرسطو عند حديثه عن أصول المادة، ينظر: الطبيعة (بدوي)، ج2، ص950. ويقارن: فلوطرخس، الآراء الطبيعية التي ترضى بها الفلاسفة، م، س، ص96. حيث يفرق بين الأسطقس والمبدأ. ولقد ذكر (الأسطقس) بهذا الرسم عند الفلاسفة العرب الكندي والفارابي وابن سينا وغيرهم، ولم يجدوا له بديلًا عربيا، ينظر للتفصيلات: د. حسن مجيد العبيدي، فلسفة الجسم عند ابن رشد، ط1، منشورات ضفاف، بيروت 2018، ص101.

من احتباس واستفراغ وأطعمة وأشربة وحركة وسكون، والعلم بالأمور الخارجة عن الأمر الطبيعي من أعراض الأمراض وأسبابها والأمراض، أما الطب العملي ففيه حفظ الصحة والمداواة، وفي الأولى جعل الأبدان الضعيفة والأبدان التي تحيد عن الصحة والأبدان الصحيحة، وفي الثانية جعل الأغذية والأدوية والجراحة من جهة أخرى.

المبحث الثامن: نقد الميتافيزيقا عند الفلاسفة العرب وصلة ذلك بالفلسفة العلمية

وكان من أبرز الظواهر التي رافقت الدراسات العلمية والفلسفية عند بعض فلاسفة وعلماء العرب، نقد الميتافيزيقا والشك في صدق القضايا التي تطرحها معتمدة على منطق موضوعي وحجة عقلية تبدو في ظاهرها، واعتمد النقد على تحليل المفاهيم والقضايا، واللغة التي يستعملها الفلاسفة، ومحدودية العقل في إدراك القضايا الميتافيزيقية، والتناقضات في أقوال الفلاسفة لعدم وجود المعيار الثابت للتمييز بين الصادق والكاذب.

إنّ أبرز من تصدى لنقد الميتافيزيقا اليونانية ولمتفلسفة المسلمين الذين ساروا في خطاهم أمثال: الفارابي وابن سينا، هو أبو حامد الغزالي (111م)[1]، إذ جمع الغزالي مسائل الميتافيزيقا في كتابه المشهور تهافت الفلاسفة، وكانت غايته إثبات سخافة وتفاهة القضايا الميتافيزيقية، فنزع إلى تحليل نفساني مرة وعقلي مرة ثانية وعلمي مرة ثالثة، ليثبت بطلان حجج الميتافيزيقا، فقال: وإنما مصدر كفرهم سماعهم أسماء هائلة كسقراط وأبقراط وأفلاطون وأرسطوطاليس وأمثالهم، وأطناب طوائف من تابعيهم وضلالهم في وصف عقولهم وحسن أصولهم ودقة علومهم الهندسية والمنطقية والطبيعية والإلهية، واستبدادهم

---

(1) لم ينقد الغزالي الميتافيزيقا كميتافيزيقا بحد ذاتها، بل هو من المدافعين عنها، بل نقد الميتافيزيقا برؤيتها اليونانية المتمثلة بأرسطو ومن تابعه من المشائين العرب من أمثال: الفارابي وابن سينا وإخوان الصفا ومسكويه، إذ ذهب أرسطو إلى القول بقدم العالم والمادة والزمان، في حين ذهب الفارابي وابن سينا إلى القول بقدم العالم بالذات وحدوثه بالزمان تبعًا لنظرية الفيض الأفلاطونية، أما الغزالي فنقد هؤلاء لقولهم بذلك، ودافع عن فكرة الخلق للعالَم من عدم، وكان نقده متضمنًا في كتابه تهافت الفلاسفة، إذ كفّر الفلاسفة في ثلاث مسائل كبرى هي قولهم بقدم العالم وأبدية العالم وعلم الله، وبدعهم بسبع عشرة مسألة. يُراجع للتفصيلات، كتاب تهافت الفلاسفة للغزالي، وردود ابن رشد عليه في كتابه تهافت التهافت. (المحقق)

لفرط الذكاء والفطنة، باستخراج تلك الأمور الخفية، وحكايتهم عنهم أنهم مع رزانة عقولهم وغزارة فضلهم، منكرون للشرائع والنحل، وجاحدون لتفاصيل الأديان والملل، ومعتقدون أنها نواميس مؤلفة وحيل مزخرفة[1].

واستخدم الغزالي لإثبات بطلان الميتافيزيقا كثرة التناقضات في أقوال الفلاسفة ومذاهبهم، إذ لم يستقر رأيهم على مسألة واحدة من مسائل الميتافيزيقا، بل نجد أن لكل واحد مذهبه الذي يسفِّه المذاهب التي قبله، ليبرهن على بطلانها، مما يدل دلالة واضحة على تخبطهم وعدم القدرة على الوقوف بأدلة يقينية عند رأي واحد.

فضلًا عما تقدم، أن الميتافيزيقا لا تخلو من الاعتماد على قضايا المنطق والعلوم سواء أكانت رياضية أم طبيعية، فتظهر الحجة الميتافيزيقية قوية في ظاهرها، إلا أن الغزالي في نقده أدرك بوضوح الفرق بين القضايا الميتافيزيقية والقضايا العلمية، فاستبعد أن تكون قضايا الميتافيزيقا يقينية مثل: قضايا الرياضيات والمنطق، أو تجريبية تدعمها التجربة ويثبتها الاختبار.. وبذلك يكون قد انتزع من الحجة الميتافيزيقية قدرتها على الإقناع، فجعلها عارية خالية من الدليل وسخيفة، ومما قاله في هذا الصدد: ويستدلون على صدق علومهم الإلهية بظهور العلوم الحسابية والمنطقية، ويستدرجون به ضعفاء العقول، ولو كانت علومهم الإلهية متقنة البراهين، نقية عن التخمين، كعلوم الحسابية لما اختلفوا فيها كما لم يختلفوا في الحسابية.

وبناءً على ما تقدم فإن إيجابية الغزالي الفلسفية ترافق هدفه الرئيسي في هدم الفلسفة الميتافيزيقية، فهو لا يرفض كل المسائل الفلسفية، بل أراد فقط تقويض الميتافيزيقا، واثبات اختلافها عن العلوم الرياضية والمنطقية التي تتميز باليقين الذي لا يساوره شك. والعلوم التجريبية التي تعتمد على الحس والتجربة، وهي مهما بلغت لن تصل إلى درجة اليقين الرياضي والمنطقي، لأنها احتمالية.

وكان إدراك الغزالي ثاقبًا لمسألة تبدو في الفلسفة المعاصرة محور اهتمام جمهرة كبيرة من الفلاسفة، ألا وهي لغة الفلسفة، فمن خلال تحليله للمفاهيم والقضايا الميتافيزيقية أدرك

---

(1) يُراجع، للتفصيلات عن موقف الغزالي من نقد الميتافيزيقا وموقفه من الفلاسفة السابقين عليه، تهافت الفلاسفة، نشرة سليمان دنيا، القاهرة. (المؤلف)

أن مفاهيم الميتافيزيقا ألفاظ مجردة، وأن النزاع بين الفلاسفة مصدره عدم الاتفاق على معاني الألفاظ المجردة، واستحداث ألفاظ جديدة كالجوهر والصانع وغيرها، والقضايا الميتافيزيقية التي تستخدم هذه الألفاظ وغيرها لا تستقيم مع ما تسوغه اللغة، فإن اسُتخدم لفظ بغير معناه لإثبات شيء ما، فإن الرجوع إلى اللغة كفيل بتثبيت المعنى الصحيح، فتنهدم الحجة ويصبح الكلام غير صحيح، وفي ذلك يقول الغزالي: يرجع النزاع فيه إلى لفظ مجرد لتسميتهم صانع العالم (تعالى عن قولهم) جوهرًا، مع تفسيرهم للجوهر أنه الموجود لا في موضوع، أي القائم بنفسه الذي لا يحتاج إلى مقوم يقومه، ولم يريدوا بالجوهر المتحيِّز على ما أراده خصومهم، ولسنا نخوض في إبطال هذا، لأن معنى القيام بالنفس إذا صار متفقًا عليه، رجع الكلام في التعبير باسم الجوهر عن هذا المعنى، إلى البحث عن اللغة، وإن سوغت اللغة إطلاقه، رجع جواز إطلاقه في الشرع إلى المباحث الفقهية، فإن تحريم إطلاق الأسامي وإباحتها يؤخذ مما يدل عليه ظواهر الشرع.

إنّ كثيرًا من المسائل الميتافيزيقية تعتمد على مبدأ السببية، وذلك على أساس أن لكل معلول علة، وقد أدرك الغزالي من خلال تحليله الفلسفي وعقيدته الدينية أن القول بضرورة تلازم المعلول والعلة، وأن غياب العلة معناه غياب المعلول لا يعتمد على أساس منطقي تجريبي، وأن العادة هي وراء هذا الاعتقاد، إذ تعود الإنسان في حياته اليومية إذا تكررت أمامه مسألة اقتران شيء بشيء جعل السابق على اللاحق، وفي ذلك يقول الغزالي: الاقتران بين ما يُعتقد في العادة سببًا، وبين ما يعتقد مسببًا ليس ضروريًا عندنا، بل كل شيئين ليس هذا ذاك ولا ذاك هذا، ولا إثبات أحدهما متضمنًا لإثبات الآخر، ولا نفيه متضمنًا لنفي الآخر، فليس من ضرورة وجود أحدهما وجود الآخر، ولا من ضرورة عدم أحدهما عدم الآخر، مثل: الري والشرب، والشبع والأكل، والاحتراق ولقاء النار، والنور وطلوع الشمس، والموت وجز الرقبة، والشفاء وشرب الدواء، وإسهال البطن واستعمال المسهل، وهلم جرا، إلى كل المشاهدات من المقترنات في الطب والنجوم والصناعات والحرف، فإن اقترانها لما سبق من تقدير الله سبحانه، يخلقها على التساوق لا لكونه ضروريًا في نفسه، غير قابل للموت، بل في المقدور خلق الشبع دون الأكل، وخلق الموت دون جز الرقبة، وإدامة الحياة مع جز الرقبة، وهلم جرا إلى جميع المقترنات.

وهكذا نستطيع القول بلغة الفلسفة المعاصرة لما توصل إليه الغزالي من نتائج فلسفية وعلمية، بأن منهجه الفلسفي ومذهبه يعتمدان على الأمور الآتية:

1. الفصل التام بين العلوم والميتافيزيقا، سواء أكانت العلوم رياضية أم منطقية أم تجريبية، إذ أن الاختلاف في طبيعة المسائل بينهما يجعل أمر الاعتماد في الميتافيزيقا على العلوم غير صحيحة.
2. اختلاف القضايا الرياضية والمنطقية عن القضايا التجريبية عن القضايا الميتافيزيقية، فالأولى صادقة صدقًا ضروريًا ولا يمكن الشك فيها، وأن إثباتها قائم على الاستدلال والبرهان، في حين أن القضايا التجريبية احتمالية وليست ضرورية وليست يقينية، وأنها لا تصل إلى درجة اليقين المنطقي والرياضي، أما القضايا الميتافيزيقية ففضلًا عن أنها غيبية لا يمكن البت فيها، والنزاعات بين الفلاسفة فيها كثيرة والانتقادات كثيرة، فليس فيها ما يقطع بصوابها.
3. إنكار مبدأ السببية في الفلسفة والعلم على أساس أن التلازم بين العلة والمعلول غير ضروري، إذ إنه لا وجود لإثبات هذا التلازم منطقيًا وتجريبيًا، وإنما تكرار تعاقب شيئين باستمرار ولّد فينا الإحساس بضرورة التلازم، فالعادة والاعتقاد هما أساس القول بالتلازم.

المبحث التاسع: علم المنطق وعلاقته بالفلسفة العلمية عند العرب

وانتقل علم المنطق إلى مجال الدراسات الفلسفية بالعربية، واشتهر عدد غير قليل من الفلاسفة والعلماء في شرحه ونقده والإضافة إليه. إذ أدرك الفلاسفة العرب أهمية الشكل الرابع من أشكال القياس وضروبه، كما لم يتوقفوا عند حدود نظرية القياس الأرسطية باعتبارها نظرية منطقية في الحدود، بل أدركوا كذلك ما للنظرية المنطقية في القضايا والاستنتاجات من أهمية كبيرة في المنطق والاستدلال الرياضي، ولا نريد الخوض في تفصيلات هذا المنطق، وذلك لسبب بسيط هو: أن معظم ما صنفه المناطقة العرب لا يزال مخطوطًا لم ينشر، ولا نعرف الإضافات الكبيرة والحقيقية فيه، كما أن اعتقاد المناطقة العرب بعلو منزلة أرسطو قد جعلهم ينظرون إلى منطقه وكأنه علم اكتمل على يديه وليس هناك من مزيد.

ولكن نظرًا لاهتمام غير الفلاسفة والمناطقة بالمنطق من علماء الكلام، وذلك لحاجتهم إليه في رد الخصوم وضرورة معرفة ما ينطوي عليه من استنتاجات في الحجج التي يعتمد عليها الفلاسفة، فقد تناوله علماء الكلام من زاوية تحليله ونقده لاكتشاف طبيعة القضايا فيه من مقدمات ونتائج وتلازم ويقين وغير ذلك.

الفصل التاسع*
مفهوم التراث العلمي العربي

المبحث الأول: تحديد المعنى وأبعاده

تنطوي عبارة التراث العلمي العربي على ثلاثة ألفاظ، يشترط في المرء معرفتها بدقة، وأسباب ارتباطها على هذا النحو، إذ إن وراء الألفاظ واختيارها موقفًا فكريًّا معينًا، كما أن ارتباطها على هذا النحو يعبر من دون شك عن فلسفة لا بد من بيان حدودها وأبعادها، فما المقصود بالتراث؟

الشائع في اللغة أن التراث مصدر لفعل ورث، ومعناه: ما يخلفه الميت لورثته، والميراث تركت الميت، ولكننا في هذا المبحث لا نقصد بالتراث ما تركه الميت من أموال، ولكننا نجعل من لفظة التراث مصطلحًا علميًا ننقله من معناه الأصلي لنكسبه معنىً جديدًا، ولأجل ذلك سنسير بخطوات متلازمة لتعيين معنى التراث بدقة تامة بطريقة تجعلنا ننتهي أخيرًا إلى المعنى الاصطلاحي لهذه اللفظة.

لنبدأ بالقول: إن التراث هو ما يخلفه الأسلاف لورثتهم من الأبناء، وبذلك تصبح كل مخلفات الأسلاف للأبناء تراثًا بغض النظر عن قيمته المادية والمعنوية، وهذا يدل بوضوح

* يشكِّل هذا الفصل والفصل الذي سبقه آخر ما كتبه الدكتور ياسين خليل قبل رحيله، وقد نُشر هذا الفصل في مجلة المورد البغدادية، المجلد 18، العدد 3، السنة 1989. ولهذا يجب قراءة هذا الفصل بعد قراءة الفصل الأول من هذا الكتاب، لوجود ترابط بينهما في التأسيس لقراءة التراث العلمي العربي كما يريده الفيلسوف ياسين خليل. كما أن هذا الفصل على الرغم مما قام به الدكتور مشهد سعدي من تنظيم له فإنه بقي كما اعتقد غير مكتمل الرؤية بالنسبة لما كان يطرحه المؤلف في كتبه وبحوثه الأخرى، ولأننا نقوم بتحقيق تراثه هذا الفيلسوف فلا بد من عرض البحث كما هو ويبقى الحكم للقارئ الكريم ناهيك عن الباحثين المتخصصين، لذا اقتضى التنويه. (المحقق)

على أن التراث مجرد تركة، ولكن هذا التحديد لا يؤدي الغرض الاصطلاحي، لأن المشكلات التي يثيرها كثيرة، فالتركة تقتصر عادة على الجوانب المادية من الإرث، فالبيت والمال والأثاث وغير ذلك تركة مادية يخلفها الآباء لأبنائهم، فإذا ما أخذنا بهذا التحديد كان علينا أن نهمل عن قصد جوانب مهمة من التراث، وهي الجوانب الفكرية والمعنوية بصورة عامة، فليس التراث تركة، ولا يمكن أن تكون التركة المادية مرادفة للتراث، والتركة مجموعة من المخلفات المادية التي قد لا يكون لها قيمة معنوية، وأنها تنتهي بانتهاء الإفادة منها أو استهلاكها، فلا يبقى منها شواهد مقرونة بقيم حضارية أو تاريخية، فالمال قد يذهب عن طريق الإنفاق، فلا يعود موجودًا، والبيت قد يبلى ويتهدم، فلا يكون له أثر أو وجود بعد حين من الزمن.

هذا من جهة، ومن أخرى يكون للتركة التي يخلِّفها شعب في مرحلة من مراحل التطور الحضاري والتاريخي قيمة مهمة، لأنها تعبر عن عطاء شعب عاش في فترة زمنية معينة، فخلَّف من الآثار ما يدل على نشاطه وحيويته وتأثيره في مسيرة الإنسانية، فعلى الرغم من أن آثاره لم تبق شاخصة بالشكل الذي كانت عليه، نظرًا لما أصابها من تلف وتآكل بسبب الظروف الجوية والحروب وعوامل الزمن المختلفة، فإنها تشير بوضوح إلى مقدار التقدم الحضاري والعلمي لذلك الشعب، وما أنجزه من أعمال وصناعات وفنون وغير ذلك عنوانًا لتطوره وتحديدًا لما حققه من تطور وتقدم في المجالات المختلفة.

وبناءً على ذلك يشترط في التركة التي تدخل كعنصر حيوي في مفهوم التراث أن تكون مرتبطة بعاملين: عامل الزمان وعامل المكان من جهة، وعامل القيمة التاريخية والحضارية من جهة أخرى، فعاملا الزمان والمكان مهمان في تحديد الفترة الزمنية للآثار التي خلفها الأسلاف ضمن سياق المراحل التطورية للمجتمع الذي تنتمي إليه، وللمجتمع الإنساني بعامة في تحديد المكان الذي وجدت عليه التجربة الحضارية القديمة مع بيان الصلة المكانية للمجتمع بجيرانه واتجاهات نشاطه الحضاري في رقعة أوسع من الرقعة التي عاش عليها الشعب، وليس لكل تركة أو أثر قيمة تاريخية وحضارية، اللهم إلا إذا كان مرتبطًا بحدث تاريخي معين، أو مساهمًا في التطور الحضاري للمجتمع، أو مسلطًا الضوء على جانب أو أكثر من جوانب الحياة الاجتماعية والثقافية والعلمية أو كاشفًا عن رابطة من روابط التطور، أو مزيلًا بعض الشكوك، أو مؤيدًا لفرضية علمية أو مفندًا لها وهكذا.

وقد يرتبط الأثر أو التركة بشخص معين أو بمجموعة أشخاص أو بالشعب أو بالإنسانية، فالأعمال والمباني والمخترعات غالبًا ما ترتبط باسم ملك حكم في الحقبة التي أقيمت فيها الأعمال وشيدت المباني، بينما ترتبط المخترعات بأسماء العلماء الذين ابتكروها، فالمسلّة التي سطر عليها جملة واسعة من المواد القانونية لتنظيم الحياة وشؤون المجتمع البابلي، اقترنت باسم حمورابي (حكم 1792-1750ق،م) على الرغم من أنها ليست من صنعه، بل تمثل حقبة زمنية معينة في عهده، وأن المواد القانونية التي وردت فيها طبقت وكان لها وظيفتها في عهده، ومثل ذلك يقال على كثيرٍ من الآثار، ويصدق الشيء نفسه على بناء المساجد في الإسلام فنقول على سبيل المثال مسجد أحمد بن طولون في مصر.

ويختلف الأمر بالنسبة للمخترعات التي غالبًا ما تقترن باسم مخترعيها وعندما نجهل أول من اخترع شيئًا ننسبه إلى الشعب الذي استخدم الاختراع وعرف به دون غيره من شعوب الأرض. فلقد ساهمت الكتابة المسمارية مساهمة كبيرة في التطور الفكري والعلمي للمجتمع البابلي القديم، ولكننا نجهل أول من اهتدى إلى طريقة الكتابة وأسلوب تدوين الأصوات بآثار واضحة باقية على الرُقم الطينية. وعلى الرغم من ذلك نقول إن الإنسان البابلي أول من اخترع الكتابة ودوَّن بها معلوماته التاريخية والحضارية والعلمية.

وعندما نتحدث عن الأبجدية المستعملة في الوقت الحاضر لا نستطيع القول إنها من اختراع شخص معين، بل نرجعها إلى أصولها الأولى وننسبها إلى الشعب الفينيقي فنقول إن الإنسان الفينيقي أول من اهتدى إلى اختراع الكتابة الأبجدية، ويصدق الشيء نفسه عندما نتحدث عن بعض المخترعات المهمة في تاريخ الإنسانية مثل اختراع العجلة والمزولة والإبرة المغناطيسية وغيرها، فننسب كل واحد من الاختراعات التي نجهل مخترعيها إلى الشعب الذي ظهرت عنده لأول مرة واستخدمها في الحياة اليومية.

وسواء أكانت الآثار التي نعثر عليها أو نحتفظ بها لقيمتها العلمية والتاريخية من صنع إنسان معروف الهوية أم من صنع شعب نسب إليه الآثار، فإن لهذه الآثار بحد ذاتها قيمًا عالمية لكونها ساهمت في تطور الحضارة الإنسانية، فأصبحت ملكًا للتراث الإنساني ولبنة أساسية في صرح البناء الحضاري والعلمي للإنسانية جمعاء.

ولكننا في الغالب نميل إلى ربط الأثر أو الآثار بغض النظر عن قيمتها الإنسانية بالشعب أو المجتمع الذي ظهرت فيه، فنقول الآثار السومرية والآثار المصرية والآثار اليونانية والآثار الصينية وهكذا، وذلك على أساس أن شعبًا معينًا يسكن رقعة جغرافية من العالَم، وفي حقبة زمنية من التطور في سياق المراحل التاريخية، قد ساهم مساهمة كبيرة في العطاء الحضاري والعلمي فأضاف وابتكر واخترع فسجلت له دون غيره من شعوب الأرض هذه المآثر والمخلفات.

وبناءً على ذلك نستغني الآن عن مفهوم التركة عند تعريفنا للتراث ونتحول إلى مفهوم الآثار لمصطلح علمي، فنقول: إن التراث هو مجموعة الآثار التي يخلفها الأسلاف إلى الأبناء، وبذلك يكون هذا المصطلح قد جمع عدة أوجه في ثناياه، وهذه الأوجه:

1. ليس المقصود بالأثر أن يكون شاخصًا وماديًا، بل يتجاوز معناه كل ما يخلفه الأسلاف من عطاء حضاري.

2. يشتمل مفهوم الأثر على بعدين: البعد الزمني على أساس أنه ينتمي إلى الماضي بغض النظر سواء أكان هذا الماضي سحيقًا في القدم أم قريبًا، والبعد المكاني على أساس أن الأثر ينتمي إلى عطاء شعب عاش على أرض معينة.

3. يشمل مفهوم الأثر على بعدين: البعد التاريخي على أساس أنه يمثل وجهًا من أوجه التطور في سلسلة طويلة من الأزمنة المتعاقبة، فهو بالنسبة إلى الفقرة السابقة يعبر عن مرحلة راهنة وهو بالنسبة لهذه الفقرة يعبر عن تطور زمني وتاريخي، والبعد الحضاري على أساس ما يخلِّفه الأثر من قيمة حضارية تعكس وجهًا أو أوجهًا للحياة الفكرية والعلمية والممارسات الدينية وغير ذلك.

وعلى هذا الأساس يكون مفهوم التراث مقرونًا بمجموعة الآثار التي يخلفها الأسلاف للأبناء شريطة أن تكون مشتملة على الأبعاد الرئيسية الأربعة، البعد الزمني والبعد المكاني والبعد التاريخي والبعد الحضاري، وهكذا نتوصَّل إلى تعريف التراث بالصورة الاصطلاحية الآتية: التراث هو مجموعة الآثار التي تمثل عطاء الإنسان في مرحلة تاريخية معينة وفي منطقة مارس عليها الإنسان فعالياته المختلفة، مخلفًا إنجازاته التي تمثل بالنسبة لنا قيمة

تاريخية وحضارية على أساس أنها تعكس عطاء الإنسان الحضاري في الماضي الذي لا تنقطع صلتنا به.

يُغطّي هذا التعريف كل العناصر التي ناقشناها، وهو بالنسبة للبحث الذي نتولاه أساس تصنيف المخلفات أو الآثار سواء كانت مادية شاخصة أو كانت جهدًا فكريًا أو علميًا أو حضاريًا، من خلال هذا الموقف الثابت نصنف الآثار أو المخلفات التراثية إلى الأصناف الآتية:

1. الآثار أو المخلفات التراثية المادية الشاخصة، ونقصد بها ما خلفه الأسلاف من شواهد مادية مثل الزقورات والمعابد وطرق ومجاري وأبنية ومساجد وأوعية وصحون ودوارق ونقود وأسلحة ومعدات صناعية أو زراعية، وصناعات يدوية، وحلي ومجوهرات وملابس ومنحوتات أو أصنام ونصب، وأعشاب قديمة وحبوب، وأواني زجاجية أو معدنية أو خزفية وغير ذلك.

2. النقوش على الأحجار أو المعادن أو الجدران وغيرها التي تدون معلومات تاريخية قيمة باستخدام لغات سواء كانت بدائية مثل اللغة الصورية أو متقدمة مثل اللغة الأبجدية وغيرها، وقد تشير هذه النقوش إلى حوادث وتواريخ الملوك وأُسرهم، وإلى المعارك والحروب، وإلى القوانين والتشريعات التي تنظم حياة الإنسان الفكرية والعلمية ومعتقداته الدينية وأساطيره.

3. الألواح الطينية باعتبارها سجلات تاريخية وعلمية وفكرية قابلة للنقل والتداول، وقد دوَّن عليها الإنسان معلوماته وعلومه وتاريخه بدقة مما يجعلها كتبًا في مكتبات، وأوراق البردي هي الأخرى وسيلة من الوسائل التي ابتدعها الإنسان ليكتب عليها معلوماته وعلومه وتاريخه بحيث يمكن عدّها سجلًا أو كتابًا، وسواء كتب الإنسان على الألواح الطينية أو على أوراق البردي، فإن القيمة التراثية التي تنطوي عليها هو ما تزودنا من معلومات نتعرف من خلالها على ما خلفه الإنسان في ميدان الفكر والعلم، والدين والأسطورة والتشريع وبناء المجتمع، والحياة الاجتماعية والاقتصادية والسياسية وغير ذلك.

4. الكتب والمقالات والرسائل والأوراق والصحائف وغير ذلك باعتبارها سجلات تاريخية وعلمية وفكرية قابلة للنقل والتداول، لكنها تمتاز عن الألواح الطينية والبرديات بكونها متسلسلة الصفحات ومكتوبة بأبجدية على الورق الاعتيادي، إذ تظهر بشكل واضح بمظهر الكتاب أو المقالة أو الرسالة كما هو معروف اليوم، وقد سجل الإنسان عليها معلوماته وخبراته واختراعاته وإضافاته وكل المستجدات التي ساهم فيها، فضلًا عن تدوين معلوماته التاريخية والسياسية والاقتصادية والاجتماعية.

وأبرز ما تمتاز به هذه الآثار التراثية أنها منسوبة إلى مؤلفيها، فالكتاب بعنوانه وعلومه يُنسب عادة إلى مؤلفه، وكذلك الأمر بالنسبة للمقالة والرسالة.

وإذا أردنا أن نضم الأصناف ثانيًا وثالثًا ورابعًا، إلى صنف واحد باعتبارها جميعًا تعتمد على التدوين بالكتابة سواء بالنقش أو الرسم أو بالكتابة على الألواح أو البرديات أو بالكتابة على الورق والوسائل الأخرى، فما علينا إلا أن نهمل الفروق بينها ونطلق عليها جميعًا اسم صنف الوثائق والسجلات.

فضلًا عما تقدم فإن تعريف التراث ينطوي على جانب حيوي يتمثل في كونه أصلًا أو جذرًا لأوجه حضارية متعددة، فهو من جهة يعكس نتائج تجربة شعب من الشعوب في تفاعله مع محيطه الخارجي، وفي تعامله مع نفسه ومع الآخرين، فعندما عن نتحدث عن التراث البابلي على سبيل المثال فإننا لا نقتصر في تحديده من زاوية تاريخية بحتة على أساس أنه مجرد عطاء حضاري لشعب سكن وادي الرافدين في حقبة زمنية معينة، بل نتجاوز ذلك إلى فهمه ومعرفة دوره في النشاط الحضاري الإنساني، ومكانة إنجازاته وتأثيراتها على حضارات أخرى وجدت معه في الحقبة التاريخية نفسها، أو جاءت بعد بمدة زمنية متأثرة بعطائه.

وهذا معناه أن دراستنا للآثار من زاوية تراثية تتطلب بالضرورة إعادة بناء الصورة التي كان عليها المجتمع في الماضي مع فهم دقيق لقيمة إنجازاته للحضارة الإنسانية من خلال ما نلمسه من تأثيرات حققها في حضارات أخرى كان لها نصيب في التطور الحضاري والإنساني.

وبناءً على ذلك نشترط في دراسة الآثار من زاوية تراثية عدة شروط لا بد من توفرها وهي:

الأول: يجب أن نفهم الإنجاز والعمل الذي سجّله شعب في الماضي من خلال الآثار التي خلفها، وذلك على أساس إدراك قيمته التاريخية والحضارية، وأبرز ما حققه من إضافة أو تغير أو ابتكار في المجتمع الذي وُجِد فيه، وأثره في مسيرة الإنسانية والتقدم الحضاري.

الثاني: يجب أن نفهم الآثار التي خلّفها شعب في الماضي عن طريق الربط السببي أو الانتشار الحضاري أو التوافق في الإنجاز، فبالسببية نحاول أن نتتبع الأثر والنتيجة، ومقدار الأخذ والعطاء والتفاعل المستمر، ولكن من الخطأ الاعتقاد أن السببية وحدها كافية لفهم التطور الحضاري، إذ من الممكن أن يظهر الإنجاز أو العمل في وقت واحد وفي أمكنة متباعدة لا توجد بينها علاقة سببية.

الثالث: يجب أن نفهم الآثار التي خلّفها شعب في الماضي على أساس أنها تمثل صورة لقدرة الإنسان على الإنجاز والعمل، وأن تكون نظرتنا إلى الآثار من زاوية معاصرة بمعنى أن نفهم أنفسنا وتطوُّر حضارتنا وأصل ما تحقق من نجاز وعمل في الوقت الحاضر بناءً على تتبع المسار التاريخي والحضاري للمجتمع.

الرابع: إن الذي يعنينا في هذا المبحث هو التراث العلمي، وليس كل التراث، بمعنى أن نحصر جهدنا في استقراء واستقصاء الفعاليات والإنجازات العلمية للإنسان دون سائر الفعاليات، وإذا أردنا أن نحدد معنى مصطلح التراث العلمي، فما علينا إلا أن نعين ذلك من خلال الميادين التي يتناولها والمناهج المستخدمة في التعامل مع هذه الميادين، ونبدأ بتعيين ميادين العلم كما نفهمها اليوم.

وعليه، تختلف العلوم من حيث موضوعات البحث التي تتناولها، كما تختلف درجة دقة النتائج التي تتوصل إليها على الرغم من استخدامها لطرق بحث متقاربة، فعلم النفس على سبيل المثال يختلف عن علم الفيزياء في موضوع البحث، فيما يتناول

الأول دراسة الظواهر النفسية والعقلية عند الإنسان، يتناول الثاني دراسة الظواهر الطبيعية على اختلافها.

ويستخدم علم النفس الطريقة التجريبية والمختبرية في الحدود التي تسمح به موضوعات البحث التي سيعالجها، كما تستخدم الفيزياء الطريقة ذاتها لكن على نطاق واسع، ولكن النتائج التي يتوصل إليها علم الفيزياء أكثر دقة من النتائج التي يتوصل إليها علم النفس، وتلعب الرياضيات دورًا كبيرًا في تدوين مبادئ الفيزياء والنتائج والاشتقاقات والاستنتاجات، في حين لا نجد مثل هذا الدور في علم النفس على الرغم من محاولات علماء النفس الإفادة من الرياضيات في ميادين علم النفس.

إن الاختلاف في الموضوعات ودرجة الدقة للنتائج ومدى استخدام الطريقة التجريبية والطريقة الرياضية، يجعلنا نصنف العلوم إلى أصناف معينة، بحيث تتقارب العلوم بعضها مع بعض في الصنف الواحد، ولكنها تختلف كثيرًا عن علوم أصناف أخرى، وهذه الأصناف هي:

1. صنف العلوم الإنسانية الذي يضم جميع المعارف ذات الصلة بالإنسان وحضارته وثقافته وفعالياته الاجتماعية والاقتصادية والسياسية وغير ذلك، ويشتمل هذا الصنف على العلوم الآتية: علم النفس وعلم الاجتماع وعلم الآثار والتاريخ والأنثربولوجيا واللغة والاقتصاد والقانون والسياسة....
2. صنف العلوم الرياضية والطبيعية الذي يشتمل على العلوم الآتية: الرياضيات البحتة والرياضيات التطبيقية وعلم المنطق وعلم الفلك وعلم الفيزياء النظرية والتطبيقية، وعلم الكيمياء العضوية واللاعضوية وعلم الأنواء وعلم طبقات الأرض والمعادن وعلم النبات وعلم الحياة...
3. صنف العلوم الطبية والصيدلانية الذي يشتمل على العلوم الرئيسية مثل: علم التشريح وعلم وظائف الأعضاء وعلم الأمراض وعلم الجراحة وعلم طب العيون وعلم الصيدلة، وتتفرع عن بعض هذه العلوم فروع وأقسام منها على سبيل المثال علم طب الأسنان وعلم الصحة وعلم التوليد وعلم الأنف والأذن والحنجرة....

4. صنف العلوم الهندسية والتكنولوجية، وتتميز أنها تطبيقية، تشتمل على علوم وفنون كثيرة نذكر منها: علم الميكانيك وعلم الكهرباء والالكترونيات وعلم الحاسبات الالكترونية وعلم التصاميم الهندسية والإنشائية وعلم الهندسة المدنية وعلم الهندسة الحربية وعلم الهندسة الصناعية....

من خلال هذا التصنيف نحاول أن ندرس التراث العلمي، إذ يضم العلوم الإنسانية والعلوم الرياضية والطبيعية والعلوم الطبية والصيدلانية والعلوم الهندسية والتطبيقية، متوخين في ذلك ذكر العلوم التي عرفها العلماء العرب وأسهموا في بنائها.

أما العلوم الحديثة التي لم يكن لها وجود في الحضارة العربية الإسلامية فسوف لا نذكرها، كما أننا سنضيف بعض العلوم بأسمائها التي عُرفت بها، مثل: علوم القرآن والحديث وعلم الفقه والتشريع إلى العلوم الإنسانية، وبناءً على ذلك سنجري مسحًا بالعلوم التي عرفت في الحضارة العربية الإسلامية مع الاحتفاظ بالتقسيم الآنف الذكر إلى الأصناف الأربعة من العلوم.

المبحث الثاني: لماذا ندرس التراث؟

لقد خلق الله العلَم بكل ما فيه من موجودات، وبعث فيه سننًا ونواميس يسير بهداها، وبسط الأشياء وما تنطوي عليه من حركة وسكون وانتقال وأجزاء وروابط أمام الإنسان ليتفكر فيها ويتعلم من خلالها أسباب وجوده وسر ديمومته وعظمة خالقه، واكتشاف ما غمض عليه قبل حين، وتطويع ما حوله لإرادته، والإفادة من عطاء الطبيعة لتطوير إمكانياته وتكييف محيطه، وصناعة أدواته وآلاته، وإنبات الأرض وتدجين الحيوان واتقاء المخلوقات، وبها ارتقى سلم التطور، وفيها نضجت إمكاناته وأفكاره، وتبلورت مشاعره وطموحاته وأهدافه وسعيه الدائب نحو معرفة أفضل وتسخير ما في الطبيعة لخدمة البشر.

الله خالق العالَم والإنسان صانع الحضارة، وتطورت أعضاؤه لتمارس أعمالًا وأفعالًا، وتصنع موجودات الطبيعة ما يقدم للإنسان من صناعات وأدوات، وهكذا اختصت أعضاء الإنسان بمهارات وقدرات على استخدام ما حوله في الطبيعة. وإخضاع بعض المظاهر المادية لإرادته، فاليد بالأصابع الخمسة والقامة المنتصبة والأقدام الثابتة على الأرض والذراع

القوية القابلة للحركة باتجاهات مختلفة قد وضعت الإنسان في مواجهة الطبيعة لاستغلالها والتكيف معها واتقاء أخطارها بغية تواصل جنسه والحفاظ على نوعه من الانقراض بفعل العوامل الخارجية.

وفوق كل ذلك ساعد تعقد جهازه العصبي وتطور دماغه أن تكون حواسه الخمس نوافذ يتلقى منها معلوماته عن العالَم الخارجي، فيصوغها على هيئة أفكار وأفعال وأعمال، ولم يتوقف جهده على الفهم ومحاولة معرفة ما يجري حوله، بل تميزت خطواته التالية بنقل خبراته وممارساته ومعارفه إلى الأجيال من بعده، فكانت تلك الخاصية جوهرية لاستمرار الفعل الحضاري ونماء تطوره باتجاه خلق قاعدة موحدة لمجموعته البشرية التي ينتمي إليها.

كما وأدرك بالفعل الحضاري أهمية تراكم الخبرات والمهارات والمعارف، والإفادة منها في تطوير حياته ومعارفه، وإمكانية السيطرة على ما حوله، وتكييف حياته للظروف المتغيرة والمستجدة بصورة أفضل، وبذلك ساهمت مجموعة من العوامل البيولوجية والمادية فضلًا عما يتمتع به الإنسان من قابليات ذهنية وإرادية وتعليمية لأجل بناء حضارة وإرث حضاري، ويمكن إيجاز هذه العوامل بنقاط محددة بالصورة الآتية:

العامل الأول- الإنسان كائن بيولوجي متطور من ناحيتين: الناحية الجسمية بفضل تكوينه الذي منحه فرصًا أكبر من فرص الكائنات الحية الأخرى في استخدام ما حوله في الطبيعة لأغراض بقاء جنسه وتطوير حياته الاجتماعية والحضارية، والناحية العصبية بفضل تعقد جهازه العصبي وقدراته على التكيف مع البيئة المتغيرة، وعلى استخدامه لخبراته بصورة صحيحة من أجل تغيير واقعه المادي والاجتماعي باتجاه خلق أنماط سلوكية وحضارية معينة.

العامل الثاني- الإنسان كائن اجتماعي متطور من ناحيتين: الناحية السلوكية بفضل استخدامه العقل من أجل البناء دون الغريزة، فإذا كانت الغريزة في الكائنات الحية الأخرى ضرورية للحياة وبقائها، وأن أفعال الحيوانات نمطية لا تتغير، فالنحل والنمل وغيرها أحياء تعمل منذ ملايين السنيين بنمط واحد، بينما ضعفت الغريزة عند الإنسان وحل العقل محركًا ودافعًا للعمل، لذلك اختلفت الأنماط الحضارية وتغيرت عند الإنسان، والناحية الاجتماعية

بفضل معايشته لمجموعات بشرية والتكيُّف معها بغض النظر عن النمط الاجتماعي الذي وُلد فيه.

فالإنسان بناءً على ما تقدم نتاج تطور بيولوجي من جهة ونتاج تطور حضاري من جهة أخرى، وإذا كان علم الحيوان مهتمًا بدراسة التطور البيولوجي للحيوان والإنسان، فنجده يبحث في متحجرات الماضي القديم، والكائنات الحية المختلفة من أجل فهم عملية التطور للكائنات الحية، فلا بد من دراسة التطور الحضاري للإنسان من خلال البحث في الماضي الحضاري وما خلَّفه من نتاجات مختلفة مادية وغير مادية من أجل فهم عملية التطور الحضاري والتاريخي لإنجازات الإنسان، وكما تشكِّل المتحجرات وهياكل الحيوانات وبقاياها مواد أولية لدراسة التاريخ الطبيعي للإنسان، فيقوم العالِم بتصنيفها على وفق مراحل زمنية وعصور جيولوجية مختلفة من أجل الكشف عن جوهر عملية التطور، فإن الموروث الحضاري بما يشتمل عليه من بقايا ومخلفات الإنسان في الماضي، يشكِّل هو كذلك مادة ضرورية لدراسة التاريخ الحضاري للإنسان.

نقصد بالموروث الحضاري مخلفات الإنسان المادية والوثائقية جميعها، وكل ما أنجزه على الصعيد المادي فضلًا عن النواحي المعنوية التي تشتمل على الطقوس والعقائد الدينية، وما خلفه الإنسان من مخلفات فكرية وثقافية ومعلومات وخبرات، وما أبدعته عقليته في مجال البحث العلمي وتصوراته بالنسبة للحياة والطبيعة والكون بأسره.

فعلى الصعيد المادي للموروث الحضاري تكشف الدراسة عن عدة أوجه ومحاولات بذلها الإنسان من أجل ذاته ومن أجل المجتمع الذي ينتمي إليه، ويمكن تلخيص هذه الأوجه بالنقاط الآتية:

1. إن دراسة البقايا والآثار المادية لحضارة سالفة تكشف عن مقدار الإنجاز الذي ساهم به إنسان تلك الحضارة، كما وتكشف عن الكيفية التي استطاع به إنسان تلك الحضارة، كما تكشف عن الكيفية التي استطاع من خلالها تسخير ما حوله في الطبيعة، وقدرته على التكيف مع الظروف المتغيرة، فإنسان وادي الرافدين استطاع أن يدوِّن معلوماته على ألواح طينية، وذلك لسببين أساسيين: الأول وفرة

المادة الطينية في وادي الرافدين، والثاني سهولة الكتابة على الألواح الطينية بالخط المسماري، أما في وادي النيل فإن وفرة نبات البردي قد زوّد الإنسان المصري بمادة أولية للكتابة، وهي مادة تناسب اللغة الهيروغليفية المعتمدة على المقاطع الصورية.

2. إن دراسة البقايا والآثار المادية لحضارة سالفة تكشف عن الإبداع والابتكار ومقدار الأصالة[1].

(1) إلى هنا انتهى الفصل الذي كتبه الدكتور ياسين خليل، ويبدو أن مشهد سعدي الذي نشر هذا الفصل لم يتحسس أنه غير مكتمل، لأن المعروف عن ياسين خليل الدقة والمنهجية المحكمة في البحث من حيث وضع الفرضية والوصول إلى النتائج المرجوة، وهو ما افتقدناه في هذا الفصل. (المحقق)

المصادر والمراجع*

القرآن الكريم

أولًا: العربية

ابن أبي أصيبعة، موفق الدين - عيون الأنباء في طبقات الأطباء، تحقيق نزار رضا، بيروت 1965.

ابن الأجدابي- الأزمنة والأنواء، تحقيق عزة حسن، دمشق 1964.

ابن البيطار- الجامع لمفردات الأدوية والأغذية، بغداد.

ابن خلدون، عبد الرحمن- المقدمة، تحقيق علي عبد الواحد وافي، أربعة أجزاء، القاهرة.

ابن سينا، أبو علي الحسين - القانون في الطب، بغداد.

ابن سيده- المخصص، السفر التاسع، طبعة بيروت.

ابن قتيبة، عبد الله بن مسلم- كتاب الأنواء في مواسم العرب، نشرة الهند 1956.

ابن منظور، جمال الدين- لسان العرب، متعدد الأجزاء، طبعة بولاق، القاهرة.

ابن النديم، محمد بن إسحق- الفهرست، طبعة المكتبة التجارية، مصر.

ابن النديم، محمد بن إسحق- الفهرست، بيروت 1978. (المحقق)

أرسطو، الفيلسوف- المنطق، كتاب التحليلات الثانية (البرهان)، تحقيق عبد الرحمن بدوي، القاهرة.

ألدومييلي، المستشرق- العلم عند العرب، ترجمة عبد الحليم النجار، بيروت 1962.

الدينوري، أبو حنيفة- كتاب النبات، نشرة القاهرة.

* تشمل هذه القائمة المصادر المراجع، الكتب التي اعتمدها المؤلف في كتابه هذا، فضلًا عن المصادر والمراجع التي رجع إليها المحقق، وسوف نشير إلى المصادر والمراجع التي اعتمدناها أثناء التحقيق بعبارة (المحقق).

الأصمعي- كتاب النبات والشجر، نشرة أوجست هافنر ولويس شيخو، بيروت 1908.

البيروني، أبو الريحان- الجماهر في معرفة الجواهر، نشرة الهند 1355هـ.

البيروني، أبو الريحان- القانون المسعودي، نشرة الهند 1954هـ.

البوزجاني- علم الحساب العربي، تحقيق أحمد سعيد سعيدان، عمان، الأردن.

بوليا، ج- البحث عن الحل، ترجمة أحمد سليم يعيدان، بيروت 1960.

التيفاشي، أحمد بن يوسف- أزهار الأفكار في جواهر الأحجار، القاهرة 1977.

جابر بن حيان- الرسائل، تحقيق باول كراوس، القاهرة 1354هـ.

الجاحظ، أبو عمرو بن بحر- كتاب الحيوان، تحقيق عبد السلام هارون، القاهرة.

الجرجاني، السيد الشريف - كتاب التعريفات، مصر 1938.

الجرجاني، السيد الشريف - كتاب التعريفات، ط1، بغداد 1986. (المحقق)

حبيب الشاروني، الدكتور- فلسفة فرنسيس بيكن، ط1، الدار البيضاء 1981. (المحقق)

الحرّاني، إبراهيم بن سنان- كتاب حركات الشمس، نشرة الهند 1947.

الحرّاني، إبراهيم بن سنان- مقالة في طريق التحليل والتركيب، نشرة الهند 1947.

الحسن بن الهيثم- رسالة في الضوء، نشرة الهند 1357هـ.

الحسن بن الهيثم- رسالة في المكان، نشرة الهند 1357هـ.

الحسن بن الهيثم- الشكوك على بطليموس، تحقيق عبد الحميد صبرة، مصر 1971.

حسين نصار، الدكتور- المعجم العربي، نشأته وتطوره، القاهرة.

الخازني، عبد الرحمن- ميزان الحكمة، نشرة الهند 1359هـ.

الخوارزمي، محمد بن عبد الله الكاتب- مفاتيح العلوم، القاهرة 1342هـ.

الخوارزمي، محمد بن موسى- كتاب الجبر والمقابلة، تحقيق مصطفى مشرفة وزميله، القاهرة 1968.

ديكارت، الفيلسوف رينيه- مقالة عن المنهج لإحكام قيادة العقل وللبحث عن الحقيقة في العلوم، ترجمة جميل صليبا، بيروت 1970، وترجمة محمد محمود الخضري، القاهرة 1930، وترجمة عمر الشاروني، تونس 1987، وترجمة فواز الملاح، دمشق 1988. (المحقق)

ديلاسي أوليري، المستشرق- علوم اليونان وسبل انتقالها إلى العرب، ترجمة وهيب كامل، القاهرة 1962.

ديوفنطس- صناعة الجبر، ترجمة قسطا بن لوقا، تحقيق رشدي راشد، القاهرة 1975.

الرازي، أبو بكر - الحاوي الكبير في الطب، متعدد الأجزاء، متعدد الطبعات، حيدر آباد، الدكن.

روبير بلانشي- المنطق وتاريخه من أرسطو حتى رسل، ترجمة خليل أحمد خليل، بيروت. (المحقق)

الزركلي، خير الدين- الأعلام، ط3، بيروت 1969.

سارتون، جورج- تاريخ العلم، ترجمة لفيف من الأساتذة، القاهرة 1971.

صلاح قنصوه، الدكتور- فلسفة العلم، ط3، بيروت 1983. (المحقق)

طرابيشي، جورج- معجم الفلاسفة، ط1، بيروت 1987. (المحقق)

الطوسي، نصير الدين- الرسالة الشافية عن الشك في الخطوط المتوازية، نشرة الهند.

عبد الرحمن الصوفي- كتاب صور الكواكب الثمانية والأربعين، نشرة الهند 1954.

العبيدي، حسن مجيد - العلوم الطبيعية في فلسفة ابن رشد، ط1، بيروت 1995. دمشق 2009 (المحقق)

العبيدي، حسن مجيد- من الآخر إلى الذات، دراسات في الفلسفة الحديثة والمعاصرة والفكر الفكر الفلسفي العربي المعاصر، ط1، دار الطليعة، بيروت 2008. (المحقق)

العبيدي، د. حسن مجيد- نظرية المكان في الفلسفة الإسلامية، ابن سينا أنموذجًا، دمشق 2008. (المحقق)

العبيدي، د. حسن مجيد – فلسفة الجسم عند ابن رشد، ط1، منشورات ضفاف، بيروت 2018.

العراقي، الدكتور محمد عاطف- ثورة العقل في الفلسفة العربية، ط3، القاهرة 1976. (المحقق)

عمر الخيام- مصادرات إقليدس، تحقيق عبد الحميد صبرة، الإسكندرية 1961.

عواد الأعظمي، الدكتور- الزراعة والإصلاح الزراعي في صدر الإسلام، بغداد.

الغزالي، الفيلسوف أبو حامد- تهافت الفلاسفة، تحقيق سليمان دنيا، القاهرة 1966.

الغزالي، الفيلسوف أبو حامد- معيار العلم، تحقيق سليمان دنيا، القاهرة 1960.

الغزالي، الفيلسوف أبو حامد- المنقذ من الضلال، تحقيق عبد الحليم محمود، ط4، القاهرة 1964.

الفارابي، أبو نصر محمد - إحصاء العلوم، تحقيق عثمان أمين، القاهرة 1949.

الفارابي، أبو نصر محمد- تحصيل السعادة، تحقيق جعفر آل ياسين، ط1، بيروت 1992. (المحقق)

قدري حافظ طوقان- التراث العلمي العربي، القاهرة.

القفطي، جمال الدين- كتاب أخبار العلماء بأخبار الحكماء، طبعة مصر.

الكاشي، جمشيد غياث الدين- مفتاح الحساب، تحقيق وشرح أحمد سعيد الدمرداش، القاهرة.

كمال السامرائي، الدكتور- مختصر تاريخ الطب العربي، جزءان، بغداد 1984. (المحقق)

الكندي، أبو يوسف يعقوب بن إسحق- رسالة في أنواع السيوف والحديد، تحقيق صالح مهدي الهاشم، القاهرة 2007. (المحقق)

لالاند، أندريه- الموسوعة الفلسفية، ترجمة خايل أحمد خليل، ط2، بيروت. (المحقق)

مارتن ليفي- الكيمياء والتكنولوجيا الكيمياوية في وادي الرافدين، ترجمة محمود فياض وزميله، بغداد 1980.

مجموعة مؤلفين- بيت الحكمة العباسي، عراقة الماضي ورؤية الحاضر، مؤتمر دولي في بيت الحكمة، مجلدان، بغداد 2001. (المحقق)

محمد حمدي زقزوق، الدكتور- المنهج الفلسفي بين الغزالي وديكارت، ط1، القاهرة 1973.

مرغريت روثن- علوم البابليين، تعريب يوسف حبي، بغداد 1980. (المحقق)

مصطفى نظيف، الدكتور- الحسن بن الهيثم وكشوفه البصرية، جزءان، القاهرة 1942.

ميتشيل دنكن- معجم علم الاجتماع، ترجمة د. إحسان محمد الحسن، ط2، بيروت 1986. (المحقق)

الهاشم، د. مهدي صالح- الدخول من الباب الآخر، ط1، بيروت 2007. (المحقق)

هتشنسون- معجم الأفكار والأعلام، ترجمة خليل راشد الجيوسي، ط1، بيروت 2007. (المحقق)

ياسين خليل، الفيلسوف- الطريقة البديهية في المنطق والرياضيات والفيزياء، بحث، مجلة كلية الآداب، بغداد 1977.

ياسين خليل، الفيلسوف- منطق البحث العلمي، ط1، بيروت 1970.

ياسين خليل، الفيلسوف- منطق الحل، بحث، مجلة آفاق عربية، السنة 4، العدد 6، 1979.

ياسين خليل، الفيلسوف- نظرية أرسطو المنطقية، بغداد 1964.

يحي بن ماسويه- الجواهر وصفاتها، تحقيق عماد عبد السلام رؤوف، القاهرة 1977.

يوسف كرم - تاريخ الفلسفة اليونانية، بيروت 1977. (المحقق)

ثانيًا: الأجنبية

Bell, E, T, - The Development of Mathematics, 2ed, London 1954.

Bochenski, I, M- Formal logic, Munchen 1956.

Boole, G, - The Laws of Thought, New York.

Herausgegben and, W, Bruggerm,s- Philosophisches worterbuch, Freiburg 1953.

Lukasiewicz, J- Aristotle's syllogiszed, Oxford 1957.

Nesselmann, G, H, - Algebra Griechen, Berlin 1842.